AS ARMAS DA CRÍTICA

ORGANIZAÇÃO DE IVANA JINKINGS E EMIR SADER

AS ARMAS DA CRÍTICA

ANTOLOGIA DO PENSAMENTO DE ESQUERDA

**KARL MARX
FRIEDRICH ENGELS
VLADÍMIR LÊNIN
LEON TRÓTSKI
ROSA LUXEMBURGO
ANTONIO GRAMSCI**

Copyright desta edição © Boitempo Editorial, 2012
Copyright © Ivana Jinkings e Emir Sader, 2012

Coordenação editorial
Ivana Jinkings

Editora-adjunta
Bibiana Leme

Assistência editorial
Livia Campos e Pedro Carvalho

Preparação
Mariana Tavares

Apresentação das obras de Vladímir Lênin e Leon Trótski
Alexandre Linares

Revisão
Pedro Baraldi

Capa
David Amiel

Diagramação
Antonio Kehl

Coordenação de produção
Livia Campos

CIP-BRASIL. CATALOGAÇÃO-NA-FONTE
SINDICATO NACIONAL DOS EDITORES DE LIVROS, RJ

A158

As armas da crítica : antologia do pensamento de esquerda : clássicos / Ivana Jinkings, Emir Sader [organizadores ; tradução de Paula Almeida ... et al.]. - São Paulo, SP : Boitempo, 2012.

Textos em diferentes idiomas traduzidos para o português
Inclui bibliografia
ISBN 978-85-7559-215-1

1. Comunismo. 2. Socialismo. 3. Ciência política. I. Jinkings, Ivana. II. Sader, Emir, 1943-.

12-4077.   CDD: 335.422
                                                      CDU: 330.85
18.06.12   27.06.12   036429

É vedada a reprodução de qualquer
parte deste livro sem a expressa autorização da editora.

1ª edição: julho de 2012;
1ª reimpressão: setembro de 2014; 2ª reimpressão: novembro de 2020

BOITEMPO
Jinkings Editores Associados Ltda.
Rua Pereira Leite, 373
05442-000 São Paulo SP
Tel.: (11) 3875-7250 / 3872-6869
editor@boitempoeditorial.com.br | www.boitempoeditorial.com.br
www.blogdaboitempo.com.br | www.facebook.com/boitempo
www.twitter.com/editoraboitempo | www.youtube.com/tvboitempo

SUMÁRIO

APRESENTAÇÃO 9
KARL MARX e FRIEDRICH ENGELS 15
   1   Manifesto Comunista 17
        II. Proletários e comunistas 18
        III. Literatura socialista e comunista 26
        IV. Posição dos comunistas diante dos diversos
        partidos de oposição 35
   2   A ideologia alemã 37
        Feuerbach (Introdução) 38
        Feuerbach (Fragmento 2) 39
        1. Ad Feuerbach [Teses sobre Feuerbach] (1845) 42
   3   Mensagem do Comitê Central à Liga [dos Comunistas] 45
       [Divulgada como circular em março de 1850]
        O Comitê Central à Liga 46
   4   O 18 de brumário de Luís Bonaparte 58
   5   Grundrisse 84
       Manuscritos econômicos de 1857-1858: esboços
       da crítica da economia política
       [Formas que precederam a produção capitalista] 85
   6   Contribuição à crítica da economia política 104
        Prefácio 105
   7   O capital 109
        O caráter fetichista da mercadoria e seu segredo 110
   8   A guerra civil na França 122

VLADÍMIR ILITCH ULIÁNOV LÊNIN 139
    9   Que fazer? 141
         A classe operária como combatente da vanguarda pela democracia 142
   10 Imperialismo, fase superior do capitalismo 156
         Crítica do imperialismo 157
   11 O Estado e a revolução 174
         As condições econômicas do definhamento do Estado 175

LEON TRÓTSKI 193
   12 Balanço e perspectivas 195
   13 A revolução permanente 205
         Introdução 206
   14 A revolução traída 211

ROSA LUXEMBURGO 215
   15 Greve de massas, partido e sindicatos 217
   16 A acumulação do capital 230
         ou O que os epígonos fizeram da teoria marxista:
         uma contracrítica (excertos)
   17 Sobre a Revolução Russa 239

ANTONIO GRAMSCI 249
   18 A revolução contra *O capital* 251
   19 O conceito de revolução passiva 255
   20 O problema da direção política na formação e no
         desenvolvimento da nação e do Estado moderno na Itália 262
   21 Observações sobre alguns aspectos da estrutura dos partidos
         políticos nos períodos de crise orgânica 266

ÍNDICE ONOMÁSTICO 275
BIBLIOGRAFIA 191
SOBRE OS ORGANIZADORES 301
AGRADECIMENTOS 303

Para Daniela, Kim, Luca,
Cássio, Maria Isabel e Miguel.

E para todos os que vierem depois de nós.

NOTA DA EDIÇÃO

A fim de homogeneizar os artigos, foi necessário um grande esforço de padronização. Além de serem entre si tão diferentes, os artigos foram publicados no Brasil de formas diversas, muitas vezes por outras editoras que não a Boitempo (as quais gentilmente autorizaram sua reprodução aqui).

As notas de rodapé estão todas numeradas. Quando não há nenhuma identificação no final do texto é porque são notas do próprio autor. Quando, porém, estão identificadas por siglas, é porque são notas de edição. As siglas obedecem aos seguintes critérios: N. T., nota do tradutor; N. E. A., nota da edição alemã original; N. E. R., nota da edição russa original; N. R. T., nota do revisor técnico (caso das notas incluídas pela tradutora do russo Paula Almeida, que se encarregou da revisão técnica dos textos de Lênin e Trótski); N. E. N.-A., nota de edição norte-americana consultada (Karl Marx, *The Karl Marx Library*, v. 1, Nova York, McGraw Hill, 1972); apenas N. E., nota desta edição, ou seja, da Boitempo; quando acompanhada do nome de outra editora, trata-se de uma nota da edição cuja tradução nos serviu como base. Já nos textos do livro *A ideologia alemã*, as siglas S. M. e V. M. significam, respectivamente, que o texto em questão foi "suprimido do manuscrito" ou é uma "variante do manuscrito". Cada texto tem uma introdução, na qual se encontram as referências bibliográficas das edições originais e o nome dos tradutores e revisores técnicos.

Em poucos casos optamos por manter algumas especificidades de edição. Na maioria dos textos, quando o autor escreveu termos em idiomas diferentes do seu original, optamos por traduzi-los em seguida, entre colchetes. Isso só não aconteceu na seleção do livro *Grundrisse*, que seguiu o critério da edição da Boitempo, publicada em 2011: as letras sobrescritas (i, f), precedidas de apóstrofe, indicam que a frase toda foi escrita na língua indicada pela sua inicial (inglês ou francês, respectivamente); quando apenas uma palavra é seguida de letra sobrescrita, é porque somente ela estava em idioma diferente.

Por serem apresentados aqui trechos de livros, e não todo o seu conteúdo, muitas vezes a numeração de capítulos não é sequencial, como no caso do *Manifesto Comunista*, do qual são aqui publicados apenas os capítulos II, III e IV. Este volume inclui ainda um índice onomástico e indicações bibliográficas, para os leitores que quiserem se aprofundar mais nos temas abordados pelos autores em sua rica produção intelectual.

APRESENTAÇÃO

Ivana Jinkings e Emir Sader

A esquerda – como a entendemos hoje – nasceu com a Revolução Francesa, em 1789, centrada em ideais de "liberdade, igualdade e fraternidade". A própria palavra decorre dessa origem: o termo foi cunhado a partir da posição, à esquerda, ocupada pelos jacobinos na Assembleia Nacional. Desde então, as teorias socialistas e anticapitalistas voltaram-se para o desdobramento e a prática desses princípios, e a palavra "esquerda" passou a sintetizar a defesa do socialismo, a luta contra a exploração, a dominação, a discriminação e a alienação.

As proposições e os projetos dessa corrente de pensamento estiveram no centro dos debates teóricos e das principais lutas políticas do último século e meio, quando gerações foram educadas sob os ideais de humanismo, solidariedade e emancipação. Agora, quando a ordem comandada pelo capital demonstra sua insustentabilidade e seu caráter antissocial – promovendo a desigualdade, a luta de todos contra todos e o culto ao dinheiro em meio à miséria que esse mesmo regime produz, reproduz e à qual relega a grande maioria da humanidade –, acreditamos ser fundamental fazer chegar aos jovens, e a todos os que seguem sonhando e lutando por justiça social, alguns dos mais importantes textos elaborados pelo pensamento marxista.

Para os que buscam a transformação revolucionária do mundo, a teoria precisa ser instrumento da política, da materialização dos seus ideais em projetos concretos. Pois a teoria – segundo Marx – "converte-se em força material quando penetra nas massas"[1]. Ou, conforme os termos que dão título a esta antologia, "as armas da crítica" devem se colocar a serviço da "crítica das armas".

---

[1] Karl Marx, *Crítica da filosofia do direito de Hegel* (São Paulo, Boitempo, 2005), p. 151.

As armas da crítica para a crítica das armas

Este livro inaugura um projeto planejado para três volumes, divididos entre os autores clássicos, os do chamado marxismo ocidental[2] e os contemporâneos. Abrindo este primeiro tomo – dos clássicos – estão escritos dos fundadores do marxismo, Karl Marx e Friedrich Engels, que estabeleceram as bases do corpo teórico e da visão de mundo que orientam a esquerda desde a publicação do *Manifesto Comunista*, em 1848.

Seguem-se a eles textos redigidos pelos mais destacados teóricos e dirigentes políticos do ciclo revolucionário do fim dos anos 1910 e do momento imediatamente posterior à Primeira Guerra Mundial: Vladímir Ilitch Uliánov Lênin, Leon Trótski, Rosa Luxemburgo e Antonio Gramsci. Esses pertencem à segunda geração de teóricos marxistas, sendo Lênin e Trótski ligados à primeira revolução proletária vitoriosa da história – a Revolução Russa de 1917 – e os dois últimos a rebeliões frustradas, na Alemanha e na Itália, sobre cuja derrota se erigiram as mais significativas contrarrevoluções de massa, que tiveram entre suas consequências o assassinato de Rosa, em 1919, e a prisão de Gramsci pelo regime fascista de Benito Mussolini, em 1926. Todos são exemplos consagrados da capacidade de articulação entre teoria e prática, reflexão e ação, nos momentos de ascensão e de refluxo do movimento comunista.

Nossa escolha por autores marxistas para esta coleção se deve ao fato de o marxismo constituir a espinha dorsal das teorias e práticas da esquerda desde que esta se firmou como força política e ideológica ao longo do século XX. Outras correntes, como o anarquismo e o socialismo utópico, tiveram importância em determinados momentos da história – chegando mesmo a influenciar fortemente alguns dos pensadores constantes deste livro –, porém suas formulações teóricas não tiveram a mesma projeção no mundo contemporâneo. Casos de Graco Babeuf, do conde de Saint-Simon, de Charles Fourier e Pierre-Joseph Proudhon. Também não foram selecionados textos de alguns autores marxistas, como Karl Kautsky, Gueórgui Plekhánov, Alexandra Kollontai e Nikolai Bukharin, entre tantos outros que poderiam ter sido incluídos, sob o ônus de este livro tornar-se excessivamente extenso.

---

[2] Expressão que identifica uma segunda vertente de teóricos, desvinculados de uma prática política concreta, consagrada por Perry Anderson no livro *Considerações sobre o marxismo ocidental* (São Paulo, Boitempo, 2004). Representada por György Lukács, Ernst Bloch, Karl Korsch, Walter Benjamin, Max Horkheimer, Herbert Marcuse, Henri Lefebvre, Theodor Adorno, Jean-Paul Sartre, Lucien Goldmann, Louis Althusser, entre outros.

Os autores que constam deste volume compartilham algumas características. Foram ao mesmo tempo teóricos e militantes, pensadores e dirigentes revolucionários, coerentes com um dos elementos essenciais do marxismo: a interpretação do mundo aliada ao projeto de sua transformação revolucionária. A prática política, o âmbito partidário, as esferas nacionais e internacionais foram sempre seus espaços de reflexão e de ação. Nenhum deles se dedicou a carreiras acadêmicas, nem por isso deixaram de valorizar extraordinariamente a teoria, construindo obras de porte monumental como formas de decifrar a realidade e fundamentar a ação política. Os exemplos são muitos: *A ideologia alemã*, de Marx e Engels; *O Estado e a revolução*, de Lênin; *A história da Revolução Russa*, de Trótski; *A acumulação do capital*, de Rosa Luxemburgo; e os *Cadernos do cárcere*, de Gramsci, entre vários outros.

Procuraram escrever para um público amplo, de militantes políticos, trabalhadores e jovens, buscando combinar rigor teórico com linguagem acessível a leitores nem sempre familiarizados com temas filosóficos, históricos, econômicos. Nós os chamamos de fundadores – sem menosprezo à contribuição de outros pensadores – porque foram responsáveis pelas formulações essenciais da esquerda, como ela foi se forjando ao longo do tempo e como se compõe hoje. Construíram os pilares básicos de temas como a luta de classes, os processos de acumulação do capital, a construção de partidos revolucionários, os modelos hegemônicos, os projetos de estratégias de transformação da realidade e os critérios para a construção das sociedades socialistas.

Viveram entre a primeira metade do século XIX e a primeira metade do século XX. Marx e Engels em pleno desabrochar da Revolução Industrial, os demais já no período imperialista do capitalismo. No conjunto de suas obras, souberam captar a natureza do regime do capital e suas expressões históricas concretas. Capacitaram o movimento operário e os partidos políticos a compreender as novas formas assumidas pela dominação capitalista em escala mundial, assim como a crescente barbarização da vida social. São, portanto, fundadores de teorias que vêm alimentando e iluminando os estudos e a prática política de diversas gerações.

Fundadores do socialismo científico

Marx e Engels nasceram durante as guerras napoleônicas, respectivamente em 1818 e 1820, ainda sob o impacto da Revolução Francesa, da irrupção do capitalismo e do monumental trabalho de Georg Wilhelm Friedrich Hegel. A obra que edificaram revolucionou o mundo das ideias e deu impulso ao mais poderoso movimento social e político que a história já conheceu. Nenhum outro conjunto de escritos ou corrente teórica alcançou a transcendência atingida por esses filósofos, que influenciaram intelectual e politicamente a constituição de organizações sociais, de partidos políticos, de movimentos culturais e de Estados populares.

Suas produções abarcam da filosofia à economia, passando pela política e pela história, incorporando, em cada momento, os desdobramentos anteriores, construindo uma nova totalidade, um novo campo teórico, sempre articulado em torno de suas contradições. Da crítica da alienação religiosa à política e, nesta, à diferenciação entre emancipação política e emancipação humana, que passa a sintetizar a superação dialética de todas as formas de alienação.

Transformaram o pensamento humano em muitos aspectos – antes de desembocar em uma proposta de conversão revolucionária do capitalismo para o socialismo, a nova teoria modificou as formas de pensar e a própria concepção do que significa a prática política. Iniciaram suas reflexões pela filosofia porque, para intelectuais alemães da época, o maior desafio era decifrar o enigma da obra hegeliana. Esse acerto de contas passou pela filosofia do direito e pela filosofia do Estado, até chegar ao que chamaram de "anatomia da sociedade civil", no seio da qual jazia a luta de classes. O resgate da dialética de Hegel e a crítica superadora de seus elementos metafísicos trouxeram consigo a maior revolução no pensamento filosófico desde seu surgimento, tornando-se um marco na cultura ocidental.

A direita tomou o marxismo como seu inimigo principal, desenvolvendo correntes ideológicas e formas de ação política para impedir que aquelas ideias penetrassem nas camadas populares e modificassem o mundo. Marx e Engels, conscientes de sua condição de intelectuais, concentraram-se na produção teórica rigorosa – densa e incomparável em curto período de tempo. Mas fizeram também uma opção de classe e, embora não fossem proletários, assumiram essa perspectiva e tornaram-se militantes e dirigentes internacionalistas do nascente movimento operário europeu. Suas atenções se voltaram para os primeiros levantamentos e para as condições dos trabalhadores, como reação à expansão do capitalismo industrial.

Unidos pela amizade e por uma profícua colaboração intelectual e política, esses dois pensadores viveram intensamente o seu tempo. Sofreram repressão nos países por onde passaram; fizeram o balanço da Revolução Francesa, que desembocou na Restauração monárquica; participaram da fundação da Primeira Internacional; acompanharam de perto a experiência da Comuna de Paris e buscaram solidariedade internacional ao movimento, para depois fazer um exame sistemático das suas conquistas e limitações.

A crítica clássica marxista

Este volume inicia-se com o *Manifesto Comunista*, expressão sintética de uma nova interpretação do mundo e um novo projeto político. Considerado o texto político mais importante da história contemporânea – assim como o mais lido –, escrito meses antes das rebeliões de 1848, nele se articulam dimensões fundamentais da concepção marxiana da história, como o encadeamento de sociedades articuladas por diferentes modos de produção, tendo a luta de classes como motor. Os textos escolhidos abordam ainda filosofia, economia e aquilo que posteriormente György Lukács diria ser o elemento ortodoxo, de permanência, no marxismo: o método dialético. São escritos que refletem a incorporação da dialética hegeliana por Marx e Engels, produzindo o que caracterizariam como uma inversão do idealismo, cujas proporções tiveram o sentido de uma revolução copernicana.

De Lênin, o dirigente bolchevique que liderou a Revolução de Outubro, vitoriosa em tempos de imperialismo e colonialismo, reproduzimos trechos de três obras notáveis: *Que fazer?*, *O imperialismo, fase superior do capitalismo* e *O Estado e a revolução*. São textos curtos, mas que deixam transparecer o político, intelectual e estrategista apontado por Eric Hobsbawm como o personagem de maior impacto individual na história do século XX.

Leon Trótski foi, depois de Lênin, o dirigente mais importante da Revolução Russa de 1917. Presidiu o soviete de Petrogrado em 1905, organizou o Exército Vermelho e foi Comissário do Povo para Negócios Estrangeiros após a vitória da revolução. Dele selecionamos um trecho do livro *Balanço e perspectivas*, a introdução de *A revolução permanente* e "Seria a burocracia uma classe dominante?", capítulo de *A revolução traída*.

Foi ainda sobre esse formidável movimento revolucionário que Rosa Luxemburgo escreveu "O significado fundamental da Revolução Russa", em que aponta hesitações de Lênin e Trótski. Dessa corajosa revolucionária polonesa, que ajudou a fundar o Partido Comunista da Alemanha, selecionamos também um trecho de "Greve de massas, partido e sindicatos", retirado dos escritos de 1906, e excertos de "A acumulação do capital, ou O que os epígonos fizeram da teoria marxista: uma contracrítica".

De Antonio Gramsci incluímos quatro textos: "A revolução contra *O capital*" faz parte dos *Escritos políticos*, enquanto "O conceito de revolução passiva", "O problema da direção política na formação e no desenvolvimento da nação e do Estado moderno na Itália" e "Observações sobre alguns aspectos da estrutura dos partidos políticos nos períodos de crise orgânica" foram extraídos dos *Cadernos do cárcere*, volumes 3 e 5. De 1926, quando foi preso, até 1935, quando sua saúde não lhe permitiu mais escrever, o comunista italiano redigiu os volumes que compõem os *Cadernos*. Anteriores à sua prisão, os *Escritos políticos* mostram seu pensamento ainda em processo de formação.

Quase cem anos depois da primeira revolta proletária bem-sucedida no mundo, quando a palavra "revolução" de certo modo se banaliza e alguns chegam a proclamar o fim da história, a publicação deste livro pode parecer extemporânea. Por que voltar aos clássicos do marxismo em um momento destes? Se ser de esquerda é lutar pela igualdade, esperamos que a leitura – ou a releitura – dos escritos de Karl Marx, Friedrich Engels, Vladímir Lênin, Leon Trótski, Rosa Luxemburgo e Antonio Gramsci represente um passo adiante na luta, sempre atual e renovada, contra a fonte maior de desigualdades, o capitalismo. Que a leitura desses clássicos nos torne cada vez mais contemporâneos do nosso presente. Que nos leve a pensar na história como uma permanente aventura de liberdade e de utopias, fazendo da articulação entre teoria e prática a chave da construção de um futuro que vislumbre a emancipação humana.

Julho de 2012

**KARL MARX e
FRIEDRICH ENGELS**

Karl Heinrich Marx (1818-1883) – Filósofo, economista e político socialista alemão, passou a maior parte da vida exilado em Londres. Doutorou-se em 1841 pela Universidade de Berlim, com uma tese sobre Epicuro. Foi ligado à esquerda hegeliana e ao materialismo de Feuerbach. Em 1844 conheceu Friedrich Engels e em 1845 escreveram e publicaram o primeiro livro em parceria, A sagrada família, que marca seu rompimento com os jovens hegelianos. Em 1847, com 29 e 27 anos, respectivamente, redigiram o texto que transformou o mundo ao declarar a luta de classes como motor da história: o Manifesto do Partido Comunista. Marx desenvolveu uma ideia de comunismo ligada à sua concepção da história e a uma resoluta intervenção na luta política, solidária com o movimento operário. Suas obras mais conhecidas são O capital e A ideologia alemã (esta escrita em colaboração com Engels).

Friedrich Engels (1820-1895) – Filósofo alemão, amigo e colaborador de Karl Marx, com quem escreveu obras fundamentais como A sagrada família (1845) e a A ideologia alemã (1845-1846). Filho de um industrial rico, tornou-se comunista na juventude e uma liderança revolucionária mundial. Dedicou-se ao problema da dialética da natureza e aos estudos sobre a classe trabalhadora na Inglaterra. Entre outros livros, é autor de A situação da classe trabalhadora na Inglaterra (1845), Anti-Düring (1878) e A dialética da natureza (1883). Depois da morte de Marx, publicou A origem da família, do Estado e da propriedade privada (1884), Ludwig Feuerbach e o fim da filosofia clássica alemã (1886) e encarregou-se da publicação dos Livros II e III de O capital. Fundador, com Marx, do socialismo científico.

1
Manifesto Comunista

O *Manifesto do Partido Comunista*, ou simplesmente *Manifesto Comunista*, como ficou mais conhecido, foi escrito sob encomenda da Liga dos Comunistas, em novembro de 1847, quando se acreditava que a Europa estava às vésperas de uma revolução. Sua publicação ocorreu em fevereiro do ano seguinte, com o título *Manifest der Kommunistischen Partei*.

Esse pequeno panfleto marcou uma virada histórica ao apresentar, pela primeira vez, um projeto político baseado numa perspectiva de classe e ao oferecer um painel extraordinário da "modernidade" capitalista. Para além de sua antecipação analítica, ele propunha uma nova organização social e política e acabaria por se tornar o documento político mais importante de todos os tempos, uma das obras mais lidas, traduzidas e difundidas em todo o mundo. Passado mais de um século e meio desde sua publicação, a atualidade e o vigor do *Manifesto* se mantêm inalterados. Intelectuais e militantes das mais diversas correntes de pensamento reconhecem que essa admirável obra-prima ainda tem muito a dizer ao mundo, em pleno século XXI.

A tradução aqui utilizada (São Paulo, Boitempo, 1998) foi feita por Álvaro Pina, a partir da edição alemã de 1890 (prefaciada e anotada por Friedrich Engels), para as edições Avante! (Lisboa, 1975). Ivana Jinkings e Daniela Jinkings revisaram a versão portuguesa e a cotejaram com a edição em inglês, organizada pelo próprio Engels (Londres, W. Reeves, 1888); com a tradução francesa de E. Bottigelli (Paris, Aubier-Montaigne, 1971) e com a italiana de Antonio Labriola (Milão, Avanti!, 1960), sendo de ambas o texto final publicado pela Boitempo. A seguir encontram-se os capítulos II, III e IV do documento.

II. Proletários e comunistas

Qual a relação dos comunistas com os proletários em geral?

Os comunistas não formam um partido à parte, oposto aos outros partidos operários.

Não têm interesses diferentes dos interesses do proletariado em geral. Não proclamam princípios particulares, segundo os quais pretendam moldar o movimento operário.

Os comunistas se distinguem dos outros partidos operários somente em dois pontos: 1) nas diversas lutas nacionais dos proletários, destacam e fazem prevalecer os interesses comuns do proletariado, independentemente da nacionalidade; 2) nas diferentes fases de desenvolvimentos por que passa a luta entre proletários e burgueses, representam, sempre e em toda parte, os interesses do movimento em seu conjunto.

Na prática, os comunistas constituem a fração mais resoluta dos partidos operários de cada país, a fração que impulsiona as demais; teoricamente têm sobre o resto do proletariado a vantagem de uma compreensão nítida das condições, do curso e dos fins gerais do movimento proletário.

O objetivo imediato dos comunistas é o mesmo que o de todos os demais partidos proletários: constituição do proletariado em classe, derrubada da supremacia burguesa, conquista do poder político pelo proletariado.

As proposições teóricas dos comunistas não se baseiam, de modo algum, em ideias ou princípios inventados ou descobertos por este ou aquele reformador do mundo.

São apenas a expressão geral das condições efetivas de uma luta de classes que existe, de um movimento histórico que se desenvolve diante dos olhos. A abolição das relações de propriedade que até hoje existiram não é uma característica peculiar e exclusiva do comunismo.

Todas as relações de propriedade têm passado por modificações constantes em consequência das contínuas transformações das condições históricas.

A Revolução Francesa, por exemplo, aboliu a propriedade feudal em proveito da propriedade burguesa.

O que caracteriza o comunismo não é a abolição da propriedade em geral, mas a abolição da propriedade burguesa.

Mas a moderna propriedade privada burguesa é a última e mais perfeita expressão do modo de produção e de apropriação baseado nos antagonismos de classes, na exploração de uns pelos outros.

Nesse sentido, os comunistas podem resumir sua teoria numa única expressão: supressão da propriedade privada.

Nós, comunistas, temos sido censurados por querer abolir a propriedade pessoalmente adquirida, fruto do trabalho do indivíduo – propriedade que dizem ser a base de toda liberdade, de toda atividade, de toda independência individual.

Propriedade pessoal, fruto do trabalho e do mérito! Falais da propriedade do pequeno-burguês, do pequeno camponês, forma de propriedade anterior à propriedade burguesa? Não precisamos aboli-la, porque o progresso da indústria já a aboliu e continua abolindo-a diariamente. Ou porventura falais da moderna propriedade privada, da propriedade burguesa?

Mas o trabalho do proletário, o trabalho assalariado, cria propriedade para o proletário? De modo algum. Cria o capital, isto é, a propriedade que explora o trabalho assalariado e que só pode aumentar sob a condição de gerar novo trabalho assalariado, para voltar a explorá-lo. Em sua forma atual, a propriedade se move entre dois termos antagônicos: capital e trabalho. Examinemos os termos desse antagonismo.

Ser capitalista significa ocupar não somente uma posição pessoal, mas também uma posição social na produção. O capital é um produto coletivo e só pode ser posto em movimento pelos esforços combinados de muitos membros da sociedade, em última instância pelos esforços combinados de todos os membros da sociedade.

O capital não é, portanto, um poder pessoal: é um poder social.

Assim, quando o capital é transformado em propriedade comum, pertencente a todos os membros da sociedade, não é uma propriedade pessoal que se transforma em propriedade social. O que se transformou foi o caráter social da propriedade. Esta perde seu caráter de classe.

Vejamos agora o trabalho assalariado.

O preço médio que se paga pelo trabalho assalariado é o mínimo de salário, ou seja, a soma dos meios de subsistência necessários para que o operário viva como operário. Por conseguinte, o que o operário recebe com o seu trabalho é o estritamente necessário para a mera conservação e reprodução de sua existência. Não pretendemos de modo algum abolir essa apropriação pessoal dos produtos do trabalho, indispensável à manutenção e à reprodução da vida humana – uma apropriação que não deixa nenhum lucro líquido que confira poder sobre o trabalho alheio. Queremos apenas suprimir o caráter miserável dessa apropriação, que faz com que o operário só viva para aumentar o capital e só viva na medida em que o exigem os interesses da classe dominante.

Na sociedade burguesa o trabalho vivo é sempre um meio de aumentar o trabalho acumulado. Na sociedade comunista o trabalho acumulado é um meio de ampliar, enriquecer e promover a existência dos trabalhadores.

Na sociedade burguesa o passado domina o presente; na sociedade comunista é o presente que domina o passado. Na sociedade burguesa o capital é independente e pessoal, ao passo que o indivíduo que trabalha é dependente e impessoal.

É a supressão dessa situação que a burguesia chama de supressão da individualidade e da liberdade. E com razão. Porque se trata efetivamente de abolir a individualidade burguesa, a independência burguesa, a liberdade burguesa.

Por liberdade, nas atuais relações burguesas de produção, compreende-se a liberdade de comércio, a liberdade de comprar e vender.

Mas, se o tráfico desaparece, desaparecerá também a liberdade de traficar. Toda a fraseologia sobre o livre-comércio, bem como todas as bravatas de nossa burguesia sobre a liberdade, só têm sentido quando se referem ao comércio constrangido e ao burguês oprimido da Idade Média; nenhum sentido têm quando se trata da supressão comunista do tráfico, das relações burguesas de produção e da própria burguesia.

Horrorizai-vos porque queremos suprimir a propriedade privada. Mas em vossa sociedade a propriedade privada está suprimida para nove décimos de seus membros. E é precisamente porque não existe para estes nove décimos que ela existe para vós. Censurai-nos, portanto, por querermos abolir uma forma de propriedade que pressupõe como condição necessária que a imensa maioria da sociedade não possua propriedade.

Numa palavra, censurai-nos por querermos abolir a vossa propriedade.

De fato, é isso que queremos.

A partir do momento em que o trabalho não possa mais ser convertido em capital, em dinheiro, em renda da terra – numa palavra, em poder social capaz de ser monopolizado –, isto é, a partir do momento em que a propriedade individual não possa mais se converter em propriedade burguesa, declarais que o indivíduo está suprimido.

Confessais, no entanto, que quando falais do indivíduo, quereis referir-vos unicamente ao burguês, ao proprietário burguês. E este indivíduo, sem dúvida, deve ser suprimido.

O comunismo não priva ninguém do poder de se apropriar de sua parte dos produtos sociais; apenas suprime o poder de subjugar o trabalho de outros por meio dessa apropriação.

Alega-se ainda que, com a abolição da propriedade privada, toda atividade cessaria, uma inércia geral apoderar-se-ia do mundo.

Se isso fosse verdade, há muito que a sociedade burguesa teria sucumbido à ociosidade, pois os que no regime burguês trabalham não lucram, e os que lucram não trabalham. Toda a objeção se reduz a esta tautologia: não haverá mais trabalho assalariado quando não mais existir capital.

As objeções feitas ao modo comunista de produção e de apropriação dos produtos materiais foram igualmente ampliadas à produção e à apropriação dos produtos do trabalho intelectual. Assim como o desaparecimento da propriedade de classe equivale, para o burguês, ao desaparecimento de toda a produção, o desaparecimento da cultura de classe significa, para ele, o desaparecimento de toda a cultura.

A cultura, cuja perda o burguês deplora, é para a imensa maioria dos homens apenas um adestramento que os transforma em máquinas.

Mas não discutais conosco aplicando à abolição da propriedade burguesa o critério de vossas noções burguesas de liberdade, cultura, direito etc. Vossas próprias ideias são produtos das relações de produção e de propriedade burguesas, assim como o vosso direito não passa da vontade de vossa classe erigida em lei, vontade cujo conteúdo é determinado pelas condições materiais de vossa existência como classe.

Essa concepção interesseira, que vos leva a transformar em leis eternas da natureza e da razão as relações sociais oriundas do vosso modo de produção e de propriedade – relações transitórias que surgem e desaparecem no curso da produção –, é por vós compartilhada com todas as classes dominantes já desaparecidas. O que aceitais para a propriedade antiga, o que aceitais para a propriedade feudal, já não podeis aceitar para a propriedade burguesa.

Supressão da família! Até os mais radicais se indignam com esse propósito infame dos comunistas.

Sobre que fundamento repousa a família atual, a família burguesa? Sobre o capital, sobre o ganho individual. A família, na sua plenitude, só existe para a burguesia, mas encontra seu complemento na ausência forçada da família entre os proletários e na prostituição pública. A família burguesa desvanece-se naturalmente com o desvanecer de seu complemento, e ambos desaparecem com o desaparecimento do capital.

Censurai-nos por querermos abolir a exploração das crianças pelos seus próprios pais? Confessamos esse crime.

Dizeis também que destruímos as relações mais íntimas, ao substituirmos a educação doméstica pela educação social.

E vossa educação não é também determinada pela sociedade? Pelas condições sociais em que educais vossos filhos, pela intervenção direta ou indireta da sociedade, por meio de vossas escolas etc.? Os comunistas não inventaram a intromissão da sociedade na educação; apenas procuram modificar seu caráter arrancando a educação da influência da classe dominante.

O palavreado burguês sobre a família e a educação, sobre os doces laços que unem a criança aos pais, torna-se cada vez mais repugnante à medida que a grande indústria destrói todos os laços familiares dos proletários e transforma suas crianças em simples artigos de comércio, em simples instrumentos de trabalho.

"Vós, comunistas, quereis introduzir a comunidade das mulheres!", grita-nos toda a burguesia em coro.

Para o burguês, a mulher nada mais é do que um instrumento de produção. Ouvindo dizer que os instrumentos de produção serão explorados em comum, conclui naturalmente que o destino de propriedade coletiva caberá igualmente às mulheres. Não imagina que se trata precisamente de arrancar a mulher de seu papel de simples instrumento de produção.

De resto, nada é mais ridículo que a virtuosa indignação que os nossos burgueses manifestavam em relação à pretensa comunidade oficial das mulheres que os comunistas adotariam. Os comunistas não precisam introduzir a comunidade das mulheres. Ela quase sempre existiu.

Nossos burgueses, não contentes em ter à sua disposição as mulheres e as filhas dos proletários, sem falar da prostituição oficial, têm singular prazer em seduzir as esposas uns dos outros.

O casamento burguês é, na realidade, a comunidade das mulheres casadas. No máximo, poderiam acusar os comunistas de querer substituir uma comunidade de mulheres, hipócrita e dissimulada, por outra que seria franca e oficial. De resto, é evidente que, com a abolição das atuais relações de produção, desaparecerá também a comunidade das mulheres que deriva dessas relações, ou seja, a prostituição oficial e a não oficial.

Os comunistas também são acusados de querer abolir a pátria, a nacionalidade.

Os operários não têm pátria. Não se lhes pode tirar aquilo que não possuem. Como, porém, o proletariado tem por objetivo conquistar o poder político e elevar-se a classe dirigente da nação, tornar-se ele próprio nação, ele é, nessa medida, nacional, mas de modo nenhum no sentido burguês da palavra.

Os isolamentos e os antagonismos nacionais entre os povos desaparecem cada vez mais com o desenvolvimento da burguesia, com a liberdade de comércio, com o mercado mundial, com a uniformidade da produção industrial e com as condições de existência a ela correspondentes.

A supremacia do proletariado fará com que desapareçam ainda mais depressa. A ação comum do proletariado, pelo menos nos países civilizados, é uma das primeiras condições para sua emancipação.

À medida que for suprimida a exploração do homem pelo homem será suprimida a exploração de uma nação por outra.

Quando os antagonismos de classes, no interior das nações, tiverem desaparecido, desaparecerá a hostilidade entre as próprias nações.

As acusações feitas aos comunistas em nome da religião, da filosofia e da ideologia em geral não merecem um exame aprofundado.

Será preciso grande inteligência para compreender que, ao mudarem as relações de vida dos homens, as suas relações sociais, a sua existência social, mudam também as suas representações, as suas concepções e seus conceitos; numa palavra, muda a sua consciência?

Que demonstra a história das ideias senão que a produção intelectual se transforma com a produção material? As ideias dominantes de uma época sempre foram as ideias da classe dominante.

Quando se fala de ideias que revolucionam uma sociedade inteira, isso quer dizer que no seio da velha sociedade se formaram os elementos de uma sociedade nova e que a dissolução das velhas ideias acompanha a dissolução das antigas condições de existência.

Quando o mundo antigo declinava, as antigas religiões foram vencidas pela religião cristã; quando, no século XVIII, as ideias cristãs cederam lugar às ideias Iluministas, a sociedade feudal travava sua batalha decisiva contra a burguesia então revolucionária. As ideias de liberdade religiosa e de consciência não fizeram mais que proclamar o Império da livre concorrência no domínio do conhecimento.

"Mas" – dirão – "as ideias religiosas, morais, filosóficas, políticas, jurídicas etc., modificaram-se no curso do desenvolvimento histórico. A religião, a moral, a filosofia, a política, o direito sobreviveram sempre a essas transformações.

"Além disso, há verdades eternas, como a liberdade, a justiça etc., que são comuns a todos os regimes sociais. Mas o comunismo quer abolir essas verdades eternas, quer abolir a religião e a moral, em lugar de lhes dar uma nova forma, e isso contradiz todos os desenvolvimentos históricos anteriores".

A que se reduz essa acusação? A história de toda a sociedade até nossos dias moveu-se em antagonismos de classes, antagonismos que se têm revestido de formas diferentes nas diferentes épocas.

Mas qualquer que tenha sido a forma assumida, a exploração de uma parte da sociedade por outra é um fato comum a todos os séculos anteriores. Portanto, não é de espantar que a consciência social de todos os séculos, apesar de toda sua variedade e diversidade, se tenha movido sempre sob certas formas comuns, formas de consciência que só se dissolverão completamente com o desaparecimento total dos antagonismos de classes.

A revolução comunista é a ruptura mais radical com as relações tradicionais de propriedade; não admira, portanto, que no curso de seu desenvolvimento se rompa, do modo mais radical, com as ideias tradicionais.

Mas deixemos de lado as objeções feitas pela burguesia ao movimento comunista.

Vimos antes que a primeira fase da revolução operária é a elevação do proletariado a classe dominante, a conquista da democracia.

O proletariado utilizará sua supremacia política para arrancar pouco a pouco todo o capital da burguesia, para centralizar todos os instrumentos de produção nas mãos do Estado, isto é, do proletariado organizado como classe dominante, e para aumentar o mais rapidamente possível o total das forças produtivas.

Isso naturalmente só poderá ser realizado, a princípio, por intervenções despóticas no direito de propriedade e nas relações de produção burguesas, isto é, pela aplicação de medidas que, do ponto de vista econômico, parecerão insuficientes e insustentáveis, mas que no desenrolar do movimento ultrapassarão a si mesmas e serão indispensáveis para transformar radicalmente todo o modo de produção.

Essas medidas, é claro, serão diferentes nos diferentes países.

Nos países mais adiantados, contudo, quase todas as seguintes medidas poderão ser postas em prática:

1 Expropriação da propriedade fundiária e emprego da renda da terra para despesas do Estado.
2 Imposto fortemente progressivo.
3 Abolição do direito de herança.
4 Confisco da propriedade de todos os emigrados e rebeldes.
5 Centralização do crédito nas mãos do Estado por meio de um banco nacional com capital do Estado e com o monopólio exclusivo.
6 Centralização de todos os meios de comunicação e transporte nas mãos do Estado.
7 Multiplicação das fábricas nacionais e dos instrumentos de produção, arroteamento das terras incultas e melhoramento das terras cultivadas, segundo um plano geral.
8 Unificação do trabalho obrigatório para todos, organização de exércitos industriais, particularmente para a agricultura.
9 Unificação dos trabalhos agrícola e industrial; abolição gradual da distinção entre a cidade e o campo por meio de uma distribuição mais igualitária da população pelo país.
10 Educação pública e gratuita a todas as crianças; abolição do trabalho das crianças nas fábricas, como é praticado hoje. Combinação da educação com a produção material etc.

Quando, no curso do desenvolvimento, desaparecerem os antagonismos de classes e toda a produção for concentrada nas mãos dos indivíduos associados, o poder público perderá seu caráter político. O poder político é o poder organizado de uma classe para a opressão de outra.

Se o proletariado, em sua luta contra a burguesia, se organiza forçosamente como classe, se por meio de uma revolução se converte em classe dominante e como classe dominante destrói violentamente as antigas relações de produção, destrói, juntamente com essas relações de produção, as condições de existência dos antagonismos entre as classes, destrói as classes em geral e, com isso, sua própria dominação como classe.

Em lugar da antiga sociedade burguesa, com suas classes e antagonismos de classes, surge uma associação na qual o livre desenvolvimento de cada um é a condição para o livre desenvolvimento de todos.

III. Literatura socialista e comunista

1. O socialismo reacionário

a. O socialismo feudal

Por sua posição histórica, as aristocracias da França e da Inglaterra viram-se chamadas a lançar libelos contra a sociedade burguesa. Na revolução francesa de julho de 1830, no movimento inglês pela reforma[1], tinham sucumbido mais uma vez sob os golpes desta odiada arrivista.

A partir daí não se podia tratar de uma luta política séria; só lhes restava a luta literária. Mas também no domínio literário tornara-se impossível a velha fraseologia da Restauração[2].

Para despertar simpatias, a aristocracia fingiu deixar de lado seus próprios interesses e dirigiu sua acusação contra a burguesia, aparentando defender apenas os interesses da classe operária explorada. Desse modo, entregou-se ao prazer de cantarolar sátiras sobre os novos senhores e de lhes sussurrar ao ouvido profecias sinistras.

Assim surgiu o socialismo feudal: em parte lamento, em parte pasquim; em parte ecos do passado, em parte ameaças ao futuro. Se por vezes a sua crítica amarga, mordaz e espirituosa feriu a burguesia no coração, sua impotência absoluta em

---

[1] Sob pressão das massas, a Câmara dos Comuns inglesa aprovou, em 1831, uma reforma eleitoral que facilitava o acesso da burguesia industrial ao parlamento. (N. E.)

[2] Não se trata da Restauração Inglesa, de 1660 a 1689, mas da Restauração Francesa, de 1814 a 1830. (Nota de Engels à edição inglesa de 1888.)

compreender a marcha da História moderna terminou sempre produzindo um efeito cômico.

Para atrair o povo, a aristocracia desfraldou como bandeira a sacola do mendigo; mas assim que o povo acorreu, percebeu que as costas da bandeira estavam ornadas com os velhos brasões feudais e dispersou-se com grandes e irreverentes gargalhadas.

Uma parte dos legitimistas franceses e a "Jovem Inglaterra" ofereceram ao mundo esse espetáculo.

Quando os feudais demonstraram que o seu modo de exploração era diferente do da burguesia, esqueceram apenas uma coisa: que o feudalismo explorava em circunstâncias e condições completamente diversas, hoje em dia ultrapassadas. Quando ressaltam que sob o regime feudal o proletariado moderno não existia, esquecem que a burguesia foi precisamente um fruto necessário de sua organização social.

Além disso, ocultam tão pouco o caráter reacionário de sua crítica que sua principal acusação contra a burguesia consiste justamente em dizer que esta assegura sob seu regime o desenvolvimento de uma classe que fará ir pelos ares toda a antiga ordem social.

O que reprovam à burguesia é mais o fato de ela ter produzido um proletariado revolucionário que o de ter criado o proletariado em geral.

Por isso, na luta política participam ativamente de todas as medidas de repressão contra a classe operária. E, na vida diária, a despeito de sua pomposa fraseologia, conformam-se perfeitamente em colher as maçãs de ouro da árvore da indústria e em trocar honra, amor e fidelidade pelo comércio de lã, açúcar de beterraba e aguardente[3].

Do mesmo modo que o padre e o senhor feudal marcharam sempre de mãos dadas, o socialismo clerical marcha lado a lado com o socialismo feudal.

Nada é mais fácil que recobrir o ascetismo cristão com um verniz socialista. O cristianismo também não se ergueu contra a propriedade privada, o matrimônio, o Estado? E em seu lugar não pregou a caridade e a pobreza, o celibato e a morti-

---

[3] Isso se refere sobretudo à Alemanha, onde a aristocracia latifundiária cultiva por conta própria grande parte de suas terras, com ajuda de administradores, e é, além disso, produtora de açúcar de beterraba e destiladores de aguardente. Os mais prósperos aristocratas britânicos se encontram, por enquanto, acima disso, mas também sabem como compensar a diminuição de suas rendas emprestando seu nome aos fundadores de sociedades anônimas de reputação mais ou menos duvidosa. (Nota de Engels à edição inglesa de 1888.)

ficação da carne, a vida monástica e a Igreja? O socialismo cristão não passa da água benta com que o padre abençoa o desfeito da aristocracia.

b. O socialismo pequeno-burguês

A aristocracia feudal não é a única classe arruinada pela burguesia, não é a única classe cujas condições de existência se atrofiam e perecem na sociedade burguesa moderna. Os pequeno-burgueses e os pequenos camponeses da Idade Média foram os precursores da burguesia moderna. Nos países onde o comércio e a indústria são pouco desenvolvidos, essa classe continua a vegetar ao lado da burguesia em ascensão.

Nos países onde a civilização moderna está florescente, forma-se uma nova classe de pequeno-burgueses que oscila entre o proletariado e a burguesia fração complementar da sociedade burguesa, reconstituindo-se sempre como os membros dessa classe, no entanto, se veem constantemente precipitados no proletariado, em razão da concorrência, e, com a marcha progressiva da grande indústria, sentem aproximar-se o momento em que desaparecerão completamente como fração independente da sociedade moderna e em que serão substituídos no comércio, na manufatura e na agricultura por supervisores, capatazes e empregados.

Em países como a França, onde os camponeses constituem bem mais da metade da população, era natural que os escritores que se batiam pelo proletariado e contra a burguesia aplicassem à sua crítica do regime burguês critérios do pequeno-burguês e do pequeno camponês e defendessem a causa operária do ponto de vista da pequena burguesia. Desse modo se formou o socialismo pequeno-burguês. Sismondi é o chefe dessa literatura, não somente na França, mas também na Inglaterra.

Esse socialismo dissecou com muita perspicácia as contradições inerentes às modernas relações de produção. Pôs a nu as hipócritas apologias dos economistas. Demonstrou de um modo irrefutável os efeitos mortíferos das máquinas e da divisão do trabalho, da concentração dos capitais e da propriedade territorial, a superprodução, as crises, a decadência inevitável dos pequeno-burgueses e pequenos camponeses, a miséria do proletariado, a anarquia na produção, a clamorosa desproporção na distribuição das riquezas, a guerra industrial de extermínio entre as nações, a dissolução dos velhos costumes, das velhas relações de família, das velhas nacionalidades.

Quanto ao seu "conteúdo positivo", porém, o socialismo burguês quer ou restabelecer os antigos meios de produção e de troca e, com eles, as antigas relações de propriedade e toda a antiga sociedade ou então fazer entrar à força os meios modernos de produção e de troca no quadro estreito das antigas relações de propriedade que foram destruídas e necessariamente despedaçadas por eles. Num e noutro caso, esse socialismo é ao mesmo tempo reacionário e utópico.

Sistema corporativo na manufatura e economia patriarcal no campo: eis suas últimas palavras.

Por fim, quando os obstinados fatos históricos dissiparam-lhe a embriaguez, essa escola socialista abandonou-se a uma covarde ressaca.

c. O socialismo alemão ou o "verdadeiro" socialismo

A literatura socialista e comunista da França, nascida sob a pressão de uma burguesia dominante e expressão literária da revolta contra esse domínio, foi introduzida na Alemanha quando a burguesia começava a sua luta contra o absolutismo feudal.

Filósofos, semifilósofos e impostores alemães lançaram-se avidamente sobre essa literatura, mas se esqueceram de que, com a importação da literatura francesa na Alemanha, não eram importadas ao mesmo tempo as condições de vida da França. Nas condições alemãs, a literatura francesa perdeu toda a significação prática imediata e tomou um caráter puramente literário. Aparecia apenas como especulação ociosa sobre a realização da essência humana. Assim, as reivindicações da primeira revolução francesa só eram, para os filósofos alemães do século XVIII, as reivindicações da "razão prática" em geral; e a manifestação da vontade dos burgueses revolucionários da França não expressava, a seus olhos, senão as leis da vontade pura, da vontade tal como deve ser, da vontade verdadeiramente humana.

O trabalho dos literatos alemães limitou-se a colocar as ideias francesas em harmonia com a sua velha consciência filosófica, ou melhor, a apropriar-se das ideias francesas sem abandonar seu próprio ponto de vista filosófico.

Apropriaram-se delas da mesma forma com que se assimila uma língua estrangeira: pela tradução.

Sabe-se que os monges escreveram hagiografias católicas insípidas sobre os manuscritos em que estavam registradas as obras clássicas da antiguidade pagã. Os literatos alemães agiram em sentido inverso a respeito da literatura francesa profana. Introduziram suas insanidades filosóficas no original francês. Por exemplo, sob a crítica francesa das funções do dinheiro, escreveram "alienação da essência humana"; sob a crítica francesa do Estado burguês, escreveram "superação do domínio da universalidade abstrata", e assim por diante.

A essa interpolação do palavreado filosófico nas teorias francesas deram o nome de "filosofia da ação", "verdadeiro socialismo", "ciência alemã do socialismo", "justificação filosófica do socialismo" etc.

Desse modo, emascularam completamente a literatura socialista e comunista francesa. E como nas mãos dos alemães essa literatura tinha deixado de ser a expressão da luta de uma classe contra outra, eles se felicitaram por terem-se elevado acima da "estreiteza francesa", e terem defendido não verdadeiras necessidades, mas a "necessidade da verdade"; não os interesses do proletário, mas os interesses do ser humano, do homem em geral, do homem que não pertence a nenhuma classe nem à realidade alguma e que só existe no céu brumoso da fantasia filosófica.

Esse socialismo alemão que levava tão solenemente a sério seus canhestros exercícios de escolar e que os apregoava tão charlatanescamente, foi perdendo, pouco a pouco, sua inocência pedante.

A luta da burguesia alemã e especialmente da burguesia prussiana contra os feudais e a monarquia absoluta, numa palavra, o movimento liberal, tornou-se mais séria.

Desse modo, apresentou-se ao "verdadeiro" socialismo a tão desejada oportunidade de contrapor ao movimento político as reivindicações socialistas, de lançar os anátemas tradicionais contra o liberalismo, o regime representativo, a concorrência burguesa, a liberdade burguesa de imprensa, o direito burguês, a liberdade e a igualdade burguesas; de pregar às massas que nada tinham a ganhar, mas, pelo contrário, tudo a perder nesse movimento burguês. O socialismo alemão esqueceu, bem a propósito, que a crítica francesa, da qual era o eco monótono, pressupunha a sociedade burguesa moderna com as condições materiais de existência que lhe correspondem e uma constituição política adequada – precisamente as coisas que, na Alemanha, estava ainda por conquistar.

Esse socialismo serviu de espantalho – para amedontrar a burguesia ameaçadoramente ascendente – aos governos absolutos da Alemanha, com seu cortejo de padres, pedagogos, fidalgos rurais e burocratas.

Juntou sua hipocrisia adocicada aos tiros de fuzil e às chicotadas com que esses mesmos governos respondiam aos levantes dos operários alemães.

Se o "verdadeiro" socialismo se tornou assim uma arma nas mãos dos governos contra a burguesia alemã, representou também diretamente um interesse reacionário, o interesse da pequena burguesia alemã. A classe dos pequeno-burgueses, legada pelo século XVI, e desde então renascendo sem cessar sob formas diversas, constitui na Alemanha a verdadeira base social do regime estabelecido.

Mantê-la é manter na Alemanha o regime estabelecido. A supremacia industrial e política da burguesia ameaça a pequena burguesia de destruição – de um lado, pela concentração do capital e, de outro, pelo desenvolvimento de um proletariado revolucionário. O "verdadeiro" socialismo pareceu aos pequeno-burgueses uma arma capaz de aniquilar esses dois inimigos. Propagou-se como uma epidemia.

A roupagem tecida com os fios imateriais da especulação, bordada com as flores da retórica e banhada de orvalho sentimental, essa roupagem na qual os socialistas alemães envolveram o miserável esqueleto das suas "verdades eternas", não fez senão ativar a venda de sua mercadoria entre aquele público.

Por seu lado, o socialismo alemão compreendeu cada vez mais que sua vocação era ser o representante grandiloquente dessa pequena burguesia.

Proclamou que a nação alemã era a nação modelo e o pequeno-burguês alemão[4], o homem modelo. A todas as infâmias desse homem modelo atribuiu um sentido oculto, um sentido superior e socialista, que as tornava exatamente o contrário do que eram. Foi consequente até o fim, levantando-se contra a tendência "brutalmente destrutiva" do comunismo, declarando que pairava imparcialmente acima de todas as lutas de classes. Com raras exceções, todas as pretensas publicações socialistas ou comunistas que circulam na Alemanha pertencem a essa suja e debilitante literatura[5].

2. O socialismo conservador ou burguês

Uma parte da burguesia procura remediar os males sociais para a existência da sociedade burguesa.

Nessa categoria enfileiram-se os economistas, os filantropos, os humanitários, os que se ocupam em melhorar a sorte da classe operária, os organizadores de beneficências, os protetores dos animais, os fundadores das sociedades antialcoólicas, enfim, os reformadores de gabinete de toda categoria. Esse socialismo burguês chegou até a ser elaborado em sistemas completos.

---

[4] Na edição de 1888: pequeno filisteu. (N. E.)
[5] A tormenta revolucionária de 1848 varreu toda essa sórdida tendência e tirou de seus partidários o desejo de continuar brincando com o socialismo. O representante principal e o tipo clássico dessa escola é o sr. Karl Grün. (Nota de Engels à edição alemã de 1890.)

Como exemplo, citemos a *Filosofia da Miséria*, de Proudhon.

Os socialistas burgueses querem as condições de vida da sociedade moderna sem as lutas e os perigos que dela decorrem fatalmente. Querem a sociedade atual, mas eliminando os elementos que a revolucionam e dissolvem. Querem a burguesia sem o proletariado. A burguesia, naturalmente, concebe o mundo em que domina como o melhor dos mundos. O socialismo burguês elabora em um sistema mais ou menos completo essa concepção consoladora. Quando convida o proletariado a realizar esses sistemas e entrar na nova Jerusalém, no fundo o que pretende é induzi-lo a manter-se na sociedade atual, desembaraçando-se, porém, do ódio que sente por essa sociedade.

Uma segunda forma desse socialismo, menos sistemática, porém mais prática, procura fazer com que os operários se afastem de qualquer movimento revolucionário, demonstrando-lhes que não será tal ou qual mudança política, mas somente uma transformação das condições de vida material e das relações econômicas, que poderá ser proveitosa para eles. Por transformação das condições materiais de existência esse socialismo não compreende em absoluto a abolição das relações burguesas de produção – que só é possível pela via revolucionária –, mas apenas reformas administrativas realizadas sobre a base das próprias relações de produção burguesas e que, portanto, não afetam as relações entre o capital e o trabalho assalariado, servindo, no melhor dos casos, para diminuir os gastos da burguesia com sua dominação e simplificar o trabalho administrativo de seu Estado.

O socialismo burguês só atinge sua expressão correspondente quando se torna simples figura de retórica.

Livre-comércio, no interesse da classe operária! Tarifas protetoras, no interesse da classe operária! Prisões celulares, no interesse da classe operária! Eis a última palavra do socialismo burguês, a única pronunciada à sério.

O seu raciocínio se resume na frase: os burgueses são burgueses – no interesse da classe operária.

3. O socialismo e o comunismo crítico-utópicos

Não se trata aqui da literatura que, em todas as grandes revoluções modernas, exprimiu as reivindicações do proletariado (escritos de Babeuf etc.).

As primeiras tentativas diretas do proletariado para fazer prevalecer seus próprios interesses de classe, feitas numa época de agitação geral, no período da derrubada da sociedade feudal, fracassaram necessariamente não só por causa do estado embrionário do próprio proletariado, como também em razão da ausência das condições materiais de sua emancipação, condições que apenas surgem como produto da época burguesa.

A literatura revolucionária que acompanhava esses primeiros movimentos do proletariado teve forçosamente um conteúdo reacionário. Preconizava um ascetismo geral e um grosseiro igualitarismo.

Os sistemas socialistas e comunistas propriamente ditos, os de Saint-Simon, Fourier, Owen etc., aparecem no primeiro período da luta entre o proletariado e a burguesia, período anteriormente descrito (ver "Burgueses e proletários").

Os fundadores desses sistemas compreendem bem o antagonismo das classes, assim como a ação dos elementos dissolventes na própria sociedade dominante. Mas não percebem no proletariado nenhuma iniciativa histórica, nenhum movimento político que lhes seja peculiar.

Como o desenvolvimento dos antagonismos de classes acompanha o desenvolvimento da indústria, não distinguem tampouco as condições materiais da emancipação do proletariado e põem-se à procura de uma ciência social, de leis sociais que permitam criar essas condições.

Substituem a atividade social por sua própria imaginação pessoal; as condições históricas da emancipação por condições fantásticas; a organização gradual e espontânea do proletariado em classe por uma organização da sociedade pré-fabricada por eles. A história futura do mundo se resume, para eles, na propaganda e na execução prática de seus planos de organização social.

Todavia, na confecção de seus planos têm a convicção de defender antes de tudo os interesses da classe operária como a classe mais sofredora. A classe operária só existe para eles sob esse aspecto, o de classe mais sofredora.

Mas a forma rudimentar da luta de classes e sua própria posição social os levam a considerar-se muito acima de qualquer antagonismo de classe. Desejam melhorar as condições materiais de vida de todos os membros da sociedade, mesmo dos mais privilegiados. Por isso, não cessam de apelar indistintamente à sociedade inteira, e de preferência à classe dominante. Bastaria compreender seu sistema para reconhecê-lo como o melhor plano possível para a melhor sociedade possível.

Rejeitam, portanto, toda ação política e, sobretudo, toda ação revolucionária; procuram atingir seu objetivo por meios pacíficos e tentam abrir um caminho ao novo evangelho social pela força do exemplo, com experiências em pequena escala e que naturalmente sempre fracassam.

Essa descrição fantástica da sociedade futura, feita numa época em que o proletariado ainda pouco desenvolvido encara sua própria posição de um modo fantástico, corresponde às primeiras aspirações instintivas dos operários a uma completa transformação da sociedade.

Mas as obras socialistas e comunistas encerram também elementos críticos. Atacam todas as bases da sociedade existente. Por isso fornecem em seu tempo materiais de grande valor para esclarecer os operários. Suas proposições positivas sobre a sociedade futura, tais como a supressão do contrastre entre a cidade e o campo, a abolição da família, do lucro privado e do trabalho assalariado, a proclamação da harmonia social e a transformação do Estado numa simples administração da produção – todas essas propostas apenas exprimem o desaparecimento do antagonismo entre as classes, antagonismo que mal começa e que esses autores somente conhecem em suas formas imprecisas. Assim, essas proposições têm ainda um sentido puramente utópico.

A importância do socialismo e do comunismo crítico-utópicos está na razão inversa do seu desenvolvimento histórico. À medida que a luta de classes se acentua e toma formas mais definidas, a fantástica pressa de abstrair-se dela, essa fantástica oposição que lhe é feita, perde qualquer valor prático, qualquer justificação teórica. Por isso, se em muitos aspectos os fundadores desses sistemas foram revolucionários, as seitas formadas por seus discípulos formam sempre seitas reacionárias. Aferram-se às velhas concepções de seus mestres apesar do desenvolvimento histórico contínuo do proletariado. Procuram, portanto, e nisto são consequentes, atenuar a luta de classes e conciliar os antagonismos. Continuam a sonhar com a realização experimental de suas utopias sociais: instituição de falanstérios isolados, criação de colônias no interior, fundação de uma pequena Icária[6] – edição em formato reduzido da nova Jerusalém –, e para dar realidade a todos esses castelos no ar veem-se obrigados a apelar para os bons sentimentos e os cofres dos filantropos burgueses. Pouco a pouco caem na categoria dos socialistas reacionários ou conservadores descritos anteriormente, e só se distinguem deles por um pedantismo mais sistemático, uma fé supersticiosa e fanática nos efeitos miraculosos de sua ciência social.

---

[6] Falanstérios eram colônias socialistas projetadas por Charles Fourier; Icária era o nome dado por Cabet a seu país utópico e, mais tarde, à sua colônia comunista na América. (Nota de Engels à edição inglesa de 1888.) Colônias no interior [*home colonies*] era como Owen chamava as sociedades comunistas-modelo. (Trecho acrescentado por Engels à edição alemã de 1890.)

Por isso se opõem com exasperação a qualquer ação política da classe operária, porque, em sua opinião, tal ação só poderia decorrer de uma descrença cega no novo evangelho.

Desse modo, os owenistas, na Inglaterra, e os fourieristas, na França, reagem respectivamente contra os cartistas e os reformistas[7].

IV. Posição dos comunistas diante dos diversos partidos de oposição

O que já dissemos no capítulo II ["Proletários e comunistas"] basta para determinar a relação dos comunistas com os partidos operários já constituídos e, por conseguinte, sua relação com os cartistas na Inglaterra e os reformadores agrários na América do Norte.

Os comunistas lutam pelos interesses e objetivos imediatos da classe operária, mas, ao mesmo tempo, defendem e representam, no movimento atual, o futuro do movimento. Aliam-se na França ao partido social-democrata[8] contra a burguesia conservadora e radical, reservando-se o direito de criticar a fraseologia e as ilusões legadas pela tradição revolucionária.

Na Suíça apoiam os radicais, sem esquecer que esse partido se compõe de elementos contraditórios, em parte socialistas democráticos, no sentido francês da palavra, em parte burgueses radicais.

Na Polônia os comunistas apoiam o partido que vê numa revolução agrária a condição da libertação nacional, o partido que desencadeou a insurreição de Cracóvia em 1846[9].

---

[7] Democratas republicanos e socialistas pequeno-burgueses, partidários do jornal francês *La Réforme* (1843-1850). Defendiam a instauração da república e a realização de reformas democráticas e sociais. (N. E.)

[8] Esse partido era representado no Parlamento por Ledru-Rollin, na literatura por Louis Blanc (1811--1882), na imprensa pelo *Réforme*. O nome social-democracia significava, para aqueles que o criavam, a parte do Partido Democrático ou Republicano com tendências mais ou menos socialistas. (Nota de Engels à edição inglesa de 1888.)

[9] Insurreição iniciada pelos democratas revolucionários poloneses (Dembowski e outros) em fevereiro de 1846, com o objetivo de conquistar a libertação nacional da Polônia. Foi derrotada no começo de março de 1846. (N. E.)

Na Alemanha, o Partido Comunista luta junto com a burguesia todas as vezes que esta age revolucionariamente – contra a monarquia absoluta, a propriedade rural feudal e a pequena burguesia.

Mas em nenhum momento esse Partido se descuida de despertar nos operários uma consciência clara e nítida do violento antagonismo que existe entre a burguesia e o proletariado, para que, na hora precisa, os operários alemães saibam converter as condições sociais e políticas, criadas pelo regime burguês, em outras tantas armas contra a burguesia, para que, logo após terem sido destruídas as classes reacionárias da Alemanha, possa ser travada a luta contra a própria burguesia.

É sobretudo para a Alemanha que se volta a atenção dos comunistas, porque a Alemanha se encontra às vésperas de uma revolução burguesa e porque realizará essa revolução nas condições mais avançadas da civilização europeia e com um proletariado infinitamente mais desenvolvido que o da Inglaterra no século XVII e o da França no século XVIII; e porque a revolução burguesa alemã só poderá ser, portanto, o prelúdio imediato de uma revolução proletária.

Em resumo, os comunistas apoiam em toda parte qualquer movimento revolucionário contra a ordem social e política existente.

Em todos esses movimentos colocam em destaque, como questão fundamental, a questão da propriedade, qualquer que seja a forma, mais ou menos desenvolvida, de que esta se revista.

Finalmente, os comunistas trabalham pela união e pelo entendimento dos partidos democráticos de todos os países.

Os comunistas se recusam a dissimular suas opiniões e seus fins. Proclamam abertamente que seus objetivos só podem ser alcançados pela derrubada violenta de toda a ordem social existente. Que as classes dominantes tremam à ideia de uma revolução comunista! Nela os proletários nada têm a perder a não ser os seus grilhões. Têm um mundo a ganhar.

PROLETÁRIOS DE TODOS OS PAÍSES, UNI-VOS!

2
A ideologia alemã

Em 1845, após ser expulso da França, Marx vai para a Bélgica e lá encontra Engels, com quem já tinha escrito um livro a quatro mãos, *A sagrada família*. Juntos, em Bruxelas, os dois amigos põem-se a redigir os textos que comporão a monumental *A ideologia alemã*, obra que deixaram inacabada e permaneceria inédita até 1932.

Nesses textos, Marx e Engels revelam a natureza do seu materialismo, que remete à produção e à reprodução das condições de existência dos homens. Articulam pela primeira vez concepções teórico-metodológicas que estarão na base da dialética marxista, sob a forma da negação e da superação; a crítica da realidade é, ao mesmo tempo, a crítica de sua ideologia – nesse caso, a dos neo-hegelianos de esquerda –, forjando as novas categorias que transformarão a teoria e a construção dela sobre a realidade concreta.

A seção sobre Ludwig Feuerbach, que não foi concluída pelos autores, consiste numa apresentação da concepção materialista da história. No capítulo "Ad Feuerbach [Teses sobre Feuerbach]" Marx critica incisivamente o materialismo do antigo aliado, que o ajudou a ajustar contas com o idealismo de Hegel. O pequeno texto contém uma das frases marxianas mais citadas ainda hoje: "Os filósofos apenas *interpretaram* o mundo de diferentes maneiras; porém, o que importa é *transformá*-lo".

Escritas em 1845, as onze teses encontram-se no livro de anotações de Marx escrito de 1844 a 1847 e foram publicadas por Engels (com algumas modificações) em 1888, como apêndice de seu livro *Ludwig Feuerbach e o fim da filoso-*

fia clássica alemã. A tradução aqui utilizada foi feita a partir do original alemão *Die deutsche Ideologie: Kritik der neuesten deutschen Philosophie in ihren Repräsentanten Feuerbach, B. Bauer und Stirner, und des deutschen Sozialismus in seinen verschiedenen Propheten (1845-1846)*, por Rubens Enderle, para a edição da Boitempo (2007). Os textos foram traduzidos de acordo com a edição do *Marx-Engels-Jahrbuch 2003* (Berlim, Akademie, 2004, 2 v.) e confrontados com a edição do *Marx-Engels Werke* (*MEW*), v. 3 (Berlim, Dietz, 1969). *A ideologia alemã* terá sua edição definitiva no volume I/5 da MEGA-2, ainda não publicado.

Feuerbach (Introdução)
A ideologia em geral, em especial a filosofia alemã

[1]Os pressupostos de que partimos não são pressupostos arbitrários, dogmas, mas pressupostos reais, de que só se pode abstrair na imaginação. São os indivíduos reais, sua ação e suas condições materiais de vida, tanto aquelas por eles já encontradas como as produzidas por sua própria ação. Esses pressupostos são, portanto, constatáveis por via puramente empírica.

O primeiro pressuposto de toda a história humana é, naturalmente, a existência de indivíduos humanos vivos.[2] O primeiro fato a constatar é, pois, a organização corporal desses indivíduos e, por meio dela, sua relação dada com o restante da natureza. Naturalmente não podemos abordar, aqui, nem a constituição física dos homens nem as condições naturais, geológicas, oro-hidrográficas, climáticas e outras condições já encontradas pelos homens.[3] Toda historiografia deve partir desses fundamentos naturais e de sua modificação pela ação dos homens no decorrer da história.

---

[1] Conhecemos uma única ciência, a ciência da história. A história pode ser examinada de dois lados, dividida em história da natureza e história dos homens. Os dois lados não podem, no entanto, ser separados; enquanto existirem homens, história da natureza e história dos homens se condicionarão reciprocamente. A história da natureza, a assim chamada ciência natural, não nos diz respeito aqui; mas, quanto à história dos homens, será preciso examiná-la, pois quase toda a ideologia se reduz ou a uma concepção distorcida dessa história ou a uma abstração total dela. A ideologia, ela mesma, é apenas um dos lados dessa história. (S. M.)

[2] O primeiro ato *histórico* desses indivíduos, pelo qual eles se diferenciam dos animais, é não o fato de pensar, mas sim o de começar a *produzir seus meios de vida*. (S. M.)

[3] Essas condições implicam não apenas a organização originária, natural, dos homens, em particular as diferenças entre as raças, mas também todo o seu ulterior desenvolvimento ou não desenvolvimento até os dias de hoje. (S. M.)

Pode-se distinguir os homens dos animais pela consciência, pela religião ou pelo que se queira. Mas eles mesmos começam a se distinguir dos animais tão logo começam a *produzir* seus meios de vida, passo que é condicionado por sua organização corporal. Ao produzir seus meios de vida, os homens produzem, indiretamente, sua própria vida material.

O modo pelo qual os homens produzem seus meios de vida depende, antes de tudo, da própria constituição dos meios de vida já encontrados e que eles têm de reproduzir. Esse modo de produção não deve ser considerado meramente sob o aspecto de ser a reprodução da existência física dos indivíduos. Ele é, muito mais, uma forma determinada de sua atividade, uma forma determinada de exteriorizar sua vida, um determinado *modo de vida* desses indivíduos. Tal como os indivíduos exteriorizam sua vida, assim são eles. O que eles são[4] coincide, pois, com sua produção, tanto com *o que* produzem como também com *o modo como* produzem. O que os indivíduos são, portanto, depende das condições materiais de sua produção.

[...]

Feuerbach (Fragmento 2)

O fato é, portanto, o seguinte: indivíduos determinados[5], que são ativos na produção de determinada maneira, contraem entre si estas relações sociais e políticas determinadas. A observação empírica[6] tem de provar, em cada caso particular, empiricamente e sem nenhum tipo de mistificação ou especulação, a conexão entre a estrutura social e política e a produção. A estrutura social e o Estado provêm constantemente do processo de vida de indivíduos determinados, mas desses indivíduos não como podem aparecer na imaginação própria ou alheia, mas sim tal como *realmente* são, quer dizer, tal como atuam, como produzem materialmente e, portanto, tal como desenvolvem suas atividades sob determinados limites, pressupostos e condições materiais, independentes de seu arbítrio.[7]

---

[4] mostra-se, portanto, no seu modo de produção [*Produktionsweise*], tanto no *que* eles produzem, quanto no [*modo como* eles produzem]. (V. M.)

[5] em determinadas relações de produção. (V. M.)

[6] que se atém simplesmente aos fatos reais. (V. M.)

[7] As representações que esses indivíduos produzem são representações, seja sobre sua relação com a natureza, seja sobre suas relações entre si ou sobre sua própria condição natural [*Beschaffenheit*]. É claro que, em todos esses casos, essas representações são uma expressão consciente – real ou ilusória – de suas verdadeiras relações e atividades, de sua produção, de seu intercâmbio, de sua organização social e política. A suposição contrária só seria possível no caso de, além do espírito dos indivíduos reais e

A produção de ideias, de representações, da consciência, está, em princípio, imediatamente entrelaçada com a atividade material e com o intercâmbio material dos homens, com a linguagem da vida real. O representar, o pensar, o intercâmbio espiritual dos homens ainda aparecem, aqui, como emanação direta de seu comportamento material. O mesmo vale para a produção espiritual, tal como ela se apresenta na linguagem da política, das leis, da moral, da religião, da metafísica etc. de um povo. Os homens são os produtores de suas representações, de suas ideias e assim por diante[8], mas os homens reais, ativos, tal como são condicionados por um determinado desenvolvimento de suas forças produtivas e pelo intercâmbio que a ele corresponde, até chegar às suas formações mais desenvolvidas. A consciência [*Bewusstsein*] não pode jamais ser outra coisa do que o ser consciente [*bewusste Sein*], e o ser dos homens é o seu processo de vida real. Se, em toda ideologia, os homens e suas relações aparecem de cabeça para baixo como numa câmara escura, este fenômeno resulta do seu processo histórico de vida, da mesma forma como a inversão dos objetos na retina resulta de seu processo de vida imediatamente físico.

Totalmente ao contrário da filosofia alemã, que desce do céu à terra, aqui se eleva da terra ao céu. Quer dizer, não se parte daquilo que os homens dizem, imaginam ou representam, tampouco dos homens pensados, imaginados e representados para, a partir daí, chegar aos homens de carne e osso; parte-se dos homens realmente ativos e, a partir de seu processo de vida real, expõe-se também o desenvolvimento dos reflexos ideológicos e dos ecos desse processo de vida. Também as formações nebulosas na cabeça dos homens são sublimações necessárias de seu processo de vida material, processo empiricamente constatável e ligado a pressupostos materiais. A moral, a religião, a metafísica e qualquer outra ideologia, bem como as formas de consciência a elas correspondentes, são privadas, aqui, da aparência de autonomia que até então possuíam. Não têm história, nem desenvolvimento; mas os homens, ao desenvolverem sua produção e seu intercâmbio materiais, transformam também, com esta sua realidade, seu pensar e os produtos de seu pensar. Não é a consciência que determina a vida, mas a vida que determina a consciência. No primeiro modo de considerar as

---

materialmente condicionados, pressupor-se ainda um espírito à parte. Se a expressão consciente das relações efetivas desses indivíduos é ilusória, se em suas representações põem a sua realidade de cabeça para baixo, isto é consequência de seu modo limitado de atividade material e das suas relações sociais limitadas que daí derivam. (S. M.)

[8] e, na verdade, os homens tal como são condicionados pelo modo de produção de sua vida material, por seu intercâmbio material e por seu desenvolvimento ulterior na estrutura social e política. (S. M.)

coisas, parte-se da consciência como do indivíduo vivo; no segundo, que corresponde à vida real, parte-se dos próprios indivíduos reais, vivos, e se considera a consciência apenas como *sua* consciência[9].

Esse modo de considerar as coisas não é isento de pressupostos. Ele parte de pressupostos reais e não os abandona em nenhum instante. Seus pressupostos são os homens, não em quaisquer isolamento ou fixação fantásticos, mas em seu processo de desenvolvimento real, empiricamente observável, sob determinadas condições. Tão logo seja apresentado esse processo ativo de vida, a história deixa de ser uma coleção de fatos mortos, como para os empiristas ainda abstratos[10], ou uma ação imaginária de sujeitos imaginários, como para os idealistas.

Ali onde termina a especulação, na vida real, começa também, portanto, a ciência real, positiva, a exposição da atividade prática, do processo prático de desenvolvimento dos homens. As fraseologias sobre a consciência acabam e o saber real tem de tomar o seu lugar. A filosofia autônoma perde, com a exposição da realidade, seu meio de existência. Em seu lugar pode aparecer, no máximo, um compêndio dos resultados mais gerais, que se deixam abstrair da observação do desenvolvimento histórico dos homens. Se separadas da história real, essas abstrações não têm nenhum valor. Elas podem servir apenas para facilitar a ordenação do material histórico, para indicar a sucessão de seus estratos singulares. Mas de forma alguma oferecem, como a filosofia o faz, uma receita ou um esquema com base no qual as épocas históricas possam ser classificadas. A dificuldade começa, ao contrário, somente quando se passa à consideração[11] e à ordenação do material, seja de uma época passada ou do presente, quando se passa à exposição real. A eliminação dessas dificuldades é condicionada por pressupostos que não podem ser expostos aqui, mas que resultam apenas do estudo do processo de vida real e da ação dos indivíduos de cada época. Destacaremos, aqui, algumas dessas abstrações, a fim de contrapô-las à ideologia, ilustrando-as com alguns exemplos históricos.

[...]

---

[9] a consciência desses indivíduos práticos, atuantes. (V. M.)
[10] O empirismo idealista (Berkeley, Hume, Mach, Avenarius etc.) sustenta, em oposição ao empirismo materialista (Bacon, Hobbes, Locke, os materialistas franceses do século XVIII etc.), que a natureza (cognoscível) constitui a origem da experiência. (N. T.)
[11] do material histórico, à pesquisa da estrutura real, fática, das diferentes camadas. (V. M.)

1. Ad Feuerbach [Teses sobre Feuerbach] (1845)

1

O principal defeito de todo o materialismo existente até agora – o de Feuerbach incluído – é que o objeto [*Gegenstand*], a realidade, o sensível, só é apreendido sob a forma do *objeto* [*Objekt*] ou da *contemplação*; mas não como *atividade humana sensível*, como *prática*, não subjetivamente. Daí decorreu que o lado *ativo*, em oposição ao materialismo, foi desenvolvido pelo idealismo – mas apenas de modo abstrato, pois naturalmente o idealismo não conhece a atividade real, sensível, como tal. Feuerbach quer objetos sensíveis [*sinnliche Objekte*] efetivamente diferenciados dos objetos do pensamento; mas ele não apreende a própria atividade humana como atividade *objetiva* [*gegenständliche Tätigkeit*]. Razão pela qual ele enxerga, na *Essência do cristianismo*, apenas o comportamento teórico como o autenticamente humano, enquanto a prática é apreendida e fixada apenas em sua forma de manifestação judaica-suja. Ele não entende, por isso, o significado da atividade "revolucionária", "prático-crítica".

2

A questão de saber se ao pensamento humano cabe alguma verdade objetiva [*gegenständliche Wahrheit*] não é uma questão da teoria, mas uma questão *prática*. Na prática tem o homem de provar a verdade, isto é, a realidade e o poder, a natureza citerior [*Diesseitigkeit*] de seu pensamento. A disputa acerca da realidade ou não realidade de um pensamento que se isola da prática é uma questão puramente *escolástica*.

3

A doutrina materialista de que os homens são produto das circunstâncias e da educação, de que homens modificados são, portanto, produto de outras circunstâncias e de uma educação modificada, esquece que as circunstâncias são modificadas precisamente pelos homens e que o próprio educador tem de ser educado. Por isso, ela necessariamente chega ao ponto de dividir a sociedade em duas partes, a primeira das quais está colocada acima da sociedade (por exemplo, em Robert Owen).

A coincidência entre a alteração das circunstâncias e a atividade humana só pode ser apreendida e racionalmente entendida como *prática revolucionária*.

4

Feuerbach parte do fato da auto-alienação [*Selbsentfremdung*] religiosa, da duplicação do mundo num mundo religioso, imaginado, e um mundo real [*wirkliche*

Welt]. Seu trabalho consiste em dissolver o mundo religioso em seu fundamento mundano. Ele ignora que, após a realização desse trabalho, o principal resta ainda por fazer. Sobretudo o fato de que o fundamento mundano se destaca de si mesmo e constrói para si um reino autônomo nas nuvens é, precisamente, algo que só pode ser esclarecido a partir do autoesfacelamento e do contradizer-a-si-mesmo desse fundamento mundano. Ele mesmo tem, portanto, de ser primeiramente entendido em sua contradição e, em seguida, por meio da eliminação da contradição, ser revolucionado na prática. Assim, por exemplo, depois que a terrena família é revelada como o mistério da sagrada família, é a primeira que tem, então, de ser criticada na teoria e revolucionada na prática.

5

Feuerbach, não satisfeito com o *pensamento abstrato*, apela à *contemplação sensível*; mas ele não apreende o sensível [*die Sinnlichkeit*] como atividade *prática*, humano-sensível.

6

Feuerbach dissolve a essência religiosa na essência *humana*. Mas a essência humana não é uma abstração intrínseca ao indivíduo isolado. Em sua realidade, ela é o conjunto das relações sociais.

Feuerbach, que não penetra na crítica dessa essência real, é forçado, por isso:

1. a fazer abstração do curso da história, fixando o sentimento religioso para si mesmo, e a pressupor um indivíduo humano abstrato – *isolado*.

2. por isso, nele a essência humana pode ser compreendida apenas como *"gênero"*, como generalidade interna, muda, que une muitos indivíduos *de modo natural*.

7

Feuerbach não vê, por isso, que o "sentimento religioso" é, ele mesmo, um *produto social*, e que o indivíduo abstrato que ele analisa pertence, na realidade, a uma determinada forma de sociedade.

8

A vida social é essencialmente *prática*. Todos os mistérios que induzem a teoria ao misticismo encontram sua solução racional na prática humana e na compreensão dessa prática.

9

O ponto mais alto a que leva o materialismo *contemplativo*, isto é, o materialismo que não concebe o sensível como atividade prática, é a contemplação dos indivíduos singulares na "sociedade burguesa".

10

O ponto de vista do velho materialismo é a sociedade *"burguesa"*; o ponto de vista do novo é a sociedade *humana*, ou a humanidade socializada.

11

Os filósofos apenas *interpretaram* o mundo de diferentes maneiras; porém, o que importa é *transformá-lo*.

3
Mensagem do Comitê Central à Liga [dos Comunistas]
[Divulgada como circular em março de 1850]

A "Mensagem do Comitê Central à Liga [dos Comunistas]" foi escrita por Karl Marx e Friedrich Engels no final de março de 1850. Seu fio condutor é a luta de classes entre explorados e exploradores, a dialética entre reforma ou revolução. Em 1851, esse documento, que fora apreendido com alguns membros da Liga presos pela polícia prussiana, foi publicado no *Kölnische Zeitung* [Jornal de Colônia] e no *Dresdner Journal und Anzeiger* [Jornal e Classificados de Dresden], ambos de cunho burguês, e mais tarde também no livro *Die Communisten--Verschwörungen des neunzehnten Jahrhunderts* [As conspirações comunistas do século XIX], compilado por Wermuth e Stieber, caracterizados por Engels como "dois dos mais miseráveis lúmpens da polícia".

A versão aqui apresentada tem por base o texto revisado por Engels e publicado em 1885 como apêndice à edição do *Enthüllungen über den Kommunisten--Prozess zu Köln* [Revelações sobre o processo dos comunistas de Colônia] (Zurique, 1885), de Marx. Esta tradução de "Mensagem do Comitê Central à Liga [dos Comunistas]", cujo título original é "Ansprache der Zentralbehörde an den Bund vom März 1850", foi feita por Nélio Schneider e extraída do livro *Lutas de classes na Alemanha* (São Paulo, Boitempo, 2010), que reúne, além deste, outros dois textos de Marx e Engels selecionados e apresentados pelo sociólogo Michael Löwy.

O Comitê Central à Liga

Irmãos!

Nos dois anos de revolução, 1848 e 1849, a Liga se afirmou de duas maneiras: em primeiro lugar, porque, em toda parte, os seus membros intervieram energicamente no movimento e porque compuseram a linha de frente na imprensa, nas barricadas e nos campos de batalha, integrando as fileiras da única classe decididamente revolucionária: o proletariado. Em segundo lugar, a Liga se afirmou porque a sua concepção do movimento, como ficou assentada nas circulares dos congressos e do Comitê Central de 1847, assim como no *Manifesto Comunista*, comprovou ser a única acertada, porque as expectativas expressas naquelas atas se cumpriram cabalmente e a visão das condições atuais da sociedade antes propagada apenas em sigilo pela Liga encontra-se agora na boca do povo e é anunciada publicamente nos mercados. Ao mesmo tempo, a organização antes firme da Liga foi consideravelmente abrandada. Boa parte dos membros diretamente envolvidos no movimento revolucionário julga que o tempo das sociedades secretas passou e que a atuação pública por si só é suficiente. Os distritos e as comunidades individualmente afrouxaram e foram desativando seus laços com o Comitê Central. Portanto, enquanto o partido democrático, o partido da pequena burguesia, organizava-se cada vez mais na Alemanha, o partido operário perdeu seu único ponto de sustentação, mantendo-se organizado, quando muito, em algumas localidades para fins locais, o que o levou, no decurso geral do movimento, a submeter-se totalmente ao domínio e à liderança dos democratas pequeno-burgueses. Esse estado de coisas precisa acabar; a autonomia dos trabalhadores deve ser restabelecida. O Comitê Central compreendeu essa necessidade e, por isso, enviou já no inverno de 1848/1849 um emissário, Joseph Moll, à Alemanha para reorganizar a Liga. A missão de Moll, porém, não trouxe resultado duradouro, em parte porque os trabalhadores alemães ainda não tinham acumulado experiências suficientes, em parte porque a insurreição de maio passado a interrompeu. O próprio Moll pôs-se em armas, ingressou no exército do Baden-Palatinado e tombou no embate junto ao rio Murg no dia 29 de junho. A Liga perdeu com ele um de seus membros mais antigos, mais ativos e mais confiáveis, que havia participado ativamente em todos os congressos e gestões do Comitê Central e já antes disso havia cumprido com grande êxito uma série de missões. Após a derrota dos partidos revolucionários na Alemanha e na França em julho de 1849, quase todos os membros do Comitê Central se reagruparam em Londres, juntaram novas forças revolucionárias e passaram a promover com entusiasmo renovado a reorganização da Liga.

A reorganização só é viável por meio de um emissário, e o Comitê Central considera extremamente importante que dito emissário parta neste justo instante em que uma nova revolução é iminente, em que o partido operário deve atuar do modo mais organizado possível, mais unânime possível e mais autônomo possível, caso não queira ser explorado e atrelado pela burguesia como em 1848.

Já no ano de 1848 vos dizíamos, irmãos, que os burgueses liberais alemães logo chegariam ao governo e imediatamente voltariam esse poder recém-conquistado contra os trabalhadores. Vistes que isso se cumpriu como previsto. De fato foram os burgueses que, após o movimento de março de 1848, imediatamente se apossaram do governo e usaram esse poder para fazer os trabalhadores, seus aliados na luta, retrocederem à sua anterior condição de oprimidos. Mesmo que a burguesia não tenha conseguido fazer isso sem se coligar com o partido feudal derrotado em março, chegando, no final, a ceder novamente o governo a esse partido absolutista feudal, ela garantiu para si as condições que com o tempo, em virtude das dificuldades financeiras do governo, acabariam por colocar o poder em suas mãos e assegurariam todos os seus interesses, caso fosse possível ao movimento revolucionário ter uma assim chamada evolução pacífica já nesse momento. Para assegurar o poder, a burguesia nem mesmo teria necessidade de tornar-se odiada por tomar medidas violentas contra o povo, porque todos os atos de violência já foram cometidos pela contrarrevolução feudal. No entanto, os desdobramentos não tomarão esse rumo pacífico. Ao contrário, a revolução que os apressará é iminente, seja porque será provocada pelo levante autônomo do proletariado francês, seja porque a Santa Aliança[1] invadirá a Babel revolucionária.

E o papel que os burgueses liberais alemães desempenharam em 1848 em relação ao povo, esse papel tão traiçoeiro será assumido, na revolução que se avizinha, pelos pequeno-burgueses democráticos, que agora, enquanto oposição, tomam a mesma posição que os burgueses liberais detinham antes de 1848. Esse partido, o democrático, que é bem mais perigoso para os trabalhadores do que o anterior partido liberal, é composto por três elementos:

---

[1] A Santa Aliança era uma coligação das forças contrarrevolucionárias que se opunha a todo e qualquer movimento progressista na Europa. Ela foi criada em 26 de setembro de 1815 por iniciativa do tsar Alexandre I pelos que haviam derrotado Napoleão. Aderiram a ela, junto com a Áustria e a Prússia, quase todos os Estados europeus. Os monarcas se comprometeram a oferecer ajuda recíproca na repressão a revoluções onde quer que irrompessem. Nos anos de 1848/1849, as forças contrarrevolucionárias na Europa fizeram uma série de tentativas no sentido de ressuscitar a Santa Aliança de 1815 na luta contra o movimento revolucionário. Todavia, não se chegou a firmar nenhum pacto. (N. T.)

I Pelas parcelas mais avançadas da grande burguesia, cujo objetivo é a derrubada completa e imediata do feudalismo e do absolutismo. Essa fração é representada pelos antigos conciliadores de Berlim, pelos que queriam recusar-se a pagar impostos[2].

II Pelos pequeno-burgueses democrático-constitucionais, cujo objetivo principal durante o movimento até aqui foi a criação de um Estado federativo mais ou menos democrático, nos moldes em que este foi almejado por seus representantes, pelos esquerdistas da Assembleia de Frankfurt e depois pelo Parlamento de Stuttgart[3], e por eles próprios na campanha pela Constituição imperial.

III Pelos pequeno-burgueses republicanos, que têm como ideal uma república federativa nos moldes da Suíça e que agora se denominam vermelhos e social-democratas porque nutrem o desejo piedoso de acabar com a pressão exercida pelo grande capital sobre o pequeno, pelo grande burguês sobre o pequeno-burguês. Os representantes dessa fração eram os membros dos congressos e comitês democráticos, os dirigentes das associações democráticas, os redatores dos jornais democráticos.

Depois de sua derrota, todas essas frações passaram a denominar-se republicanas ou vermelhas, exatamente como procedem agora na França os pequeno-burgueses republicanos chamando-se de socialistas. Onde ainda têm a oportunidade de perseguir seus objetivos pelas vias constitucionais, como em Württemberg, na Baviera etc., eles a aproveitam para manter as suas velhas frases e demonstrar com sua ação que não mudaram no mais mínimo. É óbvio, aliás, que o nome modificado desse partido não muda nada em sua relação com os trabalhadores, mas

---

[2] Marx e Engels chamavam de conciliadores [*Vereinbarer*] os deputados da Assembleia Nacional da Prússia que, em maio de 1848, foram convocados a Berlim para elaborar a Constituição "mediante conciliação com a coroa". Marx e Engels chamavam a Assembleia de Berlim, que renunciou à soberania popular, de "Assembleia da conciliação". Recusadores de impostos [*Steuerverweigerer*] foram chamados aqueles deputados burgueses "de esquerda" da Assembleia Nacional da Prússia, que pretendiam combater com resistência passiva e "recusa a pagar impostos" o estado de sítio imposto a Berlim no dia 1º de novembro de 1848, a instalação do ministério de Brandenburg no dia 4 de novembro, a ocupação de Berlim pelas tropas do general Von Wrangel no dia 10 de novembro e a planejada expulsão da Assembleia Nacional Constituinte (esta foi aberta no dia 22 de maio de 1848, transferida para Brandenburg no dia 9 de novembro e dissolvida no dia 5 de dezembro. (N. E. A.)

[3] A Assembleia Nacional de Frankfurt, que desde 18 de maio de 1848 vinha realizando suas sessões em Frankfurt, foi obrigada a transferir sua sede para Stuttgart, depois que todos os deputados da direita e, por conclamação do rei da Prússia de 14 de maio de 1849, também os deputados prussianos, haviam renunciado ao seu posto; em Stuttgart, a Assembleia realizou sua primeira sessão no dia 6 de junho de 1849 com cerca de cem membros restantes, sendo dispersada por força militar no dia 18 de junho de 1849. (N. E. A.)

apenas demonstra que ele deve fazer frente contra a burguesia coligada com o absolutismo e para isso precisa se apoiar no proletariado.

O partido democrático pequeno-burguês é muito forte na Alemanha, abrangendo não só a maioria dos moradores burgueses das cidades, os pequenos comerciantes industriais e os mestres de obras, mas contando também entre suas fileiras com os agricultores e o proletariado rural, na medida em que este ainda não encontrou um ponto de apoio no proletariado autônomo das cidades.

A relação do partido operário revolucionário com a democracia pequeno-burguesa é a seguinte: ele a acompanha contra a fração que esta quer derrubar; ele se contrapõe a ela em tudo que seus membros querem estabelecer em favor de si mesmos.

Os pequeno-burgueses democráticos, longe de querer revolucionar toda a sociedade em favor dos proletários revolucionários, almejam uma mudança das condições sociais que torne a atual sociedade o mais suportável e confortável possível para eles. Por isso, eles exigem sobretudo a diminuição dos gastos estatais mediante a limitação da burocracia e o deslocamento do montante principal dos impostos para os grandes proprietários de terra e os burgueses. Eles exigem, ademais, que seja suprimida a pressão do grande capital sobre o pequeno mediante instituições públicas de crédito e leis contra a usura, que possibilitariam a eles e aos agricultores obter adiantamentos em condições favoráveis do Estado em vez de pedi-los dos capitalistas; além disso, exigem a implantação das relações de propriedade burguesas no campo mediante a eliminação completa do feudalismo. Para conseguir realizar isso tudo, eles necessitam de uma Constituição [*Verfassung*] nacional democrática, seja de cunho constitucional [*konstitutionell*] ou republicano, que dê a maioria a eles e a seus aliados, os agricultores; necessitam ainda de uma Constituição [*Verfassung*] comunal democrática que lhes dê o controle direto da propriedade comunal e transfira para eles uma série de funções que, no momento, são exercidas pelos burocratas.

À dominação e rápida multiplicação do capital pretende-se contrapor, ademais, a restrição do direito de herança, por um lado, e a transferência do maior número possível de obras para o Estado, por outro. No que se refere aos trabalhadores, fica estabelecido sobretudo que eles continuarão na condição de trabalhadores assalariados como até agora, com a diferença de que os pequeno-burgueses democráticos desejam que os trabalhadores tenham melhores salários e uma existência assegurada e esperam conseguir isso mediante o emprego parcial por parte do Estado e mediante medidas caritativas; em suma, eles esperam conseguir subornar os trabalhadores com esmolas mais ou menos dissimuladas e quebrar a sua força revolucionária tornando sua situação momentaneamente suportável. As reivindicações da democracia pequeno-burguesa aqui resumidas não são defendidas ao mesmo tempo por todas as suas frações e pouquíssimas são as pessoas que as têm presentes em seu conjunto como um alvo bem determinado a atingir. Quanto mais os indivíduos ou as frações que compõem essa democracia avançarem, tanto mais assumirão como suas essas reivindicações e os poucos que reconhecem no que foi compilado acima o seu próprio programa julgariam que desse modo teriam proposto o máximo que se pode esperar da revolução. Porém essas reivindicações de modo algum podem bastar ao partido do proletariado. Ao passo que os pequeno-burgueses democráticos querem levar a revolução a cabo da maneira mais célere possível e mediante a realização, quando muito, das demandas anteriormente mencionadas, é de nosso interesse e é nossa tarefa tornar a revolução permanente até que todas as classes proprietárias em maior ou menor grau tenham sido alijadas do poder, o poder estatal tenha sido conquistado pelo proletariado e a associação dos proletários tenha avançado, não só em um país, mas em todos os países dominantes no mundo inteiro, a tal ponto que a concorrência entre os proletários tenha cessado nesses países e que ao menos as forças produtivas decisivas estejam concentradas nas mãos dos proletários. Para nós, não se trata da modificar a propriedade privada, mas de aniquilá-la, não se trata de camuflar as contradições de classe, mas de abolir as classes, não se trata de melhorar a sociedade vigente, mas de fundar uma nova. Não há a menor dúvida de que, no próximo desenvolvimento da revolução, a democracia pequeno-burguesa se tornará, por algum tempo, a fração mais influente na Alemanha. A questão é, portanto, qual será o posicionamento do proletariado e especificamente da Liga frente a ela:

1. enquanto perdurarem as condições atuais, em que os democratas pequeno-burgueses são também oprimidos;

2. durante a luta revolucionária próxima que lhes proporcionará a supremacia;

3. depois dessa luta, durante o tempo de sua supremacia sobre as classes derrubadas e sobre o proletariado.

1 No momento presente, em que são oprimidos em toda parte, os pequeno-burgueses democráticos pregam, em geral, união e reconciliação ao proletariado, estendem-lhe a mão e almejam a criação de um grande partido de

oposição que acolha todos os matizes no partido democrático, ou seja, eles almejam enredar os trabalhadores numa organização partidária, na qual predomine o fraseado social-democrata genérico e vazio que encobre seus interesses particulares e na qual não será permitido apresentar as reivindicações bem determinadas do proletariado em função da bendita paz. Tal união traria resultados vantajosos somente para eles e seria totalmente desvantajosa para o proletariado. O proletariado perderia de vez sua posição autônoma, conquistada a duras penas, e ficaria novamente relegado à condição de penduricalho da democracia burguesa oficial. Essa união deve, portanto, ser rejeitada da forma mais decidida possível. Em vez de rebaixar-se uma vez mais ao papel de coro que aplaude os democratas burgueses, os trabalhadores, sobretudo a Liga, devem tomar providências no sentido de criar, paralelamente aos democratas oficiais, uma organização autônoma secreta e pública do partido dos trabalhadores, elegendo como centro e núcleo das associações operárias toda comunidade em que a posição e os interesses do proletariado sejam discutidos independentemente das influências burguesas. Quão pouco os democratas burgueses levam a sério uma aliança em que figuram lado a lado com os proletários em igualdade de poder e de direitos, evidenciam, por exemplo, os democratas de Breslau, que no seu órgão, a *Neue Oder-Zeitung* [Nova Gazeta do Oder][4], atacam com ódio extremo os trabalhadores autonomamente organizados, que eles titulam de socialistas. Para o caso de uma luta contra um adversário comum não há necessidade de nenhuma união específica. Quando chegar a hora de combater tal adversário diretamente, os interesses dos dois partidos coincidirão durante aquele momento e, como ocorreu até agora, também no futuro essa coligação se produzirá por si mesma para aquele lapso de tempo. É claro que, nos conflitos sangrentos que se avizinham, como em todos os anteriores, serão principalmente os trabalhadores que, por sua coragem, sua determinação e abnegação, terão de conquistar a vitória. Como ocorreu até agora, também nesse embate, os pequeno-burgueses em massa se comportarão, enquanto for possível, de modo hesitante, irresoluto e inerte, para então, no momento em que a vitória estiver decidida, encampá-la para si, exortar os trabalhadores à calma e ao retorno ao seu labor doméstico, prevenir assim chamados excessos e excluir o proletariado dos frutos da vitória.

---

[4] *Neue Oder-Zeitung* – diário de feição democrático-burguesa, publicado com esse nome em Breslau de 1849 a 1855. Nos anos de 1850, foi considerado o jornal mais radical da Alemanha, sendo perseguido pelos órgãos governamentais. (N. E. A.)

Os trabalhadores não têm poder para impedir que os democratas pequeno-burgueses ajam dessa maneira, mas têm poder para dificultar que se insurjam contra o proletariado armado e têm poder para ditar-lhes condições tais que façam com que a dominação dos democratas burgueses traga em si de antemão o germe da sua própria destruição e seja consideravelmente facilitada sua posterior supressão pelo domínio do proletariado. Antes de tudo, os trabalhadores devem, durante o conflito e imediatamente após a luta, agir tanto quanto possível no sentido de contrapor-se às dissuasões burguesas e obrigar os democratas a concretizar o seu fraseado terrorista atual. Eles devem atuar no sentido de que a agitação revolucionária direta não seja novamente reprimida de imediato após a vitória. Eles devem, ao contrário, preservá-la tanto quanto possível. Bem longe de coibir os assim chamados excessos, os exemplos da vingança popular contra indivíduos ou prédios públicos odiados que suscitam apenas lembranças odiosas, deve-se não só tolerar esses exemplos, mas também assumir pessoalmente a liderança da ação. Durante a luta e após a luta, os trabalhadores devem aproveitar cada oportunidade para apresentar suas próprias reivindicações ao lado das reivindicações dos democratas burgueses. Eles devem exigir garantias para os trabalhadores no momento em que os burgueses democratas fizerem menção de assumir o governo. Caso seja necessário, eles devem forçar a cessão dessas garantias e, de modo geral, tomar providências para que os novos governantes se sintam no dever de fazer-lhes todas as concessões e promessas possíveis – este é o meio mais seguro de comprometê-los. Eles devem refrear de todas as maneiras qualquer euforia pela vitória e todo entusiasmo pela nova condição, que se instalam após cada embate vitorioso travado nas ruas, e devem fazer isso tanto quanto possível através da apreensão serena e fria das condições dadas e de uma postura de desconfiança indissimulada para com o novo governo. Paralelamente aos novos governos oficiais, eles devem constituir simultaneamente os governos operários revolucionários próprios, seja na forma de diretorias comunais e conselhos comunais, seja por meio de clubes operários ou comitês operários, de modo que os governos democráticos burgueses não só percam de imediato o respaldo que tinham nos trabalhadores, mas se vejam de saída fiscalizados e intimidados por instâncias representativas de toda a massa dos trabalhadores. Em suma: desde o primeiro instante da vitória, a desconfiança não mais deve ser dirigida contra o partido reacionário derrotado, mas contra os que até ali foram seus aliados, contra o partido que pretende explorar sozinho a vitória conquistada conjuntamente.

2   No entanto, para que os trabalhadores tenham condições de enfrentar de modo enérgico e intimidador esse partido que começará a traí-los já na primeira hora após a vitória, eles precisam estar armados e organizados. O municiamento de todo o proletariado com espingardas, rifles, artilharia e munição deve ocorrer imediatamente; deve-se agir no sentido de evitar a restauração da antiga guarda civil voltada contra os trabalhadores. Porém, onde isso não for exequível, os trabalhadores devem tentar organizar-se independentemente como guarda proletária, com comandantes e um alto-comando eleitos por eles mesmos, colocando-se sob o comando, não do poder estatal, mas dos conselhos comunais revolucionários instituídos pelos trabalhadores. Onde forem empregados às expensas do Estado, os trabalhadores devem exigir continuar de posse das armas e organizar-se em um corpo especial com chefias escolhidas por eles mesmos ou como parte da guarda proletária. Armas e munição não devem ser entregues sob nenhum pretexto; qualquer tentativa de desarmamento deve ser frustrada, se necessário, com o uso da força. Aniquilação da influência dos democratas burgueses sobre os trabalhadores, imediata organização autônoma e armada dos trabalhadores e imposição das condições mais dificultosas e comprometedoras possíveis para o governo por ora inevitável da democracia burguesa: estes são os pontos principais que o proletariado e, consequentemente, a Liga devem ter em mente durante e após a revolta iminente.

3   Logo que os novos governos tiverem se consolidado minimamente, começará sua luta contra os trabalhadores. Para que possam contrapor-se vigorosamente aos pequeno-burgueses democráticos nesse momento, é necessário sobretudo que os trabalhadores estejam autonomamente organizados e centralizados em clubes. Assim que for possível, após a derrubada dos governos vigentes, o Comitê Central se deslocará para a Alemanha, convocará imediatamente um congresso e lhe fará as necessárias exposições a respeito da centralização dos clubes operários sob uma direção única estabelecida na sede principal do movimento. A rápida organização, ao menos de um elo provincial entre os clubes operários, constitui um dos pontos principais para o fortalecimento e o desenvolvimento do partido operário; a consequência imediata da derrocada dos governos vigentes será a eleição de uma Assembleia Nacional. Em vista dela, o proletariado deve tomar providências:

I. Para que nenhuma artimanha de autoridades locais e comissários governamentais leve à exclusão de algum grupo de trabalhadores, qualquer que seja o pretexto alegado;

II. Para que, em toda parte, ao lado dos candidatos democráticos burgueses, sejam propostos candidatos operários que, dentro do possível, devem ser membros da Liga e cuja eleição deve ser promovida com todos os meios possíveis. Inclusive onde não houver nenhuma perspectiva de obter êxito no empreendimento, os trabalhadores devem propor seus próprios candidatos, a fim de preservar sua independência, computar suas forças e apresentar publicamente sua posição revolucionária e os pontos de vista do partido. Eles não devem se deixar cativar, nesse tocante, pela retórica dos democratas, como, por exemplo: dessa maneira se estaria fracionando o partido democrático e dando à reação a possibilidade de chegar à vitória. No final das contas, todo esse fraseado vazio tem um único propósito: engambelar o proletariado. Os avanços que o partido proletário poderá fazer através dessa atuação independente são infinitamente mais importantes do que a desvantagem gerada pela presença de alguns reacionários entre os representantes. Se a democracia agir desde o início de modo decidido e aterrorizante contra a reação, a influência desta sobre as eleições terá sido anulada de antemão.

O primeiro ponto que causará conflito entre os democratas pequeno-burgueses e os trabalhadores será o da abolição do feudalismo; como na primeira Revolução Francesa, os pequeno-burgueses quererão dar as terras dos feudos aos agricultores como propriedade livre, isto é, manter o proletariado rural e formar uma classe de agricultores pequeno-burgueses, que percorrerá o mesmo ciclo de empobrecimento e endividamento em que se encontram até hoje os agricultores franceses.

Os trabalhadores devem opor-se a esse plano no interesse do proletariado rural e em seu próprio interesse. Eles devem exigir que a propriedade feudal confiscada permaneça na condição de bem estatal e seja empregada para formar colônias operárias, que serão cultivadas pelo proletariado rural associado com todas as vantagens da agricultura extensiva e, ao mesmo tempo, farão com que o princípio da propriedade comum receba uma base firme em meio às oscilantes relações de propriedade burguesas. Assim como os democratas se coligaram com os agricultores, os trabalhadores devem se coligar com o proletariado rural[5]. Os demo-

---

[5] As opiniões aqui expressas acerca da questão agrária guardam estreita relação com a apreciação geral das perspectivas de desdobramento da revolução, que Marx e Engels haviam expressado nos anos de 1840 e de 1850. Naquela época, a opinião dos fundadores do socialismo científico era que o capitalismo já havia caducado e que o socialismo estava às portas. Partindo disso, no seu "Discurso", Marx e Engels se manifestaram contrários à cessão das terras confiscadas dos senhores feudais aos agricultores; eles eram a favor de sua transformação em propriedade estatal e sua cessão a colônias de trabalhadores do proletariado rural associado. Respaldado nas experiências da Grande Revolução Socialista de

cratas, ademais, atuarão no sentido de instaurar diretamente a república federativa ou, caso não consigam evitar a república una e indivisível, ao menos tentarão paralisar o governo central por meio da maior autonomia e independência possível das comunas e províncias. Em vista desse plano, os trabalhadores devem atuar não só em favor da república alemã una e indivisível, mas, dentro dela, também em favor da mais efetiva centralização possível do poder nas mãos do Estado. Eles não devem se deixar desencaminhar pelo falatório democrático a respeito da liberdade das comunidades, do autogoverno etc. Num país como a Alemanha, onde ainda há tantos restos da Idade Média a eliminar, onde ainda há tanta obstinação local e provincial a quebrar, não se pode tolerar em circunstância nenhuma que cada povoado, cada cidade, cada província ponha um novo obstáculo no caminho da atividade revolucionária, que só pode desenvolver toda a sua força a partir do centro. – Não se pode tolerar que se renove o estado de coisas atual, em que os alemães precisam lutar por um só e mesmo progresso em cada cidade, em cada província separadamente. Mas o que de forma alguma se pode tolerar é que seja perenizada, mediante uma assim chamada Constituição comunal livre, uma forma de propriedade que fica aquém até da moderna propriedade privada e que, em toda parte, necessariamente acaba resultando nisto: a propriedade comunal e as desavenças dela resultantes entre comunas pobres e comunas ricas, bem como a vigência paralela de direito civil nacional e direito civil comunal com suas artimanhas contra os trabalhadores. Como foi o caso na França em 1793, hoje na Alemanha a execução da mais rígida centralização é a tarefa do partido realmente revolucionário[6].

---

outubro na Rússia, bem como nas experiências do movimento revolucionário em outros países, Lênin aprofundou as ideias marxistas a respeito da questão agrária. Reconhecendo a utilidade da manutenção da maioria das grandes empresas agrícolas após a revolução nos países capitalistas avançados, ele escreveu: "Contudo, seria um erro gravíssimo exagerar essa regra ou padronizá-la, jamais permitindo que os pequenos e às vezes também os médios agricultores dos arredores obtenham gratuitamente uma parcela das terras dos expropriadores expropriados" (Lênin, *Ausgewählte Werke in zwei Bänden*, v. II, p. 765). (N. E. A.)

[6] Nota de Engels à edição de 1885: "É preciso lembrar hoje que essa passagem se baseia num mal-entendido. Naquela época – graças aos falsificadores bonapartistas e liberais da história –, dava-se por assentado que a máquina administrativa centralizada dos franceses havia sido introduzida pela grande Revolução e utilizada principalmente pela Convenção como arma indispensável e decisiva para derrotar a reação monarquista e federalista e o inimigo externo. Agora, porém, é fato conhecido que, durante todo o período da revolução até o 18 de Brumário, toda a administração dos *departements*, dos *arrondissements* e das comunas era formada por autoridades eleitas pelos próprios administrados, as quais se moviam com inteira liberdade no âmbito das leis gerais do Estado; sabe-se agora que esse autogoverno provincial e local, semelhante ao norte-americano, foi a alavanca mais poderosa da Revolução, e tanto o foi que Napoleão, imediatamente após o seu golpe de Estado em 18 de brumário, apressou-se a

Vimos como os democratas chegarão ao poder no próximo movimento e como serão forçados a propor medidas mais ou menos socialistas. Perguntar-se-á que medidas os trabalhadores deverão propor em contrapartida. No início do movimento, os trabalhadores naturalmente ainda não poderão propor medidas diretamente comunistas. Mas eles podem:

1 Obrigar os democratas a interferir no maior número possível de facetas da ordem social pregressa, a perturbar o seu curso regular e a comprometer a si próprios, bem como concentrar o maior número possível de forças produtivas, meios de transporte, fábricas, ferrovias etc. nas mãos do Estado.

2 Eles devem exacerbar as propostas dos democratas, que de qualquer modo não agirão de modo revolucionário, mas meramente reformista, e transformá-las em ataques diretos à propriedade privada; por exemplo, quando os pequeno-burgueses propuserem adquirir as ferrovias e as fábricas, os trabalhadores devem exigir que essas ferrovias e fábricas, sendo propriedade de reacionários, sejam simplesmente confiscadas sem qualquer indenização. Quando os democratas propuserem o imposto proporcional, os trabalhadores exigirão o imposto progressivo; quando os próprios democratas requererem um imposto progressivo moderado, os trabalhadores insistirão num imposto cujas taxas se elevam tão rapidamente que ele acabará destruindo o grande capital; quando os democratas reivindicarem a regulamentação da dívida estatal, os trabalhadores exigirão a bancarrota do Estado. As reivindicações dos trabalhadores devem orientar-se, portanto, sempre nas concessões e medidas propostas pelos democratas.

Caso os trabalhadores alemães não consigam chegar ao poder e à concretização dos interesses de sua classe sem passar por todo um longo processo revolucionário, desta vez eles ao menos têm a convicção de que o primeiro ato desse espetáculo revolucionário iminente coincide com a vitória direta de sua própria classe na França e é acelerado por esta.

Porém, eles próprios terão de realizar o principal para lograr a vitória final, mais precisamente, obtendo clareza sobre os interesses de sua classe, assumindo o

---

substituí-lo pelo sistema dos prefeitos vigente ainda hoje, o qual desde o princípio foi, portanto, puro instrumento da reação. Porém, assim como o autogoverno local e provincial não está em contradição com a centralização nacional de cunho político, tampouco está necessariamente atrelado àquele egoísmo cantonal ou comunal estreito, com cuja face asquerosa nos deparamos na Suíça e que, em 1849, todos os republicanos federalistas do sul da Alemanha queriam tornar regra para toda a Alemanha".

mais depressa possível um posicionamento partidário autônomo, não se deixando demover em nenhum momento da organização independente do partido do proletariado pelo fraseado hipócrita dos pequeno-burgueses democráticos. Seu grito de guerra deve ser: a revolução em permanência.

Londres, março de 1850

4
O 18 de brumário de Luís Bonaparte

Em *O 18 de brumário de Luís Bonaparte* Karl Marx analisa o golpe de Estado desferido por Napoleão III, que colocou fim à curta (de 24 de fevereiro de 1848 a 2 de dezembro de 1851) experiência da Segunda República na França. Marx desenvolve, com base no exemplo francês, o estudo do papel da luta de classes como força motriz da história e evidencia o caráter limitado e contraditório da democracia burguesa. A obra aprofunda a teoria do Estado, sobretudo no que tange à doutrina da ditadura do proletariado, e demonstra que todas as revoluções burguesas apenas assumiram o antigo aparato estatal e o aperfeiçoaram para oprimir as classes espoliadas. Embasado por essa observação, o filósofo alemão propõe, pela primeira vez, a tese de que o proletariado não deve assumir o velho aparato estatal, mas sim desmantelá-lo.

Redigido entre dezembro de 1851 e fevereiro de 1852, este texto ganhou sua primeira impressão no final de maio de 1852, com o título *Der 18te brumaire des Louis Napoleon* [O 18 de brumário de Luís Napoleão], no primeiro fascículo da revista *Die Revolution: Eine Zeitschrift in Zwanglosen Heften*, publicada por Joseph Weydemeyer. A tradução que agora apresentamos – capítulos I, parte do III e VII –, feita por Nélio Schneider (São Paulo, Boitempo, 2011), tem por base a segunda edição, revisada por Marx em 1869, em Hamburgo (*Der achtzehnte Brumaire des Louis Bonaparte*, em Karl Marx, Friedrich Engels, *Werke*. Berlim, Dietz, 1960, v. 8).

I.

Em alguma passagem de suas obras, Hegel comenta que todos os grandes fatos e todos os grandes personagens da história mundial são encenados, por assim dizer, duas vezes[1]. Ele se esqueceu de acrescentar: a primeira vez como tragédia e a segunda, como farsa. Caussidière como Danton, Louis Blanc como Robespierre, a Montanha de 1848-51 como a Montanha de 1793-95[2], o sobrinho como o tio. E essa mesma caricatura se repete nas circunstâncias que envolvem a reedição do 18 de brumário[3]!

Os homens fazem a sua própria história; contudo, não a fazem de livre e espontânea vontade, pois não são eles quem escolhem as circunstâncias sob as quais ela é feita, mas estas lhes foram transmitidas assim como se encontram. A tradição de todas as gerações passadas é como um pesadelo que comprime o cérebro dos vivos. E justamente quando parecem estar empenhados em transformar a si mesmos e as coisas, em criar algo nunca antes visto, exatamente nessas épocas de crise revolucionária, eles conjuram temerosamente a ajuda dos espíritos do passado, tomam emprestados os seus nomes, as suas palavras de ordem, o seu figurino, a fim de representar, com essa venerável roupagem tradicional e essa linguagem tomada de empréstimo, as novas cenas da história mundial. Assim, Lutero se disfarçou de apóstolo Paulo, a revolução de 1789-1814 se travestiu ora de República Romana ora de cesarismo romano, e a revolução de 1848 não descobriu nada melhor para fazer do que parodiar, de um lado, o ano de 1789 e, de outro, a tradição revolucionária de 1793-95. Do mesmo modo, uma pessoa que acabou de aprender uma língua nova costuma retraduzi-la o tempo todo para a sua língua materna; ela, porém, só conseguirá apropriar-se do espírito da nova língua e só será capaz de expressar-se livremente com a ajuda dela quando passar a se mover em seu âmbito sem reminiscências do passado e quando, em seu uso, esquecer a sua língua nativa.

---

[1] G. W. F. Hegel, Dritter Teil, *Vorlesungen über die Philosophie der Geschichte*. Berlim, Duncker und Humblot, 1837, Werke, v. 9). (N. E. A.)

[2] Em analogia aos Montagnards, que formaram a ala esquerda (jacobinos) na Convenção Nacional da Revolução Francesa, foi denominada Montagne (Montanha) a fração dos pequeno-burgueses democratas presente na Assembleia Nacional de 1848. (N. E. A.)

[3] No dia 18 de brumário (9 de novembro de 1799), Napoleão Bonaparte derrubou, mediante um golpe de Estado, o Diretório francês, tornando-se ditador com o título de primeiro-cônsul. Com a "reedição do 18 de brumário", Marx se refere ao golpe de Estado desferido por Luís Bonaparte no dia 2 de dezembro de 1851. (N. E. A.)

A análise das referidas conjurações de mortos da história mundial revela de imediato uma diferença que salta aos olhos. Foi com o figurino romano e a fraseologia romana que os heróis Camille Desmoulins, Danton, Robespierre, Saint-Just, Napoleão, mas também os partidos e as massas da velha Revolução Francesa, enfrentaram a missão da sua época, a saber, a de desencadear e erigir a moderna sociedade burguesa. Os primeiros trilharam o terreno feudal e ceifaram as cabeças feudais que nele haviam crescido. O último criou, dentro da França, as condições que possibilitaram o desenvolvimento da livre concorrência, a exploração da propriedade fundiária parcelada, a liberação da força produtiva industrial da nação, e, fora das fronteiras francesas, varreu do mapa todas as instituições feudais na medida em que isso se fez necessário para propiciar à sociedade burguesa da França um ambiente atualizado e condizente no continente europeu. Mas uma vez erigida a nova forma social, desapareceram os colossos antediluvianos e o romanismo que com eles havia ressurgido – os Brutus, Gracos, Publícolas, os tribunos, os senadores e o próprio César. Em sua sóbria realidade, a sociedade burguesa havia gerado os seus verdadeiros intérpretes e porta-vozes: os Says, Cousins, Royer-Collards, Benjamin Constants e Guizots; os seus verdadeiros generais assentavam-se às escrivaninhas e o gorducho boa-vida[4] do Luís XVIII era o seu líder político. Totalmente absorta na produção da sua riqueza na pacífica batalha da concorrência, ela não se apercebeu de que os fantasmas da época romana haviam embalado o seu berço. Não obstante o caráter nada heroico da sociedade burguesa, muito heroísmo havia sido necessário, além da abnegação, do terror, da guerra civil e de batalhas entre povos, para trazê-la ao mundo. E foi nas tradições de rigor clássico da República Romana que os seus gladiadores encontraram os ideais e as formas artísticas, as autoilusões de que ela precisava para ocultar de si mesma a limitação burguesa do conteúdo das suas lutas e manter o seu entusiasmo no mesmo nível elevado das grandes tragédias históricas. Do mesmo modo, um século antes e em outro estágio de desenvolvimento, Cromwell e o povo inglês haviam tomado de empréstimo a linguagem, o fervor e as ilusões do Antigo Testamento em favor da sua revolução burguesa. Atingido o objetivo real, consumada a reestruturação burguesa da sociedade inglesa, Locke tomou o lugar de Habacuque.

As ressurreições de mortos protagonizadas por aquelas revoluções serviram, portanto, para glorificar as novas lutas, e não para parodiar as antigas, para exaltar na fan-

---

[4] *Speckkopf* designa o sujeito rico, acomodado e obeso, que só pensa em comer, beber e fornicar; o elemento "-kopf" é metonímico (*pars pro toto*), comum no idioma alemão (*Dummkopf* etc.). (N. T.)

tasia as missões recebidas, e não para se esquivar de cumpri-las na realidade, para redescobrir o espírito da revolução, e não para fazer o seu fantasma rondar outra vez.

Mas o que rondou de 1848 a 1851 foi tão somente o fantasma da antiga revolução, começando com Marrast, o *Républicain en gants jaunes* [o republicano de luvas amarelas], que pôs o disfarce do velho Bailly, indo até o aventureiro que ocultou os seus traços triviais e repulsivos sob a férrea máscara mortuária de Napoleão. Todo um povo, que por meio da revolução acreditava ter obtido a força motriz necessária para avançar com maior celeridade, de repente se vê arremessado de volta a uma época extinta e, para que não paire nenhuma dúvida quanto ao retrocesso sofrido, ressurgem os velhos elementos, a velha contagem do tempo, os velhos nomes, os velhos editais que já haviam sido transferidos ao campo da erudição antiquária e os velhos verdugos que pareciam ter-se decomposto há muito tempo. A nação se vê no papel daquele inglês louco em Bedlam[5] que julga estar vivendo na época dos antigos faraós e diariamente lastima o árduo trabalho que é obrigado a fazer como garimpeiro nas minas de ouro da Etiópia, confinado entre as paredes daquela prisão subterrânea, uma lanterna de luz mortiça presa à cabeça, o feitor de escravos com um longo chicote à sua retaguarda e, guardando as saídas, uma balbúrdia de mercenários bárbaros que não entendem nem os trabalhadores forçados nem uns aos outros por não falarem a mesma língua. E o inglês louco se lamenta: "E tudo isso é imposto a mim, um britânico de livre nascimento, visando produzir ouro para os antigos faraós". "Para pagar as dívidas da família Bonaparte" – lamenta-se a nação francesa. Quando estava no seu juízo perfeito, o inglês não conseguia abandonar a ideia fixa de produzir ouro. Enquanto faziam a revolução, os franceses não conseguiam deixar de pensar em Napoleão, como ficou comprovado na eleição de 10 de dezembro[6]. Em meio às vicissitudes da revolução, sentiram saudades das panelas de carne do Egito, e o dia 2 de dezembro de 1851 foi a resposta a isso. Agora eles não só têm a caricatura do velho Napoleão, mas também o próprio Napoleão caricaturado em atitude condizente com os meados do século XIX.

Não é do passado, mas unicamente do futuro, que a revolução social do século XIX pode colher a sua poesia. Ela não pode começar a dedicar-se a si mesma antes de ter despido toda a superstição que a prende ao passado. As revoluções anterio-

---

[5] Alusão a um mal-afamado manicômio londrino. (N. E. A.)
[6] No dia 10 de dezembro de 1848, Luís Bonaparte foi eleito presidente da República francesa mediante eleição geral. (N. E. A.)

res tiveram de recorrer a memórias históricas para se insensibilizar em relação ao seu próprio conteúdo. A revolução do século XIX precisa deixar que os mortos enterrem os seus mortos[7] para chegar ao seu próprio conteúdo. Naquelas, a fraseologia superou o conteúdo; nesta, o conteúdo supera a fraseologia.

A Revolução de Fevereiro foi um atropelamento que pegou de *surpresa* a antiga sociedade, e o povo proclamou esse *ataque-surpresa* como um feito que teria inaugurado uma nova era na história mundial. No dia 2 de dezembro, a Revolução de Fevereiro foi escamoteada pelo volte de um trapaceiro, o que deixou a impressão de que se derrubara não mais a monarquia, mas as concessões liberais que lhe haviam sido arrancadas por séculos de luta. A própria *sociedade* deveria ter conquistado para si mesma um novo conteúdo; em vez disso, foi meramente o *Estado* que retornou à sua forma mais antiga, ao domínio despudoradamente simples da espada e da batina. Assim, a resposta ao *coup de main* [ataque-surpresa] de fevereiro de 1848 foi o *coup de tête* [cabeçada, ação impensada] de dezembro de 1851. Assim como se ganha, também se perde. Entretanto, o intervalo entre os dois eventos não deixou de ser bem aproveitado. A sociedade francesa recuperou durante os anos de 1848-51 – e segundo um método abreviativo, por ser revolucionário – as lições e as experiências que, numa evolução regular, por assim dizer, em ritmo escolar, deveriam ter precedido a Revolução de Fevereiro, caso esta pretendesse provocar mais do que um mero abalo da superfície. Nesse momento, a sociedade pareceu ter recuado a um momento anterior ao seu ponto de partida; na verdade, ela ainda precisa criar para si mesma o ponto de partida revolucionário, a situação, as relações, as condições singulares que façam com que a revolução moderna possa ser levada a sério.

As revoluções burguesas como as do século XVIII precipitam-se rapidamente de sucesso em sucesso, um efeito dramático é suplantado pelo próximo, pessoas e coisas parecem refulgir como brilhantes, respira-se diariamente o êxtase; porém, elas têm vida curta, logo atingem o seu ponto alto e uma longa ressaca toma conta da sociedade antes que, novamente sóbria, aprenda a apropriar-se dos resultados do seu período impetuoso e combativo. Em contrapartida, as revoluções proletárias como as do século XIX encontram-se em constante autocrítica, interrompem continuamente a sua própria marcha, retornam ao que aparentemente conseguiram realizar para começar tudo de novo, zombam de modo cruel e minucioso de todas as meias medidas, das debilidades e dos aspectos deploráveis

---

[7] Cf. Novo Testamento, Lucas 9:60; Mateus 8:22. (N. T.)

das suas primeiras tentativas, parecem jogar o seu adversário por terra somente para que ele sugue dela novas forças e se reerga diante delas em proporções ainda mais gigantescas, recuam repetidamente ante a enormidade ainda difusa dos seus próprios objetivos até que se produza a situação que inviabiliza qualquer retorno e em que as próprias condições gritam:

Hic Rhodus, hic salta! [Aqui é Rodes, salta aqui mesmo!]

Hier ist die Rose, hier tanze! [Aqui está a rosa, dança agora!][8]

Aliás, qualquer observador razoavelmente informado, mesmo que não tenha acompanhado passo a passo a evolução dos fatos na França, deve ter pressentido que a revolução se encaminhava para um fiasco inaudito. Bastava escutar os latidos presunçosos de vitória com que os senhores democratas se felicitavam alternadamente em vista dos efeitos mirabolantes esperados do segundo [domingo do mês] de maio de 1852[9]. Este segundo [domingo do mês] de maio de 1852 havia se transformado em ideia fixa, em dogma dentro das cabeças, como foi nas cabeças dos quiliastas o dia em que Cristo reapareceria e inauguraria o reino milenar[10]. A fraqueza, como sempre, buscou refúgio na crença em milagres, acreditou ter vencido o inimigo por aplicar-lhe, em sua fantasia, um feitiço que o fizesse desaparecer e deixou completamente de compreender o presente em virtude dessa exaltação passiva do futuro iminente e dos feitos que trazia *in petto*, mas que alegava ainda não querer protagonizar. Aqueles heróis que procuram refutar a sua notória incapacidade mediante asseverações mútuas de simpatia e mediante a formação de um grupo unido já haviam arrumado as suas trouxas, tomado os louros da vitória como adiantamento e estavam justamente empenhados em descontar no mercado de letras de câmbio *in partibu*[11] as repúblicas, para as quais, com a discrição própria dos seus temperamentos despretensiosos, já haviam organizado preventivamente o pessoal de governo. O dia 2 de dezembro os atingiu

---

[8] A explicação detalhada de como se chegou do original grego "Aqui está a vara [*rhódos*], salta [*pédema*] agora!" a "Aqui é Rodes [*Rhódos*], salta aqui mesmo!" (tradução latina antiga) e a "Aqui está a rosa [*rhódon*], dança agora!" (tradução de Hegel) pode ser conferida em http://www.marxists.org/glossary/terms/h/i.htm#hicrhodus (em inglês). (N. T.)

[9] No mês de maio de 1852, findava o mandato de Luís Bonaparte. Segundo a Constituição da República francesa de 4 de novembro de 1848, as eleições para presidente deveriam ocorrer a cada quatro anos, no segundo domingo de maio, e o presidente em exercício não poderia ser reeleito. (N. E. A.)

[10] Referência à doutrina religiosa mística do quiliasmo, que proclamava um reino milenar de justiça, igualdade e bem-estar. Essa doutrina surgiu na época da desagregação da sociedade escravocrata e se propagou na fase inicial do cristianismo e em parte também na Idade Média. (N. E. A.)

[11] *In partibus infidelium* = nas terras dos infiéis. (N. T.)

como um raio do céu sem nuvens, e os povos que, em épocas de contrariedade desalentadora, gostam que o seu medo íntimo seja aturdido pelos que gritam mais alto talvez tenham se convencido de que passou o tempo em que o grasnar dos gansos podia salvar o Capitólio[12].

A Constituição, a Assembleia Nacional, os partidos dinásticos, os republicanos azuis e os republicanos vermelhos, os heróis da África, o discurso tonitruante proferido do palanque, o relampejar da imprensa do dia, o conjunto da literatura, as figuras políticas e os renomados intelectuais, o Código Civil e o direito penal, *liberté, égalité, fraternité* [liberdade, igualdade, fraternidade] e o segundo [domingo do mês] de maio de 1852 – tudo desapareceu como se fosse uma quimera diante da fórmula mágica pronunciada por um homem que não era considerado mestre-feiticeiro nem pelos seus inimigos. O sufrágio universal parece ter sobrevivido só o tempo suficiente para redigir de próprio punho o seu testamento diante dos olhos do mundo inteiro e declarar pessoalmente, em nome do povo: "Tudo o que existe merece perecer"[13].

Não basta dizer, como fazem os franceses, que a sua nação teria sido surpreendida. Nem a uma nação nem a uma mulher se perdoa o momento de distração em que o primeiro aventureiro que aparece consegue violentá-las. Expressões desse tipo não solucionam o enigma, mas apenas lhe conferem outra formulação. Falta explicar como uma nação de 36 milhões de pessoas pôde ser surpreendida por três cavaleiros industriais e por eles ser levada ao cativeiro sem oferecer resistência.

Recapitulemos em traços gerais as fases percorridas pela revolução francesa de 24 de fevereiro de 1848 a dezembro de 1851.

É possível distinguir claramente três períodos principais: *o período de fevereiro*; 4 de maio de 1848 a 28 de maio de 1849: *período da constituição da República* ou da *Assembleia Nacional Constituinte*; 28 de maio de 1849 a 2 de dezembro de 1851: *período da república constitucional* ou da *Assembleia Nacional Legislativa*.

O *primeiro período*, de 24 de fevereiro ou da deposição de Luís Filipe até 4 de maio, dia da reunião da Assembleia Constituinte, que é propriamente o *período de fevereiro*, pode ser designado como *prólogo* da revolução. O seu caráter ganhou

---

[12] Diz a lenda que Roma foi salva em 390 a. C. da invasão dos gauleses porque o grasnar dos gansos do templo de Juno acordou os guardas adormecidos do Capitólio. (N. T.)

[13] Palavras de Mefistófeles em J. W. Goethe, *Fausto*, parte I, "No gabinete de estudos" (tradução livre). (N. T.)

expressão oficial no fato de que o governo improvisado pela Constituinte declarou a si mesmo como *provisório*, e, na mesma linha do governo, tudo o que foi motivado, tentado e dito nesse período foi apresentado como *provisório*. Ninguém nem nada ousava reivindicar para si o direito de existir e de agir efetivamente. Todos os elementos que haviam sido preparados e definidos pela revolução, a saber, a oposição dinástica, a burguesia republicana, a pequena burguesia democrático-republicana, o operariado social-democrata, ocuparam provisoriamente o seu lugar no *governo* de fevereiro.

Nem poderia ser de outra maneira. O objetivo original das jornadas de fevereiro foi uma reforma eleitoral que ampliasse o círculo dos privilegiados políticos dentro da própria classe possuidora e derrubasse o domínio exclusivo da aristocracia financeira. Quando, porém, o conflito irrompeu de fato – quando o povo foi às barricadas, a Guarda Nacional ficou passiva, o exército não ofereceu nenhuma resistência séria e a realeza fugiu –, a República pareceu algo óbvio. Cada partido a interpretou ao seu modo. Por tê-la conquistado de armas na mão, o proletariado lhe imprimiu o seu selo e a proclamou como *República Social*. Desse modo, indicou-se o conteúdo geral da revolução moderna, que se encontrava na mais curiosa contradição com tudo o que, nas circunstâncias dadas, podia ser posto diretamente em prática num primeiro momento com base no material disponível e no nível de formação atingido pela massa. Por outro lado, a reivindicação de todos os demais elementos que haviam cooperado com a Revolução de Fevereiro foi contemplada com a parte do leão[14] que receberam no governo. Por conseguinte, em período nenhum encontramos uma miscelânea mais variada das grandiloquentes fraseologias e da real insegurança e falta de prática, dos mais entusiásticos anseios por renovação e do domínio mais cabal da antiga rotina, da mais aparente harmonia de toda a sociedade e do mais profundo estranhamento entre os seus elementos. Enquanto o proletariado parisiense ainda se comprazia na contemplação da ampla perspectiva

---

[14] Expressão muito usada neste texto por Marx – e comum também em português –, alude à figura do leão nas fábulas de Esopo e, por exemplo, La Fontaine, em que o leão quase sempre representa a força bruta e o poder. Com essa expressão, Marx alude a uma fábula específica em que o leão, a raposa, o chacal e o lobo fazem um acordo para caçar juntos e dividir entre si o que conseguirem abater. Na primeira experiência que fizeram, mataram um veado, e o leão mandou dividir a presa em quatro partes iguais, depois se colocou diante desses pedaços e informou aos três parceiros que ficaria com o primeiro pedaço por ser o rei dos animais, com o segundo por ser o responsável pela partilha, com o terceiro por ser a parte que lhe cabe de direito na sociedade e também com o quarto por não acreditar que alguém estivesse disposto a disputá-lo com ele. Daí se origina a expressão "a parte do leão", que comumente é entendida como "a maior e a melhor parte do bolo". (N. T.)

que se lhe descortinara e se entregava a discussões bem-intencionadas sobre os problemas sociais, os velhos poderes da sociedade se reagruparam, reuniram-se, ponderaram e receberam o apoio inesperado da massa da nação, dos camponeses e pequeno-burgueses, os quais se lançaram todos de uma só vez à arena política após a queda das barreiras da Monarquia de Julho.

O *segundo período*, de 4 de maio de 1848 até o final de maio de 1849, é o período da *Constituição, da fundação da república burguesa*. Imediatamente após as jornadas de fevereiro, não só a oposição dinástica foi surpreendida pelos republicanos e os republicanos pelos socialistas, mas toda a França por Paris. A Assembleia Nacional, que se reuniu no dia 4 de maio de 1848 em decorrência das eleições nacionais, representou a nação. Ela tomou a forma de um protesto vívido contra as propostas pretensiosas das jornadas de fevereiro e deveria reduzir os resultados da revolução ao parâmetro burguês. O proletariado parisiense, que imediatamente se deu conta do caráter dessa Assembleia Nacional, tentou em vão negar a sua existência à força, dissolvê-la, desagregar novamente nos seus componentes individuais a estrutura orgânica com a qual o espírito reacionário nacional o ameaçava[15]. Como se sabe, o único resultado do 15 de maio foi o de afastar Blanqui e os seus camaradas, isto é, os verdadeiros líderes do partido proletário, da arena pública durante todo o ciclo aqui em pauta.

À *monarquia burguesa* de Luís Filipe só poderia seguir a *república burguesa*, isto é, ao passo que, em nome do rei, o governo foi exercido por uma parcela restrita da burguesia, em nome do povo, a totalidade da burguesia passaria a governar. As exigências do proletariado parisiense eram baboseiras utópicas que deveriam ser detidas. A resposta do proletariado parisiense a essa declaração da Assembleia Nacional Constituinte foi a *Insurreição de Junho*[16], o mais colossal acontecimento na história das guerras civis europeias. A república burguesa triunfou. Ela teve o apoio da aristocracia financeira, da burguesia industrial, da classe média, dos pe-

---

[15] No dia 15 de maio de 1848, os trabalhadores parisienses tentaram dispersar à força a Assembleia Nacional Constituinte e formar um novo Governo Provisório. Essa ação revolucionária foi derrotada, os seus líderes, Louis-Auguste Blanqui, Armand Barbès, Albert (Alexandre Martin) e François Raspail, foram presos, e promulgaram-se leis que proibiram reuniões populares e determinaram o fechamento de clubes democratas. (N. E. A.)

[16] A Insurreição de Junho, a revolta do proletariado parisiense de 23 a 26 de junho de 1848, foi o primeiro grande embate entre a burguesia e o proletariado. Isolado dos seus aliados pequeno-burgueses e camponeses, e sem uma liderança global, o proletariado parisiense sofreu uma derrota sangrenta. A insurreição constituiu uma reviravolta na revolução em toda a Europa. A contrarrevolução assumiu contornos definitivos e partiu para o ataque. (N. E. A.)

queno-burgueses, do exército, do lumpemproletariado organizado como guarda móvel, das capacidades intelectuais, dos padrecos e da população do campo. Do lado do proletariado parisiense não havia ninguém além dele mesmo. Mais de 3 mil insurgentes foram trucidados após a vitória, 15 mil foram deportados sem julgamento. Essa derrota relegou o proletariado ao *segundo plano* da cena revolucionária. Ele tenta projetar-se à frente toda vez que o movimento parece tomar um novo impulso, mas isso ocorre com energia e resultado cada vez menores. Sempre que a efervescência revolucionária tomou conta de uma das camadas sociais acima dele, o proletariado se aliou a ela e, em consequência, compartilhou todas as derrotas sucessivas sofridas pelos diferentes partidos. Porém, esses golpes subsequentes tornaram-se cada vez mais atenuados à medida que se distribuíram sobre toda a superfície da sociedade. Um após o outro, os seus líderes mais expressivos na Assembleia e na imprensa foram vitimados pelos tribunais e figuras cada vez mais ambíguas passaram a encabeçá-lo. Ele se lançou, em parte, *a experimentos doutrinários, bancos de câmbio e associações de trabalhadores, ou seja, a um movimento em que abriu mão de revolucionar o velho mundo com o seu grande cabedal de recursos próprios; ele tentou, antes, consumar a sua redenção pelas costas da sociedade, de modo privado, no âmbito das suas condições restritas de existência, e, por isso, necessariamente fracassou*. Ele parece não conseguir reencontrar em si mesmo a grandeza revolucionária nem renovar as suas energias com as novas alianças feitas enquanto *todas as classes* contra as quais lutou naquele junho não estiverem aplastadas no chão ao lado dele próprio. Ele, pelo menos, sucumbe com as honras de uma grande luta que teve relevância para a história mundial; não só a França, mas toda a Europa treme em face do terremoto de junho, ao passo que as derrotas subsequentes das classes mais altas saíram tão barato que necessitam da exageração descarada de parte do partido vencedor para poderem inclusive passar por acontecimentos; essas derrotas são tanto mais vergonhosas quanto maior a distância entre o partido proletário e o partido derrotado.

A derrota dos insurgentes de junho, entretanto, havia preparado, aplainado o terreno sobre o qual podia ser fundada e erigida a *república burguesa*; ao mesmo tempo, porém, ela havia evidenciado que, na Europa, as questões em pauta iam além da alternativa "República ou Monarquia". Ela havia revelado que, nesse caso, a república burguesa representava o despotismo irrestrito de uma classe sobre outras classes. Ela provou que, em países de civilização antiga com estrutura de classes evoluída, com modernas condições de produção e com um consciente intelectual em que todas as ideias tradicionais foram dissolvidas por séculos de elaboração, a *República só pode representar a forma de revolução política da sociedade burguesa*, e não a sua *forma de vida conservadora*; é o caso, por exemplo, dos Estados Unidos da América do Norte, onde, embora já existam classes, estas ainda não se fixaram, mas intercambiam os seus componentes e os cedem umas às outras em um fluxo permanente, onde os modernos meios de produção compensam a relativa carência de cérebros e braços em vez de coincidir com uma superpopulação estagnante, e onde, por fim, o jovem e febril movimento da produção material, dedicado a apropriar-se de um mundo novo, ainda não teve tempo nem oportunidade de eliminar o mundo dos velhos espíritos.

Durante o mês de junho, todas as classes e todos os partidos se uniram no *Partido da Ordem* contra a classe proletária, considerada o *partido da anarquia*, do socialismo, do comunismo. Eles "salvaram" a sociedade dos "*inimigos da sociedade*". O lema repassado por eles às suas tropas consistia nas palavras-chave da antiga sociedade: "*Propriedade, família, religião, ordem*", instigando a cruzada contrarrevolucionária com a frase: "Sob este signo vencerás!"[17]. A partir desse momento, sempre que qualquer um dos numerosos partidos que haviam se conglomerado sob esse signo contra os insurgentes de junho tenta impor na arena revolucionária o interesse da sua própria classe, ele sucumbe diante do mote: "Propriedade, família, religião, ordem". A sociedade é salva sempre que o círculo dos seus dominadores se estreita, sempre que um interesse mais exclusivo é imposto a um mais amplo. Toda e qualquer reivindicação da mais elementar reforma financeira burguesa, do mais trivial liberalismo, do mais formal republicanismo, da mais banal democracia é simultaneamente punida como "atentado contra a sociedade" e estigmatizada como "socialismo". E, por fim, os próprios sumos sacerdotes da "religião e ordem" são escorraçados a pontapés dos seus trípodes pítios[18], tirados das suas camas na calada da noite, enfiados em carruagens prisionais, jogados em cárceres ou mandados ao exílio, o seu templo é arrasado, a sua boca é selada, a sua pena é quebrada e a sua lei é rasgada, tudo em nome da religião, da propriedade, da família, da ordem. Burgueses fanáticos pela ordem são fuzilados nos balcões das suas casas por pelotões de soldados bêbados, as suas casas são bombardeadas por passatempo – em nome da propriedade, da família, da religião e da ordem. A escória da socieda-

---

[17] Alusão à lenda segundo a qual o imperador romano Constantino I, pouco antes da batalha contra Maxêncio, no ano de 312, teve a visão de uma cruz desenhada contra o céu com a inscrição: "Sob este signo vencerás". (N. E. A.)

[18] Referência aos apoios ou assentos de três pés usados pelos sacerdotes do templo de Apolo, em Delfos, quando profeririam os seus oráculos. (N. T.)

de burguesa acaba por formar a *falange sagrada da ordem*, e o herói Crapulinski[19] entra triunfalmente nas Tulherias como *"salvador da sociedade"*.

III.

[...]

Não há partido que exagere mais os meios de que dispõe, nenhum que se iluda mais levianamente sobre a situação do que o democrata. O fato de um segmento do exército ter votado na Montanha bastou para convencê-la de que o exército inteiro se rebelaria junto com ela. E em que ocasião? Naquela em que, do ponto de vista das tropas, isso não significava nada além de que os revolucionários tomaram o partido dos soldados romanos contra os soldados franceses. Por outro lado, as lembranças do mês de junho de 1848 ainda eram demasiado recentes para que tivessem deixado de existir uma profunda aversão do proletariado à Guarda Nacional e uma efetiva suspeição dos chefes das sociedades secretas contra os chefes democratas. Para compensar essas diferenças, era preciso que estivessem em jogo grandes interesses comuns. A violação de um parágrafo abstrato da Constituição não era capaz de gerar esse interesse. Não foram os próprios democratas que afirmaram que a Constituição já havia sido repetidamente violada? Os jornais mais populares não a haviam denunciado como artimanha contrarrevolucionária? Porém, por representar a pequena burguesia, ou seja, uma *classe de transição*, na qual os interesses de duas classes se embotam de uma só vez, o democrata tem a presunção de se encontrar acima de toda e qualquer contradição de classe. Os democratas admitem que o seu confronto é com uma classe privilegiada, mas pensam que eles é que constituem o povo junto com todo o entorno restante da nação, que eles representam o *direito do povo*, que o seu interesse é o *interesse do povo*. Por conseguinte, não teriam necessidade de verificar, na iminência de uma luta, os interesses e posicionamentos das diferentes classes. Não teriam necessidade de sopesar com todo cuidado os seus próprios meios. A única coisa que precisariam fazer era dar o sinal para que o povo se lançasse sobre os *opressores* com todos os seus inesgotáveis recursos. Mas quando, no momento da ação concreta, os seus interesses se revelam desinteressantes e o seu poder se revela impotente, atribuem esse fato ou a sofistas perniciosos que dividem o *povo indivisível* em diversas fren-

---

[19] Com esse termo, Marx designa Luís Bonaparte. Crapulinski é um personagem do poema "Dois cavaleiros", de Heinrich Heine; o seu nome é derivado da palavra francesa *crapule*, crápula, devasso, canalha. (N. E. A.)

tes hostis ou ao exército que estava por demais abestalhado e ofuscado para compreender os fins puros da democracia como a melhor coisa para si mesmo, ou tudo falhou em algum detalhe de execução ou então algum imprevisto pôs a perder essa rodada do jogo. Como quer que seja, o democrata sai da derrota mais vergonhosa tão imaculado quanto era inocente ao nela entrar, agora renovado em sua convicção de que ele deverá triunfar, não de tal modo que ele próprio e o seu partido tenham de renunciar ao seu velho ponto de vista, mas, ao contrário, de tal modo que as condições amadureçam no sentido por ele pretendido.

[...]

VII.

A *república social* apareceu como fraseologia, como profecia no limiar da Revolução de Fevereiro. No mês de junho de 1848, ela foi afogada no sangue do *proletariado parisiense*, mas rondou os atos seguintes do drama como um espectro. Anuncia-se a *república democrática*. Esta se desmancha no ar em 13 de junho de 1849 com a fuga dos seus pequeno-burgueses, que ao fugir redobram os reclames a seu favor. Pelas mãos da burguesia, a *república parlamentar* apodera-se de todo o cenário, expandindo a sua existência em toda a sua amplitude, até que o dia 2 de dezembro de 1851 a sepulta sob a gritaria angustiada dos monarquistas coligados: "Viva a república!".

A burguesia francesa sublevou-se contra o domínio do proletariado trabalhador e colocou no poder o lumpemproletariado, e, no seu topo, o líder da Sociedade 10 de Dezembro. A burguesia deixou a França ofegante de medo frente aos futuros horrores a serem esperados da anarquia vermelha; Bonaparte sacou esse futuro da conta dela quando, no dia 4 de dezembro, ordenou que o exército da ordem, animado pela cachaça, fuzilasse nas janelas das suas próprias casas os burgueses ilustres do bulevar Montmartre e do bulevar dos Italianos. A burguesia fez a apoteose do sabre; o sabre a dominou. Ela destruiu a imprensa revolucionária; a sua própria imprensa foi destruída. Ela colocou as Assembleias populares sob a vigilância da polícia; os seus próprios salões culturais foram vigiados pela polícia. Ela dissolveu as Guardas Nacionais democráticas; a sua própria Guarda Nacional foi dissolvida. Ela decretou o estado de sítio; o estado de sítio foi decretado sobre ela. Ela substituiu os júris pelas comissões militares; os seus júris foram substituídos por comissões militares. Ela submeteu o ensino popular aos padrecos; os padrecos a submeteram ao seu próprio ensino. Ela deportou sem julgamento; ela foi deportada sem julgamento. Ela reprimiu toda e qualquer manifestação da sociedade mediante o poder estatal; toda e qualquer manifestação da sua sociedade foi esmagada pelo poder estatal. Motivada por sua bolsa de dinheiro, ela se rebelou contra os seus próprios políticos e escritores; os políticos e escritores foram eliminados, mas, tendo sido desse modo amordaçada a sua boca e quebrada a sua pena, também a sua bolsa de dinheiro foi saqueada. A burguesia bradou incansavelmente para a Revolução como Santo Arsênio aos cristãos: "*Fuge, tace, quisce*!" [Foge, cala-te, aquieta-te!] Bonaparte gritou para a burguesia: "*Fuge, tace, quisce*!".

A burguesia francesa há muito já havia solucionado o seguinte dilema de Napoleão: "*Dans cinquante ans l'Europe sera républicaine ou cosaque*" [Daqui a cinquenta anos a Europa será republicana ou cossaca][20]. Ela o solucionou na forma da "*république cosaque*" [república cossaca]. Nenhuma Circe desfigurou a obra de arte da república burguesa mediante um feitiço mau. Aquela república nada perdeu além da sua aparência de respeitabilidade. A França atual estava integralmente contida na república parlamentar. Bastava uma estocada de baioneta para estourar a bolha e fazer com que o monstrengo saltasse aos olhos.

Por que o proletariado parisiense não se sublevou após o 2 de dezembro?

A queda da burguesia acabara de ser decretada, e o decreto ainda não havia sido cumprido. Qualquer rebelião séria do proletariado imediatamente a teria reanimado e reconciliado com o exército, assegurando aos trabalhadores uma segunda derrota de junho.

No dia 4 de dezembro, o proletariado foi incitado à luta por burgueses e *épiciers* [lojistas]. Ao entardecer daquele dia, várias legiões da Guarda Nacional prometeram comparecer armadas e uniformizadas no campo de batalha. Burgueses e *épiciers* haviam descoberto que, em um dos seus decretos de 2 de dezembro, Bonaparte havia abolido o voto secreto e ordenava-lhes que apusessem o seu "sim" ou "não" após os seus nomes nos registros oficiais. A resistência de 4 de dezembro intimidou Bonaparte. Durante a noite, ele mandou afixar em todas as esquinas de Paris cartazes anunciando a restauração do voto secreto. Burgueses e *épiciers* acreditavam ter alcançado o seu objetivo. Quem não compareceu na manhã seguinte foram os *épiciers* e os burgueses.

---

[20] Esse dito de Napoleão I consta do livro de Las Cases intitulado *Mémorial de Saint-Hélène, ou journal où se trouve consigné, jour par jour, ce qu'a dit et fait Napoléon durant dix-huit mois* [Memorial de Santa Helena, ou jornal em que se acha registrado, dia após dia, o que disse e fez Napoleão durante dezoito meses], Paris, 1822-1823. (N. E. A.)

O proletariado parisiense havia sido privado dos seus líderes, os chefes de barricadas, por um ataque-surpresa desferido por Napoleão durante a noite do dia 1º para o dia 2 de dezembro. Um exército sem oficiais, nada inclinado a lutar sob a bandeira dos *montagnards* em vista das lembranças de junho de 1848 e 1849 e de maio de 1850, deixou a cargo da sua vanguarda, ou seja, das sociedades secretas, a salvação da honra insurrecional de Paris. Esta foi entregue tão sem resistência à soldadesca pela burguesia que Bonaparte, mais tarde, pôde desarmar a Guarda Nacional alegando o seguinte motivo sarcástico: ele temia que as suas armas pudessem ser usadas contra ela própria pelos anarquistas!

"C'est le triomphe complet et définitif du socialisme!" [Este é o triunfo completo e definitivo do socialismo!] Foi assim que Guizot caracterizou o dia 2 de dezembro. Mas ainda que a queda da república parlamentar contivesse o germe do triunfo da revolução proletária, o seu primeiro resultado palpável foi a *vitória de Bonaparte sobre o Parlamento, a vitória do Poder Executivo sobre o Poder Legislativo, do poder sem fraseologia sobre o poder da fraseologia.* No Parlamento, a nação conferiu força de lei à sua vontade geral, isto é, estatuiu a lei da classe dominante como vontade geral da nação. Diante do Poder Executivo, ela abdicou de toda e qualquer vontade própria e se submeteu ao ditame da vontade alheia, ou seja, ao poder da autoridade. Diferentemente do Poder Legislativo, o Poder Executivo é expressão da heteronomia da nação em contraposição à sua autonomia. Portanto, tem-se a impressão de que a França apenas escapou do despotismo de uma classe para voltar a cair sob o despotismo de um indivíduo, mais precisamente sob a autoridade de um indivíduo sem autoridade. A luta parece ter sido conciliada de tal modo que todas as classes se encontram de joelhos diante da culatra do fuzil, igualmente impotentes e caladas.

Porém, a revolução é radical. Ela ainda está percorrendo o purgatório. Exerce o seu mister com método. Até o dia 2 de dezembro de 1851, ela absolvera a metade dos seus preparativos; agora ela se encontra na outra metade. Primeiro fez com que o Parlamento chegasse ao auge do seu poder para então derrubá-lo. Tendo conseguido isso, ela passa a fazer com que o *Poder Executivo* chegue ao seu auge, reduzindo-o à sua expressão mais pura, isolando-o, colocando-o diante dos seus olhos como pura acusação para concentrar nele todas as suas forças de destruição. E quando ela tiver consumado essa segunda metade dos seus trabalhos preparatórios, a Europa se porá em pé e exultará: bem cavoucado, velha toupeira[21]!

---

[21] Paráfrase de Shakespeare, *Hamlet*, ato 1, cena 5: *"Well said, old mole!"* [Bem falado, velha toupeira!]. (N. E. N.-A.)

Esse Poder Executivo com a sua monstruosa organização burocrática e militar, com a sua máquina estatal multifacetada e artificiosa, esse exército de funcionários de meio milhão de pessoas somado a um exército regular de mais meio milhão, essa terrível corporação de parasitas, que envolve o organismo da sociedade francesa como uma membrana e entope todos os seus poros, surgiu no tempo da monarquia absoluta, na época da decadência do sistema feudal, para cuja aceleração contribuiu. Os privilégios senhoriais dos proprietários de terra e das cidades se transformam na mesma quantidade de atributos do poder estatal, os dignitários feudais passam à condição de funcionários remunerados, e o catálogo multicor dos potentados medievais conflitantes se converte em plano regulamentado de um poder estatal cujo trabalho é dividido e centralizado como numa fábrica. A primeira revolução francesa, ao cumprir a tarefa de quebrar todos os poderes autônomos nos níveis local, territorial, citadino e provincial, visando criar a unidade nacional burguesa, necessariamente desenvolveu o que a monarquia absoluta havia começado: a centralização e, junto com ela, o raio de ação, os atributos e os servidores do poder governamental. Napoleão aperfeiçoou essa máquina do Estado. Essa monarquia legítima e a Monarquia de Julho nada acrescentaram além de uma maior divisão do trabalho, que crescia na mesma proporção em que a divisão do trabalho no interior da sociedade burguesa criava novos grupos de interesse, ou seja, novo material para a administração estatal. Todo e qualquer interesse *comum* foi imediatamente desvinculado da sociedade e contraposto a ela como interesse mais elevado, *geral*, subtraído à atividade dos próprios membros da sociedade e transformado em objeto da atividade governamental, desde a ponte, o prédio escolar e o patrimônio comunal de um povoado até as ferrovias, o patrimônio nacional e a universidade nacional da França. A república parlamentar, por fim, na sua luta contra a revolução, viu-se obrigada a reforçar os meios e a centralização do poder do governo para implementar as medidas repressivas. Todas as revoluções somente aperfeiçoaram a máquina em vez de quebrá-la. Os partidos que lutaram alternadamente pelo poder consideraram a tomada de posse desse monstruoso edifício estatal como a parte do leão dos despojos do vencedor.

Porém, sob a monarquia absoluta, durante a primeira revolução, e sob Napoleão, a burocracia foi apenas o meio para preparar a dominação de classe por parte da burguesia. Sob a restauração, sob Luís Filipe e sob a república parlamentar, ela foi mero instrumento da classe dominante, por mais que ela também aspirasse poder próprio.

Pelo visto, foi somente sob o segundo Bonaparte que o Estado se tornou completamente independente. A máquina estatal consolidou-se de tal forma face à sociedade civil que, como líder, lhe basta o chefe da Sociedade 10 de Dezembro, um aventureiro vindo do exterior, posto no comando pela soldadesca embriagada que ele subornara com cachaça e linguiça e a qual precisa continuar suprindo com linguiças. Daí o desespero envergonhado, a sensação da mais terrível humilhação e degradação que oprime o peito da França e entrecorta a sua respiração. Ela se sente desonrada.

E, no entanto, o poder estatal não paira no ar. Bonaparte representa uma classe, mais precisamente, a classe mais numerosa da sociedade francesa: os *camponeses parceleiros* [Parzellenbauern].

Assim como os Bourbon constituíam a dinastia da grande propriedade fundiária e os Orléans a dinastia do dinheiro, os Bonaparte são a dinastia dos camponeses, isto é, da massa popular francesa. O escolhido dos camponeses não é o Bonaparte que se submeteu ao Parlamento burguês, mas o Bonaparte que pôs em fuga o Parlamento burguês. Durante três anos as cidades conseguiram falsificar o sentido da eleição de 10 de dezembro e ludibriar os camponeses no que se refere à restauração do Império. A eleição de 10 de dezembro de 1848 só foi consumada com o *coup d'état* de 2 de dezembro de 1851.

Os camponeses parceleiros constituem uma gigantesca massa, cujos membros vivem na mesma situação, mas não estabelecem relações diversificadas entre si. O seu modo de produção os isola uns dos outros, em vez de levá-los a um intercâmbio recíproco. O isolamento é favorecido pelos péssimos meios de comunicação franceses e pela pobreza dos camponeses. A sua unidade de produção, a parcela, não permite nenhuma divisão de trabalho no seu cultivo, nenhuma aplicação da ciência, portanto, nenhuma multiplicidade no seu desenvolvimento, nenhuma diversidade de talentos, nenhuma profusão de condições sociais. Cada família camponesa é praticamente autossuficiente, produzindo diretamente a maior parte do que consome e obtendo, assim, os seus meios de subsistência mais da troca com a natureza do que do intercâmbio com a sociedade. Há a parcela, o camponês e a família; mais adiante, outra parcela, outro camponês e outra família. Sessenta conjuntos desse tipo constituem um povoado; e sessenta povoados, um departamento. Assim, a grande massa da nação francesa se compõe por simples adição de grandezas homônimas, como batatas dentro de um saco constituem um saco de batatas. Milhões de famílias existindo sob as mesmas condições econômicas que separam o seu modo de vida, os seus interesses e a sua cultura do modo de vida, dos interesses e da cultura das demais classes, contrapondo-se a elas como inimigas, formam uma classe. Mas na medida em que existe um vínculo apenas local entre os parceleiros, na medida em que a identidade dos seus interesses não gera entre eles nenhum fator comum, nenhuma união nacional e nenhuma organização política, eles não constituem classe nenhuma. Por conseguinte, são incapazes de fazer valer os interesses da sua classe no seu próprio nome, seja por meio de um Parlamento, seja por meio de uma convenção. Eles não são capazes de representar a si mesmos, necessitando, portanto, ser representados. O seu representante precisa entrar em cena ao mesmo tempo como o seu senhor, como uma autoridade acima deles, como um poder governamental irrestrito, que os proteja das demais classes e lhes mande chuva e sol lá de cima. A expressão última da influência política dos camponeses parceleiros consiste, portanto, no fato de o Poder Executivo submeter a sociedade a si próprio.

A tradição histórica deu origem à crença milagrosa dos camponeses franceses de que um homem chamado Napoleão lhes devolveria a glória perdida. E apareceu um indivíduo alegando ser esse homem por portar o nome de Napoleão, em decorrência da seguinte prescrição do *Code Napoléon*: "*La recherche de la paternité est interdite*" [A investigação da paternidade é interdita]. Após vinte anos de vagabundagem e uma série de aventuras grotescas, cumpre-se a saga e o homem se torna imperador dos franceses. A ideia fixa do sobrinho se torna realidade, porque coincidiu com a ideia fixa da classe mais numerosa entre os franceses.

Mas – alguém objetará – e as revoltas camponesas em meia França, as caçadas aos camponeses promovidas pelo exército, o encarceramento e a deportação em massa de camponeses?

Desde Luís XIV, a França não havia presenciado semelhante perseguição aos camponeses "por causa de intrigas demagógicas"[22].

Porém, entenda-se bem. A dinastia Bonaparte não representa o camponês revolucionário, mas o camponês conservador; não o camponês que se projeta para além da condição social que garante a sua subsistência, ou seja, que se projeta para além da parcela, mas, antes, aquele que quer consolidá-la; não o povo do campo que quer subverter a velha ordem com a sua própria energia em aliança com as cidades, mas, pelo contrário, aquele que, apaticamente encerrado nessa velha ordem, quer ver a si mesmo posto a salvo e favorecido com a sua parcela pelo fantasma do

---

[22] Na Alemanha, o termo "demagogo" era usado para nomear os integrantes de um movimento oposicionista formado por intelectuais. A designação se tornou corrente após a Conferência dos Ministros dos Estados Alemães, realizada em Karlsbad, em agosto de 1819, que emitiu uma resolução especial contra as intrigas dos "demagogos". (N. E. N.-A.)

Império. Essa dinastia não representa o esclarecimento, mas a superstição do camponês, não o seu parecer, mas o seu preconceito, não o seu futuro, mas o seu passado, não a sua moderna Cévennes[23], mas a sua moderna Vendée[24].

Os três anos do duro governo da república parlamentar já revoltaram e libertaram, ainda que superficialmente, uma parte dos camponeses franceses da ilusão napoleônica; porém, a burguesia os repelia com violência sempre que se punham em movimento. Sob a república parlamentar, a consciência moderna dos camponeses franceses entrou em conflito com a sua consciência tradicional. O processo se desdobrava na forma de uma luta incessante entre o mestre-escola e o padreco. A burguesia abateu os mestres-escolas. Pela primeira vez, os camponeses fizeram esforços no sentido de adotar um comportamento independente da atuação governamental. Isso ficou evidente no conflito contínuo entre os *maires* [prefeitos] e os funcionários do governo. A burguesia destituiu os *maires*. Por fim, durante o período da república parlamentar, os camponeses de diversas localidades sublevaram-se contra a sua própria criação, o exército. A burguesia puniu-os com estados de sítio e execuções. E essa mesma burguesia denuncia agora, em alta voz, a estupidez das massas, da *vile multitude* [do populacho vil] que a teria traído por Bonaparte. Ela própria consolidou à força o imperialismo da classe camponesa; foi ela que preservou as condições que formam o nascedouro dessa religião camponesa. De qualquer modo, a burguesia necessariamente temerá a estupidez das massas enquanto elas permanecerem conservadoras, e o discernimento das massas assim que elas se tornarem revolucionárias.

Nas revoltas posteriores ao *coup d'état*, uma parte dos camponeses franceses protestou de armas na mão contra o resultado do seu próprio voto em 10 de dezembro de 1848. As lições que receberam desde 1848 os deixaram mais espertos. O problema é que haviam se devotado ao submundo da história e esta exigiu que mantivessem a sua palavra; a maioria deles ainda estava tão embotada que, justamente nos departamentos mais vermelhos, a população camponesa votou abertamente a favor de Bonaparte. Na opinião dela, a Assembleia Nacional havia posto obstáculos ao avanço deste. Ele apenas quebrara os grilhões que as cidades haviam

---

[23] Cévennes é uma região montanhosa na província francesa de Languedoc, onde ocorreram, entre 1702 e 1705, as revoltas camponesas conhecidas como levantes dos *camisards*, que começaram como forma de protesto contra a perseguição aos protestantes e acabaram assumindo um caráter abertamente antifeudal. (N. E. A.)

[24] Vendée, departamento no oeste da França, foi um centro das forças monarquistas durante a Revolução Francesa de 1789 a 1794. Em 1793, essas forças organizaram uma revolta contrarrevolucionária, apoiada pelo campesinato dessa região economicamente atrasada. A partir de então, a designação "Vendée" passou a ser sinônimo de atividade contrarrevolucionária. (N. E. A.)

imposto à vontade do campo. Em alguns lugares, os camponeses até alimentavam a concepção grotesca de que, paralelamente a Napoleão, haveria uma Convenção.

A primeira revolução libertou os camponeses da semisservidão e os transformou em proprietários de terra livres. Napoleão consolidou e regulamentou as condições que lhes permitiriam explorar sossegados o território da França que recentemente havia caído em seu poder e expiar a cobiça juvenil por propriedade. Porém, o que acabaria com o camponês francês seria a sua própria parcela, a divisão do território, a forma de propriedade consolidada por Napoleão na França. São justamente as condições materiais que transformaram o camponês feudal francês em camponês parceleiro e Napoleão em imperador. Bastaram duas gerações para produzir o resultado inevitável: deterioração progressiva da agricultura, endividamento progressivo do agricultor. A forma de propriedade "napoleônica", que, no início do século XIX, constituiu a condição para a libertação e o enriquecimento da população camponesa da França, transformou-se, no decorrer desse mesmo século, na lei da sua escravidão e do seu pauperismo. E justamente essa lei é a primeira das "*idées napoléoniennes*" que o segundo Bonaparte defenderia. Ainda que ele, junto com os camponeses, continue alimentando a ilusão de que a razão da ruína destes não reside na propriedade parcelada em si, mas fora dela, na influência de circunstâncias secundárias, os seus experimentos acabarão estourando como bolhas de sabão em contato com as relações de produção.

O desenvolvimento econômico da propriedade parcelada desvirtuou desde a base a relação dos camponeses com as demais classes da sociedade. Sob Napoleão, o parcelamento do território rural complementou a livre concorrência e a grande indústria incipiente protagonizada pelas cidades. A classe camponesa constituía o protesto onipresente contra a aristocracia rural que acabara de ser derrubada. As raízes que a propriedade parcelada lançou no território francês privaram o feudalismo de todo e qualquer nutriente. Os seus marcos divisórios compunham a fortificação natural da burguesia contra qualquer ataque-surpresa dos seus antigos suseranos. Porém, no decorrer do século XIX, o lugar do senhor feudal foi ocupado pelo agiota citadino, a propriedade rural aristocrática foi substituída pelo capital burguês. A parcela do camponês se reduz a um pretexto que permite ao capitalista extrair lucro, juros e renda do campo e deixar que o próprio agricultor se arranje como puder para obter o salário do seu próprio trabalho. A dívida hipotecária que pesa sobre o território francês impõe ao campesinato um valor tão elevado de juros quanto a soma do juro anual de toda a dívida nacional britânica. Nessa escravização ao capital, para a qual inevitavelmente ruma o seu desenvolvimento, a propriedade parcelada transformou a massa da população francesa em trogloditas. Dezesseis milhões de camponeses (incluindo mulheres e crianças) se abrigam em cavernas, das quais grande parte possui apenas uma abertura, a outra parte, apenas duas aberturas, e a mais favorecida, apenas três aberturas. As janelas são para uma casa o que os cinco sentidos são para a cabeça. A ordem burguesa, que no início do século colocou o Estado como sentinela para guardar a parcela recém-criada e a adubou com lauréis, transformou-se no vampiro que suga o sangue do seu coração e a medula do seu cérebro e os joga no caldeirão alquímico do capital. O *Code Napoléon* foi reduzido à condição de código de execução, de subastação e de leilões forçados. Aos 4 milhões (incluindo crianças etc.) de pobres, vagabundos, criminosos e prostituídos que a França computa oficialmente somam-se 5 milhões que se encontram à beira do abismo existencial e que ou se abrigam no próprio campo ou desertam constantemente com os seus andrajos e as suas crianças do campo para as cidades e das cidades para o campo. O interesse dos camponeses, portanto, não se encontra mais, como sob Napoleão, em consonância com os interesses da burguesia e do capital, mas em contradição com eles. Ou seja, eles descobrem o seu aliado e líder natural no *proletariado citadino*, cuja missão é a subversão da ordem burguesa. Porém, o *governo forte e irrestrito* – e esta é a segunda "*idée napoléonienne*" que o segundo Napoleão deverá concretizar – é convocado a defender pela força essa ordem "material". E essa "*ordre matériel*" [ordem material] é a palavra-chave que aparece em todas as proclamações de Bonaparte contra os camponeses revoltosos.

Ao lado da hipoteca que o capital lhe impõe, a parcela é onerada pelo *imposto*. O imposto é a fonte vital da burocracia, do exército, dos padrecos e da corte, em suma, de todo o aparato do Poder Executivo. Governo forte e imposto elevado são uma e a mesma coisa. Por sua própria natureza, a propriedade parcelada se presta bem como fundamento de uma burocracia onipotente e incontável. Ela cria um nível homogêneo de relações e pessoas em toda a superfície do país. Ela também permite, portanto, exercer uma ingerência homogênea sobre todos os pontos dessa massa homogênea a partir de um centro supremo. Ela desmantela os níveis aristocráticos intermediários entre a massa da população e o poder estatal. Ela provoca, portanto, de todos os lados a intervenção direta desse poder estatal e a interposição dos seus órgãos imediatos. Ela dá origem, por fim, a uma superpopulação ociosa, que não encontra lugar nem no campo nem nas cidades, buscando, em consequência, obter cargos estatais como uma espécie de esmola respeitável e provocando a criação de novos cargos estatais. Franqueando novos mercados a golpes de baioneta e pilhando o continente, Napoleão devolveu com juros o imposto compulsório. Este, que havia sido um estímulo à industriosidade do camponês, agora priva a sua industriosidade das últimas fontes de recursos e consuma a sua incapacidade de resistir ao pauperismo. E uma enorme burocracia, bem engalanada e bem nutrida, é de todas as "*idées napoléoniennes*" a que mais agrada ao segundo Bonaparte. E nem poderia ser diferente, porque ele é obrigado a criar, ao lado das classes reais da sociedade, uma casta artificial que possui um interesse existencial na preservação do seu regime. Por conseguinte, as suas primeiras operações financeiras foram conceder aumento de salário aos funcionários, restabelecendo o valor antigo, e criar novas sinecuras.

Outra "*idée napoléonienne*" é a dominação exercida pelos padrecos como expediente de governo. Porém, ao passo que a parcela recém-criada, em sua harmonia com a sociedade, em sua dependência das forças da natureza e em sua submissão à autoridade que a protegia a partir de cima, era naturalmente religiosa, a parcela corroída pela dívida, em conflito com a sociedade e a autoridade e forçada a superar a sua própria limitação, é naturalmente irreligiosa. O céu era um belo complemento à estreita faixa de terra recém-adquirida, sobretudo porque ele proporcionava o clima; mas ele se torna um insulto quando é incutido como substituto da parcela. Nesse caso, o padreco nada mais é que o sabujo ungido da polícia terrena – outra "*idée napoléonienne*". A expedição contra Roma acontecerá da próxima vez na própria França, mas em sentido oposto ao do sr. de Montalembert.

Por fim, o ponto culminante das "*idées napoléoniennes*" é a preponderância do *exército*. O exército era o *point d'honneur* [questão de honra] dos camponeses parceleiros, eles próprios transformados em heróis, defendendo a sua nova possessão contra os de fora, glorificando a sua nacionalidade recém-conquistada, pilhando e revolucionando o mundo. O uniforme era o seu traje oficial, a guerra era a sua poesia, a pátria era a parcela ampliada e bem-acabada na imaginação e o patriotismo, a forma ideal do senso de propriedade. Porém, os inimigos contra os quais o camponês francês tem de defender a sua propriedade não são mais os cossacos, e sim os *huissiers* [oficiais de justiça] e os funcionários do fisco. A parcela não se localiza mais na assim chamada pátria, mas no registro de hipotecas. O próprio exército não é mais a fina flor da juventude camponesa; ele é a flor palustre do lumpemproletariado camponês, composto em sua maior parte de *remplaçants*, de suplentes, assim como o próprio segundo Bonaparte é um mero *remplaçant*, suplente de Napoleão. Os feitos heroicos desse exército consistem agora em caçar camponeses como se estes fossem veados e em prestar o serviço de gendarme; e, quando as contradições internas do seu sistema obrigarem o chefe da Sociedade 10 de Dezembro a cruzar as fronteiras francesas, o seu exército, após alguns atos de banditismo, colherá açoites em vez de lauréis.

É evidente: todas as *"idées napoléoniennes" são ideias vinculadas à parcela ainda não desenvolvida, no viço da sua juventude*, mas representam um contrassenso para a parcela já mais avançada em dias. Elas são agora meras alucinações da sua agonia, palavras transformadas em fraseologia, espíritos transformados em fantasmas. No entanto, a paródia do imperialismo foi necessária para libertar a massa da nação francesa da impetuosidade da tradição e elaborar com toda clareza a contradição entre o poder estatal e a sociedade. Com a corrosão progressiva da propriedade parcelada desaba o edifício estatal construído sobre ela. A centralização estatal de que carece a sociedade moderna acaba se erguendo sobre as ruínas da máquina governamental burocrático-militar que havia sido forjada na contraposição ao feudalismo[25].

A situação dos camponeses franceses nos permite decifrar o enigma das *eleições gerais de 20 e 21 de dezembro*, que levaram o segundo Bonaparte ao Monte Sinai, não para receber leis, mas para promulgá-las.

A burguesia, pelo visto, não tinha outra alternativa senão eleger Bonaparte. Quando, no Concílio de Constança, os puritanos se queixaram da vida depravada dos papas e reclamaram a necessidade de uma reforma dos costumes, o cardeal Pierre d'Ailly bradou-lhes: "O único que ainda pode salvar a Igreja católica é o diabo em pessoa e vós rogais por anjos". Assim também bradou a burguesia francesa após o *coup d'état*: o único que ainda pode salvar a sociedade burguesa é o chefe da Sociedade 10 de Dezembro! Só o roubo pode salvar a propriedade, só o perjúrio pode salvar a religião, só a bastardia, a família, só a desordem, a ordem!

Na condição de Poder Executivo que se tornou independente, Bonaparte sente-se chamado a assegurar a "ordem burguesa". Todavia, o segmento forte dessa ordem burguesa é a classe média. Por conseguinte, ele se percebe como representante da classe média e promulga decretos nesse sentido. Contudo, ele só é algo por ter quebrado e por continuar quebrando diariamente o poder político dessa camada intermediária. Consequentemente, ele está ciente de que é adversário do poder político e literário da classe média. Contudo, protegendo o seu poder material, ele provoca o ressurgimento do seu poder político. Por essa razão, a causa deve ser mantida com vida, mas o efeito deve ser eliminado da face da terra onde quer que

---

[25] Na primeira edição (Nova York, 1852), este parágrafo terminava com as seguintes linhas, omitidas por Marx em 1869: "O esfacelamento da máquina estatal não porá em perigo a centralização. A burocracia é apenas a forma vil e brutal de uma centralização ainda marcada pelo seu contrário, o feudalismo. Perdendo a esperança depositada na restauração napoleônica, o camponês francês despede-se da fé em sua parcela, todo o edifício estatal construído sobre essa parcela desaba e a *revolução proletária recebe o coro, sem o qual o seu canto solo se transforma em lamento fúnebre em todas as nações camponesas*". (N. T.)

se manifeste. Não é possível fazer isso sem provocar leves confusões entre causa e efeito, já que, em sua inter-relação, ambas perdem as suas características distintivas. Novos decretos que tornam difusa a linha limítrofe. Bonaparte está igualmente ciente de ser, frente à burguesia, o representante dos camponeses e do povo em geral, aquele que, dentro da sociedade burguesa, quer agradar às classes mais baixas da população. Novos decretos que logram de antemão os "verdadeiros socialistas" em sua sabedoria de governo. Porém, Bonaparte está ciente sobretudo de ser o chefe da Sociedade 10 de Dezembro, de ser o representante do lumpemproletariado, do qual fazem parte ele próprio, a sua *entourage* [entorno, cortejo], o seu governo e o seu exército, e que está interessado antes de tudo em passar bem e tirar prêmios californianos do tesouro estatal. E ele se confirma como chefe da Sociedade 10 de Dezembro com decretos, sem decretos e apesar dos decretos.

Essa missão cheia de contradições de que esse homem foi incumbido explica as contradições do seu governo, o tatear obscuro de um lado para o outro, que ora procura obter o apoio desta ou daquela classe, ora procura humilhar esta ou aquela classe, fazendo com que todos se voltem igualmente contra ele, cuja insegurança na prática provoca um contraste extremamente cômico com o estilo imperioso e categórico dos atos governamentais, que é copiado fielmente do tio.

Pretende-se que a indústria e o comércio, ou seja, os negócios da classe média, floresçam sob o governo forte como se estivessem sendo cultivados em viveiros. Fazem-se inúmeras concessões de ferrovias. Porém, o lumpemproletariado bonapartista também quer enriquecer. Ocorre *tripotage* [manipulação] das concessões de ferrovias na bolsa de valores por parte dos que receberam informações privilegiadas. Mas não aparece nenhum capital para as ferrovias. Leva-se o banco a assumir o compromisso de fazer adiantamentos em troca de ações de ferrovias. Porém, pretende-se, ao mesmo tempo, explorar o banco para fins pessoais e, por isso, ele precisa ser bajulado. Dispensa-se o banco do dever de publicar os seus relatórios financeiros semanalmente. Contrato leonino[26] do banco com o governo. O plano era colocar o povo para trabalhar. Decreta-se a realização de obras públicas. Mas as obras públicas aumentam os impostos cobrados do povo. Portanto, reduzem-se os impostos por meio de um golpe nos *rentiers* [investidores], ou seja, pela conversão dos títulos a 5% para títulos a 4,5%. Porém, a classe média precisa receber mais um *douceur* [doce, agrado]. Portanto, dobra-se o valor do imposto do vinho para o povo que o compra *en détail* [no

---

[26] Referência a uma fábula de Esopo na qual o leão sela um acordo em que uma das partes recebe todas as vantagens e a outra arca com todos os prejuízos. Ver nota 14, p. 40, deste volume. (N. E. A.)

varejo] e reduz-se o imposto pela metade para a classe média que o bebe *en gros* [no atacado]. Dissolvem-se as associações de trabalhadores concretas, mas promete-se milagres de futuras associações. Resolve-se ajudar os camponeses. Criam-se bancos hipotecários que aceleram o seu endividamento e a concentração da propriedade. Mas resolve-se utilizar esses bancos para extrair dinheiro dos bens confiscados à casa de Orléans. Nenhum capitalista está disposto a aceitar essa condição, que nem mesmo consta no decreto, e o banco hipotecário não sai do papel etc. etc.

Bonaparte gostaria de ser encarado como o benfeitor patriarcal de todas as classes. Mas ele não tem como dar a um sem tirar do outro. Assim como na época da fronda[27] se disse a respeito do conde de Guise que ele seria o homem mais prestativo da França por ter transformado todos os seus bens em obrigações dos seus adeptos para com ele, assim também Bonaparte quer ser o homem mais prestativo da França e transformar toda a propriedade e todo o trabalho da França em obrigação pessoal para com ele. Ele gostaria de roubar toda a França para dá-la de presente à França ou, melhor, para poder comprar a França de volta com dinheiro francês, porque, na condição de chefe da Sociedade 10 de Dezembro, ele deve poder pagar pelo que pretende possuir. E o instituto da compra passa a ser integrado por todas as instituições do Estado: o Senado, o Conselho de Estado, o Legislativo, a Legião de Honra, as medalhas militares, os banhos públicos, os prédios públicos, as ferrovias, o *état-major* [Estado-maior] da Guarda Nacional sem Comuna, os bens confiscados da casa de Orléans. Meio de compra é todo e qualquer posto no exército e na máquina governamental. Mas o mais importante nesse processo de tirar da França para dar à França são as porcentagens que sobram para a cabeça e os membros da Sociedade 10 de Dezembro durante esse trâmite. O gracejo com que a condessa L., amante do sr. de Morny, caracterizou o confisco dos bens de Orléans: "*C'est le premier vol*[28] *de l'aigle*" [É o voo/roubo inaugural da águia] se aplica a cada voo dessa *águia*, que é, antes, um *corvo*. Ele próprio e os seus asseclas gritam diariamente uns para os outros como aquele cartuxo gritou para o avarento que ostensivamente enumerava os bens com os quais ainda poderia se alimentar durante muitos anos: "*Tu fai conto sopra i beni, bisogna prima far il conto sopra gli anni*" [Fazes a conta baseado nos bens, mas deverias primeiro fazê-la baseado nos anos]. Para não se enganarem fazendo a conta em anos, eles fazem a conta em minutos. A corte, os ministérios, os cargos de chefia da administração e

---

[27] Alusão ao Palácio do Eliseu, a residência do presidente. (N. E. A.)
[28] Jogo de palavras: *vol* significa tanto "voo" quanto "roubo". (N. E. A.)

do exército são assediados e tomados por um bando de indivíduos, sendo que a respeito do melhor deles se pode dizer que não se sabe de onde vem; trata-se de uma boemia barulhenta, mal-afamada e predadora que rasteja em vestes engalanadas com a mesma postura elegante dos altos dignitários de Soulouque. Pode-se ter uma boa noção dessas camadas superiores da Sociedade 10 de Dezembro quando se pondera que *Véron-Crevel*[29] é o seu pregador moral e *Granier de Cassagnac* é o seu pensador. Quando Guizot, na época do seu ministério, utilizou esse Granier em um panfleto contra a oposição dinástica, costumava elogiá-lo com a seguinte formulação: "*C'est le roi des drôles*" [É o rei dos bobos]. Perderia a razão quem, referindo-se à corte e à camarilha de Luís Bonaparte, lembrasse a regência ou Luís XV[30], pois "muitas vezes a França já vivenciou um governo de amantes, mas nunca um governo de *hommes entretenus* [homens sendo sustentados]"[31].

Impelido pelas exigências contraditórias dessa situação e, ao mesmo tempo, como um ilusionista sentindo-se na obrigação de apresentar constantes surpresas para manter os olhos do público fixos nele, ou seja, de realizar todo dia um novo golpe de Estado *en miniature*, Bonaparte, o suplente de Napoleão, esculhamba toda a economia burguesa, toca em tudo que parecia intocável para a revolução de 1848, deixa uns aguardando a revolução com paciência e outros com vontade de fazer a revolução, e gera a pura anarquia em nome da ordem, enquanto simultaneamente despe toda a máquina do Estado da sua aura de santidade, profanando-a, tornando-a ao mesmo tempo asquerosa e ridícula. O culto à túnica sagrada de Trier[32] é reeditado por ele em Paris na forma do culto ao manto imperial de Napoleão. Porém, quando o manto imperial finalmente cair sobre os ombros de Luís Bonaparte, a estátua de bronze de Napoleão despencará do alto da coluna de Vendôme[33].

---

[29] Em *Cousine Bette*, Balzac retrata o filisteu parisiense por excelência por meio do personagem Crevel, o qual concebeu inspirado no doutor Véron, dono do jornal *Constitutionnel*. (N. E. A.)

[30] Alusão à regência de Filipe de Orléans de 1715 a 1723, durante a menoridade de Luís XV. (N. E. A.)

[31] Palavras da sra. Girardin. (N. E. A.)

[32] Relíquia exibida pela catedral católica de Trier, veste sem costuras supostamente usada por Cristo, da qual este teria sido despido durante a sua crucificação. (N. E. N.-A.)

[33] A coluna de Vendôme encimada por uma estátua de Napoleão I foi erigida na Praça de Vendôme, em Paris, como tributo às vitórias militares do ano de 1805. Em 1863, Napoleão III mandou tirar o monumento a Napoleão I com o chapéu napoleônico e a capa militar e substituí-lo por uma estátua dotada de toda a pompa imperial. Em maio de 1871, por ordem da Comuna de Paris, a coluna foi destruída como símbolo do militarismo e do chauvinismo. (N. E. A.)

5
Grundrisse
Manuscritos econômicos de 1857-1858: esboços da crítica da economia política

Os *Manuscritos econômicos de 1857-1858* – redigidos por Karl Marx no desenvolvimento de sua crítica da economia política, que culmina na publicação do livro I de *O capital*, em 1867 – consistem em três textos bastante distintos entre si em natureza e dimensão. O primeiro, que só mais tarde Karl Marx intitularia "Bastiat e Carey", foi escrito em um caderno datado de julho de 1857. O segundo, que contém o que seria uma projetada introdução à sua obra de crítica à economia política, é de um caderno de cerca de trinta páginas, marcado com a letra M e redigido, ao que tudo indica, nos últimos dez dias de agosto de 1857. O terceiro manuscrito, o mais extenso, compreende a obra póstuma de Marx que ficou conhecida como *Esboços da crítica da economia política*, ou simplesmente *Grundrisse*, conforme o título da edição alemã. Tal texto consiste em dois capítulos ("Capítulo do dinheiro" e "Capítulo do capital") distribuídos em sete cadernos numerados de I a VII, com início em outubro de 1857 e término em maio de 1858. O título baseia-se em duas indicações de Marx: a primeira aparece na capa do último caderno, iniciado em fevereiro de 1858, no qual se lê "Economia política, crítica da"; a segunda é um comentário feito por Marx em carta a Friedrich Engels, datada de dezembro de 1857, em que afirma: "trabalho como um louco durante as noites na síntese dos meus estudos econômicos de modo que eu tenha claro pelo menos os esboços antes do dilúvio". Dessas indicações resultou o título conferido aos manuscritos em sua primeira publicação pelo Instituto Marx-Engels-Lênin do Comitê Central do Partido Comunista da União Soviética, em 1939: *Grundrisse der Kritik der politischen Ökonomie* [Esboços da crítica da economia política].

Esta tradução dos *Grundrisse* – reproduzimos aqui o trecho que vai da página 388 à página 404 da edição brasileira (São Paulo, Boitempo, 2011) –, pela primeira vez em português, foi feita por Mario Duayer e Nélio Schneider, com colaboração de Alice Helga Werner e Rudiger Hoffman, com base no original em alemão *Karl Marx Ökonomische Manuskripte 1857/58*, partes 1 e 2 (MEGA-2 II/1, Berlim, Dietz, 1976 e 1982).

[Formas que precederam a produção capitalista]

Se um pressuposto do trabalho assalariado e uma das condições históricas do capital são o trabalho livre e a troca desse trabalho livre por dinheiro a fim de reproduzir e valorizar o dinheiro, a fim de ser consumido pelo dinheiro não como valor de uso para a fruição, mas como valor de uso para o dinheiro, outro pressuposto é a separação do trabalho livre das condições objetivas de sua realização – do meio de trabalho e do material de trabalho. Portanto, sobretudo a desvinculação do trabalhador da terra como seu laboratório natural – em consequência, a dissolução da pequena propriedade livre de terras, bem como da propriedade comunitária baseada na comunidade oriental. Nessas duas formas, o trabalhador se relaciona às condições objetivas de seu trabalho como sua propriedade; trata-se, nesse caso, da unidade natural do trabalho com seus pressupostos objetivos. Por isso, o trabalhador, independentemente do trabalho, tem uma existência objetiva. O indivíduo relaciona-se consigo mesmo como proprietário, como senhor das condições de sua realidade. Ele se relaciona da mesma maneira com os outros – e dependendo se esse *pressuposto* é colocado a partir da comunidade ou das famílias singulares que constituem a comunidade –, relaciona-se com os outros como coproprietários, como tantas encarnações da propriedade comum, ou como proprietários independentes existindo com ele, proprietários privados independentes – entre os quais a própria propriedade comum, que outrora a tudo absorvia e a todos abrangia, é posta como *ager publicus* [terreno público] particular junto aos muitos proprietários privados de terras.

Nessas duas formas, os indivíduos não se relacionam como trabalhadores, mas como proprietários – e membros de uma comunidade que ao mesmo tempo trabalham. A finalidade desse trabalho não é criação de valor – embora eles possam realizar trabalho excedente para trocá-lo por trabalho alheio, *i.e.*, produtos excedentes –; ao contrário, a sua finalidade é a conservação do proprietário singular e de sua família, bem como a da comunidade como um todo. O pôr do indivíduo como um trabalhador, nessa nudez, é ela própria um produto *histórico*.

Na primeira forma dessa propriedade de terras, inicialmente aparece como primeiro pressuposto uma comunidade natural. A família e a família ampliada no clã, ou pelo intercasamento entre famílias, ou ainda pela combinação de clãs. Como podemos admitir que a *vida pastoril*, a *migração* como tal, foi a primeira forma de existência, que o clã não se fixava em um determinado lugar, mas se alimentava do que encontrava pela frente – os seres humanos não são sedentários por natureza (a não ser em ambientes naturais particularmente férteis, em que ficariam presos às árvores como os macacos; de resto, errantes[i] como os animais selvagens) [–], a *coletividade tribal*, a comunidade natural, não aparece como resultado, mas como pressuposto da apropriação (temporária) e *utilização coletivas do solo*. Quando finalmente se fixam, a extensão em que essa coletividade originária é modificada dependerá de diversas condições exteriores, climáticas, geográficas, físicas etc., assim como de sua disposição natural específica etc., – do seu caráter tribal. A coletividade tribal que surge naturalmente, ou, se preferirmos, o gregarismo, é o primeiro pressuposto – a comunidade de sangue, linguagem, costumes etc. – *da apropriação das condições objetivas* da sua vida e da atividade que a reproduz e objetiva (atividade como pastor, caçador, agricultor etc.). A terra é o grande laboratório, o arsenal, que fornece tanto o meio de trabalho quanto o material de trabalho, bem como a sede, a *base* da comunidade. Eles se relacionam com a terra, ingenuamente, como *propriedade da comunidade*, e da comunidade que se produz e reproduz pelo trabalho vivo. Somente como parte, como membro[i] dessa comunidade, cada indivíduo singular se comporta como *proprietário* ou *possuidor*. A *apropriação* real pelo processo do trabalho se realiza sob esses *pressupostos*, que não são eles mesmos produto do trabalho, mas aparecem como seus pressupostos naturais ou divinos. Essa forma, em cuja base está a própria relação fundamental, pode realizar-se de maneiras muito variadas. Por exemplo, não a contradiz de maneira alguma o fato de que, como na maioria das formas asiáticas fundamentais, a *unidade coletiva* que se situa acima de todas essas pequenas comunidades apareça como o *proprietário supremo* ou o *único proprietário*, ao passo que as comunidades reais apareçam apenas como *possuidoras hereditárias*. Sendo a unidade o proprietário real e o pressuposto real da propriedade comunitária, essa própria unidade pode aparecer como um particular acima das numerosas comunidades particulares reais, em que o indivíduo singular é então 'de fato[i] privado de propriedade, ou em que a propriedade – *i.e.*, a atitude do indivíduo em relação às condições *naturais* do trabalho e da reprodução como pertencendo a ele, como o corpo objetivo, natureza inorgânica dada, de sua subjetividade – aparece-lhe mediada pela supressão da unidade geral, que é realizada no déspota como o pai das muitas comunidades, e no indivíduo singular, pela mediação da comunidade particular. Com isso, o produto excedente – que, aliás, é determinado legalmente em razão da apropriação real pelo trabalho – pertence por si só a essa unidade suprema. Por essa razão, no meio do despotismo oriental e da ausência de propriedade, que nele parece existir juridicamente, existe como fundamento de fato essa propriedade tribal ou comunitária, gerada na maioria das vezes por meio de uma combinação de manufatura e agricultura no interior da pequena comunidade, que dessa forma se torna autossuficiente[i] e contém em si mesma todas as condições da reprodução e mais-produção. Uma parte de seu trabalho excedente pertence à coletividade mais elevada que existe finalmente como *pessoa*; trabalho excedente este que se manifesta seja no tributo etc., seja no trabalho coletivo para a glorificação da unidade, em parte do déspota real, em parte do ente imaginário do clã, do deus. Tal tipo de propriedade comunitária, contudo, na medida em que se realiza efetivamente no trabalho, pode aparecer de tal modo que ou as pequenas comunidades vegetam independentemente umas das outras e dentro delas o indivíduo trabalha de maneira autônoma com sua família na parcela que lhe foi designada (um trabalho determinado para *reservas coletivas, um seguro*", por assim dizer, por um lado, e para *custeio das despesas da comunidade enquanto tal*, ou seja, para guerra, culto divino etc., [por outro,] sendo aqui que se encontra pela primeira vez o *dominium* [direito de controle] senhorial no seu sentido mais original, por exemplo, nas comunidades eslavas, romenas etc. Nesse ponto está a causa da transição para a servidão etc.); ou a unidade pode estender-se ao caráter coletivo no próprio trabalho, que pode constituir um sistema formal, como no México, em especial no Peru, entre os antigos celtas, em algumas tribos hindus. Além disso, o caráter coletivo pode aparecer no interior do sistema tribal mais pelo fato de que a unidade é representada em um chefe da família tribal, ou como a relação recíproca entre os pais de família. Daí então a forma mais despótica ou democrática dessa comunidade. As condições coletivas da apropriação efetiva por meio do trabalho, os *aquedutos*, muito importantes entre os povos asiáticos, os meios de comunicação etc., aparecem então como obra da unidade superior – do governo despótico pairando acima das pequenas comunidades. As cidades propriamente ditas formaram-se, ao lado desses povoados, apenas em pontos especialmente favoráveis ao comércio exterior; ou onde o chefe de Estado e seus sátrapas trocavam sua renda (produto excedente) por trabalho, gastando-a como 'fundo de trabalho'.

A segunda forma – e ela, como a primeira, produziu modificações fundamentais em termos locais, históricos etc. –, produto de uma vida histórica mais movimentada[, das] vicissitudes e da modificação das tribos primitivas, presume também *a comunidade* como primeiro pressuposto, mas, à diferença do primeiro caso, não como substância da qual os indivíduos são simples acidentes ou da qual eles constituem componentes puramente naturais; tal forma não presume a terra como a base, mas a cidade como a sede já constituída das pessoas do campo. (Proprietários de terra.) O campo aparece como território da cidade; e não o povoado, como simples apêndice do campo. A terra em si – por mais que possa oferecer obstáculos ao seu cultivo, à sua apropriação efetiva – não oferece nenhum impedimento para se relacionar com ela como a natureza inorgânica do indivíduo vivo, sua oficina de trabalho, seu meio de trabalho, objeto de trabalho e meio de vida do sujeito. As dificuldades encontradas pelo sistema comunitário só podem provir agora de outros sistemas comunitários que ou já ocuparam o território ou perturbam a comunidade em sua ocupação. Por isso, a guerra constitui a grande tarefa conjunta, o grande trabalho coletivo exigido seja para ocupar as condições objetivas da existência viva, seja para defender e perpetuar sua ocupação. É por essa razão que a comunidade composta de famílias organiza-se de início como comunidade guerreira – como sistema guerreiro e militar, sendo essa uma das condições de sua existência como proprietária. A concentração dos domicílios na cidade [é] o fundamento dessa organização guerreira. O sistema tribal em si leva à diferenciação em linhagens superiores e inferiores, diferença que se desenvolve ainda mais pela miscigenação com tribos subjugadas etc. A propriedade comunitária – como propriedade do Estado, *ager publicus* – é separada aqui da propriedade privada. Aqui, a propriedade do indivíduo singular não é imediatamente propriedade comunitária, como no primeiro caso, no qual, portanto, a propriedade do indivíduo singular não é sua propriedade na qualidade de indivíduo separado da comunidade, sendo ele tão somente o seu possuidor. Quanto menos a propriedade do indivíduo singular só puder ser valorizada pelo trabalho comum – portanto, por exemplo, como os aquedutos no Oriente –, tanto mais o caráter puramente natural da tribo é quebrado pelo movimento histórico, pela migração; além disso, quanto mais a tribo se distancia da sua sede original e passa a ocupar solo *estranho*, ou seja, entra em condições de trabalho essencialmente novas e a energia do indivíduo singular é mais desenvolvida – o seu caráter comunitário aparece mais como unidade negativa voltada para o exterior – e tem de aparecer desse modo –, tanto mais estão dadas as condições para que o indivíduo singular devenha *proprietário privado* de terras – do lote particular, cujo cultivo cabe a ele e a sua família. A comunidade – como Estado – é, por um lado, a relação recíproca desses proprietários privados livres e iguais, seu vínculo contra o exterior e, [por outro,] ao mesmo tempo, é sua garantia. Nesse caso, o sistema comunitário baseia-se no fato de que seus membros consistem de proprietários de terra que trabalham, camponeses parceleiros, bem como no fato de que a autonomia destes últimos consiste na sua relação recíproca como membros da comunidade, na proteção do *ager publicus* para as necessidades comunitárias e a glória comunitária etc. Ser membro da comunidade continua sendo aqui pressuposto para a apropriação de terras, mas, como membro da comunidade, o indivíduo singular é proprietário privado. Ele se relaciona com sua propriedade privada como terra, mas ao mesmo tempo como seu ser na qualidade de membro da comunidade, e a sua manutenção enquanto tal é também a manutenção da comunidade e vice-versa etc. Como a comunidade, não obstante aqui já *produto histórico*, não só de fato[i], mas já reconhecida enquanto tal, e, por isso mesmo, *originada*, é aqui o pressuposto da *propriedade* da terra – *i.e.*, da relação do sujeito trabalhador com os pressupostos naturais do trabalho como pertencentes a ele –, esse ertencimento, no entanto, é mediado pelo seu ser como membro do Estado, pelo ser do Estado – em consequência, por um pressuposto que é encarado como divino etc. Concentração na cidade com o campo como território; pequena agricultura trabalhando para o consumo imediato; manufatura como atividade doméstica complementar das esposas e filhas (fiar e tecer) ou autonomizada apenas em alguns ramos (*fabri*[1] etc.). O pressuposto da continuidade desse sistema comunitário é a preservação da igualdade entre seus 'camponeses autossuficientes[i] livres e o trabalho próprio como condição da continuidade de sua propriedade. Eles se relacionam às condições naturais do trabalho como proprietários; mas essas condições ainda precisam ser permanentemente postas, por meio do trabalho pessoal, efetivamente como condições e elementos objetivos da personalidade do indivíduo, do seu trabalho pessoal. Por outro lado, a tendência desse pequeno sistema comunitário guerreiro é a ultrapassar essas barreiras etc. (Roma, Grécia, judeus etc.)

"Depois que os áugures", diz Niebuhr, "haviam assegurado a Numa o endosso divino de sua eleição, a primeira preocupação do piedoso monarca não foi o serviço do templo, mas [uma preocupação] bem humana. Ele distribuiu as ter-

---

[1] O produtor, artista, em especial o que trabalha com material sólido. (N. E. A.)

ras que Rômulo havia conquistado na guerra e cedido para a ocupação: ele instituiu o culto de *Terminus*². Todos os antigos legisladores, Moisés, antes de todos, fundaram o sucesso de seus preceitos para virtude, legalidade e bons costumes sobre a propriedade da terra ou, ao menos, sobre a posse hereditária da terra assegurada para o maior número possível de cidadãos." (v. I, p. 245, 2. ed., *Röm. Gesch.* [História romana]). O indivíduo está "situado em condições tais de ganhar sua vida que não faz da aquisição de riqueza o seu objeto, mas a autoconservação, sua própria reprodução como membro da comunidade; a sua própria reprodução como proprietário do lote de terra e, nessa qualidade, como um membro da Comuna^i. A continuidade da Comuna^i é a reprodução de todos os seus membros^i como 'camponeses autossuficientes^i, cujo tempo excedente pertence justamente à Comuna, ao serviço militar etc. A propriedade sobre o próprio trabalho é mediada pela propriedade sobre a condição do trabalho – a jeira de terra, garantida, por sua vez, pela existência da comunidade e esta, por seu turno, pelo trabalho excedente em forma de serviço militar etc. dos membros da comunidade. Não é cooperação no trabalho 'produtor de riqueza^i o modo pelo qual o membro da comunidade se reproduz; mas cooperação no trabalho para os interesses coletivos (imaginários e reais) em vista da manutenção da associação externa e interna. A propriedade é *quiritária*³, romana, o proprietário privado de terras só pode sê-lo como romano, mas, sendo romano, ele é proprietário privado de terras.

Uma terceira forma da propriedade dos indivíduos trabalhadores, 'membros autossustentados da comunidade^i, sobre as condições naturais de seu trabalho é a *germânica*. Nesse caso, o membro da comunidade enquanto tal não é copossuidor da propriedade coletiva, como na forma especificamente oriental (onde a propriedade só existe como propriedade comunitária, o membro individual enquanto tal é somente *possuidor*, hereditário ou não, de uma parte particular, uma vez que cada fração da propriedade não pertence a nenhum membro por si mesmo, mas como membro imediato da comunidade; por conseguinte, como membro em unidade direta com a comunidade, e não se diferenciando dela. Consequentemente, esse indivíduo singular é somente possuidor. Existe só *propriedade coletiva*, e só *posse privada*. O modo dessa posse em relação à propriedade coletiva pode ser modificada histórica, localmente etc. de forma muito

---

² Na mitologia romana, divindade que governa fronteiras e limites. (N. T.)
³ Derivado do latim *quirites* (cidadão pleno da Roma antiga). (N. E. A.)

desigual, dependendo se o próprio trabalho é realizado isoladamente pelo *possuidor* privado ou se é determinado pela comunidade ou pela unidade pairando acima da comunidade particular); nem é como na forma romana, grega (em suma, na forma da Antiguidade clássica) – nesta, o solo é ocupado pela comunidade, é solo romano; uma parte continua sendo da comunidade enquanto tal, por contraste aos membros da comunidade, *ager publicus* nas suas diversas formas; a outra parte é repartida e cada parcela do solo é romana pelo fato de ser a propriedade privada, o domínio, de um romano, a cota que lhe pertence do laboratório; todavia, ele só é um romano na medida em que possui esse direito soberano sobre uma parte da terra romana. {"Na Antiguidade, o ofício e o comércio citadinos eram menosprezados, mas a agricultura, altamente respeitada; na Idade Média, a avaliação oposta"[4].} {"O direito à *utilização* da terra comunitária mediante a *posse* cabia originalmente aos patrícios que, em seguida, a enfeudavam a seus vassalos; a *transferência de propriedade* do *ager publicus* cabia exclusivamente aos plebeus; todas as adjudicações em favor dos plebeus, bem como a indenização por uma parte da terra comunitária. *Propriedade de terra propriamente dita*, excetuando a área compreendida pelos muros da cidade, originalmente apenas nas mãos dos plebeus"[5] (comunidades rurais absorvidas posteriormente).} {"A essência da plebe romana como um conjunto de camponeses, como está indicado em sua propriedade quiritária. Os antigos valorizavam unanimemente o cultivo da terra como a *atividade genuína*[6] do homem livre, escola do soldado. Nela se conserva a antiga estirpe da nação; ela se modifica nas cidades, onde se estabelecem comerciantes e artífices estrangeiros, bem como os nativos que se deslocam para onde os atrai o ganho. Onde quer que haja escravidão, o liberto busca seu sustento por meio de tais negócios, nos quais muitas vezes acumula riquezas: desse modo, esses ofícios também na Antiguidade estavam geralmente em suas mãos e, em consequência, eram inconvenientes para o cidadão; daí a opinião de que a admissão dos artífices à plena cidadania seria problemática (em geral, eles estavam excluídos entre os antigos gregos). Οὐδενὶ ἐξῆν Ῥωμαίων οὔτε κάπηλον οὔτε χειροτέχνην βίον ἔχειν[7]. Os antigos não tinham qualquer noção de um sistema corporativo dig-

---

[4] Barthold Georg Niebuhr, *Römische Geschichte* (2. ed., Berlim, G. Reimer, 1827, parte 1), p. 418. (N. E. A.)
[5] Ibidem, p. 435-6. Ênfases de Marx. (N. E. A.)
[6] Ênfase de Marx. (N. E. A.)
[7] "Nenhum romano deve ganhar a vida nem como comerciante nem como trabalhador manual/artesão." Marx toma a citação grega de uma nota de rodapé de Barthold Greorg Niebuhr, *Römische*

no, como na história urbana medieval; e, mesmo aqui, o espírito guerreiro declinou à medida que as corporações superaram as linhagens, e por fim se extinguiu inteiramente; em consequência, declinou também o respeito externo e a liberdade das cidades."⁸ } {"As tribos dos Estados antigos tinham dois tipos de fundamento, segundo *linhagens* ou *locais*. As tribos *fundadas na linhagem* antecedem, quanto à idade, as tribos *fundadas na localização*, e foram desalojadas por estas em quase todas as partes. Sua forma mais extrema e rigorosa é a organização em castas, em que uma está separada da outra, sem direito matrimonial recíproco, totalmente distintas em termos de dignidade; cada uma delas com uma profissão exclusiva, imutável. As tribos *fundadas na localização* correspondem originalmente a uma divisão da região em distritos e povoados; de modo que quem estivesse residindo na Ática sob Clístenes, no tempo em que essa divisão foi instituída, como δημότης⁹ de um povoado, era registrado na φυλή¹⁰ a cuja região pertencia aquele povoado. Porém, de modo geral, seus descendentes permaneciam na mesma *phyle* e no mesmo *démos*, independentemente de seus domicílios; com isso, essa divisão assumiu uma aparência de sistema genealógico¹¹. As *linhagens* romanas não eram parentes consanguíneos: Cícero acrescenta, como atributo ao nome comunitário, a descendência de homens livres. As *sacra* que os *gentiles*¹² romanos têm em comum; abandonadas mais tarde (já na época de Cícero). O que se manteve por mais tempo foi a herança das colinhagens mortas sem parentes nem testamento. No período mais antigo, havia o compromisso dos membros da *gens*¹³ de ajudar a carregar os fardos extraordinários dos necessitados entre eles. (Entre os alemães, o mesmo se dava originalmente em todas as partes, durando por mais tempo entre os Ditmarsen¹⁴.) As ligas de gentes. "No mundo antigo, não havia uma ordenação mais geral do que

---

Geschichte (2. ed., Berlim, G. Reiner, 1827) parte 1, p. 615, onde a fonte é assim referida: "Dionísio IX, 25, p.583, c.", ou seja, Dionísio de Halicarnasso, *Antiguidades romanasi* (Arqueologia), livro IX, 25. (N. E. A.)

[8] Barthold Georg Niebuhr, *Römische Geschichte*, cit., p. 614-5 (N. E. A.)

[9] Morador do δῆμος, povoado, comunidade, lugar em que o povo habita. (N. T.)

[10] Tribo, entre os antigos atenienses. (N. T.)

[11] Ibidem, p. 317-8. Ênfases de Marx. (N. E. A.)

[12] Compatriotas, membros da mesma linhagem (do grego γένος, do latim *gens*). (N. T.)

[13] Compatriotas, membros da mesma linhagem (do grego *génos*, do latim *gens*). Até a reforma de Clístenes, por volta do fim do século VI a. C., o povo de Atenas subdividia-se em quatro φυλαί [tribos]; cada φυλή [tribo] consistia de três fratrias, cada qual com trinta clãs (γένη).(N. E. A.)

[14] Marx utiliza aqui informações de Niebuhr, *Römische Geschichte*, cit. (N. E. A.)

a das linhagens. Assim, entre os galeses, os nobres Campbells e seus vassalos formando um clã".} Como o patrício representa a comunidade em grau mais elevado, ele é o possuidor^i do *ager publicus* e o utiliza por meio de seus *clientes*[15] etc. (aos poucos, também se apropria dele). A comunidade germânica não se concentra na cidade; agora, tal concentração simples – da cidade como centro da vida rural, como domicílio dos rurais, bem como centro do comando de guerra – faz com que a comunidade enquanto tal tenha uma existência externa, distinta da existência do indivíduo singular. A história da Antiguidade clássica é [a] história da cidade, mas de cidades fundadas na propriedade de terra e na agricultura; a história asiática é uma espécie de unidade indiferente de cidade e campo (nesse caso, as cidades realmente grandes têm de ser consideradas unicamente como acampamentos principescos, como superfluidade acrescida à construção econômica propriamente dita); a Idade Média (época germânica) parte da terra como sede da história, cujo desenvolvimento posterior se desenrola então como oposição entre cidade e campo; a [história] moderna é a urbanização do campo, não a ruralização da cidade, como entre os antigos.

Com a reunião na cidade, a comunidade enquanto tal possui uma existência econômica; a simples *existência* da cidade enquanto tal é diferente da simples pluralidade de casas independentes. O todo não consiste aqui de suas partes. É um tipo de organismo autônomo. Entre os germanos, onde os chefes de família individuais se fixam nas matas, separados uns dos outros por longas distâncias, a comunidade só existe, desde logo *externamente* considerada, pela reunião periódica dos membros da comunidade, se bem que sua unidade existente em si mesma está posta na descendência, na língua, no passado e história comuns etc. A *comunidade* aparece, portanto, como *reunião* [*Vereinigung*], não como associação [*Verein*], como unificação [*Einigung*] constituída por sujeitos autônomos, os proprietários de terra, e não como unidade [*Einheit*]. Por isso, a comunidade não existe 'de fato'^i como *Estado, sistema estatal*, como entre os antigos, porque ela não existe como cidade. Para que a comunidade tivesse existência efetiva, os proprietários de terra livres precisavam se reunir em *assembleia*, ao passo que em Roma, por exemplo, ela existe à parte dessas assembleias, na existência da *própria cidade* e dos funcionários públicos que a servem etc. É verdade que também entre os germanos há o *ager publicus*, a terra comunitária ou terra do povo, à diferença da propriedade do indivíduo. Trata-se da área de caça, área de pastagem, área de extração de lenha

---

[15] Escravos libertos, vassalos, servos. (N. T.)

etc., da parte da terra que não pode ser repartida, caso deva servir como meio de produção nessa forma determinada. No entanto, esse *ager publicus* não aparece, como, por exemplo, entre os romanos, como a existência econômica particular do Estado ao lado dos proprietários privados, de tal modo que estes só são propriamente proprietários privados porquanto estavam excluídos, eram privados da utilização do *ager publicus*, como era o caso dos plebeus. Entre os germanos, o *ager publicus* aparece antes somente como complemento da propriedade individual e figura como propriedade somente na medida em que é defendido contra tribos inimigas como propriedade comunitária de uma tribo em particular. A propriedade do indivíduo singular não aparece mediada pela comunidade, mas é a existência da comunidade e da propriedade comunitária que aparece como mediada, *i.e.*, como relação recíproca dos sujeitos autônomos. A totalidade econômica, no fundo^f, está contida em cada casa singular, que constitui por si mesma um centro autônomo da produção (manufatura puramente como trabalho doméstico acessório das mulheres etc.). No mundo antigo, a cidade com seu perímetro rural é a totalidade econômica; no mundo germânico, [é] cada residência individual, que, aparecendo ela própria só como um ponto na terra que lhe pertence, não é concentração de muitos proprietários, mas família como unidade autônoma. Na forma asiática (ao menos, na predominante), não há propriedade, mas só posse do indivíduo singular; a comunidade é o proprietário efetivo propriamente dito – portanto, propriedade só como *propriedade comunitária* do solo. Entre os antigos (os romanos como exemplo clássico, a coisa em sua forma mais pura, mais nítida), a forma contraditória de propriedade de terra estatal e propriedade de terra privada, de tal modo que a última é mediada pela primeira ou a primeira existe inclusive nessa forma dupla. Por essa razão, o proprietário privado de terra é simultaneamente cidadão urbano. Do ponto de vista econômico, a cidadania se resolve na forma simples de que o camponês é habitante de uma cidade. Na forma germânica, o homem do campo não é cidadão do Estado, *i.e.*, não é habitante de cidade, mas o fundamento é a habitação familiar isolada, autônoma, garantida pela associação com outras tantas habitações familiares da mesma tribo e sua reunião ocasional, em vista de tal garantia recíproca, para guerra, religião, arbitragem de litígios etc. A propriedade de terra individual não aparece aí como forma contraditória da propriedade de terra da comunidade, tampouco como mediada por esta, mas o inverso. A comunidade só existe na relação recíproca desses proprietários de terra individuais enquanto tais. A propriedade comunitária enquanto tal só aparece como acessório comunitário dos domicílios originais e apropriações de solo das tribos individuais. A comunidade não é nem a substância em que o singular só aparece como acidente; nem o universal, que, enquanto tal, é *uma unidade existente*, tanto em sua representação e na existência da cidade e suas necessidades urbanas, em contraste com as necessidades do indivíduo singular, quanto em seu território urbano como sua existência particular, diferentemente da existência econômica particular do membro da comunidade; contrário, a comunidade em si, por um lado, como comunidade na língua, no sangue etc., é pressuposta ao proprietário individual; mas, por outro lado, como existência ela só existe em sua *assembleia efetiva* para fins comunitários e, na medida em que ela tem uma existência econômica particular nas áreas de caça, pastagem etc. de uso comum, ela é utilizada por cada proprietário individual enquanto tal, e não como representante do Estado (como em Roma); propriedade efetivamente comum dos proprietários individuais, e não da associação desses proprietários dotada de uma existência particular, como na cidade, separada deles próprios como indivíduos singulares.

O que importa observar aqui é o seguinte: em todas essas formas em que a propriedade de terra e a agricultura constituem a base da ordem econômica e, por conseguinte, em que a produção de valores de uso é a finalidade econômica, a reprodução do indivíduo nas relações determinadas com sua comunidade e nas quais ele constitui a base da comunidade – em todas essas formas existe: 1) apropriação da condição natural do trabalho, da terra – tanto como instrumento original do trabalho, laboratório, quanto depósito das matérias-primas – não pelo trabalho, mas como pressuposto do trabalho. O indivíduo simplesmente se relaciona às condições objetivas do trabalho como sendo suas [próprias] condições; relaciona-se a elas como a natureza inorgânica de sua subjetividade, em que esta realiza a si própria; a principal condição objetiva do trabalho não aparece, ela própria, como *produto* do trabalho, mas está dada como *natureza*; de um lado, o indivíduo vivo, de outro, a terra como a condição objetiva de sua reprodução; 2) mas esse *comportamento* em relação ao território, à terra, como propriedade do indivíduo trabalhador – o qual, por isso, não aparece de antemão, nessa abstração, unicamente como indivíduo trabalhador, mas tem na propriedade da terra um *modo de existência objetivo*, que está pressuposto à sua atividade e da qual não aparece como mero resultado, e que é um pressuposto de sua atividade da mesma maneira que sua pele ou seus órgãos sensoriais, os quais ele de fato também reproduz e desenvolve etc. no processo vital, mas que, por sua vez, são pressupostos desse processo de reprodução – é imediatamente mediado pela existência originada natural e espontaneamente, mais ou menos historicamente desenvolvida e modificada, do indivíduo como *membro de uma comunidade* – a sua existência natural como membro de uma tribo etc. Um indivíduo isolado teria tão pouca possibilidade de ter propriedade de terra quanto de falar. É claro que ele poderia nutrir-se dela como substância, como fazem os animais. O comportamento em relação à terra como propriedade é sempre mediado pela ocupação, pacífica ou violenta, da terra pela tribo, pela comunidade, em qualquer forma mais ou menos natural ou já historicamente mais desenvolvida. Nesse caso, o indivíduo jamais apresentará o aspecto pontual, em que ele aparece como simples trabalhador livre. Se as condições objetivas de seu trabalho são pressupostas como lhe pertencendo, ele próprio é subjetivamente pressuposto como membro de uma comunidade, pela qual sua relação com a terra é mediada. A sua relação com as condições objetivas do trabalho é mediada por sua existência como membro da comunidade; por outro lado, a existência efetiva da comunidade é determinada pela forma particular de sua propriedade sobre as condições objetivas do trabalho. Quer a propriedade mediada pela existência na comunidade se apresente como *propriedade comunitária*, em que o indivíduo é apenas possuidor e não há propriedade privada de terra – quer a propriedade se apresente na dupla forma de propriedade do Estado e propriedade privada, uma ao lado da outra, mas de tal modo que a última aparece posta pela primeira e, por isso, somente o cidadão do Estado é e deve ser proprietário privado, mas, por outro lado, sua propriedade como cidadão do Estado tem simultaneamente uma existência particular – quer, finalmente, a propriedade comunitária se apresente apenas como complemento da propriedade individual, mas tenha esta como base e a comunidade não tenha existência própria, exceto na *assembleia* dos membros da comunidade e em sua reunião para finalidades comuns –, essas diferentes formas de comportamento da comunidade ou dos membros da tribo em relação à terra da tribo – a terra em que ela se estabeleceu – dependem, em parte, da disposição natural da tribo, em parte das condições econômicas sob as quais ela se relaciona efetivamente à terra como proprietária, *i.e.*, se apropria de seus frutos mediante o trabalho, e isso dependerá ainda do clima, da constituição física do território, do modo fisicamente condicionado de sua exploração, do comportamento em relação às tribos hostis ou tribos vizinhas, bem como das modificações suscitadas pelas migrações, pelas experiências históricas etc. Para que a comunidade continue a existir enquanto tal à maneira antiga, é necessária a reprodução de seus membros sob as condições objetivas pressupostas. A própria produção, ou seja, o progresso da população (também este faz parte da produção), abole necessária e gradualmente essas condições; destrói-as, em lugar de reproduzi-las etc., e com isso desaparece a comunidade, juntamente com as relações de propriedade sobre as quais estava fundada. A forma asiática é a que necessariamente se mantém com mais tenacidade e por mais tempo. Isso se deve ao seu pressuposto; que o indivíduo singular não devém autônomo em relação à comunidade; que há um círculo da produção autossustentável[i], unidade de agricultura e manufatura etc. Se o indivíduo singular altera sua relação com a comunidade, então, ele altera a comunidade e atua destrutivamente sobre ela, bem como sobre seu pressuposto econômico; por outro lado, a mudança desse pressuposto econômico – produzido por sua própria dialética, empobrecimento etc., especialmente a influência da guerra e da conquista, que, em Roma, por exemplo, é parte essencial das próprias condições econômicas da comunidade – abole o vínculo real sobre o qual ele se fundamenta. Em todas essas formas, o fundamento do desenvolvimento é a reprodução das relações pressupostas do indivíduo singular à sua comunidade – relações originadas mais ou menos naturalmente, ou mesmo historicamente, mas tornadas tradicionais –, e uma existência *objetiva, determinada, predeterminada* para o indivíduo, no comportamento seja com as condições do trabalho, seja com seus companheiros de trabalho, companheiros de tribo etc. –, desenvolvimento que, por conseguinte, é por princípio *limitado*, mas que, superado o limite, representa decadência e desaparecimento. O desenvolvimento da escravidão, a concentração da posse de terra, a troca, o sistema monetário, a conquista etc. atuaram nesse sentido entre os romanos, não obstante todos esses elementos pareçam, até certo ponto, compatíveis com o fundamento, e pareçam em parte apenas ampliá-lo inofensivamente, em parte brotar dele como simples abusos. Nesse caso podem ter lugar desenvolvimentos significativos dentro de um círculo determinado. Os indivíduos podem parecer importantes. Todavia, não se pode pensar aqui em um desenvolvimento livre e pleno nem do indivíduo nem da sociedade, uma vez que esse desenvolvimento está em contradição com a relação original.

Nunca encontramos entre os antigos uma investigação sobre qual forma de propriedade da terra é a mais produtiva, qual cria a maior riqueza. A riqueza não aparece como finalidade da produção, embora Catão naturalmente possa examinar qual cultivo do campo é o mais rentável, ou até Brutus possa emprestar seu dinheiro aos melhores juros. A investigação é sempre sobre qual modo da propriedade cria os melhores cidadãos. A riqueza só aparece como fim em si mesma entre os poucos povos mercantis – monopolistas do 'comércio de carga[i] – que vivem nos poros do mundo antigo, assim como os judeus na sociedade medieval. Agora, a riqueza é, por um lado, coisa, realizada em coisas, em produtos materiais, com os quais o ser humano se defronta como sujeito; por outro lado, como valor, é simples comando sobre trabalho alheio, não para fins de dominação, mas da fruição privada etc. Em todas as formas, a riqueza aparece em sua figura objetiva, seja como coisa, seja como relação mediada pela coisa, que se situa fora e casualmente ao lado do indivíduo. Desse modo, a antiga visão, em que o ser humano aparece sempre como a finalidade da produção, por estreita que seja sua determinação nacional, religiosa ou política, mostra ser bem superior ao mundo moderno, em que a produção aparece como finalidade do ser humano e a riqueza, como finalidade da produção. 'De fatoⁱ, porém, se despojada da estreita forma burguesa, o que é a riqueza senão a universalidade das necessidades, capacidades, fruições, forças produtivas etc. dos indivíduos, gerada pela troca universal? [O que é senão o] pleno desenvolvimento do domínio humano sobre as forças naturais, sobre as forças da assim chamada natureza, bem como sobre as forças de sua própria natureza? [O que é senão a] elaboração absoluta de seus talentos criativos, sem qualquer outro pressuposto além do desenvolvimento histórico precedente, que faz dessa totalidade do desenvolvimento um fim em si mesmo, *i.e.*, do desenvolvimento de todas as forças humanas enquanto tais, sem que sejam medidas por um padrão predeterminado? [O que é senão um desenvolvimento] em que o ser humano não se reproduz em uma determinabilidade, mas produz sua totalidade? Em que não procura permanecer como alguma coisa que deveio, mas é no movimento absoluto do devir? Na economia burguesa – e na época de produção que lhe corresponde –, essa exteriorização total do conteúdo humano aparece como completo esvaziamento; essa objetivação universal, como estranhamento total, e a desintegração de todas as finalidades unilaterais determinadas, como sacrifício do fim em si mesmo a um fim totalmente exterior. Por essa razão, o pueril mundo antigo, por um lado, aparece como o mais elevado. Por outro, ele o é em tudo em que se busca a forma, a figura acabada e a limitação dada. O mundo antigo representa a satisfação de um ponto de vista tacanho; ao passo que o moderno causa insatisfação, ou, quando se mostra satisfeito consigo mesmo, é vulgar.

O que o sr. Proudhon chama de *gênese extraeconômica* da propriedade, pelo que entende justamente a propriedade de terra[16], é a relação *pré-burguesa* do indivíduo

---

[16] Pierre-Joseph Proudhon, *Système des contradictions économiques ou Philosophie de la misère* (Paris, Guillaumin, 1846, parte 2), p. 269 [ed. bras.: *Sistema das contradições econômicas ou Filosofia da miséria*, São Paulo, Ícone, 2003]. Marx cita e critica essa passagem em sua obra *Misère de la philosophie, réponse à la Philosophie de la misère de M. Proudhon* (Paris, A. Franck, 1847), p. 153 [ed. bras.: *Miséria da filosofia: resposta à* Filosofia da miséria *do sr. Proudhon*, São Paulo, Expressão Popular, 2009]. (N. E. A.)

com as condições objetivas do trabalho, e primeiro com as condições objetivas *naturais* do trabalho – porque, assim como o sujeito trabalhador [era] indivíduo natural, existência natural, a primeira condição objetiva de seu trabalho apareceu como natureza, terra, seu corpo inorgânico; ele próprio não é só o corpo orgânico, mas essa natureza inorgânica como sujeito. Tal condição não é seu produto, mas é encontrada pronta; como existência natural fora dele e que lhe é pressuposta. Antes de continuar essa análise, ainda o seguinte: o bravo Proudhon não só podia, mas teria de acusar tanto o *capital* quanto o *trabalho assalariado* – como formas de propriedade – de gênese extraeconômica. Isso porque o trabalhador encontrar as condições objetivas do trabalho separadas dele como *capital*, e o capitalista encontrar o trabalhador privado de propriedade como trabalhador abstrato – a troca, tal como se dá entre valor e trabalho vivo –, supõe um *processo histórico* – por mais que o capital e o trabalho assalariado reproduzam essa relação e a elaborem em sua extensão objetiva, bem como em sua profundidade –, um processo histórico que, como vimos, constitui a história da gênese do capital e do trabalho assalariado. Em outras palavras: a *gênese extraeconômica* da propriedade nada mais significa que a *gênese histórica* da economia burguesa, das formas de produção que são expressas pelas categorias da economia política teórica ou idealmente. Mas o fato de que a história pré-burguesa, e cada fase sua, também tem a sua economia e uma base econômica do movimento, 'no fundo', é a simples tautologia de que a vida dos seres humanos desde sempre esteve baseada na produção, 'de uma ou de outra maneira', na produção social, cujas relações chamamos justamente de relações econômicas.

As *condições originais da produção* (ou, o que é a mesma coisa, da reprodução de um número crescente de pessoas pelo processo natural dos dois sexos; pois se essa reprodução, por um lado, aparece como apropriação dos objetos pelos sujeitos, por outro, aparece igualmente como conformação, sujeição dos objetos a uma finalidade subjetiva; sua transformação em resultados e receptáculos da atividade subjetiva), originariamente, não podem ser *elas próprias produzidas* – não podem ser resultados da produção. Não é a *unidade* do ser humano vivo e ativo com as condições naturais, inorgânicas, do seu metabolismo com a natureza e, em consequência, a sua apropriação da natureza que precisa de explicação ou é resultado de um processo histórico, mas a *separação* entre essas condições inorgânicas da existência humana e essa existência ativa, uma separação que só está posta por completo na relação entre trabalho assalariado e capital. Na relação de escravidão ou de servo não ocorre essa separação; ao contrário, uma parte da sociedade é tratada pela outra como simples condição inorgânica e natural de sua própria reprodução. O escravo não está em qualquer relação com as condições objetivas do seu trabalho; mas o próprio *trabalho*, seja na forma do escravo, seja na do servo, é arrolado entre os demais seres naturais *como condição inorgânica* da produção, ao lado do gado ou como apêndice da terra. Em outras palavras: as condições originais da produção aparecem como pressupostos naturais, *condições naturais de existência do produtor*, exatamente como o seu corpo vivo aparece como o *pressuposto* de si mesmo, uma vez que, por mais que ele o reproduza e desenvolva, não é posto por ele mesmo; sua própria existência (corporal) é um pressuposto natural que ele não pôs. Essas próprias *condições naturais da existência*, às quais se relaciona como a um corpo inorgânico pertencente a si mesmo, são de dupla natureza: 1) subjetiva e 2) objetiva. Ele se acha frente a si mesmo na condição de membro de uma família, clã, *tribus* etc. – que assumem, em seguida, pela miscigenação com e oposição a outros, formas históricas diferenciadas; e, nessa condição de membro, ele se relaciona com uma natureza determinada (digamos, ainda nesse ponto, a terra, o território) como sendo sua própria existência inorgânica, como condição de sua produção e reprodução. Como membro natural da comunidade, ele tem parte na propriedade comunitária e uma parte específica dela como posse; da mesma forma que, como cidadão romano nativo, tem um direito ideal ('no mínimo¹) ao *ager publicus* e um direito real a tantas *iugera*[17] de terra etc. A sua *propriedade, i.e.*, a relação com os pressupostos naturais de sua produção como pertencentes a ele, como os seus, é mediada pelo fato dele próprio ser membro natural de uma comunidade. (A abstração de uma comunidade em que os membros nada têm em comum, a não ser talvez a linguagem etc., quando muito, é claramente o produto de condições históricas bem posteriores.) Com referência ao indivíduo singular, está claro, por exemplo, que ele próprio só se relaciona à linguagem como sendo a *sua própria* linguagem na qualidade de membro natural de uma comunidade humana. A linguagem como produto de um indivíduo singular é um absurdo. Mas o mesmo vale para a propriedade.

A própria linguagem é o produto de uma comunidade, do mesmo modo que, de outra perspectiva, ela própria é a existência da comunidade e a existência evidente dela mesma. {A produção comunitária e a propriedade comum, como existe, por exemplo, no Peru, é obviamente uma forma secundária; introduzida e transferida por tribos conquistadoras que conheciam por si mesmas a propriedade

---

[17] Medida romana de terra, equivalente a 1/4 de hectare. (N. T.)

comum e a produção comunitária na forma antiga mais simples, tal como ela existe na Índia e entre os eslavos. Similarmente, a forma que encontramos entre os celtas do País de Gales, por exemplo, parece uma forma secundária, transferida e introduzida por conquistadores nas tribos conquistadas que se achavam em situação inferior. O aperfeiçoamento e a elaboração sistemática desses sistemas a partir de um centro superior demonstram sua gênese posterior. Do mesmo modo que o feudalismo introduzido na Inglaterra era mais perfeito na forma do que o originado espontânea e naturalmente na França.} {Entre as tribos pastoris nômades – e todos os antigos povos pastoris eram originalmente nômades –, a terra, assim como as demais condições naturais, aparece em elementar ilimitabilidade, por exemplo, nas estepes asiáticas e no planalto asiático. Ela serve de pastagem etc., é consumida pelos rebanhos, dos quais vivem, por sua vez, os povos pastoris. Eles se relacionam à terra como sua propriedade, não obstante jamais fixem essa propriedade. O mesmo sucede com os campos de caça entre as tribos de índios selvagens na América; a tribo encara uma certa região como sua área de caça e a defende pela força contra outras tribos ou procura expulsar outras tribos da área por elas defendida. No caso das tribos pastoris nômades, a comunidade está de fato sempre unida; a sociedade migratória, caravana, horda, e as formas de dominação e subordinação desenvolvem-se a partir das condições desse modo de vida. Nesse caso, só o rebanho é de fato *apropriado* e *reproduzido*, não a terra; que, no entanto, é sempre temporariamente utilizada de *forma comunitária* em cada um dos locais de permanência.} O único obstáculo que a comunidade pode encontrar em seu relacionamento com as condições naturais de produção – com a terra – (se pularmos diretamente para os povos sedentários) como suas condições é uma outra comunidade, que já a reclamou como seu corpo inorgânico. Por isso, a *guerra* é um dos trabalhos mais originais de cada uma dessas comunidades originadas natural e espontaneamente, tanto para defesa quanto para nova aquisição de propriedade. (Neste ponto, podemos de fato nos contentar em falar da propriedade original da terra, porque entre os povos pastoris a propriedade dos produtos da terra achados naturalmente – as ovelhas, 'por exemplo[i] – é ao mesmo tempo propriedade das pastagens que atravessam. De modo geral, na propriedade de terra está incluída a propriedade de seus produtos orgânicos.) {(Se o próprio ser humano é conquistado junto com o solo como seu acessório orgânico, ele é conquistado como uma das condições de produção, e assim se originam a escravidão e a servidão, que logo adulteram e modificam as formas originais de qualquer comunidade, e até mesmo se convertem em seu fundamento. A construção simples é, desse modo, negativamente determinada.)}

A *propriedade*, por conseguinte, originalmente nada mais significa que o comportamento do ser humano em relação às suas condições naturais de produção como pertencentes a ele, como suas, como condições *pressupostas com a sua própria existência*; comportamento em relação a elas como pressupostos naturais do próprio ser humano, que, por assim dizer, constituem somente o prolongamento de seu corpo. O ser humano não se relaciona propriamente às suas condições de produção; mas ele existe de maneira dupla, seja subjetivamente, como ele próprio, seja objetivamente, nessas condições naturais inorgânicas de sua existência. As formas dessas *condições naturais de produção* são duplas: 1) sua existência como membro de uma comunidade; portanto, a existência dessa comunidade, que em sua forma original é um *sistema tribal*, um *sistema tribal* mais ou menos modificado; 2) o comportamento em relação à *terra* por mediação da comunidade, como propriedade de terra comunitária *sua* e, ao mesmo tempo, como *posse individual* para o indivíduo singular, ou de tal modo que só os frutos são repartidos; o próprio solo e seu cultivo, entretanto, continuam coletivos. (Ao passo que *residências* etc., mesmo que se trate só dos carros dos citas, sempre aparecem como posse do indivíduo singular.) Uma condição natural de produção para o indivíduo vivo é seu pertencimento a uma *sociedade originada natural e espontaneamente*, a uma tribo etc. Tal pertencimento é desde logo, por exemplo, condição para sua linguagem etc. A sua própria existência produtiva só existe sob essa condição. A sua existência subjetiva enquanto tal é condicionada por isso, na mesma medida em que é condicionada por seu comportamento em relação à terra como seu laboratório. (Decerto a propriedade é originalmente *móvel*, porque o ser humano apodera-se primeiramente[f] dos frutos da terra já prontos, dentre os quais estão, entre outros, também os animais, e, para ele, especialmente os domesticáveis. Todavia, até mesmo esse estado de coisas — caça, pesca, pastoreio, viver de frutos das árvores etc. — supõe sempre apropriação da terra, seja para fixar residência, seja para o nomadismo[i], seja para o pastoreio dos animais etc.)

A *propriedade* significa, portanto, *pertencer a uma tribo* (comunidade) (ter existência subjetiva-objetiva dentro dela) e, por mediação do comportamento dessa comunidade em relação ao território, à terra como seu corpo inorgânico, [significa também] comportamento do indivíduo em relação ao território, à condição originária exterior de produção — porque a terra é, a um só tempo, matéria-prima, instrumento e fruto — como pressupostos pertencentes à sua individualidade; como modos de existência da individualidade. *Nós reduzimos essa propriedade ao comportamento em relação às condições da produção.* Por que não [às condições] do consumo, uma vez que, originalmente, a produção do indivíduo se limita à reprodução de seu próprio corpo pela apropriação de objetos prontos, preparados para o consumo pela própria natureza? Mesmo onde só há o que *achar* e *descobrir*, isto logo exige esforço, trabalho – como na caça, na pesca, no pastoreio – e produção (i.e., desenvolvimento) de certas capacidades do lado do sujeito. Porém, as situações em que se pode lançar mão das coisas disponíveis sem nenhum instrumento (ou seja, de produtos do próprio trabalho já destinados à produção), sem modificação da forma (que já tem lugar no próprio pastoreio) etc., muito depressa se tornam transitórias e em nenhum caso devem ser consideradas como situações normais; tampouco como situações normais originárias. Aliás, as condições originais da produção incluem por si mesmas os materiais que podem ser consumidos diretamente, sem trabalho, como frutos, animais etc.; portanto, o próprio fundo de consumo aparece como uma parte constitutiva do *fundo de produção original.*

6
Contribuição à crítica da economia política

Publicado pela primeira vez em Berlim em 1859 – logo após a redação dos *Grundrisse* –, com o título *Zur Kritik der Politischen Ökonomic*, *Contribuição à crítica da economia política* foi o volume inicial de uma obra projetada para seis livros, que culmina na publicação, em 1867, do livro I de *O capital*. As investigações preparatórias dos demais terminaram por suscitar a modificação do projeto original e resultaram nos chamados *Manuscritos de 1861-1863 e de 1863-1865*.

A obra só não fora publicada antes porque não havia dinheiro para postar o original. Marx comentaria ironicamente depois: "Seguramente é a primeira vez que alguém escreve sobre o dinheiro com tanta falta dele". O livro, ansiosamente esperado, foi um fracasso à época. Nem seus companheiros mais entusiastas, como Karl Liebknecht e Ferdinand Lassalle, o compreenderam.

A tradução deste prefácio de *Contribuição à crítica da economia política* (2. ed., São Paulo, Expressão Popular, 2008), feita pelo sociólogo Florestan Fernandes a partir de versões em inglês, francês e espanhol para a Editora Flama, foi gentilmente cedida à Boitempo por Heloísa Fernandes, Florestan Fernandes Jr. e pela Editora Expressão Popular.

Prefácio

[...]

Minha área de estudos era a jurisprudência, à qual, todavia, eu não me dediquei senão de um modo acessório, como uma disciplina subordinada relativamente à Filosofia e à História. Em 1842-1843, na qualidade de redator da *Rheinische Zeitung* [*Gazeta Renana*], encontrei-me, pela primeira vez, na embaraçosa obrigação de opinar sobre os chamados interesses materiais. Os debates do *Landtag* [Parlamento regional] renano sobre os delitos florestais e o parcelamento da propriedade fundiária, a polêmica oficial que o sr. Von Schaper, então governador da província renana, travou com a *Gazeta Renana* sobre as condições de existência dos camponeses do Mosela, as discussões, por último, sobre o livre-câmbio e o protecionismo proporcionaram-me os primeiros motivos para que eu começasse a me ocupar das questões econômicas. Por outro lado, nessa época, em que o afã de "avançar" sobrepujava amiúde a verdadeira sabedoria, faz-se ouvir na *Gazeta Renana* um eco entibiado, por assim dizer filosófico, do socialismo e do comunismo francês. Pronunciei-me contra essa mixórdia, mas, ao mesmo tempo, confessei, claramente, em uma controvérsia com o *Allgemeine Augsburger Zeitung* [*Jornal Geral de Augsburgo*], que os estudos que eu havia feito até então não me permitiam arriscar um juízo a respeito da natureza das tendências francesas. A ilusão dos diretores da *Gazeta Renana*, que acreditavam conseguir sustar a sentença de morte pronunciada contra seu periódico imprimindo-lhe uma tendência mais moderada, ofereceu-me ocasião, que me apressei em aproveitar, de deixar a cena pública e me recolher ao meu gabinete de estudos.

O primeiro trabalho que empreendi para resolver as dúvidas que me assaltavam foi uma revisão crítica da *Filosofia do direito*[1], de Hegel, trabalho cuja introdução apareceu nos *Anais Franco-Alemães*, publicados em Paris, em 1844. Minhas investigações me conduziram ao seguinte resultado: as relações jurídicas, bem como as formas do Estado, não podem ser explicadas por si mesmas nem pela chamada evolução geral do espírito humano; essas relações têm, ao contrário, suas raízes nas condições materiais de existência, em suas totalidades, condições essas que Hegel, a exemplo dos ingleses e dos franceses do século XVIII, compreendia sob o nome de "sociedade civil". Cheguei também à conclusão de que a anatomia da sociedade burguesa deve ser procurada na Economia Política. Eu havia começado

---

[1] G. W. F. Hegel, *Filosofia do* direito (São Paulo, Loyola, 2010); Karl Marx, *Crítica da filosofia do direito de Hegel* (2. ed., São Paulo, Boitempo, 2010). (N. E.)

o estudo dessa última em Paris, e o continuara em Bruxelas, onde me havia estabelecido em consequência de uma sentença de expulsão ditada pelo sr. Guizot contra mim. O resultado geral a que cheguei e que, uma vez obtido, serviu-me de guia para meus estudos pode ser formulado, resumidamente, assim: na produção social da própria existência, os homens entram em relações determinadas, necessárias, independentes de sua vontade; essas relações de produção correspondem a um grau determinado de desenvolvimento de suas forças produtivas materiais. A totalidade dessas relações de produção constitui a estrutura econômica da sociedade, a base real sobre a qual se eleva uma superestrutura jurídica e política e à qual correspondem formas sociais determinadas de consciência. O modo de produção da vida material condiciona o processo de vida social, política e intelectual. Não é a consciência dos homens que determina o seu ser; ao contrário, é o seu ser social que determina sua consciência. Em uma certa etapa de seu desenvolvimento, as forças produtivas materiais da sociedade entram em contradição com as relações de produção existentes, ou, o que não é mais que sua expressão jurídica, com as relações de propriedade no seio das quais elas se haviam desenvolvido até então. De formas evolutivas das forças produtivas que eram, essas relações convertem-se em entraves. Abre-se, então, uma época de revolução social. A transformação que se produziu na base econômica transforma mais ou menos lenta ou rapidamente toda a colossal superestrutura. Quando se consideram tais transformações, convém distinguir sempre a transformação material das condições econômicas de produção – que podem ser verificadas fielmente com ajuda das ciências físicas e naturais – e as formas jurídicas, políticas, religiosas, artísticas ou filosóficas, em resumo, as formas ideológicas sob as quais os homens adquirem consciência desse conflito e o levam até o fim. Do mesmo modo que não se julga o indivíduo pela ideia que de si mesmo faz, tampouco se pode julgar uma tal época de transformações pela consciência que ela tem de si mesma. É preciso, ao contrário, explicar essa consciência pelas contradições da vida material, pelo conflito que existe entre as forças produtivas sociais e as relações de produção. Uma sociedade jamais desaparece antes que estejam desenvolvidas todas as forças produtivas que possa conter, e as relações de produção novas e superiores não tomam jamais seu lugar antes que as condições materiais de existência dessas relações tenham sido incubadas no próprio seio da velha sociedade. Eis por que a humanidade não se propõe nunca senão os problemas que ela pode resolver, pois, aprofundando a análise, ver-se-á sempre que o próprio problema só se apresenta quando as condições materiais para resolvê-lo existem ou estão em vias de existir. Em grandes traços, podem ser os modos de produção asiático, antigo, feudal e burguês moderno designados como outras tantas épocas progressivas da formação da sociedade econômica. As relações de produção burguesas são a última forma antagônica do processo de produção social, antagônica não no sentido de um antagonismo individual, mas de um antagonismo que nasce das condições de existência sociais dos indivíduos; as forças produtivas que se desenvolvem no seio da sociedade burguesa criam, ao mesmo tempo, as condições materiais para resolver esse antagonismo. Com essa formação social termina, pois, a pré-história da sociedade humana. Friedrich Engels, com quem (desde a publicação, nos *Anais Franco--Alemães*, de seu genial esboço de uma crítica das categorias econômicas) eu mantinha constante correspondência, por meio da qual trocávamos ideias, chegou por outro caminho – consulte-se *A situação da classe trabalhadora na Inglaterra*[2] – ao mesmo resultado que eu. E quando, na primavera de 1845, ele também veio domiciliar-se em Bruxelas, resolvemos trabalhar em comum para salientar o contraste de nossa maneira de ver com a ideologia da filosofia alemã, visando, de fato, acertar as contas com a nossa antiga consciência filosófica. O propósito se realizou sob a forma de uma crítica da filosofia pós-hegeliana. O manuscrito [*A ideologia alemã*[3]], dois grossos volumes in-oitavo, já se encontrava há muito tempo em mãos do editor na Westfália quando nos advertiram que uma mudança de circunstâncias criava obstáculos à impressão. Abandonamos o manuscrito à crítica roedora dos ratos, tanto mais a gosto quanto já havíamos alcançado nosso fim principal, que era nos esclarecer.

Dos trabalhos esparsos que submetemos ao público nessa época e nos quais expusemos nossos pontos de vista sobre diversas questões, mencionarei apenas o *Manifesto do Partido Comunista*[4], redigido por Engels e por mim, e o *Discurso sobre o livre-comércio*, publicado por mim. Os pontos decisivos de nossa maneira de ver foram, pela primeira vez, expostos cientificamente, ainda que sob forma de polêmica, no meu trabalho aparecido em 1847 e dirigido contra Proudhon: *Miséria da filosofia*[5]. A impressão de uma dissertação sobre o *Trabalho assalariado*[6], escrita em alemão e composta de conferências que eu havia proferido na União dos Trabalhadores Alemães de Bruxelas, foi interrompida pela Revolução de Fevereiro e pela minha expulsão subsequente da Bélgica.

---

[2] São Paulo, Boitempo, 2008. (N. E.)
[3] São Paulo, Boitempo, 2007. (N. E.)
[4] São Paulo, Boitempo, 1998. (N. E.)
[5] São Paulo, Expressão Popular, 2009. (N. E.)
[6] São Paulo, Expressão Popular, 2006. (N. E.)

A publicação da *Nova Gazeta Renana*, em 1848-1849, e os acontecimentos posteriores interromperam meus estudos econômicos, os quais só pude recomeçar em Londres, em 1850. A prodigiosa quantidade de materiais para a história da economia política acumulada no *British Museum* [Museu Britânico], a situação tão favorável que oferece Londres para a observação da sociedade burguesa e, por fim, o novo estágio de desenvolvimento em que esta parecia entrar com a descoberta do ouro na Califórnia e na Austrália decidiram-me a começar tudo de novo e a submeter a exame crítico os novos materiais. Esses estudos, em grande parte por seu próprio caráter, levaram-me a investigações que pareciam afastar-me do plano original e nas quais tive, contudo, de deter-me durante um tempo mais ou menos prolongado. Mas o que, sobretudo, abreviou o tempo de que dispunha foi a necessidade imperiosa de me dedicar a um trabalho remunerador. Minha colaboração, iniciada havia oito anos, no *New York Tribune*, o primeiro jornal anglo-estadunidense, trouxe consigo, já que não me ocupo senão excepcionalmente de jornalismo propriamente dito, uma extraordinária dispersão de meus estudos. Todavia, os artigos sobre os acontecimentos econômicos marcantes que ocorriam na Inglaterra e no continente constituíam uma parte tão considerável de minhas contribuições que tive de familiarizar-me com pormenores práticos que não são propriamente do domínio da ciência da Economia Política.

Com este esboço do curso dos meus estudos no terreno da Economia Política, eu quis mostrar unicamente que minhas opiniões, de qualquer maneira que sejam julgadas e por pouco que concordem com os preconceitos ligados aos interesses da classe dominante, são o fruto de longos e conscienciosos estudos. Mas no umbral da ciência, como a entrada do "inferno", impõe-se:

Qui si convien la sciare ogni sospetto
Ogni vilta convien che qui sia morta[7]

Londres, janeiro de 1859

---

[7] "Deixe-se aqui tudo o que é suspeito/ Mate-se aqui toda vileza", Dante, *A divina comédia*. (N. E. – Expressão Popular.)

7
O capital

Em 1862 Marx mudou-se para a Inglaterra para ver de perto o que seria o estágio mais avançado do capitalismo de então e, dessa forma, decifrar suas leis fundamentais. Enfermo e depauperado, passa os dias mergulhado em livros na biblioteca do Museu Britânico e retoma o projeto de escrever *O capital* (*Das Kapital*), sua obra mais sistemática, um dos poucos livros que publicou – ou começou a publicar – em vida. Seu objetivo inicial era editar *O capital* em fascículos, a serem vendidos em bancas de jornais, para que os operários pudessem ter acesso ao texto e assim compreender melhor os mecanismos do sistema que os explorava.

Considerado a grande obra econômica de Marx, *O capital* é um trabalho de fôlego, de análise da estrutura da sociedade capitalista. O livro 1 – centrado no processo de produção do capital e finalizado em 1866 – foi publicado em Hamburgo em 1867, mas os seguintes não puderam ser concluídos por Marx em vida. Seus estudos para a magistral obra foram editados pelo parceiro e amigo Friedrich Engels, após a morte de Marx, e publicados em 1885 (livro 2) e 1894 (livro 3). O texto "O caráter fetichista da mercadoria e seu segredo", aqui selecionado, faz parte do livro 1, a ser lançado pela Boitempo em 2013, com tradução de Rubens Enderle.

O caráter fetichista da mercadoria e seu segredo

Uma mercadoria aparenta ser, à primeira vista, uma coisa óbvia, trivial. Sua análise resulta no fato de que ela é uma coisa muito intricada, plena de sutilezas metafísicas e casmurrices teológicas. Na medida em que é valor de uso, nela não há nada de misterioso, indiferentemente se a considero do ponto de vista de que ela satisfaz as necessidades humanas por meio de suas qualidades próprias ou se obtém essas qualidades apenas como produto do trabalho humano. É evidente que o homem, por meio de sua atividade, altera as formas dos materiais da natureza de um modo que lhe é útil. Por exemplo, a forma da madeira é alterada quando dela se faz uma mesa. Não obstante, a mesa continua a ser madeira, uma coisa sensível e corriqueira. Mas tão logo se apresenta como mercadoria, ela se converte em uma coisa sensível-suprassensível [*sinnlich übersinnliche*]. A mesa não se encontra mais com seus pés no chão, mas sim de cabeça para baixo em relação a todas as outras mercadorias, e em sua cabeça de madeira nascem minhocas de modo muito mais fantástico do que se ela se pusesse a dançar por vontade própria[1].

O caráter místico da mercadoria não resulta, portanto, de seu valor de uso. Tampouco resulta ele do conteúdo das determinações de valor. Pois, em primeiro lugar, por mais distintos que possam ser os trabalhos úteis ou as atividades produtivas, é uma verdade fisiológica que eles constituem funções do organismo humano e que cada função dessas, seja qual for seu conteúdo e sua forma, é essencialmente dispêndio de cérebro, nervos, músculos e órgãos sensoriais humanos etc. Em segundo lugar, no que diz respeito àquilo que se encontra na base da determinação da grandeza de valor – a duração desse dispêndio ou a quantidade do trabalho –, a quantidade é claramente diferenciável da qualidade do trabalho. Em todas as condições, o tempo de trabalho requerido para a produção dos meios de vida teria de interessar aos homens, embora não na mesma medida em diferentes níveis de desenvolvimento[2]. Por fim, a partir do momento em que os homens trabalham uns para os outros de algum modo, seu trabalho também alcança uma forma social.

---

[1] Vale lembrar que a China e as mesas começaram a dançar quando todo o resto do mundo ainda parecia imóvel – *pour encourager les autres* [para encorajar os outros].

[2] Entre os antigos germanos, a grandeza de uma *manhã* [*Morgen*] de terra era medida de acordo com o trabalho de um dia e, por isso, a *manhã* também era chamada de *Tagwerk* [dia de trabalho] (também *Tagwanne*) (*jurnale* ou *jurnalis*, *terra jurnalis*, *jornalis* ou *diurnalis*), *Mannwerk* [trabalho de um homem], *Mannskraft*, *Mannshauet* etc. Conforme Georg Ludwig von Maurer, *Einleitung zur Geschichte der Mark-, Hof- etc. Verfassung* (Munique, 1854), p. 129. (Nota à segunda edição.)

De onde surge, portanto, o caráter enigmático do produto do trabalho, assim que ele assume a forma-mercadoria? Claramente, ele surge dessa própria forma. A igualdade dos trabalhos humanos assume a forma material da igual objetividade de valor dos produtos do trabalho; a medida do dispêndio de força humana de trabalho por meio de sua duração assume a forma da grandeza de valor dos produtos do trabalho; por fim, as relações entre os produtores, nas quais são realizadas aquelas determinações sociais de seus trabalhos, assumem a forma de uma relação social entre os produtos do trabalho.

O caráter misterioso da forma-mercadoria consiste, portanto, simplesmente no fato de que ela reflete aos homens os caracteres sociais de seu próprio trabalho como caracteres objetivos dos produtos do trabalho eles mesmos, como propriedades sociais que integram a natureza dessas coisas, com o que ela reflete também a relação social dos produtores com o trabalho total como uma relação social entre objetos dotada de existência própria, externa aos produtores. É através desse quiproquó que os produtos do trabalho se tornam mercadorias, coisas sensíveis-suprassensíveis ou sociais. Assim, a impressão da luz de uma coisa sobre o nervo óptico não se apresenta como estímulo subjetivo do nervo óptico ele mesmo, mas como forma objetivada de uma coisa que está fora do olho. No ato de ver, porém, a luz de uma coisa, de um objeto externo, é efetivamente lançada sobre outra coisa, o olho. É uma relação física entre coisas físicas. Ao contrário, a forma-mercadoria e a relação de valor dos produtos do trabalho em que ela se expressa não têm absolutamente nada a ver com sua natureza física e com as relações reais [*dinglichen*] que dela resultam. É apenas a relação social determinada entre os próprios homens que assume para esses últimos, aqui, a forma fantasmagórica de uma relação entre coisas. De modo que, para encontrarmos uma analogia, temos de nos refugiar na região nebulosa do mundo religioso. Aqui, os produtos do cérebro humano parecem dotados de vida própria, como figuras independentes que travam relação umas com as outras e com os homens. Assim se apresentam, no mundo das mercadorias, os produtos da mão humana. A isso eu chamo de fetichismo, que se cola aos produtos do trabalho tão logo eles são produzidos como mercadorias e que, por isso, é inseparável da produção de mercadorias.

Esse caráter fetichista do mundo das mercadorias surge, como a análise anterior já o mostrou, do peculiar caráter social do trabalho que produz mercadorias.

Os objetos de uso só se tornam mercadorias porque são produtos de trabalhos privados realizados independentemente uns dos outros. O complexo desses trabalhos privados constitui o trabalho social total. Como os produtores só travam contato social mediante a troca de seus produtos do trabalho, os caracteres especificamente sociais de seus trabalhos privados aparecem apenas no âmbito dessa troca. Ou, dito de outro modo, os trabalhos privados são empregados como elos do trabalho social total apenas por meio das relações que a troca estabelece entre os produtos do trabalho e, com isso, também entre os produtores. A estes últimos, as relações sociais entre seus trabalhos privados aparecem como aquilo que elas são, isto é, não como relações sociais imediatas entre pessoas em seus próprios trabalhos, mas, antes, como relações reais [*sachliche*][3] entre pessoas e relações sociais entre coisas [*Sachen*].

Somente no interior de sua troca obtêm os produtos do trabalho uma objetividade de valor socialmente igual, separada de sua objetividade de uso sensivelmente distinta. Essa cisão do produto do trabalho em coisa útil e coisa de valor só se opera na prática na medida em que a troca já conquistou um alcance e uma importância consideráveis, com o que coisas úteis são produzidas para a troca e o caráter de valor das coisas já se manifesta no próprio ato de sua produção. A partir desse momento, os trabalhos privados dos produtores obtêm um duplo caráter social. Por um lado, como trabalhos úteis determinados, eles têm de satisfazer uma necessidade social determinada e, desse modo, conservar a si mesmos como elos do trabalho total, do sistema natural [*naturwüchsigen*][4] da divisão social do trabalho. Por outro lado, eles só satisfazem as múltiplas necessidades de seus próprios produtores na medida em que cada trabalho privado particular e útil é trocável por outro tipo de trabalho privado útil, portanto, na medida em que vale o mesmo que ele. A igualdade *toto coelo* [plena] dos diferentes trabalhos só pode consistir em uma abstração de sua desigualdade real, na redução desses trabalhos ao seu caráter comum como dispêndio de força humana de trabalho, como trabalho humano abstrato. O cérebro dos produtores privados reflete esse duplo caráter social de seus trabalhos privados apenas nas formas em que ele se manifesta no intercâmbio prático, na troca dos produtos: o caráter socialmente útil de seus trabalhos privados na forma de que o produto do trabalho tem de ser útil, e precisamente para outrem; o caráter social

---

[3] O adjetivo/advérbio *sachlich* tem o sentido de "relativo a coisa [*Sache*]". O termo "real" é, assim, uma tradução aproximada, dada a inexistência, no léxico da língua portuguesa, de palavras como "coisal", "coisalmente" etc. Em outros trechos de *O capital*, Marx também emprega a palavra *dinglich* no mesmo sentido de "relativo a coisa [*Ding*]". (N. T.)

[4] O adjetivo *naturwüchsig* é empregado por Marx no sentido de "natural" como "dado por si mesmo, sem regulamentação ou qualquer influência externa". De modo diferente, portanto, de "natural" no sentido ontologicamente determinado, de "dado pela natureza". (N. T.)

da igualdade dos trabalhos distintos na forma do caráter comum de valor dessas coisas materialmente distintas, dos produtos do trabalho.

Portanto, os homens não relacionam seus produtos do trabalho uns aos outros como valores porque essas coisas são por eles considerados como meros invólucros reais [*sachliche*] de trabalho humano de mesmo tipo. Ao contrário. É porque equiparam seus produtos de diferentes tipos uns aos outros como valores na troca que eles equiparam seus diferentes trabalhos uns aos outros como trabalho humano. Eles não o sabem, mas o fazem[5]. Na fronte do valor não está escrito o que ele é. O valor converte, antes, todo produto do trabalho em um hieróglifo social. Mais tarde, os homens tentam decifrar o sentido do hieróglifo, desvelar o segredo de seu próprio produto social, pois a determinação dos objetos de uso como valores é seu produto social tanto quanto a linguagem. A descoberta científica tardia de que os produtos do trabalho, na medida em que são valores, são meras expressões reais [*sachliche*] do trabalho humano expendido na produção fez época na história da evolução da humanidade, mas de modo algum eliminou a aparência objetiva do caráter social do trabalho. Depois dessa descoberta, tanto quanto antes, o que é válido apenas para essa forma particular de produção, a produção de mercadorias – o fato de que o caráter específico dos trabalhos privados independentes uns dos outros consiste em sua igualdade como trabalho humano e assume a forma do caráter de valor dos produtos do trabalho –, continua a aparecer como algo definitivo para aqueles que se encontram no interior das relações de produção das mercadorias, do mesmo modo como a decomposição científica do ar em seus elementos mantém intacta a forma do ar como uma forma física corpórea.

O que, na prática, interessa imediatamente aos agentes da troca de produtos é a questão de quantos produtos eles obtêm em troca de seu próprio produto, portanto, em quais proporções os produtos são trocados. Assim que essas proporções atingem certa fixidez habitual, elas aparentam derivar da natureza dos produtos do trabalho, como se, por exemplo, uma tonelada de ferro e duas onças de ouro tivessem o mesmo valor, do mesmo modo como uma libra de ouro e uma libra de ferro têm o mesmo peso, apesar de suas diferentes propriedades físicas e químicas. Na verdade, o caráter de valor dos produtos do trabalho se fixa apenas por meio de sua atuação como grandezas de valor. Essas últimas mudam de modo constan-

---

[5] Por isso, quando Galiani diz "O valor é uma relação entre pessoas" [*La Ricchezza è una ragione tra due persone*], ele deveria ter acrescentado: uma relação escondida sob um invólucro real [*dinglicher*]. (Ferdinando Galiani, *Della Moneta*, tomo III da coleção de Custodi dos *Scrittori Classici Italiani di Economia Politica, Parte Moderna*, Milão, 1803, p. 221.) (Nota à segunda edição.)

te, independentemente da vontade, da consciência prévia e do agir daqueles que efetivam a troca. Seu próprio movimento social possui, para eles, a forma de um movimento de coisas sob cujo controle eles se encontram, em vez de eles as controlarem. É preciso que a produção de mercadorias se encontre plenamente desenvolvida para que da própria experiência emerja a noção científica de que os trabalhos privados, executados independentemente uns dos outros, porém interdependentes como elos naturais [*naturwüchsige*] da divisão social do trabalho, são reduzidos continuamente à sua medida socialmente proporcional, porque nas contingentes e sempre oscilantes relações de troca de seus produtos o tempo de trabalho socialmente necessário para sua produção se impõe com a força de uma lei natural reguladora, tal como a lei da gravidade se impõe quando uma casa desaba sobre a cabeça de alguém[6]. A determinação da grandeza de valor por meio do tempo de trabalho é, assim, uma dentre as manifestações do segredo que se esconde no valor relativo das mercadorias. Sua descoberta elimina dos produtos do trabalho a aparência da determinação meramente contingente das grandezas de valor, mas não elimina em absoluto sua forma real [*sachliche*].

A reflexão sobre as formas da vida humana, portanto, também sua análise científica, toma um caminho contrário ao do desenvolvimento real. Ela começa *post festum*[7] e, por isso, com os resultados prontos do processo de desenvolvimento. As formas que rotulam os produtos do trabalho como mercadorias e que, desse modo, são pressupostas à circulação das mercadorias já possuem a fixidez das formas naturais da vida social antes que os homens procurem justificar para si mesmos não o caráter histórico dessas formas – que eles, antes, consideram como imutáveis –, mas o seu conteúdo. Assim, foi somente a análise dos preços das mercadorias que conduziu à determinação da grandeza de valor, e somente a expressão monetária conjunta das mercadorias que conduziu à fixação de seu caráter de valor. Porém, é justamente essa forma pronta – a forma-dinheiro – do mundo das mercadorias que oculta realmente [*sachlich*], em vez de revelar, o caráter social dos trabalhos privados e, com isso, as relações sociais entre os trabalhadores privados. Quando digo que o casaco, a bota etc. se relacionam com o linho sob a forma da incorporação geral de trabalho humano abstrato, a sandice dessa expressão salta aos olhos. Mas, quando os produtores de casaco, bota etc. relacionam essas mer-

---

[6] "O que se deve pensar de uma lei que só pode se impôr mediante revoluções periódicas?", Friedrich Engels, "Esboços de uma crítica da Economia Política", em Arnold Ruge e Karl Marx (ed.), *Anais Franco-Alemães* (Paris, 1844).

[7] Muito tarde (literalmente: "após a festa"). (N. T.)

cadorias com o linho – ou com o ouro e a prata, o que não altera em nada a questão – como equivalente universal, eles expressam a relação de seus trabalhos privados com seu trabalho social total nessa mesma forma insana.

São essas formas que constituem justamente as categorias da economia burguesa. Trata-se de formas de pensamento socialmente válidas, portanto, dotadas de objetividade para as relações de produção desse modo social de produção historicamente determinado, a produção de mercadorias. Razão pela qual todo o misticismo do mundo das mercadorias, toda a mágica e a assombração que anuviam os produtos do trabalho sobre a base da produção de mercadorias desaparecem assim que passamos a outras formas de produção.

Como a Economia Política ama robinsonadas[8], lancemos um olhar sobre Robinson em sua ilha. Apesar de seu caráter modesto, ele tem diferentes necessidades a satisfazer e, por isso, tem de realizar trabalhos úteis de diferentes tipos, fazer ferramentas, fabricar móveis, domesticar lhamas, pescar, caçar etc. Não mencionamos orar e outras coisas do tipo, pois nosso Robinson encontra grande prazer nessas atividades e as considera como uma recreação. Apesar da variedade de suas funções produtivas, ele tem consciência de que elas são apenas diferentes formas de atividade do mesmo Robinson, portanto apenas diferentes formas de trabalho humano. A própria necessidade o força a distribuir seu tempo, com exatidão, entre suas diferentes funções. Se uma ocupa mais espaço e outra menos em sua atividade total é algo que depende da maior ou menor dificuldade a ser superada para a obtenção do efeito útil pretendido. A experiência lhe ensina isso, e eis que nosso Robinson, que entre os destroços do navio salvou relógio, livro comercial, tinta e pena, põe-se, como bom inglês, a fazer a contabilidade de si mesmo. Seu inventário contém uma relação dos objetos de uso que ele possui, das diversas atividades requeridas para sua produção e, por fim, do tempo de trabalho que lhe custa, em média, a obtenção de uma determinada quantidade desses diferentes produtos. Aqui, todas as relações entre Robinson e as coisas que formam a sua riqueza autocriada são tão simples que até mesmo o sr. M. Wirth poderia compreendê-las sem grande esforço intelectual. E, no entanto, nelas estão contidas todas as determinações essenciais do valor.

---

[8] Tampouco Ricardo escapa de uma robinsonada: "Ele faz com que o pescador e o caçador primitivos, como possuidores de mercadorias, troquem o peixe e a caça na relação do tempo de trabalho objetivado nesses valores de troca. Com isso, cai no anacronismo de fazer com que o caçador e o pescador primitivos consultem, para o cálculo de seus instrumentos de trabalho, as tabelas de anuidade correntes na Bolsa de Londres, em 1817. Os 'paralelogramos do sr. Owen' parecem ser a única forma social que ele conhece, além da forma burguesa", Karl Marx, *Zur Kritik der Politischen Ökonomie*, p. 38-9 [ed. bras.: *Contribuição à crítica da economia política*, 2. ed., São Paulo, Expressão Popular, 2008]. (Nota à segunda edição.)

Saltemos, então, da iluminada ilha de Robinson para a sombria Idade Média europeia. Em vez do homem independente, aqui encontramos cada homem dependente do outro – servos e senhores rurais, vassalos e suseranos, leigos e padres. A dependência pessoal caracteriza tanto as relações sociais da produção material quanto as esferas da vida erguidas sobre elas. Mas é justamente porque as relações pessoais de dependência formam a base social dada que os trabalhadores e seus produtos não precisam assumir uma forma fantástica distinta de sua realidade. Eles entram na engrenagem social como serviços e esforços naturais. A forma natural do trabalho, sua particularidade – e não, como na base da produção de mercadorias, sua universalidade –, é, aqui, sua forma imediatamente social. A corveia é medida pelo tempo tanto quanto o é o trabalho que produz mercadorias, mas todo servo sabe que o que ele expende a serviço de seu senhor é uma quantidade determinada de sua força pessoal de trabalho. O dízimo a ser pago ao padre é mais claro do que a bênção do padre. Julguem-se como se queiram as máscaras atrás das quais os homens aqui se confrontam, o fato é que as relações sociais das pessoas em seus trabalhos aparecem como suas próprias relações pessoais e não se encontram travestidas em relações sociais entre coisas, entre produtos do trabalho.

Para a consideração do trabalho coletivo, isto é, imediatamente socializado, não precisamos remontar à sua forma natural [*naturwüchsigen*], que encontramos no limiar histórico de todos os povos civilizados[9]. Um exemplo mais próximo é o da indústria rural e patriarcal de uma família de camponeses que, para seu próprio sustento, produz cereal, gado, fio, linho, peças de roupas etc. Essas diferentes coisas se defrontam com a família como diferentes produtos de seu trabalho familiar, mas não umas com as outras como mercadorias. Os diferentes trabalhos que criam esses produtos, a agricultura, a criação de gado, a fiação, a tecelagem, a alfaiataria etc., são, em sua forma natural, funções sociais, por serem funções da família, que possui sua própria divisão natural [*naturwüchsige*] do trabalho, do mesmo modo como sua produção de mercadorias. As diferenças de sexo e idade, assim como das condições naturais cambiáveis com a mudança das estações, regu-

---

[9] "Nos últimos tempos, difundiu-se o preconceito ridículo de que a forma da propriedade coletiva natural [*naturwüchsigen*] é uma forma específica, e até mesmo exclusivamente russa. Ela é a forma primitiva [*Urform*] que podemos encontrar nos romanos, germanos e celtas, mas da qual entre os indianos ainda se vê – mesmo que parcialmente em ruínas – uma série de exemplos de tipos variados. Um estudo mais preciso das formas de propriedade coletiva asiáticas, especialmente da indiana, demonstraria como de diferentes formas da propriedade coletiva natural [*naturwüchsigen*] resultam diferentes formas de sua dissolução. Assim, por exemplo, diferentes tipos originais da propriedade privada romana e germânica podem ser derivados de diferentes formas da propriedade coletiva indiana", ibidem, p. 10. (Nota à segunda edição.)

lam a distribuição do trabalho na família e do tempo de trabalho entre seus membros individuais. Aqui, no entanto, o dispêndio de força de trabalho individual medido por sua duração temporal aparece naturalmente como determinação social do trabalho ele mesmo, uma vez que as forças de trabalho individuais atuam naturalmente apenas como órgãos da força de trabalho coletiva da família.

Por fim, imaginemos uma associação de homens livres que trabalham com meios de produção coletivos e expendem suas forças de trabalho como uma única força de trabalho social. Todas as determinações do trabalho de Robinson se repetem aqui, mas agora social, em vez de individualmente. Todos os produtos de Robinson eram seu produto exclusivamente pessoal e, por isso, seus objetos imediatos de uso. O produto total da associação é um produto social. Uma parte desse produto serve, por sua vez, como meio de produção. Ele permanece social. Mas outra parte é consumida como meios de subsistência pelos membros da associação. Ela tem, assim, de ser distribuída entre eles. O modo dessa distribuição será diferente de acordo com o tipo peculiar do próprio organismo social de produção e do correspondente grau histórico de desenvolvimento dos produtores. Apenas para traçar um paralelo com a produção de mercadoria, suponhamos que a cota de cada produtor dos meios de subsistência seja determinada por seu tempo de trabalho. O tempo de trabalho desempenharia, assim, um duplo papel. Sua distribuição socialmente planificada regula a correta proporção das diferentes funções do trabalho para com as diferentes necessidades. Por outro lado, o tempo de trabalho serve simultaneamente como medida da cota individual do produtor no trabalho comum e, desse modo, também na parte individualmente consumível do produto coletivo. As relações sociais dos homens com seus trabalhos e seus produtos do trabalho permanecem, aqui, transparentemente simples tanto na produção quanto na distribuição.

Para uma sociedade de produtores de mercadorias, cuja relação social de produção consiste em se relacionar com seus produtos como mercadorias, portanto, como valores, e, nessa forma real [*sachlichen*], confrontar seus trabalhos privados uns com os outros como trabalho humano igual, o cristianismo, com seu culto do homem abstrato, especialmente em seu desenvolvimento burguês, como protestantismo, deísmo etc., é a forma de religião mais adequada. Nos modos de produção asiáticos, antigos etc., a transformação do produto em mercadoria, e, com isso, a existência dos homens como produtores de mercadorias, desempenha um papel subordinado, que, no entanto, torna-se progressivamente mais significativo à medida que as comunidades avançam em seu processo de declínio. Povos propriamente comerciantes existem apenas nos intermundos do mundo antigo, como os deuses de Epicuro, ou nos poros da sociedade polonesa, como os judeus. Esses antigos organismos sociais de produção são extraordinariamente mais simples e transparentes do que o burguês, mas eles se baseiam ou na imaturidade do homem individual, que ainda não rompeu o cordão umbilical do vínculo genérico natural com outrem, ou em relações de dominação e servidão imediatas. Eles são condicionados por um baixo grau de desenvolvimento das forças produtivas do trabalho e pelas relações correspondentemente limitadas dos homens no interior de seu processo material de produção da vida; por conseguinte, pelas relações limitadas dos homens uns com os outros e com a natureza.

Essa limitação real se reflete idealmente nas antigas religiões naturais e populares. O reflexo religioso do mundo real só pode desaparecer quando as relações cotidianas de trabalho se apresentam diariamente para os próprios homens como relações transparentemente racionais uns com os outros e com a natureza. A forma do processo social de vida, isto é, do processo material de produção só perde sua névoa mística quando, como produto de homens livremente socializados, ela se encontra sob seu controle consciente e planificado. Para isso, é requerida uma base material da sociedade ou uma série de condições materiais de existência que são elas mesmas, por sua vez, o produto natural [*naturwüchsige*] de uma longa e excruciante história de desenvolvimento.

A Economia Política analisou, mesmo que de modo incompleto[10], o valor e a grandeza do valor e descobriu o conteúdo que se esconde nessas formas. Ela ja-

---

[10] No que diz respeito ao valor em geral, em nenhum lugar a Economia Política clássica diferencia expressa e claramente o trabalho tal como ele se expressa no valor do mesmo trabalho de sua expressão no valor de uso de seu produto. De fato, ela estabelece a diferença ao considerar o trabalho ora quantitativa, ora qualitativamente. Mas não lhe ocorre que a diferença meramente quantitativa dos trabalhos pressupõe sua unidade ou igualdade qualitativa, portanto sua redução a trabalho humano abstrato. Ricardo, por exemplo, mostra estar de acordo com Destutt de Tracy quando este diz: "Como é certo que nossas capacidades corporais e intelectuais são nossa única riqueza originária, o uso dessas capacidades, que é um certo tipo de trabalho, é nosso tesouro originário; é sempre esse uso que cria todas aquelas coisas, que chamamos de riqueza [...] Além disso, é certo que todas aquelas coisas expressam apenas o trabalho que as criou, e se elas têm um valor, ou mesmo dois valores distintos, elas só podem tê-lo a partir do" (valor) "do trabalho do qual elas resultam", Ricardo, *The principles of Pol. Econ.* (3. ed., Londres, 1821), p. 334. Cabe notar apenas que Ricardo atribui a Destutt sua própria compreensão mais profunda. Na verdade, Destutt diz, por um lado, que todas as coisas que constituem a riqueza "representam o trabalho que as criou"; por outro lado, porém, diz que elas obtêm seus "dois valores distintos" (valor de uso e valor de troca) do "valor do trabalho". Ele cai, com isso, na superficialidade da economia vulgar, que pressupõe o valor de uma mercadoria (aqui, o trabalho) como meio para determinar o valor das outras mercadorias. Ao lê-lo, Ricardo entende que o trabalho (não o valor do trabalho) se expressa tanto no valor de uso como no valor de troca. Porém, ele mesmo distingue tão pouco o caráter ambíguo do trabalho – que se apresenta de modo duplo – que dedica

mais sequer colocou a questão de por que esse conteúdo assume aquela forma, e por que, portanto, o trabalho se expressa no valor e a medida do trabalho por sua duração temporal, na grandeza de valor do produto do trabalho[11]. Para sua consciência burguesa, tais formas – em cuja testa está escrito que pertencem a uma formação social em que o processo de produção domina os homens, e não os homens o processo de produção – são consideradas como necessidades naturais tão evidentes quanto o próprio trabalho produtivo. Desse modo, as formas pré-burguesas do organismo social de produção são tratadas por ela mais ou menos como as religiões pré-cristãs foram tratadas pelos padres da Igreja[12].

---

todo o capítulo "Value and Riches: Their Distinctive Properties" [Valor e riqueza: suas propriedades distintivas] ao laborioso exame das trivialidades de um J. B. Say. E no fim ele se mostra bastante impressionado ao ver que Destutt está de acordo com sua própria ideia do trabalho como fonte de valor, mas que, por outro lado, ele se harmoniza com Say no que diz respeito ao conceito de valor.

[11] Uma das deficiências fundamentais da Economia Política clássica está no fato de ela nunca ter conseguido descobrir, a partir da análise da mercadoria e, mais especificamente, do valor das mercadorias, a forma do valor que o converte precisamente em valor de troca. Justamente em seus melhores representantes, como A. Smith e Ricardo, ela trata a forma valor como algo totalmente indiferente ou exterior à natureza do valor ele mesmo. A razão disso não está apenas em que a análise da grandeza do valor absorve inteiramente sua atenção. Ela é mais profunda. A forma-valor do produto do trabalho é a forma mais abstrata, mas também mais geral, do modo burguês de produção, que assim se caracteriza como um tipo particular de produção social e, ao mesmo tempo, um tipo histórico. Se tal forma é tomada pela forma natural eterna da produção social, também se perde de vista necessariamente a especificidade da forma valor, e assim também da forma mercadoria e, em um estágio mais desenvolvido, da forma dinheiro, da forma capital etc. Por isso, nos economistas que aceitam plenamente a medida da grandeza de valor pelo tempo de trabalho encontram-se as mais variegadas e contraditórias noções do dinheiro, isto é, da forma pronta do equivalente universal. Isso se manifesta de modo patente, por exemplo, no tratamento do sistema bancário, em que parece não haver limite para as definições mais triviais do dinheiro. Em contraposição a isso, surgiu um sistema mercantilista restaurado (Ganilh etc.) que vê no valor apenas a forma social ou, antes, sua aparência sem substância. – Para deixar esclarecido de uma vez por todas, entendo por Economia Política clássica toda teoria econômica desde W. Petty que investiga a estrutura interna das relações burguesas de produção em contraposição à economia vulgar, que se move apenas no interior do contexto aparente e rumina constantemente o material há muito fornecido pela economia científica a fim de fornecer uma justificativa plausível dos fenômenos mais brutais e servir às necessidades domésticas da burguesia, mas que, de resto, limita-se a sistematizar as representações banais e egoístas dos agentes de produção burgueses como o melhor dos mundos, dando-lhes uma forma pedante e proclamando-as como verdades eternas.

[12] "Os economistas procedem de um modo curioso. Para eles, há apenas dois tipos de instituições, as artificiais e as naturais. As instituições do feudalismo seriam artificiais, ao passo que as da burguesia seriam naturais. Nisso, eles são iguais aos teólogos, que também distinguem entre dois tipos de religiões. Toda religião que não a deles é uma invenção dos homens, ao passo que sua própria religião é uma revelação de Deus. – Desse modo, houve uma história, mas agora não há mais", Karl Marx, *Misère de la Philosophie. Réponse à la* Philosophie de la Misère *de M. Proudhon* (1847), p. 113 [ed. bras.: *Miséria da filosofia: resposta à* Filosofia da miséria, *do sr. Proudhon*, São Paulo, Expressão Popular, 2009]. Verdadeiramente patético é o sr. Bastiat, que imagina que os gregos e os romanos tenham vivido apenas do roubo. Mas para que se viva por tantos séculos com base no roubo, é preciso que haja permanentemente algo para roubar ou que o objeto do roubo se reproduza continuamente. Parece, assim, que também os gregos e os romanos

O quanto uma parte dos economistas é enganada pelo fetichismo que se cola ao mundo das mercadorias ou pela aparência objetiva das determinações sociais do trabalho é demonstrado, entre outros modos, pela fastidiosa e vulgar disputa sobre o papel da natureza na formação do valor de troca. Como este último é um modo social determinado de expressar o trabalho realizado em uma coisa, ele não pode conter mais matéria natural do que a taxa de câmbio.

Como a forma-mercadoria é a forma mais geral e menos desenvolvida da produção burguesa, razão pela qual ela já aparece cedo, embora não do mesmo modo dominante que lhe é característico em nossos dias, seu caráter fetichista aparenta ser relativamente fácil de ser observado. Em formas mais concretas, desaparece até mesmo essa aparência de simplicidade. De onde vêm as ilusões do sistema monetário? Para ele, o ouro e a prata, ao servir como dinheiro, não expressam uma relação social de produção, mas atuam na forma de coisas naturais dotadas de estranhas propriedades sociais. E quanto à teoria econômica moderna, que arrogantemente desdenha do sistema monetário, não se torna seu fetichismo palpável quando ela trata do capital? Há quanto tempo desapareceu a ilusão fisiocrata de que a renda fundiária nasce da terra, e não da sociedade?

Para não nos anteciparmos, basta aqui apresentar um exemplo em relação à forma-mercadoria ela mesma. Se as mercadorias pudessem falar, elas diriam: nosso valor de uso pode interessar aos homens. Eles não nos dizem respeito como coisas.

---

possuíam um processo de produção, portanto, uma economia, que constituía a base material de seu mundo tanto quanto a economia burguesa constitui a base material do mundo atual. Ou Bastiat quer dizer que um modo de produção que se baseia no trabalho escravo é um sistema de roubo? Ele adentra, então, um terreno perigoso. Se um gigante do pensamento como Aristóteles errou em sua apreciação do trabalho escravo, por que deveria um economista nanico como Bastiat acertar em sua apreciação do trabalho assalariado? – Aproveito a ocasião para refutar brevemente uma acusação que me foi feita por um jornal teuto-americano, quando da publicação de meu escrito *Contribuição à crítica da Economia Política* (1859). Segundo esse jornal, minha afirmação de que os modos determinados de produção e as relações de produção que lhes correspondem, em suma, de que "a estrutura econômica da sociedade é a base real sobre a qual se ergue uma superestrutura jurídica e política e à qual correspondem determinadas formas sociais de consciência", de que "o modo de produção da vida material condiciona o processo da vida social, política e espiritual em geral" – tudo isso seria correto para o mundo atual, onde dominam os interesses materiais, mas não seria válido nem para a Idade Média, onde dominava o catolicismo, nem para Atenas ou Roma, onde dominava a política. Para começar, é desconcertante que alguém possa pressupor que essas batidas fraseologias sobre a Idade Média e a Antiguidade possam ser desconhecidas de alguém. É claro que a Idade Média não podia viver do catolicismo, assim como o mundo antigo não podia viver da política. Ao contrário, é o modo como eles produziam sua vida que explica por que lá era a política, aqui o catolicismo, que desempenhava o papel principal. Além do mais, não é preciso grande conhecimento, por exemplo, da história da República Romana para saber que sua história secreta se encontra na história da propriedade fundiária. Por outro lado, Dom Quixote já pagou pelo erro de imaginar que a Cavalaria Andante fosse igualmente compatível com todas as formas econômicas da sociedade.

Mas o que nos diz respeito realmente [*dinglich*] é nosso valor. Nossa própria relação como coisas-mercadorias [*Warendinge*] é a prova disso. Nós nos relacionamos umas com as outras apenas como valores de troca. Escutemos, então, como o economista fala, expressando a alma das mercadorias: "O valor" (valor de troca) "é uma propriedade das coisas, é riqueza" (valor de uso) "do homem. O valor, nesse sentido, inclui necessariamente a troca, mas a riqueza não"[13]. "A riqueza" (valor de uso) "é um atributo do homem, o valor é um atributo das mercadorias. Um homem ou uma comunidade são ricos; uma pérola ou um diamante são valiosos [...] Uma pérola ou um diamante têm valor como pérola ou diamante"[14].

Até o momento, nenhum químico descobriu o valor de troca na pérola ou no diamante. Os descobridores econômicos dessa substância química, que se jactam de grande profundidade crítica, creem que o valor de uso das coisas existe independentemente de suas propriedades reais [*sachlichen*], ao passo que seu valor lhes é inerente como coisas. Para eles, a confirmação disso está na circunstância peculiar de que o valor de uso das coisas se realiza para os homens sem a troca, portanto, na relação imediata entre a coisa e o homem, ao passo que seu valor, ao contrário, só se realiza na troca, isto é, em um processo social. Quem não se lembra, aqui, do bom e velho Dogberry, que informa o vigia noturno Seacoal: "Uma boa aparência é dádiva da sorte; mas o saber ler e escrever é dom da natureza"[15].

---

[13] "*Value is a property of things, riches of man. Value, in this sense, necessarily implies exchange, riches do not*", "Observations on some verbal disputes in Pol. Econ., particularly relating to value, and to supply and demand" (Londres, 1821), p. 16.

[14] "*Riches are the attribute of man, value is the attribute of commodities. A man or a community is rich, a pearl or a diamond is valuable... A pearl or a diamond is valuable as a pearl or diamond*", S. Bailey, *Money and its Vicissitudes* (Londres, 1837), p. 165 ss.

[15] [William Shakespeare, *Muito barulho por nada* (trad. Carlos Alberto Nunes, Rio de Janeiro, Agir, 2008), ato III, cena 3. (N. T.)] O autor de "Observations" e S. Bailey culpam Ricardo por ter transformado o valor de troca de um valor apenas relativo em algo absoluto. Ele reduziu a relatividade aparente que estas coisas – diamante e pérolas, por exemplo – possuem à relação verdadeira que se esconde por trás da aparência, à sua relatividade como meras expressões de trabalho humano. Se os ricardianos respondem a Bailey de modo grosseiro, porém não convincente, é apenas porque eles não encontraram no próprio Ricardo uma explanação da conexão interna entre valor e forma valor ou valor de troca.

8
A guerra civil na França

Escrita por Karl Marx como Mensagem do Conselho Geral da I Internacional e difundida depois como livro na Europa e nos Estados Unidos, *A guerra civil na França* retrata a breve existência – 72 dias – da Comuna de Paris (1871), a primeira experiência histórica de gestão do poder pela classe trabalhadora, encerrada após intensa repressão das forças armadas ao movimento, numa ação que ficou conhecida como a "Semana Sangrenta".

Apesar dos limites desse movimento político, Marx – à época secretário da Associação Internacional dos Trabalhadores (AIT) – acompanhou e apoiou decisivamente os revolucionários. Uma vez concluída a experiência, no entanto, fez um balanço no qual apontou os deslizes que levariam à sua derrota. Esta análise, juntamente com o fracasso do movimento, contribuiu para o fim da I Internacional e a fundação da II Internacional, esta já de caráter socialista.

A tradução de *A guerra civil na França* (São Paulo, Boitempo, 2011) foi feita por Rubens Enderle, a partir do original em inglês (*The Civil War in France*, MEGA, I/22, Berlim, Dietz, 1978), publicado pela primeira vez, sob forma de um folheto, em junho de 1871 e escrito por Marx entre abril e maio do mesmo ano. Para esta antologia, selecionamos o terceiro capítulo da célebre Mensagem.

III.

Na aurora de 18 de março de 1871, Paris despertou com o estrondo: "viva a Comuna!". Que é a Comuna, essa esfinge tão atordoante para o espírito burguês?

"Os proletários de Paris", dizia o comitê central em seu manifesto de 18 de março,

> em meio a fracassos e às traições das classes dominantes, compreenderam que é chegada a hora de salvar a situação, tomando em suas próprias mãos a direção dos negócios públicos [...] Compreenderam que é seu dever imperioso e seu direito absoluto tornar-se donos de seus próprios destinos, tomando o poder governamental.

Mas a classe operária não pode simplesmente se apossar da máquina do estado tal como ela se apresenta e dela servir-se para seus próprios fins[1].

O poder estatal centralizado, com seus órgãos onipresentes, com seu exército, polícia, burocracia, clero e magistratura permanentes – órgãos traçados segundo um plano de divisão sistemática e hierárquica do trabalho –, tem sua origem nos tempos da monarquia absoluta e serviu à nascente sociedade da classe média como uma arma poderosa em sua luta contra o feudalismo. Seu desenvolvimento, no entanto, permaneceu obstruído por todo tipo de restos medievais, por direitos senhoriais, privilégios locais, monopólios municipais e corporativos, e códigos provinciais. A enorme vassoura da revolução francesa do século XVIII varreu todas essas relíquias de tempos passados, assim limpando ao mesmo tempo o solo social dos últimos estorvos que se erguiam ante a superestrutura do edifício do estado moderno erigido sob o Primeiro Império, ele mesmo o fruto das guerras de coalizão da velha Europa semifeudal contra a França moderna. Durante os regimes subsequentes, o governo, colocado sob controle parlamentar – isto é, sob o controle direto das classes proprietárias –, tornou-se não só uma incubadora de enormes dívidas nacionais e de impostos escorchantes, como também, em razão da irresistível fascinação que causava por seus cargos, pilhagens e patronagens, converteu-se no pomo da discórdia entre as facções rivais e os aventureiros das classes dominantes; mas o seu caráter político mudou com as mudanças econômicas ocorridas na sociedade. No mesmo passo em que o progresso da moderna indústria desenvol-

---

[1] Em 12 de abril de 1871, Marx escreveu a Ludwig Kugelmann: "Se olhares o último capítulo de meu *O 18 de brumário*, constatarás que considero que o próximo experimento da revolução francesa consistirá não mais em transferir a maquinaria burocrático-militar de uma mão para outra, como foi feito até então, mas sim em quebrá-la, e que esta é a precondição de toda revolução popular efetiva no continente. Esse é, também, o experimento de nossos heroicos correligionários de Paris" [Karl Marx, *A guerra civil na França*, cit., p. 208]. (N. E. A.)

via, ampliava e intensificava o antagonismo de classe entre o capital e o trabalho, o poder do Estado foi assumindo cada vez mais o caráter de poder nacional do capital sobre o trabalho, de uma força pública organizada para a escravização social, de uma máquina do despotismo de classe. Após toda revolução que marca uma fase progressiva na luta de classes, o caráter puramente repressivo do poder do Estado revela-se com uma nitidez cada vez maior. A revolução de 1830, que resultou na transferência do governo das mãos dos latifundiários para as mãos dos capitalistas, transferiu-o dos antagonistas mais remotos para os antagonistas mais diretos da classe operária. Os burgueses republicanos, que tomaram o poder do Estado em nome da revolução de fevereiro, dele se serviram para os massacres de junho, a fim de convencer a classe operária de que a República "Social" significaria uma república que promove sua submissão social e convencer a massa monárquica dos burgueses e latifundiários de que eles podiam deixar aos "republicanos" burgueses o ônus e o bônus do governo. Porém, depois de sua heroica façanha de junho, os republicanos burgueses tiveram de abandonar o *front* e ocupar a retaguarda do "Partido da Ordem", coalizão formada por todas as frações e facções rivais das classes apropriadoras, em seu antagonismo, agora publicamente declarado, às classes produtoras. A forma mais apropriada para esse governo por ações era a república parlamentar, com Luís Bonaparte como seu presidente. Um regime de confesso terrorismo de classe e de insulto deliberado contra a "multidão vil". Se a República parlamentar, como dizia o senhor Thiers, era "a que menos as dividia" (as diversas frações da classe dominante), ela abria, por outro lado, um abismo entre essa classe e o corpo inteiro da sociedade situada fora de suas parcas fileiras. As restrições que suas discórdias haviam imposto ao poder do estado sob regimes anteriores foram removidas com essa união, e ante uma ameaçadora sublevação do proletariado eles agora serviam-se do poder estatal, sem misericórdia e com ostentação, como de uma máquina nacional de guerra do capital contra o trabalho. Em sua ininterrupta cruzada contra as massas produtoras, eles eram forçados, no entanto, não só a investir o executivo de poderes de repressão cada vez maiores, mas, ao mesmo tempo, a destituir o seu próprio baluarte parlamentar – a Assembleia Nacional –, um por um, de todos os seus meios de defesa contra o executivo. Então este, na pessoa de Luís Bonaparte, deu-lhes um chute. O fruto natural da república do "Partido da Ordem" foi o Segundo Império.

O Império, tendo o *coup d'état* por certidão de nascimento, o sufrágio universal por sanção e a espada por cetro, professava apoiar-se nos camponeses, ampla massa de produtores não diretamente envolvida na luta entre capital e trabalho. Professava salvar a classe operária destruindo o parlamentarismo e, com ele, a indisfarçada subserviência do governo às classes proprietárias. Professava salvar as classes proprietárias sustentando sua supremacia econômica sobre a classe operária; e, finalmente, professava unir todas as classes, reavivando para todos a quimera da glória nacional. Na realidade, ele era a única forma de governo possível em um momento em que a burguesia já havia perdido e a classe operária ainda não havia adquirido a capacidade de governar a nação. O Império foi aclamado por todo mundo como o salvador da sociedade. Sob sua égide, a sociedade burguesa, liberta de preocupações políticas, atingiu um desenvolvimento inesperado até para ela mesma. Sua indústria e seu comércio assumiram proporções colossais; a especulação financeira celebrou orgias cosmopolitas; a miséria das massas contrastava com a descarada ostentação de um luxo pomposo, prostibular e vil. O poder estatal, que aparentemente pairava acima da sociedade, era, na verdade, o seu maior escândalo e a incubadora de todas as suas corrupções. Sua podridão e a podridão da sociedade que ele salvara foram desnudadas pela baioneta da Prússia, ela mesma avidamente inclinada a transferir a sede suprema desse regime de Paris para Berlim. O imperialismo é a forma mais prostituída e, ao mesmo tempo, a forma acabada do poder estatal que a sociedade burguesa nascente havia começado a criar como meio de sua própria emancipação do feudalismo, e que a sociedade burguesa madura acabou transformando em meio para a escravização do trabalho pelo capital.

A antítese direta do Império era a Comuna. O brado de "República Social" com que a revolução de fevereiro foi anunciada pelo proletariado de Paris não expressava senão a vaga aspiração de uma república que viesse não para suprimir a forma monárquica da dominação de classe, mas a dominação de classe ela mesma. A Comuna era a forma positiva dessa república.

Paris, sede central do velho poder governamental e, ao mesmo tempo, bastião social da classe operária francesa, levantara-se em armas contra a tentativa de Thiers e dos "rurais" de restaurar e perpetuar aquele velho poder que lhes fora legado pelo Império. Paris pôde resistir unicamente porque, em consequência do assédio, livrou-se do exército e o substituiu por uma guarda nacional, cujo principal contingente consistia em operários. Esse fato tinha, agora, de se transformar em uma instituição duradoura. Por isso, o primeiro decreto da Comuna ordenava a supressão do exército permanente e sua substituição pelo povo armado.

A Comuna era formada por conselheiros municipais, escolhidos por sufrágio universal nos diversos distritos da cidade, responsáveis e com mandatos revogáveis a qualquer momento. A maioria de seus membros era naturalmente formada de operários ou representantes incontestáveis da classe operária. A Comuna devia ser não um corpo parlamentar, mas um órgão de trabalho, Executivo e Legislativo ao mesmo tempo. Em vez de continuar a ser o agente do governo central, a polícia foi imediatamente despojada de seus atributos políticos e convertida em agente da Comuna, responsável e substituível a qualquer momento. O mesmo se fez em relação aos funcionários de todos os outros ramos da administração. Dos membros da Comuna até os postos inferiores, o serviço público tinha de ser remunerado com *salários de operários*. Os direitos adquiridos e as despesas de representação dos altos dignitários do estado desapareceram com os próprios altos dignitários. As funções públicas deixaram de ser propriedade privada dos fantoches do governo central. Não só a administração municipal, mas toda iniciativa exercida até então pelo Estado foi posta nas mãos da Comuna.

Uma vez livre do exército permanente e da polícia – os elementos da força física do antigo governo –, a Comuna ansiava por quebrar a força espiritual de repressão, o "poder paroquial", pela desoficialização [*disestablishment*] e expropriação de todas as igrejas como corporações proprietárias. Os padres foram devolvidos ao retiro da vida privada, para lá viver das esmolas dos fiéis, imitando seus predecessores, os apóstolos. Todas as instituições de ensino foram abertas ao povo gratuitamente e, ao mesmo tempo, purificadas de toda interferência da igreja e do Estado. Assim, não somente a educação se tornava acessível a todos, mas a própria ciência se libertava dos grilhões criados pelo preconceito de classe e pelo poder governamental.

Os funcionários judiciais deviam ser privados daquela fingida independência que só servira para mascarar sua vil subserviência a todos os sucessivos governos, aos quais, por sua vez, prestavam e quebravam sucessivamente juramentos de fidelidade. Tal como os demais servidores públicos, os magistrados e juízes deviam ser eletivos, responsáveis e demissíveis.

A Comuna de Paris, é claro, devia servir como modelo para todos os grandes centros industriais da França. Uma vez que o regime comunal estava estabelecido em Paris e nos centros secundários, o antigo governo centralizado também teria de ceder lugar nas províncias ao autogoverno dos produtores. No singelo esboço de organização nacional que a Comuna não teve tempo de desenvolver, consta claramente que a Comuna deveria ser a forma política até mesmo das menores aldeias do país e que nos distritos rurais o exército permanente deveria ser substituído por uma milícia popular, com um tempo de serviço extremamente curto. Às comunidades rurais de cada distrito caberia administrar seus assuntos coletivos por meio de uma assembleia de delegados com assento na cidade central do distrito, e essas assembleias, por sua vez, enviariam deputados à delegação nacional em Paris, sendo cada um desses delegados substituível a qualquer momento e vinculado por *mandat impérativ* (instruções formais) de seus eleitores. As poucas, porém importantes, funções que ainda restariam para um governo central não seriam suprimidas, como se divulgou caluniosamente, mas desempenhadas por agentes comunais e, portanto, responsáveis. A unidade da nação não seria quebrada, mas, ao contrário, organizada por meio de uma constituição comunal e tornada realidade pela destruição do poder estatal, que reivindicava ser a encarnação daquela unidade, independente e situado acima da própria nação, da qual ele não passava de uma excrescência parasitária. Ao passo que os órgãos meramente repressivos do velho poder estatal deveriam ser amputados, suas funções legítimas seriam arrancadas a uma autoridade que usurpava à sociedade uma posição preeminente e restituídas aos agentes responsáveis dessa sociedade. Em lugar de escolher uma vez a cada três ou seis anos quais os membros da classe dominante que irão atraiçoar [*misrepresent*] o povo no Parlamento, o sufrágio universal serviria ao povo, constituído em comunas, do mesmo modo que o sufrágio individual serve ao empregador na escolha de operários e administradores para seu negócio. E é um fato bem conhecido que empresas, como se fossem indivíduos, em se tratando de negócios reais geralmente sabem colocar o homem certo no lugar certo, e se nessa escolha alguma vez cometem um erro, sabem repará-lo com presteza. Por outro lado, nada podia ser mais estranho ao espírito da Comuna do que substituir o sufrágio universal por uma investidura hierárquica.

Criações históricas completamente novas estão geralmente destinadas a ser incompreendidas como cópias de formas velhas, e mesmo mortas, de vida social, com as quais podem guardar certa semelhança. Assim, essa nova Comuna, que destrói o poder estatal moderno, foi erroneamente tomada por uma reprodução das comunas medievais, que precederam esse poder estatal e depois converteram-se em seu substrato. O regime comunal foi confundido como uma tentativa de fragmentar em uma federação de pequenos estados, como sonhavam Montesquieu[2] e os girondinos[3], aquela unidade das grandes nações que, se originalmente fora instaurada pela violência, tornava-se agora um poderoso coeficiente da produção social. O

---

[2] Montesquieu, *O espírito das leis* (N. T.). [Ed. bras.: São Paulo, Martins Fontes, 2005.]

[3] Os girondinos defendiam o federalismo, a divisão da França em várias repúblicas federadas, em oposição a um governo centralizado revolucionário-democrático nos moldes da ditadura jacobina. (N. T.)

antagonismo da Comuna com o poder do Estado foi erroneamente considerado uma forma exagerada da velha luta contra a hipercentralização. Circunstâncias históricas peculiares podem ter impedido, como na França, o desenvolvimento clássico da forma burguesa de governo e ter permitido, como na Inglaterra, completar os grandes órgãos centrais do estado com conselhos paroquiais corrompidos, conselheiros de aluguel, ferozes promotores de assistência social nas cidades e magistrados virtualmente hereditários nos condados. O regime comunal teria restaurado ao corpo social todas as forças até então absorvidas pelo parasita estatal, que se alimenta da sociedade e obstrui seu livre movimento. Esse único ato bastaria para iniciar a regeneração da França. A provinciana classe média da frança viu na Comuna uma tentativa de repetir o impulso que sua categoria social experimentara sob Luís Filipe, e que, sob Luís Napoleão, fora suplantado pelo suposto predomínio do campo sobre a cidade. Em realidade, o regime comunal colocava os produtores do campo sob a direção intelectual das cidades centrais de seus distritos, e a eles afiançava, na pessoa dos operários, os fiduciários naturais de seus interesses. A própria existência da Comuna implicava, como algo patente, a autonomia municipal, porém não mais como contrapeso a um agora supérfluo poder estatal. Somente na cabeça de um Bismarck – que, quando não está ocupado com suas intrigas de sangue e ferro, gosta sempre de voltar ao seu antigo ofício, tão adequado ao seu calibre mental, de colaborador do *Kladderadatsch* (o *Punch* de Berlim) –, apenas em uma tal cabeça poderia entrar a ideia de atribuir à Comuna de Paris a aspiração de repetir a caricatura prussiana da organização municipal francesa de 1791, isto é, aquela constituição municipal que degradava os governos das cidades a meras engrenagens secundárias do aparelho policial do estado prussiano. A Comuna tornou realidade o lema das revoluções burguesas – o governo barato – ao destruir as duas maiores fontes de gastos: o exército permanente e o funcionalismo estatal. Sua própria existência pressupunha a inexistência da monarquia, que, ao menos na Europa, é o suporte normal e o véu indispensável da dominação de classe. A Comuna dotou a república de uma base de instituições realmente democráticas. Mas nem o governo barato nem a "verdadeira república" constituíam sua finalidade última. Eles eram apenas suas consequências.

A multiplicidade de interpretações a que tem sido submetida a Comuna e a multiplicidade de interesses que a interpretam em seu benefício próprio demonstram que ela era uma forma política completamente flexível, ao passo que todas as formas anteriores de governo haviam sido fundamentalmente repressivas. Eis o verdadeiro segredo da Comuna: era essencialmente um governo da classe operária, o produto da luta da classe produtora contra a classe apropriadora, a forma política enfim descoberta para se levar a efeito a emancipação econômica do trabalho.

A não ser sob essa última condição, o regime comunal teria sido uma impossibilidade e um logro. A dominação política dos produtores não pode coexistir com a perpetuação de sua escravidão social. A Comuna, portanto, devia servir como alavanca para desarraigar o fundamento econômico sobre o qual descansa a existência das classes e, por conseguinte, da dominação de classe. Com o trabalho emancipado, todo homem se converte em trabalhador e o trabalho produtivo deixa de ser um atributo de classe.

É um fato estranho. Apesar de todos os discursos e da imensa literatura que nos últimos sessenta anos tiveram como objeto a emancipação do trabalho, mal os operários tomam, seja onde for, o problema em suas próprias mãos, ressurge imediatamente toda a fraseologia apologética dos porta-vozes da sociedade atual, com os seus dois polos do capital e da escravidão assalariada (o latifundiário de hoje não é mais do que o sócio-comanditário do capitalista), como se a sociedade capitalista se encontrasse ainda em seu mais puro estado de inocência virginal, com seus antagonismos ainda não desenvolvidos, com suas ilusões ainda preservadas, com suas prostituídas realidades ainda não desnudadas. A Comuna, exclamam, pretende abolir a propriedade, a base de toda civilização! Sim, cavalheiros, a Comuna pretendia abolir essa propriedade de classe que faz do trabalho de muitos a riqueza de poucos. Ela visava à expropriação dos expropriadores. Queria fazer da propriedade individual uma verdade, transformando os meios de produção, a terra e o capital, hoje essencialmente meios de escravização e exploração do trabalho, em simples instrumentos de trabalho livre e associado. Mas isso é comunismo, o "irrealizável" comunismo! Mas como se explica, então, que os indivíduos das classes dominantes, que são suficientemente inteligentes para perceber a impossibilidade de manter o sistema atual – e eles são muitos –, tenham se convertido em apóstolos abstrusos e prolixos da produção cooperativa? Se a produção cooperativa é algo mais que uma fraude e um ardil, se há de substituir o sistema capitalista, se as sociedades cooperativas unidas devem regular a produção nacional segundo um plano comum, tomando-a assim sob seu controle e pondo fim à anarquia constante e às convulsões periódicas que são a fatalidade da produção capitalista – o que seria isso, cavalheiros, senão comunismo, comunismo "realizável"?

A classe trabalhadora não esperava milagres da Comuna. Os trabalhadores não têm nenhuma utopia já pronta para introduzir *par décret du peuple* [por decreto do povo]. Sabem que, para atingir sua própria emancipação, e com ela essa forma superior de vida para a qual a sociedade atual, por seu próprio desenvolvimento econômico, tende irresistivelmente, terão de passar por longas lutas, por uma série de processos históricos que transformarão as circunstâncias e os homens. Eles não têm nenhum ideal a realizar, mas sim querem libertar os elementos da nova sociedade dos quais a velha e agonizante sociedade burguesa está grávida. Em plena consciência de sua missão histórica e com a heroica resolução de atuar de acordo com ela, a classe trabalhadora pode sorrir para as rudes invectivas desses lacaios com pena e tinteiro e do didático patronato de doutrinadores burgueses bem-intencionados, a verter suas ignorantes platitudes e extravagâncias sectárias em tom oracular de infalibilidade científica.

Quando a Comuna de Paris assumiu em suas mãos o controle da revolução; quando, pela primeira vez na história, os simples operários ousaram infringir o privilégio estatal de seus "superiores naturais" e, sob circunstâncias de inédita dificuldade, realizaram seu trabalho de modo modesto, consciente e eficaz, por salários dos quais o mais alto mal chegava a uma quinta parte do valor que, de acordo com uma alta autoridade científica, é o mínimo exigido para um secretário de um conselho escolar metropolitano – então o velho mundo contorceu-se em convulsões de raiva ante a visão da bandeira vermelha, símbolo da república do Trabalho, tremulando sobre o Hôtel de Ville.

E, no entanto, essa foi a primeira revolução em que a classe trabalhadora foi abertamente reconhecida como a única classe capaz de iniciativa social, mesmo pela grande massa da classe média parisiense – lojistas, negociantes, mercadores –, excetuando-se unicamente os capitalistas ricos. A Comuna os salvara por meio de uma arguta solução para a recorrente causa de discórdias entre os próprios membros da classe média: o ajuste de contas entre devedores e credores. A mesma porção da classe média, depois de ter contribuído para aniquilar a insurreição operária de junho de 1848, foi imediatamente sacrificada sem cerimônia aos seus credores pela Assembleia Constituinte[4]. Mas esse não foi o único motivo para que ela agora cerrasse fileiras ao lado da classe trabalhadora. Ela sentia que havia apenas uma alternativa, a Comuna ou o Império, qualquer que fosse o nome sob o qual este viesse a ressurgir. O Império a arruinara economicamente, promovendo a dilapidação da

---

[4] O projeto de lei sobre a *Concordats à l'amiable* ("concordata amistosa", acordo entre credores e devedores) tramitara de 17 a 22 de agosto de 1848, sendo ao fim rejeitado em seus pontos essenciais. (N. E. A.)

riqueza pública, fomentando a fraude financeira e a centralização artificialmente acelerada do capital, com a concomitante expropriação de muitos dos membros de sua classe. Suprimira-a politicamente, escandalizara-a moralmente com suas orgias, insultara o seu voltairianismo ao entregar a educação de seus filhos aos *frères ignorantins*[5], revoltara seu sentimento nacional de franceses ao lançá-la violentamente em uma guerra que deixou apenas uma compensação para as ruínas que produziu: a desaparição do Império. Realmente, depois que a alta boêmia bonapartista e capitalista abandonou Paris, o verdadeiro partido da ordem da classe média apareceu na figura da "Union républicaine"[6], enrolando a si mesma na bandeira da Comuna e defendendo-a contra as desfigurações intencionais de Thiers. Se a gratidão desse grande corpo da classe média resistirá às duras provas atuais, só o tempo dirá.

A Comuna estava perfeitamente certa quando dizia aos camponeses: "nossa vitória é a vossa única esperança!". De todas as mentiras incubadas em Versalhes e ecoadas pelos gloriosos escritores a soldo que encontramos na Europa, uma das mais assombrosas era a de que os "rurais" representavam o campesinato francês. Imaginai apenas o amor dos campônios da frança pelos homens a quem, após 1815, foram obrigados a pagar uma reparação bilionária. Aos olhos do camponês da França, a simples existência de um grande proprietário de terra já é em si mesma uma usurpação de suas conquistas de 1789. Em 1848, a burguesia sobrecarregara seu lote de terra, instituindo uma taxa adicional de 45 centavos por franco[7], mas então o fizera em nome da revolução, ao passo que agora ela fomentava uma guerra civil contra a Revolução a fim de lançar sobre os ombros dos camponeses a maior parte da carga dos 5 bilhões de reparação a serem pagos aos prussianos. A Comuna, por outro lado, em uma de suas primeiras proclamações, declarava que os custos da guerra seriam pagos pelos seus verdadeiros perpetradores. A Comuna teria isentado o camponês da maldita taxa, ter-lhe-ia dado um governo barato, teria convertido os seus atuais sanguessugas – o notário, o advogado, o

---

[5] "Irmãos ignorantinos": designação jocosa que Voltaire (ou seus seguidores) aplicou aos irmãos lassallistas, a partir de *Frères Yontins*, como se chamavam esses irmãos, que tinham sua base em Saint-Yon, próximo a Rouen. (N. T.)

[6] Referência à União Republicana dos Departamentos, associação política fundada em meados de abril de 1871 por J. .B. Millière e radicalmente orientada contra os versalheses. Entre suas ações, estavam a organização de grandes reuniões de solidariedade à Comuna e o desenvolvimento de um plano de transformação democrática cujo principal objetivo consistia em fortalecer a ordem republicana e garantir a independência da comuna. (N. E. A.)

[7] Em 16 de março de 1848, o governo provisório baixou um decreto que instituía uma taxa de 45 cêntimos por franco na arrecadação dos quatro impostos existentes. Essa medida afetou sobretudo os camponeses, que constituíam a maioria da população francesa. (N. E. A.)

coletor e outros vampiros judiciais – em empregados comunais assalariados, eleitos por ele e responsáveis perante ele. Tê-lo-ia libertado da tirania do *garde champêtre* [guarda rural], do gendarme e do prefeito, teria posto o esclarecimento do professor escolar no lugar do embrutecimento do pároco. E o camponês francês é, acima de tudo, um homem de cálculo. Ele acharia extremamente razoável que o pagamento do pároco, em vez de lhe ser arrancado pelo coletor de impostos, dependesse exclusivamente da ação espontânea do instinto religioso dos paroquianos. Tais eram os grandes benefícios imediatos que o governo da Comuna – e apenas ele – oferecia ao campesinato francês. Seria, portanto, inteiramente supérfluo proceder aqui a uma exposição minuciosa dos problemas mais complicados, porém vitais, que só a Comuna podia resolver – ao mesmo tempo que se via obrigada a isso – em favor do camponês, como a dívida hipotecária, pesando como uma maldição sobre sua parcela de terra, o *prolétariat foncier* (proletariado rural), crescendo diariamente, e a expropriação da terra em que este proletário trabalhava, processo forçado pelo desenvolvimento em ritmo cada vez mais rápido da agricultura moderna e da competição da produção agrícola capitalista.

O camponês francês elegeu Luís Bonaparte presidente da república, mas foi o Partido da Ordem quem criou o Império. O que o camponês francês realmente queria, começou ele mesmo a demonstrar em 1849 e 1850, opondo o seu *maire* [prefeito ou subprefeito] ao prefeito do governo, seu professor escolar ao pároco do governo e sua própria pessoa ao gendarme do governo. Todas as leis introduzidas pelo Partido da Ordem em janeiro e fevereiro de 1850 foram medidas confessas de repressão contra o camponês. O camponês era um bonapartista porque a seus olhos a Grande Revolução, com todos os benefícios que ela lhe trouxera, estava personificada em Napoleão. Essa ilusão, que ia rapidamente se esvanecendo sob o Segundo Império (e que, por natureza, era hostil aos "rurais"), esse preconceito do passado, como teria ele resistido ao apelo da Comuna aos interesses vitais e às necessidades mais urgentes do campesinato?

Os "rurais" – esta era, na verdade, sua principal apreensão – sabiam que três meses de livre comunicação da Paris comunal com as províncias desencadeariam uma sublevação geral dos camponeses; daí sua ansiedade em estabelecer um bloqueio policial em torno de Paris, a fim de deter a propagação da peste bovina.

Assim, se a Comuna era a verdadeira representante de todos os elementos saudáveis da sociedade francesa e, portanto, o verdadeiro governo nacional, ela era, ao mesmo tempo, como governo operário e paladino audaz da emancipação do trabalho, um governo enfaticamente internacional. Sob a mira do mesmo exército prussiano que havia anexado à Alemanha duas províncias francesas, a Comuna anexou à França os trabalhadores do mundo inteiro.

O Segundo Império fora o jubileu da vigarice cosmopolita. Velhacos de todos os países acorreram ao chamado para tomar parte em suas orgias e na pilhagem do povo francês. Ainda hoje o braço direito de Thiers é Ganesco, o valáquio asqueroso, e seu braço esquerdo Markovski, o espião russo. A Comuna concedeu a todos os estrangeiros a honra de morrer por uma causa imortal. Entre a guerra externa perdida por sua traição e a guerra civil fomentada por sua conspiração com o invasor estrangeiro, a burguesia achara tempo para exibir seu patriotismo organizando batidas policiais contra os alemães residentes na frança. A Comuna nomeou um operário alemão[8] seu ministro do Trabalho. Thiers, a burguesia e o Segundo Império haviam por todo o tempo enganado a Polônia com espalhafatosas declarações de simpatia, quando na verdade traíam-na aos interesses da Rússia, fazendo para esta o serviço sujo. A Comuna honrou os heroicos filhos da Polônia[9] colocando-os na vanguarda dos defensores de Paris. E, para marcar claramente a nova era histórica que estava consciente de inaugurar, ela jogou por terra, ante os olhos dos conquistadores prussianos, de um lado, e do exército bonapartista comandado por generais bonapartistas, de outro, aquele símbolo colossal da glória bélica, a Coluna Vendôme.

A grande medida social da Comuna foi a sua própria existência produtiva. Suas medidas especiais não podiam senão exprimir a tendência de um governo do povo pelo povo. Tais medidas eram a abolição do trabalho noturno para os padeiros, a interdição penal da prática, comum entre os empregadores, de reduzir salários impondo a seus trabalhadores taxas sob os mais variados pretextos – um processo em que o patrão reúne em sua pessoa as funções de legislador, juiz e agente executivo, e ao fim surrupia o dinheiro. Outra medida desse tipo foi a entrega às organizações operárias, sob reserva de domínio, de todas as oficinas e fábricas fechadas, não importando se os respectivos capitalistas fugiram ou preferiram interromper o trabalho.

As medidas financeiras da Comuna, notáveis por sua sagacidade e moderação, só podiam ser aquelas compatíveis com a situação de uma cidade sitiada. considerando-se a roubalheira colossal realizada nos cofres da cidade de Paris pelas gran-

---

[8] Leo Frankel. (N. T.)

[9] J. Dombrowski e W. Wróblewski. (N. T.)

des companhias financeiras e empreiteiras, sob a proteção de Haussmann, a Comuna teria tido um motivo incomparavelmente melhor para confiscar suas propriedades do que Luís Bonaparte o tinha para confiscar os da família Orléans. Os Hohenzollern e os oligarcas ingleses, cujas propriedades haviam se beneficiado largamente dos saques da igreja, ficaram certamente chocados quando a Comuna reteve minguados 8 mil francos pela secularização desses bens.

Enquanto o governo de Versalhes, tão logo recuperou algum ânimo e forças, usava contra a Comuna os meios mais violentos, enquanto reprimia a liberdade de opinião por toda a França, chegando à proibição de reuniões de delegados das grandes cidades, enquanto submetia Versalhes e o resto da frança a uma espionagem que ultrapassava em muito aquela do Segundo Império, enquanto queimava por meio de seus gendarmes inquisidores todos os jornais impressos em Paris e violava toda correspondência que partia ou chegava à capital, enquanto na Assembleia Nacional as mais tímidas tentativas de balbuciar uma palavra em favor de Paris eram esmagadas por uma avalanche de vaias inédita até mesmo na *Chambre introuvable*[10] de 1816, enfim, enquanto enfrentava uma guerra selvagem dos versalheses fora, e suas tentativas de corrupção e conspiração dentro de Paris – não teria a Comuna traído vergonhosamente seu juramento se simulasse conservar todos os decoros e aparências de liberalismo, como se estivesse em um tempo de profunda paz? Se o governo da Comuna se assemelhasse ao do senhor Thiers, não teria havido mais motivos para suprimir os jornais do Partido da Ordem em Paris do que para suprimir os jornais da Comuna em Versalhes.

De fato, era algo irritante para os "rurais" que ao mesmo tempo que eles declaravam o retorno à igreja como o único meio de salvação para a França, a infiel Comuna desenterrasse os mistérios peculiares do convento de Picpus e da igreja de Saint-Laurent[11]. E significava uma chacota para o senhor Thiers que, enquanto ele despejava grandes cruzes sobre os generais bonapartistas em reconheci-

---

[10] Câmara rara: assim Luís XVIII batizara, a título de agradecimento, a segunda câmara francesa sob a Restauração, de 1815 e 1816. Mais tarde, o nome passou a ser jocosamente atribuído a toda câmara dominada por tendências ultrarealistas. Aqui, o termo é aplicado à Assembleia Nacional francesa – também referida como *Assembleia dos "rurais"* – reunida em Bordeaux, em 12 de fevereiro de 1871, e constituída, em sua maioria, por monarquistas que representavam sobretudo os proprietários de terra, funcionários públicos, rendeiros e comerciantes dos distritos eleitorais rurais. Dos 630 deputados da Assembleia, cerca de 430 eram monarquistas. (N. E. A.)

[11] Em maio de 1871, publicaram-se notícias sobre crimes cometidos em conventos. Na investigação realizada no convento de Picpus, na cidade satélite de S. Antoine, constatou-se que freiras haviam sido aprisionadas ao longo de muitos anos em suas celas. Ao mesmo tempo, foram encontrados instrumentos de tortura, assim como, na igreja de S. Laurent, uma pequena capela secreta com esqueletos. (N. T.)

mento à sua maestria em perder batalhas, assinava capitulações e enrolava cigarros em Wilhelmshöhe[12], a Comuna destituísse e encarcerasse seus generais sempre que havia alguma suspeita de negligência no cumprimento de seu dever. A expulsão da Comuna e a detenção, por ordem dela, de um de seus membros[13], que nela se infiltrara com um falso nome e que em Lyon pegara seis dias de cadeia por simples falência, não significava isso um deliberado insulto lançado ao falsário Jules Favre, então ainda ministro do exterior da frança, que continuava vendendo a frança a Bismarck e ditando suas ordens àquele incomparável governo da Bélgica? Porém, de fato, a Comuna não fingia possuir o dom da infalibilidade, o invariável atributo de todos os governos do velho tipo. Ela publicou seus atos e declarações, revelando ao público todas as suas falhas.

Em todas as revoluções, ao lado de seus verdadeiros agentes, surgem homens de outro tipo; alguns deles, sobreviventes e devotos de revoluções passadas, desprovidos de visão do movimento atual, porém ainda capazes de exercer influência sobre o povo, seja por sua manifesta honestidade e coragem, seja unicamente por força da tradição; outros são meros brigões que, em virtude de repetir ano após ano o mesmo pacote de declarações estereotipadas contra o governo do dia, moveram-se furtivamente até conquistar a reputação de revolucionários de primeira classe. Depois de 18 de março surgiram também alguns homens desse tipo e, em alguns casos, chegaram a desempenhar papéis preeminentes. Na medida em que seu poder permitia, obstruíram a ação real da classe operária, exatamente do mesmo modo que outros de sua mesma espécie haviam impedido o pleno desenvolvimento de todas as revoluções anteriores. Tais homens são um mal inevitável: com o tempo, são expurgados; mas tempo é algo que não foi dado à Comuna.

Magnífica, de fato, foi a mudança que a Comuna operou em Paris! Nem um traço sequer daquela Paris prostituída do Segundo Império! Paris deixava de ser o *rendez-vous* de latifundiários britânicos, absenteístas irlandeses[14], ex-escravistas e mercenários americanos, ex-proprietários russos de servos e boiardos da Valáquia. Não

---

[12] De 1870 a 1871, o imperador Napoleão III esteve aprisionado, com seus seguidores, no castelo de Wilhelmshöhe, em Kassel. Enrolar cigarros para si mesmos era uma das principais ocupações dos prisioneiros. (N. E. A.)

[13] Stanislas Pourille, eleito para a Comuna sob o falso nome de Blanchet, foi excluído da Comuna em 5 de maio de 1871 e posteriormente preso. (N. E. A.)

[14] Proprietários de terra que, na maioria das vezes, viviam no exterior. Seus administradores se encarregavam de seus negócios, cobrando altos valores dos arrendatários. (N. E. A.)

havia mais cadáveres no necrotério, assaltos noturnos, os furtos eram raros; pela primeira vez desde os dias de fevereiro de 1848, as ruas de Paris estavam seguras, e isso sem polícia de nenhuma espécie. "Não ouvimos mais falar" – dizia um membro da Comuna – "de assassinato, roubo e agressão; de fato, é como se a polícia tivesse arrastado consigo para Versalhes todos os seus amigos conservadores". As cocotes seguiram o rastro de seus protetores, os fugitivos homens de família, de religião e, acima de tudo, de propriedade. Em seu lugar, as verdadeiras mulheres de Paris voltavam a emergir: heroicas, nobres e devotadas como as mulheres da Antiguidade. Trabalhando, pensando, lutando, sangrando: assim se encontrava Paris, em sua incubação de uma sociedade nova e quase esquecida dos canibais à espreita diante de suas portas, radiante no entusiasmo de sua iniciativa histórica!

Oposto a esse mundo novo em Paris, estava o mundo velho de Versalhes – aquela assembleia de abutres de todos os regimes mortos, legitimistas e orleanistas, ávidos por nutrir-se da carcaça da nação – com sua fileira de republicanos antediluvianos, a sancionar, com sua presença na Assembleia, a rebelião dos escravistas, confiando a manutenção de sua República parlamentar à vaidade do senil charlatão a presidi-la e caricaturando a revolução de 1789 com suas fantasmagóricas assembleias no *Jeu de Paume*[15]. Assim essa Assembleia, representante de tudo o que havia de morto na frança, ganhava uma aparência de vida graças tão somente aos sabres dos generais de Luís Bonaparte. Paris era toda verdade, Versalhes toda mentira, e uma mentira que exalava da boca de Thiers.

"Podeis confiar em minha palavra, à qual jamais faltei" – disse Thiers a uma comissão de prefeitos municipais do departamento de Seine-et-Oise. À própria Assembleia Nacional, ele afirma que "é a Assembleia mais livremente eleita e mais liberal que a França jamais possuiu", à sua soldadesca multicor diz que ela é "o prodígio do mundo e o melhor exército que a França jamais possuiu", diz às províncias que o bombardeio de Paris, ordenado por ele, é um mito: "se alguns tiros de canhão foram disparados, eles não partiram do exército de Versalhes, mas de alguns insurgentes com o intuito de fazer crer que estavam a lutar, quando na verdade não ousavam mostrar suas faces". Ele novamente diz às províncias que "a artilharia de Versalhes não bombardeou Paris, mas apenas a canhonou". Declara ao arcebispo de Paris que as supostas execuções e represálias (!) atribuídas às tropas versalhesas eram todas fantasias. Diz a Paris que ele anseia somente "libertá-la dos

---

[15] Salão (quadra de *jeu de paume*, antecessor do jogo de tênis) onde a Assembleia Nacional de 1789 realizou, em 20 de junho, o célebre "juramento do *Jeu de Paume*". (N. T.)

terríveis tiranos que a oprimem" e que, na verdade, a Paris da Comuna não passa "de um punhado de criminosos".

A Paris do senhor Thiers não era a verdadeira Paris da "multidão vil", mas uma Paris fantasma, a Paris dos *franc-fileurs*[16], a Paris dos bulevares, masculina e feminina. Era a Paris rica, capitalista, dourada, ociosa, agora a correr – com seus lacaios, seus escroques, sua boêmia literária e suas cocotes – para Versalhes, Saint-Denis, Rueil e Saint-Germain. A Paris que considerava a guerra civil apenas uma agradável diversão, acompanhando o desenrolar das batalhas através de binóculos, contando os tiros de canhão, jurando por sua própria honra e pela de suas prostitutas que aquele espetáculo era muito melhor do que aqueles da porta Saint-Martin[17]. Os homens que ali caíam estavam realmente mortos; os gritos dos feridos eram gritos verdadeiros também e, ademais, a coisa toda era tão intensamente histórica!

Essa é a Paris do senhor Thiers, tal como os emigrados de Coblença[18] eram a França do senhor Calonne.

---

[16] Literalmente, "francofugitivo", em oposição irônica a *franc-tireur*, "francoatirador". Apelido dado aos cidadãos parisienses que fugiram da cidade durante seu cerco. (N. T.)

[17] Referência ao Teatro da Porta Saint-Martin. (N. T.)

[18] Coblença foi, no tempo da Revolução Francesa, o centro da emigração monarquista e reacionária. (N. T.)

VLADÍMIR ILITCH ULIÁNOV LÊNIN

Vladímir Ilitch Uliánov Lênin (1870-1924) foi o mais importante líder bolchevique e chefe de Estado soviético, mentor e executor da Revolução Russa de 1917, que inaugurou uma nova etapa da história universal. Em 1922 fundou, junto com os sovietes, a União das Repúblicas Socialistas Soviéticas (URSS), dirigindo-a até sua morte. Intelectual e estrategista dos mais consistentes, viveu a maior parte de sua vida na clandestinidade, no exílio ou na cadeia. Defensor da imprensa comunista, escreveu inúmeros artigos e livros, entre os quais se destacam *O desenvolvimento do capitalismo na Rússia* (1899), *Que fazer?* (1902), *Imperialismo, etapa superior do capitalismo* (1917) e *O Estado e a revolução* (1918). Os escritos de Lênin inspiraram o internacionalismo socialista e os partidos comunistas em todo o mundo e aprofundaram os estudos sobre o capitalismo, os efeitos do desenvolvimento desigual, o imperialismo e o Estado. Sua obra evidencia rara apreensão do momento histórico em que viveu.

9
Que fazer?

Obra fundamental do leninismo, *Que fazer? Os problemas candentes de nosso movimento* é uma das mais importantes contribuições de Lênin ao marxismo e a mais avançada elaboração sobre o método de organização do proletariado no partido revolucionário. Polêmico, chegou a ser, num primeiro momento, criticado por marxistas como Rosa Luxemburgo e Leon Trótski. No entanto, as críticas foram abandonadas graças à vitória prática do método do centralismo democrático, formulado no livro, durante a Revolução de 1905, nos anos de clandestinidade e nas jornadas revolucionárias de 1917.

Escrito como uma continuação do artigo "Por onde começar?", publicado no número 4 do jornal *Iskra*, em maio de 1901, cujo conteúdo foi assimilado como base programática da ala revolucionária da social-democracia russa, *Que Fazer?* consolida as ideias sobre a organização do partido proletário. Iniciado em outubro de 1901, foi publicado logo após sua conclusão, em março de 1902, na Alemanha, pela editora Dietz.

O texto "A classe operária como combatente de vanguarda pela democracia" ["Рабочий класс как передовой борец за демократию" (*Rabótchi klass kak piredovói boriéts za demokrátiiu*)] está incluído na parte "e" do capítulo III, "A política sindical e a política social-democrata", de *Que fazer?*. A tradução reproduzida aqui, publicada pela editora Hucitec (São Paulo, 1979) e gentilmente cedida por seu editor para este volume, foi revisada e cotejada diretamente com os originais em russo por Paula Almeida para esta edição.

A classe operária como combatente da vanguarda pela democracia

Vimos que a agitação política mais ampla e, por conseguinte, a organização de grandes campanhas de denúncias políticas constituem uma tarefa absolutamente necessária, a tarefa *mais imperiosamente* necessária à atividade, se essa atividade for verdadeiramente social-democrata. Mas chegamos a essa conclusão partindo *unicamente* da necessidade mais premente da classe operária, necessidade de conhecimentos políticos e de educação política. Entretanto, apenas essa forma de colocar a questão seria demasiado restrita, pois desconheceria as tarefas democráticas de toda a social-democracia, em geral, e da social-democracia russa atual, em particular. Para esclarecer essa tese da maneira mais concreta possível, tentaremos abordar a questão de um ponto de vista mais "próximo" dos "economistas", do ponto de vista prático. "Todo mundo está de acordo" que é preciso desenvolver a consciência política da classe operária. A questão é: *como* fazê-lo e o que é preciso para que seja feito? A luta econômica "incita" os operários "a pensarem" unicamente na atitude do governo em relação à classe operária, por isso, *quaisquer que sejam os esforços que façamos* para "conferir à própria luta econômica um caráter político", *jamais poderemos*, dentro desse objetivo, desenvolver a consciência política dos operários (até o nível da consciência política social-democrata), pois *os próprios limites* desse objetivo são demasiado *estreitos*. A fórmula de Martynov nos é preciosa não como ilustração do talento confuso de seu autor, mas porque traduz de forma relevante o erro capital de todos os "economistas", a saber, a convicção de que se pode desenvolver a consciência política de classe dos operários, por assim dizer, a partir do *interior* de sua luta econômica, isto é, partindo unicamente (ou, ao menos, principalmente) dessa luta, baseando-se unicamente (ou, ao menos, principalmente) nessa luta. Essa perspectiva é radicalmente falsa, justamente porque os "economistas", extenuados por nossa polêmica contra eles, não querem refletir seriamente sobre a origem de nossas divergências e sobre o que resultou disso, que literalmente não nos entendemos uns com os outros e falamos línguas diferentes.

A consciência política de classe não pode ser levada ao operário *senão do exterior*, isto é, do exterior da luta econômica, do exterior da esfera das relações entre operários e patrões. O único domínio em que se poderá extrair esses conhecimentos é o das relações de *todas as* classes e categorias da população com o Estado e o governo, o domínio das relações de todas as classes entre si. Por isso, à questão "o que fazer para levar aos operários os conhecimentos políticos?" é simplesmente impossível dar aquela única resposta com a qual se contentam, na maioria dos casos, os práticos, sem falar daqueles dentre eles que se inclinam para o "economismo", a saber: "ir até os operários". Para levar aos *operários* os conhecimentos políticos, os sociais-democratas devem *ir a todas as classes da população*, devem enviar em todas as direções os destacamentos de seu exército.

Nós escolhemos essa fórmula rude de propósito, de propósito nos expressaremos de modo drasticamente simples – não pelo prazer de enunciar paradoxos, mas para "incitar" os "economistas" a pensar nas tarefas que desdenham de maneira tão imperdoável, na diferença existente na política sindical e na política social-democrata, que não querem compreender. Por isso, pedimos ao leitor que não se irrite e, atentamente, nos siga até o fim.

Consideremos o tipo de círculo social-democrata mais difundido nesses últimos anos e vejamos sua atividade. Tem "contatos com os operários" e se atém a isso, editando "folhas volantes", nas quais condena os abusos nas fábricas, o partido que o governo toma em favor dos capitalistas e as violências da polícia; nas reuniões com os operários, é sobre tais assuntos que se desenrola ordinariamente a conversa, sem quase sair disso; as conferências e debates sobre a história do movimento revolucionário, a política interna e externa de nosso governo, a evolução econômica da Rússia e da Europa, a situação dessas ou daquelas classes na sociedade contemporânea etc. constituem exceções extremas, e ninguém pensa em estabelecer e desenvolver sistematicamente relações no seio das outras classes da sociedade. Na verdade, o ideal do militante, para os membros de tal círculo, aproxima-se, na maioria dos casos, muito mais daquele do secretário de sindicato do que daquele do dirigente político socialista. Pois qualquer secretário de um sindicato inglês, por exemplo, ajuda constantemente os operários a conduzir a luta econômica, organiza revelações sobre a vida de fábrica, explica a injustiça das leis e disposições que entravam a liberdade de greve, a liberdade dos piquetes (para prevenir todos de que há greve em determinada fábrica), mostra o partido tomado pelos árbitros que pertencem às classes burguesas e assim por diante e adiante. Em uma palavra, todo secretário de sindicato conduz e ajuda a conduzir a "luta econômica contra os patrões e o governo". E não seria demais insistir que *isso ainda não é* social-democratismo, que o social-democrata não deve ter por ideal o secretário do sindicato, mas *o tribuno popular*, que sabe reagir contra toda manifestação de arbitrariedade e de opressão, onde quer que se produza, qualquer que seja a classe ou camada social atingida, que sabe generalizar todos os fatos para compor um quadro completo da violência policial e da exploração capitalista, que sabe aproveitar a menor ocasião para expor *diante* de todos suas convicções socialistas e suas reivindicações democratas, para explicar a todos e a cada um o alcance histórico da luta emancipadora do proletariado. Comparemos, por exemplo, militantes como Robert Knight (famoso secretário e líder da "União dos Caldereiros", um dos sindicatos mais poderosos da Inglaterra) e Wilhelm Liebknecht – e tentemos aplicar-lhes as antíteses por meio das quais Martynov reduz suas divergências com o *Iskra*[1]. Vocês verão – eu começo a folhear o artigo de Martynov – que R. Knight "conclamou" muito mais "as massas a ações concretas conhecidas", enquanto W. Liebknecht ocupou-se principalmente de "apresentar como revolucionário todo regime atual ou suas manifestações parciais"; que R. Knight "formulou as reivindicações imediatas do proletariado e indicou os meios de atingi-las", enquanto W. Liebknecht, fazendo o mesmo, não se recusou a "dirigir ao mesmo tempo a ação das diferentes camadas e a oposição", a "ditar-lhes um programa de ação positiva"[2]; que R. Knight dedicou-se precisamente a "conferir, tanto quanto possível, à própria luta econômica um caráter político" e soube perfeitamente "colocar ao governo reivindicações concretas, fazendo entrever resultados tangíveis", enquanto W. Liebknecht ocupou-se muito mais de "revelações" "em um sentido único"; que R. Knight deu muito mais importância "à marcha progressiva da obscura luta cotidiana" e W. Liebknecht à "propaganda de ideias brilhantes e acabadas"; que W. Liebknecht fez do jornal que dirigia exatamente "o órgão da oposição revolucionária que denuncia nosso regime, principalmente o regime político, porque entra em choque com os interesses das diversas camadas da população", enquanto R. Knight "trabalhou pela causa operária em estreita ligação orgânica com a luta proletária" – se entendermos a "estreita ligação orgânica" no sentido do culto da espontaneidade, que estudamos anteriormente a propósito de Kritchévski e de Martynov – e "restringiu a esfera de sua influência", certo de que, claro, como Martynov, com isso, ele "por si mesmo complicava sua própria influência". Em uma palavra, vocês verão que, *de facto*, Martynov rebaixa a social-democracia ao nível do sindicalismo, apesar de o fazer não porque, está claro, não deseje o bem da social-democracia, mas, simplesmente, porque se apressou um pouco demais em aprofundar Plekhánov, em lugar de se dar ao trabalho de compreender Plekhánov.

---

[1] Primeiro jornal marxista russo, circulava clandestinamente. Fundado por Lênin em 1900, desempenhou papel decisivo na criação de um partido revolucionário da classe operária. (N. R. T.)

[2] Por exemplo, à época da guerra franco-prussiana, Liebknecht ditou um eixo de ação para a *democracia* – e Marx e Engels fizeram ainda mais, em 1848.

Mas voltemos à nossa exposição. Nós dissemos que o social-democrata, se é adepto do desenvolvimento integral da consciência política do proletário não apenas nas palavras, deve "ir a todas as classes da população". A questão que se coloca é: como fazer isso? Teríamos nós forças suficientes para isso? Existiria um campo para tal trabalho em todas as outras classes? Isso não seria um retrocesso ou não levaria a um retrocesso do ponto de vista de classe? Vamos nos deter nessas questões.

Devemos "ir a todas as classes da população" como teóricos, como propagandistas, como agitadores e como organizadores. Que o trabalho teórico dos sociais-democratas deve orientar-se para o estudo de todas as particularidades da situação social e política das diferentes classes ninguém duvida. Mas, a esse respeito, muito pouco fazemos, muito pouco em comparação com o estudo das particularidades da vida na fábrica. Nos comitês e nos círculos, encontramos pessoas que se especializam até no estudo de um ramo da produção siderúrgica, mas não encontramos quase exemplos de membros de organizações que (obrigados, como ocorre frequentemente, a deixar a ação prática por alguma razão) se ocuparam especialmente de coletar documentos sobre uma questão de atualidade em nossa vida social e política, podendo fornecer à social-democracia a ocasião de trabalhar nas outras categorias da população. Ao falar da precária preparação da maioria dos dirigentes atuais do movimento operário, é fundamental mencionar também a preparação nesse sentido, pois também ela é devida à compreensão "economista" da "estreita ligação orgânica com a luta proletária". Mas o principal, evidentemente, é a *propaganda* e a *agitação* em todas as camadas do povo. Para o *social-democrata* da Europa Ocidental, essa tarefa é facilitada pelas reuniões e assembleias populares assistidas por todos aqueles que o desejam, pela existência do Parlamento, onde fala diante dos deputados de todas as classes. Não temos Parlamento nem liberdade de reunião, mas sabemos organizar reuniões com os operários que desejam ouvir um *democrata*. Pois não é social-democrata aquele que esquece em sua prática que os "comunistas apoiam todo movimento revolucionário", que, por conseguinte, temos o dever de expor e de assinalar as *tarefas democráticas gerais* diante de todo o povo, sem dissimular um instante sequer nossas convicções socialistas. Não é social-democrata aquele que esquece em sua prática que seu dever é *ser o primeiro* a colocar, despertar e resolver *toda* questão democrática de ordem geral.

"Com isso, todos concordam terminantemente!" – interromperá o leitor impaciente –, e a nova instrução à redação da *Rabótcheie Diélo*[3], adotada no último

---

[3] Revista, órgão da União dos Sociais-Democratas Russos no Exterior. (N. R. T.)

congresso da União, vai direto ao ponto: "Devem ser utilizados para a propaganda e a agitação política todos os fenômenos e acontecimentos da vida social e política que afetam o proletariado, seja diretamente como classe à parte, seja *como vanguarda de todas as forças revolucionárias em luta pela liberdade*" ("Dois Congressos", p. 17, grifos nossos). De fato, essas são palavras notáveis e precisas, e ficaríamos inteiramente satisfeitos se o *Rabótcheie Diélo* as *compreendesse*, e *não colocasse*, ao mesmo tempo, *outras que as contradizem*. Pois não basta autodenominar-se "vanguarda", destacamento avançado – é preciso proceder de forma que *todos os* outros destacamentos se deem conta e sejam obrigados a reconhecer que marchamos à frente. Perguntamos, então, ao leitor: os representantes dos outros "destacamentos" seriam tão imbecis a ponto de acreditar que somos "vanguarda" só porque o dizemos? Apenas imaginem o seguinte quadro concreto. Um social-democrata apresenta-se no "destacamento" dos radicais russos ou dos constitucionalistas liberais e diz: Somos a vanguarda; "agora, uma tarefa nos é colocada: como conferir, tanto quanto possível, à própria luta econômica um caráter político". Qualquer radical ou constitucionalista inteligente (e entre os radicais e os constitucionalistas russos há muita gente inteligente) apenas sorrirá ao ouvir tal conversa, e dirá (para si, bem entendido, pois, na maioria dos casos, é um diplomata experimentado): "essa 'vanguarda' é muito ingênua!". Não compreende sequer que isso é tarefa nossa – a tarefa dos representantes avançados da democracia burguesa –, conferir *à própria* luta econômica um caráter político. Porque também nós, como todos os burgueses da Europa Ocidental, desejamos integrar os operários à política, *mas apenas à política sindical, e não social-democrata*. A política sindical da classe operária é precisamente a política burguesa da classe operária. E essa "vanguarda", formulando sua tarefa, formula precisamente uma política sindical! Portanto, deixe que se autodenominem sociais-democratas tantas vezes quantas quiserem. Não sou uma criança para me importar com rótulos! Mas que não se deixem levar por esses dogmáticos ortodoxos nocivos; que deixem "a liberdade de crítica" para aqueles que arrastam inconscientemente a social-democracia na esteira do sindicalismo!

O ligeiro sorriso de ironia de nosso constitucionalista transforma-se em gargalhada homérica quando percebe que os sociais-democratas que falam de vanguarda da social-democracia, nesse período de dominação quase completa da espontaneidade em nosso movimento, temem, acima de tudo, ver "minimizar o elemento espontâneo", ver "diminuir o papel da marcha progressiva dessa obscura luta cotidiana em relação à propaganda das brilhantes ideias acabadas" etc. etc.!

O destacamento "avançado", que teme ver a consciência ganhar da espontaneidade, que teme formular um "plano" ousado que force o reconhecimento geral, mesmo entre os que pensam diferentemente! Será que confundem, por acaso, a palavra vanguarda com a palavra retaguarda?

Examinem com atenção o seguinte raciocínio de Martynov. Ele declara na página 40 que a tática acusadora do *Iskra* é unilateral, que "qualquer que seja a espécie de desconfiança e de ódio que semearmos contra o governo, não alcançaremos nosso objetivo enquanto não desenvolvermos uma energia social suficientemente ativa para sua derrubada". Eis, diga-se entre parênteses, a preocupação que já conhecemos de intensificar a atividade das massas e de querer restringir a sua própria. Mas a questão agora não é esta. Martynov fala aqui de energia *revolucionária* ("para a derrubada"). No entanto, a que conclusão ele chega? Como em tempos normais, as diferentes camadas sociais atuam inevitavelmente cada uma em seu lado,

> é claro, por conseguinte, que nós, sociais-democratas, não podemos simultaneamente dirigir a atividade intensa das diversas camadas da oposição, não podemos ditar-lhes um programa de ação positiva, não podemos indicar-lhes os meios de lutar, dia após dia, por seus interesses... As camadas liberais ocupar-se-ão, elas próprias, dessa luta ativa por seus interesses imediatos, o que as colocará face a face com nosso regime político.

Assim, portanto, após ter falado de energia revolucionária, de luta ativa para a derrubada da autocracia, Martynov desvia-se logo para a energia profissional, para a luta ativa pelos interesses imediatos! Disso conclui-se que não podemos dirigir a luta dos estudantes, dos liberais etc. pelos seus "interesses imediatos"; mas não era disso que se tratava, respeitável "economista"! Tratava-se da participação possível e necessária das diferentes camadas sociais na derrubada da autocracia, e não apenas *podemos*, mas, seguramente, devemos dirigir *essa* "atividade intensa das diferentes camadas da oposição" se quisermos ser a "vanguarda". Quanto a colocar nossos estudantes, nossos liberais etc. "face a face com nosso regime político", não serão os únicos a se preocuparem com isso, pois disso se encarregarão, sobretudo, a polícia e os funcionários da autocracia. Mas "nós", se quisermos ser democratas avançados, devemos ter a preocupação de *incitar* a pensar exatamente aqueles que só estão descontentes com o regime universitário ou apenas com o regime do *zemstvo*[4]

---

[4] Forma de autogoverno das províncias russas dirigida pela nobreza e pelas classes abastadas da Rússia tsarista. Introduzido por Alexandre II durante as reformas de 1864, o *zemstvo* era composto pelo Presidente – um representante da nobreza eleito em assembleia – e pelos Deputados – proprietários de terras ou de imóveis urbanos e representantes das comunidades rurais. Dentre as atribuições do *zemstvo*, de caráter puramente local, destacam-se a administração de hospitais, a construção de estra-

etc., a pensar que todo o regime político nada vale. *Nós* devemos assumir a organização de uma ampla luta política sob a direção de *nosso* partido, a fim de que todas as camadas da oposição, quaisquer que sejam, possam prestar, e prestem efetivamente, a essa luta, assim como ao nosso partido, a ajuda de que são capazes. *Nós* devemos escolher dentre os práticos sociais-democratas os dirigentes políticos que saibam dirigir todas as manifestações dessa luta nos mais variados aspectos, que saibam, no momento necessário, "ditar um programa de ação positiva" aos estudantes em agitação, aos *zemstvos* descontentes, aos membros de seitas indignados, aos professores lesados e assim por diante e adiante. Por isso, Martynov está *completamente errado* quando afirma que, "em relação a eles, não podemos desempenhar *senão um papel negativo* de denunciadores do regime... Não podemos senão dissipar suas esperanças nas diferentes comissões governamentais" (o grifo é nosso). Dizendo isso, Martynov mostra que *não compreende nada* sobre o verdadeiro papel da "vanguarda" revolucionária. E se o leitor tomar isso em consideração, compreenderá *o verdadeiro sentido* da seguinte conclusão de Martynov:

> O *Iskra* é o órgão da oposição revolucionária, que denuncia nosso regime, principalmente nosso regime político, quando vai de encontro aos interesses das diferentes camadas da população. Quanto a nós, trabalhamos e trabalharemos pela causa operária em estreita ligação orgânica com a luta proletária. Restringindo a esfera de nossa influência, acentuamos essa influência em si mesma.

O verdadeiro sentido dessa conclusão é: o *Iskra* deseja *elevar* a política sindical da classe operária (política à qual, entre nós, por mal-entendido, despreparo ou convicção, frequentemente se limitam nossos práticos) ao nível da política social-democrata. Ora, o *Rabótcheie Dielo* deseja *abaixar* a política social-democrata ao nível da política sindical. E ainda garante que são "posições perfeitamente compatíveis com a obra comum". Oh, *sancta simplicitas*[5]!

Prossigamos. Teríamos forças suficientes para levar nossa propaganda e nossa agitação a todas as classes da população? Certamente, sim. Nossos "economistas",

---

das e correios, a educação pública e a análise de dados e estatísticas. A princípio, o *zemstvo* contava com certa autonomia, mas, a partir de 1890, já sob o reinado de Nicolau II, foi criado um órgão especial que não apenas regulava suas atividades, mas que alterou sua composição, favorecendo a nobreza. Como resposta, os membros do *zemstvo* exigiram o avanço das reformas liberais e criaram a União dos Zemstvos de Todas as Rússias, que desempenhou papel fundamental na criação de partidos liberais, como os Cadetes e os Outubristas. Depois da Revolução de 1917, novas eleições para o *zemstvo* foram feitas, agora com voto universal, direto, igualitário e secreto. O *zemstvo* foi extinto em 1918, com a chegada dos bolcheviques ao poder. (N. R. T.)

5 "Santa simplicidade." Em latim no original. (N. R. T.)

que frequentemente se inclinam a negá-lo, esquecem-se do gigantesco progresso realizado pelo nosso movimento de 1804 (mais ou menos) a 1901. Verdadeiros "seguidistas", vivem frequentemente com ideias do período do começo de nosso movimento, há muito já terminado. De fato, não tínhamos à época muita força, nossa resolução de nos dedicarmos inteiramente ao trabalho entre os operários e de condenar severamente todo o desvio dessa linha era natural e legítima, pois se tratava então unicamente de nos consolidarmos na classe operária. Agora, uma gigantesca massa de forças está incorporada ao movimento, chegam até nós os melhores representantes da jovem geração das classes instruídas, por toda a parte, são obrigadas a residir nas províncias pessoas que já participam ou querem participar do movimento e que tendem para a social-democracia (enquanto, em 1894, podia-se contar nos dedos os sociais-democratas russos). Um dos mais graves defeitos de nosso movimento em política e em matéria de organização é que *não sabemos* empregar todas essas forças, atribuir-lhes o trabalho que lhes convém. A imensa maioria dessas forças encontra-se na impossibilidade absoluta "de ir até os operários", por isso não se coloca a questão do perigo de desviar as forças de nosso movimento essencial. E, para fornecer aos operários uma verdadeira iniciação política, múltipla e prática, é preciso que tenhamos "a nossa gente", sociais-democratas, sempre e em toda a parte, em todas as camadas sociais, em todas as posições que permitam conhecer as forças internas do mecanismo de nosso Estado. E precisamos desses homens não apenas para a propaganda e a agitação, mas, ainda e sobretudo, para a organização.

Existia um campo para a ação em todas as classes da população? Os que não veem isso mostram que sua consciência está em atraso quanto ao impulso espontâneo das massas. Entre uns, o movimento operário suscitou e continua a suscitar o descontentamento; entre outros, desperta a esperança quanto ao apoio da oposição; para outros, dá a consciência da impossibilidade do regime autocrático, de sua falência evidente. Nós seríamos "políticos" e sociais-democratas apenas nas palavras (como, na realidade, acontece frequentemente), se não compreendêssemos que nossa tarefa é utilizar todas as manifestações de descontentamento, quaisquer que sejam, reunir e elaborar até os menores elementos de um protesto, por embrionários que sejam. Sem contar que milhões e milhões de camponeses, trabalhadores, pequenos artesãos, entre outros, escutaram sempre avidamente a propaganda de um social-democrata, ainda que pouco hábil. Mas é possível falar em ao menos uma classe da população na qual não haja homens, círculos e grupos descontentes com o jugo e a arbitrariedade, e portanto acessíveis à propaganda do social-democrata, intérprete das mais prementes aspirações democráticas? Para quem quiser ter uma ideia concreta dessa agitação política do social-democrata em todas as classes e categorias da população, indicaremos as *revelações políticas*, no sentido amplo da palavra, como principal (porém não o único, bem entendido) meio dessa agitação.

"Devemos", escrevi em meu artigo "Por onde começar?" (*Iskra*, n. 4, maio de 1901), de que falaremos mais adiante em detalhe,

> despertar em todos os elementos um pouco conscientes da população a paixão pelas *revelações* políticas. Não nos inquietemos se nos dias de hoje, na política, as vozes acusadoras são ainda tão débeis, tão raras e tão tímidas. A causa não consiste, de modo algum, em uma resignação geral à arbitrariedade policial. A causa é que os homens capazes de acusar e dispostos a fazê-lo não têm uma tribuna do alto da qual possam falar – não têm um auditório que escute avidamente, encorajando os oradores – e não veem em parte alguma do povo uma força para a qual valha a pena dirigir suas queixas contra o governo "todo-poderoso"... Temos hoje os meios e o dever de oferecer a todo o povo uma tribuna para denunciar o governo tsarista: essa tribuna deve ser um jornal social-democrata.[6]

Esse auditório ideal para as revelações políticas é precisamente a classe operária, que tem necessidade, antes e sobretudo, de conhecimentos políticos amplos e vivos; que é a mais capaz de aproveitar esses conhecimentos para empreender uma luta ativa, mesmo que não prometa qualquer "resultado tangível". Ora, a tribuna para essas revelações diante de *todo o povo* só pode ser um jornal para toda a Rússia. "Sem um órgão político, não seria possível conceber na Europa atual um movimento merecendo o nome de movimento político", e, nesse sentido, a Rússia, inegavelmente, também está incluída na Europa atual. Desde há muito a imprensa tornou-se uma força entre nós; se não, o governo não despenderia dezenas de milhares de rublos para comprar e subvencionar todas as espécies de Katkov e de Mechtcherski. E não é novo o fato de, na Rússia autocrática, a imprensa ilegal romper as barreiras da censura e *obrigar* os órgãos legais e conservadores a dela falar abertamente. Foi o que aconteceu tanto nos anos 1870 quanto nos anos 1850. Ora, hoje são mais amplas e profundas as camadas populares que poderiam ler, voluntariamente, a imprensa ilegal para aí aprender "a viver e a morrer", para empregar a expressão de um operário, autor de uma carta endereçada ao *Iskra* (n. 7). As revelações políticas constituem uma *declaração* de guerra ao governo, da mesma forma que as revelações econômicas constituem uma declaração de guerra

---

[6] Vladímir Ilitch Uliánov Lênin, *Obras completas*, 5. ed. (Moscou, Editora de Literatura Política, 1969), v. 5, p. 10-1. (N. E. R.)

aos fabricantes. E essa declaração de guerra tem um significado moral tanto maior quanto mais vasta e vigorosa for a campanha de denúncias, quanto mais decidida e numerosa for a *classe* social que *declara a guerra para começar a guerra*. As revelações políticas, por isso, constituem, por si próprias, um dos meios mais poderosos para desagregar o regime contrário, separar o inimigo de seus aliados fortuitos ou temporários, semear a hostilidade e a desconfiança entre os participantes permanentes do poder autocrático.

Apenas o partido que organize verdadeiramente as *revelações* visando *o povo inteiro* poderá tornar-se, em nossos dias, a vanguarda das forças revolucionárias. E esta palavra – "povo" – tem um conteúdo muito amplo. A imensa maioria dos reveladores, que não pertencem à classe operária (pois para ser vanguarda é preciso justamente integrar outras classes), são políticos lúcidos e homens de sangue-frio e senso prático. Sabem perfeitamente como é perigoso "queixar-se" mesmo de um pequeno funcionário, quanto mais do "onipotente" governo russo. E não *nos* dirigirão suas queixas, a não ser quando virem que elas realmente podem ter efeito e que nós somos uma *força política*. Para que nos tornemos aos olhos do público uma força política é preciso trabalhar muito e com firmeza para *elevar* nossa consciência, nosso espírito de iniciativa e nossa energia; para isso, não basta colar o rótulo "vanguarda" sobre uma teoria e uma prática de retaguarda.

Mas se devemos nos encarregar de organizar contra o governo as revelações que verdadeiramente visam o povo inteiro, em que, pois, irá se manifestar o caráter de classe de nosso movimento? – irá nos perguntar e já nos pergunta o partidário cioso da "estreita ligação orgânica com a luta proletária". – Ora, justamente no fato de que a organização dessas revelações constituirá nossa obra, de sociais--democratas; de que todos os problemas levantados pelo trabalho de agitação serão esclarecidos dentro de um espírito social-democrata constante e sem a menor tolerância para com as deformações, voluntárias ou não, do marxismo; de que essa ampla agitação política será conduzida por um partido unindo em um todo coerente a ofensiva contra o governo, em nome de todo o povo, da educação revolucionária do proletariado, salvaguardando, ao mesmo tempo, sua independência política, a direção da luta econômica da classe operária, a utilização de seus conflitos espontâneos com seus exploradores, conflitos que levantam e conduzem sem cessar, para o nosso campo, novas camadas do proletariado!

Mas um dos traços mais característicos do "economismo" é exatamente não compreender essa ligação; além disso: essa coincidência da necessidade mais urgente do proletariado (educação política abrangente, por meio da agitação política e das revelações políticas) com as necessidades do movimento democrático como um todo. Essa incompreensão aparece não apenas nas frases "à Martynov", mas também nas diferentes passagens de significação absolutamente idêntica, com as quais os "economistas" referem-se a um pretenso ponto de vista de classe. Eis, por exemplo, como se exprimem os autores da carta "economista" publicada no n. 12 do *Iskra*[7]: "Esse mesmo defeito essencial do *Iskra* (sobrestimação da ideologia) é a causa de sua inconsequência na questão da social-democracia com as diversas classes e tendências sociais. Tendo decidido, por meio de cálculos teóricos [...]" (e não em decorrência do "aumento das tarefas do Partido que crescem junto com ele [...]"), [que] "o problema da deflagração imediata da luta contra o absolutismo é sentindo, provavelmente, toda a dificuldade dessa tarefa para os operários, no estado atual das coisas [...]" (não somente sentindo, mas sabendo muito bem que, para os operários, essa tarefa parece menos difícil do que para os intelectuais "economistas" cuidarem de crianças pequenas, pois os operários estão prontos a se baterem de fato pelas reivindicações que não prometem, para falar a língua do inolvidável Martynov, nenhum "resultado tangível"), "mas não tendo a paciência de esperar a acumulação de forças necessárias para essa luta, o *Iskra* começa a procurar os aliados nas fileiras dos liberais e da *intelligentsia*".

Sim, sim, de fato perdemos toda "paciência" para "esperar" os dias felizes que nos prometem há muito os "conciliadores" de toda espécie, quando nossos "economistas" deixarão de lançar a culpa de seu próprio atraso sobre os operários, de justificar sua própria falta de energia pela pretensa insuficiência de forças entre os operários. Nós perguntamos aos nossos "economistas": Em que deve consistir a "acumulação de forças pelos operários em vista dessa luta"? Não é evidente que consiste na educação política dos operários, na denúncia, diante deles, de todos os aspectos de nossa odiosa autocracia? E não está claro que, *justamente para esse trabalho*, precisamos de "aliados nas fileiras dos liberais e da *intelligentsia*" prontos a nos trazer suas revelações sobre a campanha política conduzida contra os elementos ativos do *zemstvos*, os professores, os estatísticos, os estudantes e assim por diante? É assim tão difícil compreender essa "mecânica erudita"? P. Axelrod não lhes repete, desde 1897,

---

[7] A falta de espaço não permitiu que nós, do *Iskra*, déssemos uma resposta perfeitamente circunstanciada a essa carta tão característica dos "economistas". Ficamos muito felizes com sua publicação, pois há muito tempo ouvíamos dizer, de diferentes lados, que o *Iskra* desviava-se do ponto de vista de classe e esperávamos a ocasião favorável ou a expressão precisa dessa acusação em voga para responder. Ora, para responder a ataques não nos valemos da defensiva, mas do contra-ataque.

que "a conquista pelos sociais-democratas russos de partidários e aliados diretos ou indiretos entre as classes não proletárias é determinada, antes de tudo e principalmente, pelo caráter que a propaganda assume entre o próprio proletariado"[8]? Ora, Martynov e os outros "economistas" ainda acham, agora, que, *primeiro*, os operários devem acumular forças "por meio da luta econômica contra os patrões e o governo" (para a política sindical) e, *em seguida*, apenas "passar" – sem dúvida, da "educação" sindical da "atividade" à atividade social-democrata!

"Em suas pesquisas" – continuam os "economistas" –, "o *Iskra* abandona com demasiada frequência o ponto de vista de classe, encobre os antagonismos de classe e coloca em primeiro plano o descontentamento comum contra o governo, apesar de as causas e o grau desse descontentamento serem muito diferentes entre os 'aliados'". Essas são, por exemplo, as relações do *Iskra* com os *zemstvos*... O *Iskra* pretensamente "promete aos nobres descontentes com as esmolas governamentais o apoio da classe operária, sem dizer uma palavra sobre o antagonismo de classe que separa essas duas categorias da população".

Que o leitor se reporte aos artigos "A autocracia e o *zemstvo*" (n. 2 e 4 do *Iskra*)[9], dos quais, *parece*, falam os autores dessa carta, e verá que esses artigos[10] são dedicados *à atitude* do governo em relação "à agitação inofensiva do *zemstvo* burocrático censitário", em relação "à iniciativa das próprias classes proprietárias". Nesse artigo, diz-se que o operário não poderia permanecer indiferente à luta do governo contra o *zemstvo*, e os elementos ativos do *zemstvo* são convidados a deixar de lado seus discursos inofensivos e a pronunciar palavras firmes e categóricas, quando a social-democracia revolucionária levantar-se com toda sua força diante do governo. Com o que não estão de acordo os autores da carta? – não há como saber. Pensariam eles que o operário "não compreenderá" as palavras: "classes possuidoras" e "*zemstvo* burocrático-censitário"? – que o fato de *pressionar* os elementos

---

[8] P. B. Axelrod, "Sobre a questão das tarefas atuais e das táticas dos sociais-democratas russos" (Genebra, 1898), p. 16-7.

[9] Referência ao artigo de P. B. Struve, "A autocracia e o *zemstvo*", publicado nos números 2 e 4 do *Iskra*, de fevereiro e maio de 1901, respectivamente. A inserção no *Iskra* do artigo de Struve e a impressão dos "Relatórios secretos", de Witte, com prefácio de Struve, foram possíveis graças a um acordo, de janeiro de 1901, entre as redações do *Iskra* e do *Zariá* e a "oposição democrática" (representada por Struve). Esse acordo, conduzido por P. B. Axelrod e V. I. Zassúlitch, com o apoio de G. V. Plekhánov e apelação contrária de Lênin, foi efêmero: na primavera de 1901, a colaboração entre os sociais-democratas e os burgueses democratas revelou-se completamente impossível, e o bloco de Struve rachou. (N. E. R.)

[10] Entre eles foi publicado (*Iskra*, n. 3) um artigo especial sobre os antagonismos de classe no campo. [Ver Vladímir Ilitch Uliánov Lênin, *Obras completas*, cit., v. 4, p. 429. (N. E. R.)]

ativos dos *zemstvos* a abandonar os discursos inofensivos pelas palavras firmes seja uma "sobrestimação da ideologia"? Imaginariam eles que os operários podem "acumular forças" para a luta contra o absolutismo, se não conhecem a atitude do absolutismo também em relação ao *zemstvo*? Não há, mais uma vez, como saber nada disso. Só uma coisa está clara: os autores têm uma ideia muito vaga das tarefas políticas da social-democracia. Isso fica ainda mais claro na frase seguinte: "Essa é igualmente" (isto é, "encobrindo também os antagonismos de classe") "a atitude do *Iskra* em relação ao movimento dos estudantes". Em lugar de exortar os operários a afirmar, por meio de uma manifestação pública, que o verdadeiro foco de violências, de arbitrariedade e de delírio não é a juventude universitária, mas o governo russo (*Iskra*, n. 2[11]) – nós deveríamos, ao que parece, publicar as análises inspiradas da *Rabótchaia Mysl*! E são essas as opiniões expressas pelos sociais-democratas no outono de 1901, após os acontecimentos de fevereiro e de março, às vésperas de um novo impulso do movimento estudantil, impulso que mostra bem que, também nesse aspecto, o protesto "espontâneo" contra a autocracia *ultrapassa* a direção consciente do movimento pela social-democracia. O impulso instintivo, que leva os operários a interceder em favor dos estudantes espancados pela polícia e pelos cossacos, ultrapassa a atividade consciente da organização social-democrata!

"Entretanto, em outros artigos" – continuam os autores da carta – "o *Iskra* condena severamente todo compromisso e toma a defesa, por exemplo, do comportamento intolerável dos guesdistas[12]". Aconselhamos àqueles que sustentam comumente, com tanta presunção e ligeireza, que as divergências de ponto de vista entre os sociais-democratas de hoje não são, parece, essenciais e não justificam uma cisão que meditem seriamente sobre essas palavras. As pessoas que afirmam que o esforço que empreendemos ainda é ridiculamente insuficiente para mostrar a hostilidade da autocracia em relação às mais diferentes classes, para revelar aos operários a oposição das mais diferentes categorias da população à autocracia, podem trabalhar eficazmente, em uma mesma organização, com pessoas que veem nessa tarefa "um compromisso", evidentemente um compromisso com a teoria da "luta econômica contra os patrões e o governo"?

No quadragésimo aniversário da emancipação dos camponeses, falamos da necessidade de introduzir a luta de classes nos campos (n. 3)[13] e, a propósito do relatório

---

[11] Ibidem, v. 4, p. 391-6. (N. E. R.)

[12] Em referência a Jules Guesde. (N. E.)

[13] Ibidem, v. 4, p. 429. (N. E. R.)

secreto de Witte, da incompatibilidade que existe entre a autonomia administrativa e a autocracia (n. 4); combatemos, a propósito da nova lei, o feudalismo dos proprietários de terras e do governo que os serve (n. 8)[14], e saudamos o congresso ilegal dos *zemstvos*, encorajando os membros dos *zemstvos* a abandonar os procedimentos humilhantes para passar à luta (n. 8)[15]; encorajamos os estudantes, que começavam a compreender a necessidade da luta política, a empreenderem-na (n. 3) e, ao mesmo tempo, fustigamos a "inteligência extremada" dos partidários do movimento "exclusivamente estudantil", que exortavam os estudantes a não participarem das manifestações de rua (n. 3, a propósito da mensagem do Comitê executivo dos estudantes de Moscou, de 25 de fevereiro); denunciamos os "sonhos insensatos", a "mentira e a hipocrisia" dos velhacos liberais do jornal *Rússia*[16] (n. 5) e, ao mesmo tempo, assinalamos a fúria do governo de carcereiros que "acertavam as contas com pacíficos literatos, velhos professores e cientistas, conhecidos liberais dos *zemstvos*" (n. 5: "Um ataque da polícia contra a literatura")[17]; revelamos o verdadeiro sentido do programa "de assistência do Estado para a melhoria das condições de vida dos operários" e saudamos o "consentimento precioso": "mais vale prevenir com reformas do alto as reivindicações de baixo do que esperar por essas" (n. 6)[18]; encorajamos os estatísticos em seu protesto (n. 7) e condenamos os estatísticos "furadores" de greve (n. 9)[19]. Quem vê nessa tática um obscurecimento da consciência de classe do proletariado e um *compromisso com o liberalismo* mostra que não compreende absolutamente nada do verdadeiro programa do *Credo* e, *de facto*, *aplica precisamente esse programa*, não importa quanto o repudie! Realmente, por isso mesmo, arrasta a democracia à "luta econômica entre os patrões e o governo" e *inclina a bandeira diante do liberalismo*, abandonando a tarefa de intervir ativamente em *cada* questão "liberal" e de definir *a própria* atitude, a atitude social-democrata, naquilo que diz respeito a essa questão.

---

[14] Ibidem, v. 5, p. 87. (N. E. R.)

[15] Ibidem, v. 5, p. 93-4. (N. E. R.)

[16] Jornal diário de caráter liberal moderado, circulou em São Petersburgo de 1899 a 1902. (N. R. T.)

[17] Referência ao artigo "A propósito dos acontecimentos recentes" e à crônica de agitação estudantil na seção "Da nossa vida social" (*Iskra*, n. 3, abril de 1901), de V. I. Zassúlitch; e ao artigo "Sobre um sonho sem sentido" e à nota "Um ataque da polícia contra a literatura", de A. N. Potréssov (*Iskra*, n. 5, jun. 1901). (N. R. T.).

[18] Ver Vladímir Ilitch Uliánov Lênin, *Obras completas*, cit., v. 5, p. 78-9. (N. E. R.)

[19] Referência às notas "Incidente no *zemstvo* de Ekaterinoslav" e "Os 'fura-greves' de Viatsk" (*Iskra*, n. 7 e 9, ago. e out. 1901, respectivamente). (N. E. R.)

10
Imperialismo, fase superior do capitalismo

Escrita um ano antes da Revolução de Outubro e lançada no calor das jornadas revolucionárias de 1917, *Imperialismo, fase superior do capitalismo* é considerada a mais importante obra de Lênin. Confirmando o prognóstico de Rosa Luxemburgo de "socialismo ou barbárie", o líder bolchevique examina o desenvolvimento da Rússia no início do século XX para afirmar que o capitalismo vive sua fase de "reação em toda linha". Ao aprofundar as análises de Marx em *O capital*, oferece um dos mais importantes armamentos teóricos à luta pela emancipação dos trabalhadores.

Lênin entregou-se ao estudo da literatura sobre o imperialismo provavelmente a partir de 1915, em Berna. Estabeleceu a bibliografia, elaborou planos, fez anotações e resumos. Os materiais preparatórios ("Cadernos sobre o imperialismo") constituem cerca de cinquenta páginas impressas, com excertos de 148 livros (sendo 106 alemães, 23 franceses, 17 ingleses e 2 em tradução russa) e de 232 artigos de 49 publicações não periódicas diversas. A elaboração do manuscrito se deu entre janeiro e junho de 1916 e sua publicação, em 1917 na Rússia tsarista, pela editora Parús, com várias passagens modificadas ou censuradas pelos editores. Uma versão fiel ao manuscrito foi publicada apenas após a Revolução de Outubro.

Esta tradução do texto "Crítica do imperialismo" ["Критика империализма" (*Crítica imperializma*)], capítulo IX do livro *Imperialismo, fase superior do capitalismo*, foi originalmente publicada pelas Edições Avante! e Progresso (Lisboa/Moscou, 1984), tendo sido gentilmente cedida para esta edição, para a qual foi revisada e cotejada com base no original russo por Paula Almeida.

Crítica do imperialismo

Entendemos a crítica do imperialismo, no sentido amplo da palavra, como a atitude das diferentes classes da sociedade, de acordo com sua ideologia geral, perante a política imperialista.

As proporções gigantescas do capital financeiro, concentrado em poucas mãos e originado de uma rede extraordinariamente vasta e densa de relações e conexões, subordinando as massas não só de pequenos e médios, mas também dos mais insignificantes capitalistas e proprietários, por um lado, e, por outro, intensificando a luta contra outros grupos financeiros nacionais-estatais pela partilha do mundo e pelo domínio sobre outros países, tudo isso origina a passagem em bloco de todas as classes possuidoras para o lado do imperialismo. A exaltação "universal" da perspectiva imperialista, a sua defesa furiosa, o seu embelezamento por todos os meios são sinais do tempo. A ideologia imperialista penetra mesmo no seio da classe operária. Não há uma muralha da China separando-a das outras classes. Do mesmo modo que os atuais líderes do assim chamado Partido "Social-Democrata" da Alemanha foram muito justamente denominados "social-imperialistas", isto é, socialistas de palavra e imperialistas de fato, [John Atkinson] Hobson assinalara já em 1902 a existência dos "Imperialistas fabianos" na Inglaterra, pertencentes à oportunista "Sociedade Fabiana"[1].

Os cientistas e os publicistas burgueses defendem geralmente o imperialismo de uma forma um tanto encoberta, ocultando a dominação absoluta do imperialismo e as suas raízes profundas, procurando colocar em primeiro plano as particularidades e os pormenores secundários, esforçando-se por desviar a atenção do essencial por meio de projetos de "reformas" completamente desprovidos de seriedade, tais como o controle policial dos trustes ou dos bancos etc. São menos frequentes as manifestações dos imperialistas cínicos, declarados, que têm o mérito de reconhecer o absurdo da ideia de reformar as características fundamentais do imperialismo.

Citemos um exemplo. Os imperialistas alemães da publicação *Arquivo da Economia Mundial* esforçam-se por seguir de perto os movimentos de libertação nacional das colônias e, particularmente, como é natural, das não alemãs. Assinalam a efervescência e os protestos na Índia, o movimento em Natal (África do Sul), na Índia Holandesa etc. Um deles, em um artigo de uma publicação inglesa sobre a

---

[1] Organização reformista formada por intelectuais burgueses. A partir de 1900, passou a fazer parte do Partido Trabalhista. (N. R. T.)

conferência de nações e raças submetidas, realizada de 28 a 30 de junho de 1910, e da qual participaram representantes de diversos povos da Ásia, África e Europa que se encontram sob dominação estrangeira, exprime-se assim ao comentar os discursos ali proferidos:

> Contra o imperialismo, dizem-nos, é preciso lutar; os Estados dominantes devem reconhecer o direito à independência dos povos submetidos; um tribunal internacional deve garantir o cumprimento dos tratados concluídos entre as grandes potências e os povos fracos. A conferência não vai além desses votos piedosos. Não vemos o menor indício de compreensão da verdade de que o imperialismo está indissoluvelmente ligado ao capitalismo na sua forma atual e que por isso (!!) a luta direta contra o imperialismo está condenada ao fracasso, a não ser que se limite a protestos contra alguns excessos particularmente odiosos.[2]

Já que a regulamentação reformista das bases do imperialismo é um engano, um "voto piedoso", já que os representantes burgueses das nações oprimidas não vão "além" no avanço, os representantes burgueses das nações opressoras vão "além" *no retrocesso*, em direção ao servilismo diante do imperialismo encoberto por pretensões "científicas". A mesma "lógica"!

Questões como a possibilidade de modificar por meio de reformas as bases do imperialismo, se há que seguir adiante, agravando e aprofundando ainda mais as contradições que o imperialismo gera, ou se há que retroceder, atenuando essas contradições, são as questões essenciais da crítica do imperialismo. Assim como as particularidades políticas do imperialismo são a reação em toda a linha e a intensificação da opressão nacional por causa da opressão da oligarquia financeira e da supressão da livre concorrência, a oposição democrática pequeno-burguesa ao imperialismo aparece em quase todos os países imperialistas em princípios do século XX. E a ruptura com o marxismo por parte de [Karl] Kautsky e da vasta corrente internacional do kautskismo consiste justamente no fato de que Kautsky não só não se preocupou em, não soube como, enfrentar essa oposição pequeno-burguesa, reformista, fundamentalmente reacionária do ponto de vista econômico, mas, ao contrário, fundiu-se com ela na prática.

Nos Estados Unidos, a guerra imperialista de 1898 contra a Espanha provocou a oposição dos "anti-imperialistas", os últimos moicanos da democracia burguesa, que qualificavam essa guerra de "criminosa", consideravam anticonstitucional a anexação de terras alheias, denunciavam como "um engano dos chauvinistas" a

---

[2] *Weltwirtschaftliches Archiv*, v. II, p. 193.

atitude para com o chefe dos nativos das Filipinas, [Emilio] Aguinaldo (depois de lhe prometerem a liberdade do seu país, desembarcaram tropas americanas e anexaram as Filipinas), e citavam as palavras de [Abraham] Lincoln: "Quando o branco governa a si mesmo, é autogoverno; quando governa a si mesmo e, ao mesmo tempo, governa outros, já não é autogoverno, é despotismo"[3]. Mas enquanto toda essa crítica tinha medo de reconhecer os vínculos indissolúveis existentes entre o imperialismo e os trustes e, por conseguinte, entre o imperialismo e os fundamentos do capitalismo, enquanto receava unir-se às forças geradas pelo grande capitalismo e pelo seu desenvolvimento, não era mais do que um "voto piedoso".

Essa também é a posição fundamental de Hobson na sua crítica do imperialismo. Hobson antecipou-se a Kautsky ao erguer-se contra a "inevitabilidade do imperialismo" e ao apelar para a necessidade de "elevar a capacidade de consumo" da população (sob o capitalismo!). No que diz respeito ao ponto de vista pequeno-burguês da crítica do imperialismo, da onipotência dos bancos, da oligarquia financeira e assim por diante, citamos mais de uma vez [E.] Agahd, A[lfred] Lansburgh, L[udwig] Eschwege e, entre os escritores franceses, Victor Bérard, autor da obra superficial *A Inglaterra e o imperialismo*, de 1900. Todos eles, sem qualquer pretensão de marxismo, opõem ao imperialismo a livre concorrência e a democracia, condenam a aventura do caminho de ferro de Bagdá, que conduz a conflitos e à guerra, manifestam o "voto piedoso" da paz etc. – assim o faz mesmo A[lfred] Neymarck, cuja especialidade é a estatística das emissões internacionais, que, calculando as centenas de milhares de milhões de francos de valores "internacionais", exclamava em 1912: "Como é possível supor que a paz possa ser posta em perigo [...] arriscar-se, dada a existência de números tão consideráveis, a provocar a guerra"[4].

No que diz respeito aos economistas burgueses, tal ingenuidade não surpreende; além disso, para eles, é vantajoso parecer tão ingênuos e falar "a sério" da paz sob o imperialismo. Mas o que ainda resta de marxismo em Kautsky, quando ele, em 1914, 1915 e 1916, adota o mesmo ponto de vista reformista da burguesia e argumenta que "todos concordam" (imperialistas, pseudossocialistas e social-pacifistas) acerca da paz? Em vez de analisar e revelar as profundas contradições do imperialismo, vemos apenas o "voto piedoso" reformista de evitá-las, ignorá-las.

Eis uma amostra da crítica econômica do imperialismo por Kautsky. Ele toma os dados sobre o movimento de exportação e importação entre a Inglaterra e o Egito

---

[3] Joseph Patouillet, *L'impérialisme américain* (Dijon, 1904), p. 272.
[4] *Bulletin de l'Institut International de Statistique*, t. XIX, livro II, p. 225.

em 1872 e 1912; acontece que esse movimento de exportação e importação aumentou menos do que a exportação e importação gerais da Inglaterra. E Kautsky infere: "Não temos fundamento algum para supor que sem a ocupação militar do Egito o comércio com ele teria crescido menos sob a influência do simples peso dos fatores econômicos". "As tendências de expansão do capital" "podem ser mais bem alcançadas não por meio dos métodos violentos do imperialismo, mas pela democracia pacífica"[5].

Esse raciocínio de Kautsky, repetido em todos os tons pelo seu escudeiro russo (e encobridor russo dos sociais-chauvinistas), sr. Spectator[6], é a base da crítica kautskista do imperialismo, e por isso devemos deter-nos nele mais pormenorizadamente. Comecemos por citar [Rudolf] Hilferding, cujas conclusões Kautsky, muitas vezes, inclusive em abril de 1915, declarou serem "aceitas unanimemente por todos os teóricos socialistas".

> "Não compete ao proletariado" – diz Hilferding – "opor à política capitalista mais progressiva a política passada da época do livre-câmbio e da atitude hostil para com o Estado. A resposta do proletariado à política econômica do capital financeiro, ao imperialismo, não pode ser o livre-câmbio, mas apenas o socialismo. Um ideal como a restauração da livre concorrência – que se converteu agora em um ideal reacionário – não pode ser atualmente o objetivo da política do proletariado, mas unicamente a destruição completa da concorrência mediante a supressão do capitalismo."[7]

Kautsky rompeu com o marxismo ao defender, para a época do capital financeiro, um "ideal reacionário", a "democracia pacífica", o "simples peso dos fatores econômicos", pois esse ideal arrasta *objetivamente* para trás, do capitalismo monopolista para o capitalismo não monopolista, e é um engano reformista.

O comércio com o Egito (ou com outra colônia ou semicolônia) "teria crescido" mais *sem* a ocupação militar, sem o imperialismo, sem o capital financeiro. Que significa isso? Que o capitalismo se desenvolveria mais rapidamente se a livre concorrência não conhecesse a limitação que lhe impõem os monopólios em geral, nem as "relações" ou o jugo (isto é, também o monopólio) do capital financeiro, nem a posse monopolista das colônias por parte de alguns países?

---

[5] Karl Kautsky, *Nationalstaat, imperialistischer Staat und Staatenbund* (Nuremberg, Fränkische, 1915), p. 72 e 70. (N. E. R.)

[6] Referência a M. I. Nakhimson, conhecido como Spectator. (N. R. T.)

[7] Rudolf Hilferding, *Finansovyĭ kapital* (Moscou, 1912), p. 567 [ed. bras.: *O capital financeiro*, São Paulo, Nova Cultural, 1985 (N. E.)].

Os raciocínios de Kautsky não podem ter outro sentido, e *este* "sentido" é um sem-sentido. Admitamos que *sim*, que a livre concorrência, sem monopólios de nenhuma espécie, *poderia* desenvolver o capitalismo e o comércio mais rapidamente. Mas quanto mais rápido é o desenvolvimento do comércio e do capitalismo, mais intensa é a concentração da produção e do capital que *gera* o monopólio. E os monopólios *já* nasceram – precisamente – *da* livre concorrência! Mesmo se os monopólios refrearam atualmente o seu desenvolvimento, isso não é, apesar de tudo, um argumento a favor da livre concorrência, que se tornou impossível depois de ter gerado os monopólios.

Por mais voltas que se dê aos raciocínios de Kautsky, não se encontrará neles mais do que reacionarismo e reformismo burguês.

Se corrigirmos esse raciocínio e dissermos, como o faz Spectator: o comércio das colônias inglesas com a Inglaterra desenvolve-se, atualmente, mais lentamente do que com outros países – isso também não salva Kautsky. Isso porque a Inglaterra é batida *também* pelo monopólio, *também* pelo imperialismo, só que de outros países (os Estados Unidos, a Alemanha). Como se sabe, os cartéis conduziram ao estabelecimento de direitos aduaneiros protecionistas de um tipo novo, original: protegem-se (isso [Friedrich] Engels já havia notado no tomo III de *O capital*) precisamente os produtos susceptíveis de ser exportados. Como se sabe também, o sistema, próprio dos cartéis e do capital financeiro, de "exportação a preço ínfimo", o *dumping*, como dizem os ingleses: no interior do país, o cartel vende os seus produtos a um preço monopolista elevado, e no exterior coloca-os a um preço baixíssimo, com o objetivo de arruinar o concorrente, ampliar ao máximo a sua própria produção etc. Se a Alemanha desenvolve o seu comércio com as colônias inglesas mais rapidamente do que a Inglaterra, isso demonstra apenas que o imperialismo alemão é mais fresco, mais forte, mais bem organizado do que o inglês, superior ao inglês, mas não demonstra, longe disso, a "superioridade" do livre-câmbio, porque não é o livre-câmbio que luta contra o protecionismo e contra a dependência colonial, mas um imperialismo que luta contra outro, um monopólio contra outro, um capital financeiro contra outro. A superioridade do imperialismo alemão sobre o inglês é mais forte do que a muralha das fronteiras coloniais ou dos direitos alfandegários protecionistas: tirar daí um "argumento" *a favor* do livre-câmbio e da "democracia pacífica" equivale a dizer banalidades, a esquecer os traços e as propriedades fundamentais do imperialismo, a substituir o marxismo pelo reformismo filisteu.

É interessante notar que mesmo o economista burguês A[lfred] Lansburgh, que critica o imperialismo de uma maneira tão filistina como Kautsky, abordou mais cientificamente do que ele a ordenação dos dados da estatística comercial. Ele estabeleceu uma comparação não de um país tomado ao acaso, e precisamente uma colônia, com outros países, mas uma comparação entre as exportações de países imperialistas: 1) para os países que dependem financeiramente dela [Alemanha], que receberam empréstimos e 2) para os países financeiramente independentes. O resultado obtido é o que a seguir apresentamos:

Exportações da Alemanha (em milhões de marcos)

Para os países financeiramente dependentes da Alemanha

Países	1889	1908	Aumento
Romênia	48,2	70,8	+47%
Portugal	19,0	32,8	+73%
Argentina	60,7	147,0	+143%
Brasil	48,7	84,5	+73%
Chile	28,3	52,4	+85%
Turquia	29,9	64,0	+114%
Total	**234,8**	**451,5**	**+92%**

Para os países financeiramente independentes da Alemanha

Países	1889	1908	Aumento
Grã-Bretanha	651,8	997,4	+53%
França	210,2	437,9	+108%
Bélgica	137,2	322,8	+135%
Suíça	177,4	401,1	+127%
Austrália	21,2	64,5	+205%
Índias Holandesas	8,8	40,7	+363%
Total	**1206,6**	**2264,4**	**+87%**

Lansburgh não fez *a soma* e, por isso, estranhamente, não se deu conta de que, *se* esses números provam alguma coisa, é só *contra* ele, pois a exportação para os países financeiramente dependentes cresceu, *apesar de tudo, mais rapidamente,* embora não de maneira muito considerável, do que a exportação para os países financeiramente independentes (sublinhemos o "se", já que a estatística de Lansburgh está muito longe de ser completa).

Referindo-se à relação entre a exportação e os empréstimos, Lansburgh diz:

> Em 1890-1891, foi fechado o crédito romeno por intermédio dos bancos alemães, que já em anos anteriores haviam cedido empréstimos para ele. O crédito serviu principalmente para aquisição de material ferroviário, que foi comprado da Alemanha. Em 1891, a exportação alemã para a Romênia foi de 55 milhões de marcos. No ano seguinte, caiu para 39,4 milhões e, com intervalos, chegou a 25,4 milhões em 1900. Só nesses últimos anos foi restabelecido o nível de 1891 – graças a outros dois novos empréstimos.
>
> A exportação alemã para Portugal aumentou, em consequência dos empréstimos de 1888 e 1889, para 21,1 milhões (1890); depois, nos dois anos seguintes, caiu para 16,2 e 7,4 milhões, e só alcançou o seu antigo nível em 1903.
>
> São ainda mais expressivos os dados do comércio germano-argentino. Em consequência dos empréstimos de 1888 e 1890, a exportação alemã para a Argentina atingiu, em 1889, o montante de 60,7 milhões de marcos. Dois anos mais tarde, era de apenas 18,6 milhões, menos de um terço do período anterior. Só em 1901 é atingido e ultrapassado o nível de 1889, o que se deve aos novos empréstimos do Estado e municipais, à entrega de dinheiro para a construção de fábricas de eletricidade e a outras operações de crédito.
>
> A exportação para o Chile aumentou, em consequência do empréstimo de 1889, para 45,2 milhões (1892) e caiu, um ano depois, para 22,5 milhões. Após novo empréstimo, concedido por intermédio dos bancos alemães, em 1906, a exportação subiu para 84,7 milhões (1907), descendo de novo para 52,4 milhões, em 1908.[8]

Lansburgh deduz desses fatos uma divertida moral filistina, como é inconsistente e desigual a exportação ligada aos empréstimos, como é ruim exportar capitais para o exterior, em vez de, "natural" e "harmonicamente", fomentar a indústria nacional, como ficam "caras" para Krupp[9] as gratificações de milhões e milhões que acompanham a concessão dos empréstimos estrangeiros etc. Mas os fatos falam com clareza: o aumento da exportação está relacionado *precisamente* com as fraudulentas maquinações do capital financeiro, que não se preocupa com a moral burguesa, que do mesmo boi tira o couro duas vezes: primeiro, o lucro do

---

[8] *Die Bank*, 1909, 2, p. 819.
[9] Família que controla a siderurgia militar na Alemanha. (N. E.)

empréstimo; segundo, o lucro *desse mesmo* empréstimo investido na aquisição de artigos da Krupp ou material ferroviário do sindicato do aço etc.

Repetindo, não consideramos de modo nenhum a estatística de Lansburgh perfeita, mas era indispensável reproduzi-la porque é mais científica do que a de Kautsky e de Spectator, já que Lansburgh indica uma maneira acertada de abordar o problema. Para raciocinar sobre a significação do capital financeiro no que se refere à exportação etc., é preciso aprender a distinguir a relação da exportação, especial e unicamente, com as maquinações dos financeiros; especial e unicamente, com a venda dos produtos dos cartéis etc. Mas limitar-se a comparar simplesmente as colônias em geral com as não colônias, um imperialismo com outro imperialismo, uma semicolônia ou colônia (Egito) com todos os restantes países, significa deixar de lado e escamotear precisamente a *essência* da questão.

A crítica teórica do imperialismo que Kautsky faz, portanto, não tem nada em comum com o marxismo; apenas serve como ponto de partida para preconizar a paz e a unidade com os oportunistas e os social-chauvinistas, uma vez que essa crítica ignora e oculta precisamente as contradições mais profundas e fundamentais do imperialismo: as contradições entre os monopólios e a livre concorrência que existe paralelamente a eles, entre as "operações" gigantescas (e os lucros gigantescos) do capital financeiro e o comércio "honesto" do livre mercado, entre os cartéis e os trustes, por um lado, e a indústria não cartelizada, por outro, e assim por diante.

Tem absolutamente o mesmo caráter reacionário a famosa teoria do "ultraimperialismo" inventada por Kautsky. Comparemos os seus raciocínios sobre esse tema, em 1915, com os de Hobson, em 1902:

Kautsky:

Não poderá a política imperialista atual ser suplantada por outra nova, ultraimperialista, que em vez da luta dos capitais financeiros entre si estabelecesse a exploração comum de todo o mundo pelo capital financeiro unido internacionalmente? Uma nova fase do capitalismo, em todo caso, é concebível. A inexistência de premissas suficientes não permite resolver se é realizável ou não.[10]

Hobson:

O cristianismo consolidado em um número limitado de grandes impérios federais, cada um dos quais tem uma série de colônias não civilizadas e países dependentes,

---

[10] *Neue Zeit*, 30/4/1915, p. 144.

parece a muitos a evolução mais legítima das tendências atuais, uma evolução que, além disso, permitiria alimentar as maiores esperanças em uma paz permanente sobre a base sólida do interimperialismo.

Kautsky qualifica de ultraimperialismo ou superimperialismo aquilo que Hobson qualificava, treze anos antes, de interimperialismo ou entreimperialismo. Além da criação de uma nova palavra incompreensível, por meio da substituição de um prefixo latino por outro, o progresso do pensamento "científico" de Kautsky reduz-se à pretensão de fazer passar por marxismo aquilo que Hobson descreve, em essência, como hipocrisia dos padres ingleses. Depois da guerra anglo-boer, era natural que essa respeitável casta dedicasse os seus maiores esforços a *consolar* os filisteus e operários ingleses, que haviam sofrido uma baixa considerável nas batalhas sul-africanas e tiveram de pagar impostos elevados para garantir maiores lucros aos financeiros ingleses. E que consolo poderia ser melhor do que a ideia de que o imperialismo não era assim tão mau, que se encontrava muito próximo do inter (ou ultra) imperialismo, capaz de assegurar a paz permanente? Quaisquer que fossem as boas intenções dos padres ingleses ou do melífluo Kautsky, o sentido objetivo, isto é, o verdadeiro sentido social da sua "teoria" é um, e só um: a consolação arquirreacionária das massas com a esperança na possibilidade de uma paz permanente sob o capitalismo, desviando a atenção das agudas contradições e dos agudos problemas da atualidade e dirigindo a atenção para falsas perspectivas de algo como um suposto novo futuro ultraimperialista. Afora o engano das massas, a teoria "marxista" de Kautsky nada mais contém.

Com efeito, basta comparar com clareza os fatos notórios, indiscutíveis para nos convencermos de até que ponto são falsas as perspectivas que Kautsky se esforça por inculcar nos operários alemães (e nos de todos os países). Tomemos o exemplo da Índia, da Indochina e da China. Como se sabe, essas três colônias e semicolônias, com uma população de 600 a 700 milhões de habitantes, encontram-se submetidas à exploração do capital financeiro de várias potências imperialistas: Inglaterra, França, Japão, Estados Unidos etc. Suponhamos que esses países imperialistas formem alianças e coloquem-se uns contra os outros com o objetivo de defender ou alargar o seu domínio, os seus interesses e as suas "esferas de influência" nos referidos Estados asiáticos. Isso resultará em alianças "interimperialistas" ou "ultraimperialistas". Suponhamos que *todas* as potências imperialistas constituam uma aliança para a partilha "pacífica" desses países asiáticos: essa será uma aliança do "capital financeiro unido internacionalmente". Existem exemplos reais desse tipo de aliança na história do século XX, por exemplo as relações entre as potências no que se refere à China[11]. E será "concebível", perguntamos, pressupondo a manutenção do capitalismo (e é precisamente essa condição que Kautsky apresenta), que as referidas alianças não sejam efêmeras? Que excluam os atritos, os conflitos e a luta em todas as formas imagináveis?

Basta formular claramente a pergunta para que seja impossível dar-lhe uma resposta que não seja negativa. Isso porque sob o capitalismo não se concebe outro fundamento para a partilha das esferas de influência, dos interesses, das colônias etc., além da *força* de quem participa na divisão, a força econômica geral, financeira, militar e assim por diante. E a força modifica-se de modo diferente para os que participam da divisão, pois não pode existir o desenvolvimento *equilibrado* das diferentes empresas, trustes, ramos industriais e países sob o capitalismo. Há meio século, a Alemanha era uma absoluta insignificância, comparando a sua força capitalista com a da Inglaterra de então; o mesmo se pode dizer do Japão, se comparado com a Rússia. Será "concebível" que dentro de dez ou vinte anos permaneça invariável a correlação de forças entre as potências imperialistas? É absolutamente inconcebível.

Por isso, as alianças "interimperialistas" ou "ultraimperialistas" no mundo real capitalista, e não na vulgar fantasia filistina dos padres ingleses ou do "marxista" alemão Kautsky – seja qual for a sua forma, uma coligação imperialista contra outra coligação imperialista ou uma aliança geral de todas as potências imperialistas –, só podem ser, inevitavelmente, "tréguas" entre guerras. As alianças pacíficas preparam as guerras e, por sua vez, surgem das guerras, conciliando-se mutuamente, gerando uma sucessão de formas de luta pacífica e não pacífica *sobre uma mesma* base de vínculos imperialistas e de relações recíprocas entre a economia e a política mundiais. E o sapientíssimo Kautsky, para tranquilizar os operários e reconciliá-los com os sociais-chauvinistas que se passaram para a burguesia, separa os elos de uma única e mesma cadeia, separa a atual aliança pacífica (que é ultraimperialista e mesmo ultraultraimperialista) de *todas* as potências, criada para a "pacificação" da China (recordai o esmagamento da insurreição dos boxers), do conflito não pacífico de amanhã, que preparará para depois de amanhã outra aliança "pacífica" geral para a partilha, suponhamos, da Turquia *etc., etc*. Em vez da ligação viva entre os períodos de paz imperialista e de guerras imperialistas,

---

[11] Em 7 de setembro de 1901 foi assinado o chamado Protocolo Final entre as potências imperialistas (Inglaterra, Áustria-Hungria, Bélgica, Alemanha, Itália, Espanha, Holanda, Rússia, Estados Unidos, França e Japão) e a China, logo após o esmagamento da insurreição dos boxers de 1899-1901, permitindo ao capital estrangeiro novas possibilidades de exploração da China. (N. E.)

Kautsky oferece aos operários uma abstração morta, a fim de reconciliá-los com seus chefes mortos.

O americano [David Jayne] Hill indica, no prefácio à sua *História da diplomacia no desenvolvimento internacional da Europa*, os seguintes períodos da história contemporânea da diplomacia: 1) era da revolução; 2) movimento constitucional; 3) era do "imperialismo comercial"[12] dos nossos dias. Outro escritor divide a história da "política mundial" da Grã-Bretanha a partir de 1870 em quatro períodos: 1) primeiro asiático (luta contra o movimento da Rússia na Ásia Central em direção à Índia); 2) africano (de 1885 a 1902, aproximadamente): luta contra a França pela partilha da África (incidente de Fachoda, em 1898, a ponto de dar origem à guerra com a França); 3) segundo asiático (tratado com o Japão contra a Rússia); 4) "europeu" – dirigido principalmente contra a Alemanha[13]. "As escaramuças políticas dos destacamentos de vanguarda travam-se no terreno financeiro", escrevia, ainda em 1905, a "personalidade" do mundo bancário [Jakob] Riesser, indicando como o capital financeiro francês preparou, com as suas operações na Itália, a aliança política desses países, como se desenvolvia a luta entre a Alemanha e a Inglaterra pela Pérsia, a luta entre todos os capitais europeus para ficarem com empréstimos chineses etc. Tal é a realidade viva das alianças "ultraimperialistas" pacíficas, ligadas indissoluvelmente aos conflitos simplesmente imperialistas.

A atenuação que Kautsky faz das contradições mais profundas do imperialismo, e que se transforma inevitavelmente em um embelezamento do imperialismo, deixa também marcas na crítica que esse escritor faz às propriedades políticas do imperialismo. O imperialismo é a época do capital financeiro e dos monopólios, que trazem consigo, em toda a parte, a tendência para a dominação, e não para a liberdade. A reação de todos os setores em qualquer regime político, a extrema intensificação das contradições também nessa esfera são o resultado dessa tendência. Intensificam-se também, particularmente, a opressão nacional e a tendência para as anexações, isto é, para a violação da independência nacional (pois a anexação não é senão a violação do direito das nações à autodeterminação). Hilferding faz notar, acertadamente, a relação entre o imperialismo e a intensificação da opressão nacional:

> "No que se refere aos países recentemente descobertos" – escreve ele – "o capital importado agrava as contradições e provoca uma crescente resistência dos povos, que

---

[12] David Jayne Hill, *A History of the Diplomacy in the International Development of Europe*, v. I, p. X.
[13] Siegmund Schilder, *Entwicklungstendenzen der Weltwirtschaft* (Berlim, F. Siemenroth, 1912), v. 1, p. 178.

despertam para uma consciência nacional, contra os intrusos; essa resistência pode transformar-se facilmente em medidas perigosas contra o capital estrangeiro. Revolucionam-se radicalmente as velhas relações sociais, destrói-se o isolamento agrário milenário das "nações à margem da história", que se veem arrastadas para o turbilhão capitalista. O próprio capitalismo, pouco a pouco, dá aos submetidos meios e processos para sua libertação. E as referidas nações formulam o objetivo que em outros tempos foi o mais elevado entre as nações europeias: a criação de um Estado nacional único como instrumento de liberdade econômica e cultural. Esse movimento pela independência ameaça o capital europeu nas suas zonas de exploração mais preciosas, que prometem as perspectivas mais brilhantes, e o capital europeu só pode manter a dominação aumentando continuamente as suas forças militares".[14]

A isso há de se acrescentar que não só nos países recém-descobertos, mas também nos velhos, o imperialismo conduz às anexações, à intensificação da opressão nacional e, por conseguinte, intensifica também a resistência. Ao negar que o imperialismo intensifica a reação política, Kautsky conserva na sombra a questão particularmente importante da impossibilidade de se manter uma unidade com os oportunistas na época do imperialismo. Ao negar as anexações, ele dá aos seus argumentos uma forma tal que a torna mais inofensiva e mais aceitável para os oportunistas. Ele dirige-se diretamente à audiência alemã e, contudo, oculta precisamente o mais essencial e o mais atual, por exemplo, que a Alsácia-Lorena foi anexada pela Alemanha. Para apreciar essa "aberração mental" de Kautsky, tomemos um exemplo. Suponhamos que um japonês condena a anexação das Filipinas pelos americanos. Pode-se perguntar: serão muitos os que atribuem isso à oposição feita às anexações em geral, e não ao desejo do Japão de anexar ele próprio as Filipinas? E não será de admitir que a "luta" do japonês contra as anexações só pode ser sincera e politicamente honesta no caso de erguer-se também contra a anexação da Coreia pelo Japão, de reivindicar a liberdade da Coreia de separar-se do Japão?

Tanto a análise teórica do imperialismo quanto Kautsky e sua crítica econômica, e também política, do imperialismo *encontram-se* totalmente impregnados de um espírito absolutamente incompatível com o marxismo, que oculta e lima as contradições mais essenciais, impregnadas da tendência para manter a todo custo a unidade em desintegração com o oportunismo no movimento operário europeu.

---

[14] Rudolf Hilferding, *Finansovyĭ kapital*, cit., p. 487.

O lugar do imperialismo na história

Vimos que o imperialismo é, pela sua essência econômica, o capitalismo monopolista. Isso já determina o lugar do imperialismo na história, pois o monopólio, que cresce com base na livre concorrência e, mais precisamente, da livre concorrência, é a transição do capitalismo para uma estrutura econômica e social mais elevada. Há de se assinalar particularmente quatro tipos principais de monopólio ou principais manifestações do capitalismo monopolista característicos do período a que nos referimos.

Primeiro, o monopólio surge da concentração da produção em um estágio muito elevado do seu desenvolvimento. Formam-no as associações monopolistas dos capitalistas, os cartéis, os sindicatos e os trustes. Vimos o enorme papel que estes desempenham na vida econômica contemporânea. Nos princípios do século XX, atingiram completo predomínio nos países avançados, e, se os primeiros passos em direção à cartelização foram dados anteriormente pelos países de tarifas alfandegárias protecionistas elevadas (a Alemanha, os Estados Unidos), a Inglaterra, com o seu sistema de livre-câmbio, mostrou, embora um pouco mais tarde, este mesmo fato fundamental: o nascimento do monopólio a partir da concentração da produção.

Segundo, os monopólios estimularam a usurpação das mais importantes fontes de matérias-primas, particularmente para as indústrias fundamentais e mais cartelizadas da sociedade capitalista: a hulheira e a siderúrgica. A posse monopolista das fontes mais importantes de matérias-primas aumentou enormemente o poderio do grande capital e agudizou as contradições entre a indústria cartelizada e a não cartelizada.

Terceiro, o monopólio surgiu dos bancos. Estes passaram de modestas empresas intermediárias a monopolistas do capital financeiro. Alguns dos três ou cinco grandes bancos de cada uma das nações capitalistas mais avançadas realizaram a "união pessoal" do capital industrial e bancário, e concentraram em suas mãos somas de bilhões e bilhões, que constituem a maior parte dos capitais e dos rendimentos em dinheiro de todo o país. A oligarquia financeira, que tece uma densa rede de relações de dependência entre todas as instituições econômicas e políticas da sociedade burguesa contemporânea, sem exceção, é a manifestação mais evidente desse monopólio.

Quarto, o monopólio nasceu da política colonial. Aos numerosos "velhos" motivos da política colonial, o capital financeiro acrescentou a luta pelas fontes de matérias-primas, pela exportação de capitais, pelas "esferas de influência" – isto é, as esferas de transações lucrativas, de concessões, de lucros monopolistas etc. – e, finalmente, pelo território econômico em geral. Quando as colônias das potências europeias na África, por exemplo, representavam a décima parte desse continente, como acontecia ainda em 1876, a política colonial podia desenvolver-se de uma forma não monopolista, pela "livre conquista", poder-se-ia dizer, de territórios. Mas quando $^9/_{10}$ da África estavam já ocupados (por volta de 1900), quando todo o mundo estava já repartido, começou inevitavelmente a era da posse monopolista das colônias e, por conseguinte, de luta particularmente aguda pela divisão e pela partilha do mundo.

É geralmente conhecido até que ponto o capitalismo monopolista agudizou todas as contradições do capitalismo. Basta indicar a carestia da vida e a opressão dos cartéis. Essa agudização das contradições é a força motriz mais poderosa do período histórico de transição, que se iniciou com a vitória definitiva do capital financeiro mundial.

Os monopólios, a oligarquia, a tendência para a dominação em vez da tendência para a liberdade, a exploração de um número cada vez maior de nações pequenas ou fracas por um punhado de nações riquíssimas ou muito fortes – tudo isso originou os traços distintivos do imperialismo, que obrigam a qualificá-lo de capitalismo parasitário ou em estado de decomposição. Cada vez se manifesta com maior relevo, como uma das tendências do imperialismo, a formação de "Estados-rentistas", de Estados usurários, cuja burguesia vive cada vez mais à custa da exportação de capitais e do "corte de cupons". Seria um erro pensar que essa tendência para a decomposição exclui o rápido crescimento do capitalismo. Não; certos ramos industriais, certos setores da burguesia, certos países manifestam, na época do imperialismo, com maior ou menor intensidade, quer uma, quer outra dessas tendências. No seu conjunto, o capitalismo cresce com uma rapidez incomparavelmente maior do que antes, mas esse crescimento não só é cada vez mais desigual, como a desigualdade se manifesta também, de modo particular, na decomposição dos países mais ricos em capital (Inglaterra).

No que se refere à rapidez do desenvolvimento econômico da Alemanha, Riesser, autor de uma investigação sobre os grandes bancos alemães, diz:

> O progresso não demasiado lento da época precedente (1848 a 1870) está, em relação ao rápido desenvolvimento de toda a economia na Alemanha e, em particular, dos seus bancos na época atual (1870 a 1905), aproximadamente na mesma proporção que as diligências dos bons e velhos tempos relativamente ao automóvel moderno, o

qual se desloca a tal velocidade que representa um perigo para o transeunte despreocupado e para as próprias pessoas que vão no automóvel.

Por sua vez, esse capital financeiro que cresceu com uma rapidez tão extraordinária, precisamente porque cresceu tão rápido, não tem qualquer inconveniente em passar a uma posse mais "tranquila" das colônias, as quais devem ser conquistadas, não só por meios pacíficos, pelas nações mais ricas. E, nos Estados Unidos, o desenvolvimento econômico tem sido, nesses últimos decênios, ainda mais rápido do que na Alemanha, e é precisamente *graças a* essa circunstância que os traços parasitários do capitalismo americano contemporâneo ressaltam com particular relevo. Por outro lado, uma comparação entre a burguesia republicana americana e a burguesia monárquica japonesa ou alemã mostra que as maiores diferenças políticas se atenuam ao máximo na época do imperialismo; e não porque essa diferença não é importante em geral, mas porque em todos esses casos trata-se de uma burguesia com traços definidos de parasitismo.

A obtenção de elevados lucros monopolistas pelos capitalistas de um entre muitos ramos da indústria, de um entre muitos países etc. oferece-lhes a possibilidade econômica de subornar certos setores operários e, temporariamente, uma minoria bastante considerável desses últimos, atraindo-os para o "lado" da burguesia desse ramo ou dessa nação, contra todos os outros. O acentuado antagonismo das nações imperialistas pela partilha do mundo aprofunda essa tendência. Assim se cria a ligação entre o imperialismo e o oportunismo, que se manifestou primeiro e de forma mais clara na Inglaterra, devido ao fato de vários dos traços imperialistas de desenvolvimento aparecerem aqui muito antes do que em outros países. Alguns escritores, por exemplo L. Mártov, gostam de negar o fato de que há uma ligação entre o imperialismo e o oportunismo no movimento operário – fato que salta agora aos olhos com particular evidência – por meio de argumentos impregnados de "otimismo burocrata" (no espírito de Kautsky e [Camille] Huysmans) do seguinte tipo: não haveria esperança para a causa dos adversários do capitalismo se justamente o capitalismo avançado conduzisse ao reforço do oportunismo ou se justamente os operários mais bem remunerados mostrassem inclinação para o oportunismo e assim por diante. Não nos deixemos enganar quanto à significação deste "otimismo": é um otimismo em relação ao oportunismo, é um otimismo empregado para encobrir o oportunismo. Na realidade, a particular rapidez e o caráter particularmente repulsivo do desenvolvimento do oportunismo não lhe garantem em absoluto uma vitória sólida, do mesmo modo que a rapidez de desenvolvimento de um tumor maligno em um corpo só pode contribuir para que o referido tumor rebente mais cedo, livrando-se assim dele o organismo. O maior perigo, nesse sentido, são as pessoas que não querem compreender que a luta contra o imperialismo é uma frase oca e falsa se não for indissoluvelmente ligada à luta contra o oportunismo.

De tudo o que dissemos sobre a essência econômica do imperialismo deduz-se que se deve qualificá-lo de capitalismo de transição ou, mais propriamente, de capitalismo agonizante. Nesse sentido, é extremamente instrutivo que os termos mais usuais que os economistas burgueses empregam ao descrever o capitalismo moderno são: "entrelaçamento", "ausência de isolamento" etc.; os bancos são "empresas que, pelos seus fins e pelo seu desenvolvimento, não têm um caráter de economia privada pura, mas cada vez mais vão saindo da esfera da regulação da economia puramente privada". E esse mesmo Riesser, a quem pertencem essas últimas palavras, declara, com a maior seriedade do mundo, que as "profecias" dos marxistas a respeito da "socialização" "não se cumpriram"!

O que representa então esta palavrinha "entrelaçamento"? Exprime unicamente o traço que mais salta aos olhos do processo que se está desenvolvendo diante de nós. Ela mostra que o observador conta as árvores e não vê o bosque. Copia servilmente o exterior, o acidental, o caótico. Indica que o observador é um homem esmagado pelos materiais em bruto e que não compreende nada do seu sentido e significação. "Entrelaçam-se acidentalmente" a posse de ações, as relações entre os proprietários particulares. Mas o que constitui o fundo desse entrelaçamento? O que se encontra por trás dele são as relações sociais de produção que mudam continuamente. Quando uma grande empresa se transforma em empresa gigante e organiza sistematicamente, apoiando-se em um cálculo exato de uma grande massa de dados, o abastecimento de $2/3$ ou $3/4$ das matérias-primas necessárias a uma população de várias dezenas de milhões; quando se organiza sistematicamente o transporte dessas matérias-primas para os pontos de produção mais cômodos, que se encontram por vezes separados por centenas e milhares de quilômetros; quando, a partir de um centro, se dirige a transformação sucessiva do material, em todas as suas diversas fases, até obter as numerosas espécies de produtos manufaturados; quando a distribuição desses produtos se efetua segundo um plano único a dezenas e centenas de milhões de consumidores (venda de petróleo na América e na Alemanha pelo truste do "petróleo americano"), então se percebe com evidência que nos encontramos perante uma socialização de produção, e não perante um simples "entrelaçamento"; percebe-se que as relações de economia e de propriedade privadas constituem um invólucro que não corresponde já ao conteúdo, que esse invólucro deve inevitavelmente se decompor se a sua supressão for adiada artificialmente, que pode permanecer em estado de decomposição durante um período relativamente longo (no pior dos casos, se a cura do tumor oportunista se prolongar demasiado), mas que, de qualquer modo, será inelutavelmente suprimido.

[Gerhart von] Schulze-Gaevernitz, admirador entusiasta do imperialismo alemão, exclama:

> Se, no fim das contas, a direção dos bancos alemães se encontra nas mãos de uma dúzia de pessoas, a sua atividade é já, atualmente, mais importante para o bem público do que a atividade da maioria dos ministros (neste caso é mais vantajoso esquecer o "entrelaçamento" existente entre banqueiros, ministros, industriais, *rentiers* etc.). [...] Se refletirmos até o fim sobre o desenvolvimento das tendências que apontamos, chegamos à seguinte conclusão: o capital-dinheiro da nação está unido nos bancos; os bancos estão unidos entre si no cartel; o capital da nação, que procura a maneira de ser aplicado, tomou a forma de títulos de valor. Então se cumprem as palavras geniais de [Claude-Henri de] Saint-Simon: "A anarquia atual da produção, consequência do fato de as relações econômicas se desenvolverem sem uma regulação uniforme, deve dar lugar à organização da produção. A produção não será dirigida por empresários isolados, independentes uns dos outros, que ignoram as necessidades econômicas das pessoas: a produção se encontrará nas mãos de uma instituição social determinada. O comitê central de administração, que terá a possibilidade de observar a vasta esfera da economia social de um ponto de vista mais elevado, irá regulá-la da maneira mais útil para toda a sociedade, entregará os meios de produção nas mãos apropriadas para isso e se preocupará, sobretudo, com a existência de uma harmonia constante entre a produção e o consumo. Existem instituições que incluíram entre os seus fins uma determinada organização da atividade econômica: os bancos". Estamos ainda longe do cumprimento dessas palavras de Saint-Simon, mas nos encontramos já em vias de consegui-lo: "será um marxismo diferente do que Marx imaginava, mas diferente apenas na forma".[15]

Não há dúvida: excelente "refutação" de Marx, que dá um passo atrás, que retrocede da análise científica exata de Marx para a conjectura – ainda que genial, mas, mesmo assim, conjectura – de Saint-Simon.

---

[15] *Grundriss der Sozialökonomik*, p. 146. [Parênteses de Lênin. (N. E.)]

11
O Estado e a revolução

Escrito por Lênin entre agosto e setembro de 1917, em meio às perseguições do governo provisório encabeçado por Alexander Kerensky, o livro *O Estado e a revolução: a doutrina do marxismo sobre o Estado e as tarefas do proletariado* é o mais relevante estudo sobre o caráter do Estado desde as obras de Karl Marx e Friedrich Engels. Lênin desbravou página a página os escritos dos fundadores do marxismo sobre o Estado, notadamente *A origem da família, do Estado e da propriedade privada*, de Engels, e *A guerra civil na França*, de Marx.

A elaboração desse livro remonta às polêmicas no seio do partido bolchevique, em 1916, com base nas quais Lênin confeccionou os cadernos conhecidos como *O marxismo acerca do Estado* e organizou inúmeras citações de Marx, Engels, Karl Kautsky, Anton Pannekoek e Eduard Berstein, com suas observações e críticas, que se tornariam a base de *O Estado e a revolução*.

A obra só foi publicada em 1918. Na segunda edição russa, lançada em 1919, Lênin revisou e ampliou o volume, dando a ele sua forma final, e é dessa edição atualizada que foi traduzido o quinto capítulo, "As condições econômicas do definhamento do Estado" [Экономические основы отмирания государства (*Ekonomítchieskie osnóvye otmiránia gossudárstva*)]. Esta tradução, feita pelo jornalista e fundador do trotskismo brasileiro Aristides Lobo, originalmente publicada pela Editorial Unitas, tem como base a edição lançada pela editora Hucitec (São Paulo, 1987) e foi-nos gentilmente cedida pelo editor Flávio Aderaldo. Para esta edição, foi revisada e cotejada diretamente com o russo, por Paula Almeida.

As condições econômicas do definhamento do Estado

O estudo mais circunstanciado dessa questão foi feito por Marx em sua *Crítica do Programa de Gotha* (carta a [Wilhelm] Bracke, de 5 de maio de 1875, publicada somente em 1891, na *Neue Zeit*, v. IX, fasc. 1, e que saiu em russo em uma edição separada)[1]. A parte polêmica dessa obra notável, que contém a crítica do lassallianismo, obscureceu, por assim dizer, sua parte positiva, mais especificamente: a análise da conexão entre o desenvolvimento do comunismo e o definhamento do Estado.

1. A explanação de Marx

Comparando superficialmente a carta de Marx a Bracke, de 5 de maio de 1875, com a carta de Engels a Bebel, de 28 de março de 1875[2], anteriormente examinada[3], pode parecer que Marx é muito mais "estadista" que Engels e que os dois escritores têm sobre o Estado ideias sensivelmente diferentes.

Engels convida Bebel a deixar de tagarelar a respeito do Estado e a banir completamente do programa a palavra "Estado", para substituí-la pela palavra "comunidade"; Engels chega a dizer que a Comuna já não é um Estado no sentido próprio da palavra. Ao contrário, Marx fala do "Estado na sociedade comunista futura", ou seja, como se reconhecesse a necessidade do Estado mesmo no regime comunista.

No entanto, um ponto de vista como esse estaria fundamentalmente errado. Um estudo mais atento mostra que as ideias de Marx e de Engels a respeito do Estado e do seu definhamento são absolutamente idênticas, e que a expressão de Marx aplica-se justamente a um Estado *em vias de definhamento*.

Não se trata, evidentemente, de marcar um prazo para esse "definhamento" *futuro*, tanto mais que ele constitui um processo de longa duração. A divergência aparente entre Marx e Engels explica-se pela diferença dos assuntos tratados e dos objetivos perseguidos. Engels propõe-se demonstrar a Bebel, de modo palpável e

---

[1] Karl Marx, *Crítica do Programa de Gotha* (São Paulo, Boitempo, 2012), p. 19-22. (N. E.)
[2] Ibidem, p. 51-9. (N. E.)
[3] "Friedrich Engels a August Bebel", em idem. Lênin analisa mais detidamente esse texto no capítulo IV, "Esclarecimentos complementares de Engels", do livro *O Estado e a revolução*. (N. E.)

incisivo, a largos traços, todo o absurdo dos preconceitos correntes (partilhados em elevado grau por Lassalle) a respeito do Estado.

Marx apenas toca de passagem *nessa* questão, interessando-se por outro assunto: o *desenvolvimento* da sociedade comunista.

Toda a teoria de Marx é a aplicação da teoria da evolução – na sua forma mais lógica, mais completa, mais refletida e mais substancial – ao capitalismo contemporâneo. Naturalmente, colocou-se para Marx o problema da aplicação dessa teoria à falência *iminente* do capitalismo e ao desenvolvimento *futuro* do comunismo *futuro*.

Em que *dados* podemos nos basear para pôr a questão do desenvolvimento futuro do comunismo futuro?

No fato de que ele *é resultado* do capitalismo, um desenvolvimento histórico do capitalismo, que é obra da força social *engendrada* pelo capitalismo. Em Marx, não há sequer o vestígio de um intento que leve à utopia, a procura inútil por adivinhar aquilo que não se pode saber. Marx põe a questão do comunismo como um naturalista poria, por exemplo, a questão da evolução de uma nova espécie biológica, uma vez conhecidas a sua origem e a linha de seu desenvolvimento.

Marx começa por desfazer a confusão trazida pelo Programa de Gotha na questão das relações entre o Estado e a sociedade. Escreve ele:

> A "sociedade atual" é a sociedade capitalista, que, em todos os países civilizados, existe mais ou menos livre dos elementos medievais, mais ou menos modificada pelo desenvolvimento histórico particular de cada país, mais ou menos desenvolvida. O "Estado atual", ao contrário, muda juntamente com os limites territoriais do país. No Império prussiano-alemão, o Estado é diferente daquele da Suíça; na Inglaterra, ele é diferente daquele dos Estados Unidos. "O Estado atual" é uma ficção.[4]

No entanto, a despeito da diversidade das suas formas, os diferentes Estados dos diferentes países civilizados têm todos em comum o fato de repousarem no solo da moderna sociedade burguesa, apenas mais ou menos desenvolvida do ponto de vista capitalista. Certos traços essenciais lhes são, por isso, comuns. É nesse sentido que se pode falar em "Estado atual", tomado em sua expressão genérica, para contrastar com o futuro, em que a sociedade burguesa, que atualmente lhe serve de raiz, cessa de existir.

---

[4] Karl Marx, "Glosas marginais ao programa do partido alemão", em *Crítica do Programa de Gotha*, cit., p. 42. (N. E.)

A questão que se coloca, então, é esta: que transformação sofrerá o Estado em uma sociedade comunista? Em outras palavras: que funções sociais se manterão análogas às funções do Estado? Essa questão só pode ser resolvida pela ciência, e não é associando de mil maneiras a palavra "povo" com a palavra "Estado" que se fará avançar o problema nem uma polegada sequer[5].

Ridicularizando, assim, todo esse bate-boca sobre o "Estado popular", Marx precisa a questão e, de algum modo, previne que só é possível resolvê-la cientificamente quando existem dados solidamente estabelecidos.

O primeiro ponto solidamente estabelecido pela teoria da evolução e, mais geralmente, pela ciência – ponto esquecido pelos utopistas e, em nossos dias, pelos oportunistas que a revolução social amedronta – é que entre o capitalismo e o comunismo deverá intercalar-se, necessariamente, um *período* de transição histórica.

2. A transição do capitalismo para o comunismo

> "Entre a sociedade capitalista e a comunista" – continua ele – "situa-se o período da transformação revolucionária de uma na outra. A ele corresponde também um período político de transição, cujo Estado não pode ser senão a *ditadura revolucionária do proletariado*".[6]

Essa conclusão de Marx repousa sobre a análise do papel desempenhado pelo proletariado na sociedade capitalista, sobre a evolução dessa sociedade e a incompatibilidade dos interesses do proletariado e da burguesia.

Antigamente, a questão era posta assim: para conseguir emancipar-se, o proletariado deve derrubar a burguesia, apoderar-se do poder político, estabelecer a sua ditadura revolucionária.

Agora, a questão se põe de modo um pouco diferente: a passagem da sociedade capitalista, que se desenvolve em direção ao comunismo, para a sociedade comunista é impossível sem um "período de transição política" em que o Estado não pode ser outra coisa senão a ditadura revolucionária do proletariado.

Quais as relações dessa ditadura com a democracia?

Já vimos que o *Manifesto Comunista* aproxima simplesmente as duas noções uma da outra: "elevação do proletariado a classe dominante" e "conquista da demo-

---

[5] Ibidem, p. 43. (N. E.)
[6] Idem. (N. E.)

cracia"⁷. Inspirando-nos em tudo o que precede, podemos determinar de forma mais precisa as transformações que a democracia sofrerá durante a transição do capitalismo para o comunismo.

A sociedade capitalista, considerada nas suas mais favoráveis condições de desenvolvimento, oferece-nos uma democracia mais ou menos completa na República democrática. Mas essa democracia é sempre comprimida no quadro estreito da exploração capitalista e, por isso, sempre permanecerá, no fundo, a democracia de uma minoria, apenas para as classes possuidoras, apenas para os ricos. A liberdade na sociedade capitalista continua sempre a ser, mais ou menos, o que foi nas repúblicas da Grécia antiga: uma liberdade de senhores de escravos. Os escravos assalariados de hoje, em consequência da exploração capitalista, vivem de tal forma acabrunhados pelas necessidades e pela miséria que nem tempo têm para se ocupar de "democracia" ou de "política"; no curso normal e pacífico das coisas, a maioria da população encontra-se afastada da vida sociopolítica.

A correção dessa afirmação pode ser confirmada com rara evidência pela Alemanha, justamente porque nesse Estado a legalidade constitucional manteve-se com uma constância e uma duração surpreendentes durante quase meio século (1871--1914), e a social-democracia, durante esse período, soube, muito melhor que os outros países, "tirar proveito dessa legalidade" para organizar um grande número de trabalhadores em um partido político de modo muito mais considerável que em qualquer outra parte do mundo.

E qual é, nesse país, a proporção de escravos assalariados politicamente conscientes e ativos, proporção que é a mais elevada na sociedade capitalista? De 15 milhões de operários assalariados, 1 milhão pertence ao Partido Social-Democrata! De 15 milhões, 3 milhões são sindicalizados!

A democracia para uma ínfima minoria, a democracia para os ricos – tal é a democracia da sociedade capitalista. Se observarmos mais de perto o mecanismo da democracia capitalista, só veremos, sempre e por toda parte, restrições ao princípio democrático, nos "menores", alegadamente os menores, detalhes da legislação eleitoral (censo domiciliário, exclusão das mulheres etc.), assim como no funcionamento das assembleias representativas, nos obstáculos de fato ao direito de reunião (os edifícios públicos não são para os "maltrapilhos"), na estrutura pura-

---

[7] Karl Marx e Friedrich Engels, *Manifesto Comunista*, 1. ed. rev., São Paulo, Boitempo, 2010, p. 58. (N. E.)

mente capitalista da imprensa diária e assim por diante e adiante. Essas limitações, exceções, exclusões e obstáculos para os pobres parecem insignificantes, principalmente para aqueles que nunca conheceram a necessidade e nunca conviveram com as classes oprimidas nem conheceram de perto a sua vida (e nesse caso estão os nove décimos, senão os noventa e nove centésimos dos publicistas e dos políticos burgueses); mas, totalizadas, essas restrições eliminam os pobres da política e da participação ativa na democracia.

Marx captou de modo esplêndido esse *traço* da democracia capitalista, ao dizer em sua análise da experiência da Comuna: os oprimidos, uma vez a cada alguns anos, são autorizados a decidir qual, entre os membros da classe dominante, será o que, no Parlamento, os representará e esmagará![8]

Mas a passagem dessa democracia capitalista – inevitavelmente mesquinha, que exclui sorrateiramente os pobres e, por consequência, é hipócrita e mentirosa – "para uma democracia cada vez mais perfeita" não se opera tão simples nem tão comodamente como o imaginam os professores liberais e os oportunistas pequeno-burgueses. Não. O progresso, isto é, a evolução para o comunismo, opera-se por meio da ditadura do proletariado, e não poderia ser diferente, pois não há outro agente e outro meio para *quebrar a resistência* dos capitalistas exploradores.

Mas a ditadura do proletariado, isto é, a organização de vanguarda dos oprimidos em classe dominante para o esmagamento dos opressores, não pode limitar-se, pura e simplesmente, a um alargamento da democracia. *Ao mesmo tempo* que produz uma considerável ampliação da democracia, que se torna *pela primeira vez* a democracia dos pobres, a do povo e não mais apenas a da gente rica, a ditadura do proletariado traz uma série de restrições à liberdade dos opressores, dos exploradores, dos capitalistas. Devemos reprimir-lhes a atividade para libertar a humanidade da escravidão assalariada, devemos quebrar a sua resistência pela força; ora, é claro que onde há esmagamento, onde há violência, não há liberdade, não há democracia.

Engels o disse perfeitamente, em sua carta a Bebel, ao escrever, como o leitor se recorda: "enquanto o proletariado ainda faz uso do Estado, ele o usa não no interesse da liberdade, mas para submeter seus adversários e, a partir do momento em que se pode falar em liberdade, o Estado deixa de existir como tal"[9].

---

[8] Ver Karl Marx, *A guerra civil na França* (São Paulo, Boitempo, 2011), p. 58. (N. E.)
[9] "Friedrich Engels a August Bebel", cit., p. 56. (N. E.)

A democracia para a imensa maioria do povo e a repressão, pela força, da atividade dos exploradores, dos opressores do povo, ou seja, a sua exclusão da democracia — eis a transformação que sofre a democracia no período de *transição* do capitalismo ao comunismo.

Só na sociedade comunista, quando a resistência dos capitalistas estiver perfeitamente quebrada, quando os capitalistas tiverem desaparecido e já não houver classes (isto é, quando não houver mais distinções entre os membros da sociedade em relação à produção), *só* então é que "o Estado deixará de existir e *será possível falar de liberdade*". Só então se tornará possível e será realizada uma democracia verdadeiramente completa e cuja regra não sofrerá exceção alguma. E só então a democracia *começará* a definhar — pela simples circunstância de que, desembaraçados da escravidão capitalista, dos horrores, da selvageria, da insânia, da ignomínia sem nome da exploração capitalista, os indivíduos *se habituarão*, pouco a pouco, a observar as regras elementares da vida social, de todos conhecidas e por todos repetidas, há milênios, em todos os mandamentos, a observá-las sem violência, sem constrangimento, sem subordinação, *sem esse aparelho especial* de coação que se chama Estado.

A expressão "o Estado *definha*" é muito feliz porque exprime ao mesmo tempo a lentidão do processo e a sua espontaneidade. Só o hábito é que pode produzir esse fenômeno, e sem dúvida há de produzi-lo, pois vemos, um milhão de vezes em torno de nós, com que facilidade os homens se habituam a observar as regras indispensáveis da vida social contanto que nelas não haja exploração, e que, não havendo nada que provoque a indignação, o protesto, a revolta, nada necessitará de *repressão*.

Assim: na sociedade capitalista, nós temos uma democracia mutilada, miserável, falsificada, uma democracia só para os ricos, para a minoria. A ditadura do proletariado, período de transição para o comunismo, instituirá pela primeira vez uma democracia para o povo, para a maioria, esmagando, ao mesmo tempo, impiedosamente, a atividade da minoria, dos exploradores. Só o comunismo está em condições de realizar uma democracia realmente perfeita, e, quanto mais perfeita for, mais depressa se tornará supérflua e por si mesma se eliminará.

Em outras palavras: no regime capitalista, temos o Estado no sentido próprio da palavra, uma máquina especialmente destinada ao esmagamento de uma classe por outra, da maioria pela minoria. Compreende-se que para a realização de uma tarefa semelhante, como a repressão sistemática da atividade de uma maioria de explorados por uma minoria de exploradores, seja necessária uma crueldade, uma ferocidade extrema, sejam necessárias ondas de sangue por meio das quais a humanidade se debate na escravidão, na servidão e no assalariamento.

Mais adiante, no período de *transição* do capitalismo para o comunismo, a repressão é *ainda* necessária, mas uma maioria de explorados a exerce contra uma minoria de exploradores. O aparelho especial de repressão do "Estado" é *ainda* necessário, mas é um Estado transitório, já não Estado propriamente dito, visto que o esmagamento de uma minoria de exploradores pela maioria dos escravos assalariados *de ontem* é uma coisa relativamente tão fácil, tão simples e tão natural que custará à humanidade muito menos sangue do que a repressão das revoltas de escravos, de servos e de operários assalariados. E isso é compatível com uma democracia que abarque uma maioria tão grande da população que comece a desaparecer a necessidade de um *aparelho especial* de coação. Os exploradores, naturalmente, não estariam em condições de oprimir o povo se não tivessem uma máquina para tanto, mas *o povo* pode coagir os exploradores com uma simples "máquina", quase sem uma "máquina", sem um aparelho especial, pela simples *organização armada das massas* (de que os sovietes de deputados operários e soldados nos fornecem um exemplo, diremos nós, por antecipação).

Finalmente, só o comunismo torna o Estado inteiramente supérfluo, porque não há mais *ninguém* a coagir – "ninguém" no sentido de classe social, no sentido de que não há mais luta sistemática a levar por diante contra certa parte da população. Não somos utopistas e não negamos, de forma alguma, a possibilidade e a fatalidade de certos *excessos individuais*, como não negamos a necessidade de reprimir *tais* excessos. Mas, em primeiro lugar, não há para isso necessidade de uma máquina especial, de um aparelho especial de pressão, isso será feito pelo próprio povo armado tão simplesmente e tão facilmente como uma multidão civilizada, na sociedade atual, aparta uma briga ou se opõe a um estupro. E, em segundo lugar, nós sabemos que a principal causa dos excessos que constituem as infrações às regras da vida social é a exploração das massas, condenadas à miséria, às privações. Uma vez suprimida essa causa principal, os próprios excessos começarão, infalivelmente, a "*definhar*". Não sabemos com que presteza nem com que gradação, mas sabemos que elas irão definhar. E, com elas, *definhará* também o Estado.

Marx, sem cair na utopia, indicou mais detalhadamente aquilo que *agora* é possível saber do futuro, mais precisamente: a diferença entre as fases (níveis, etapas) inferior e superior da sociedade comunista.

3. Primeira fase da sociedade comunista

Na *Crítica do Programa de Gotha*, Marx refuta detalhadamente a ideia de Lassalle, segundo a qual o operário, sob o regime socialista, receberá o produto "intacto", o "fruto integral do seu trabalho". Marx demonstra que da totalidade do produto social é preciso deduzir o fundo de reserva, o fundo de ampliação de produção, a "amortização" da ferramenta usada etc., e, em seguida, sobre os objetos de consumo, um fundo para as despesas de administração para as escolas, os hospitais, os asilos de velhos etc.

Em lugar da fórmula imprecisa, obscura e geral de Lassalle ("o fruto integral do trabalho aos trabalhadores"), Marx estabelece o orçamento exato da gestão de uma sociedade socialista. Marx faz a análise *concreta* das condições de vida em uma sociedade liberta do capitalismo e se expressa assim:

> Nosso objeto aqui [ao analisar o programa do partido trabalhista] é uma sociedade comunista, não como ela se *desenvolveu* a partir de suas próprias bases, mas, ao contrário, como ela acaba de *sair* da sociedade capitalista, portanto trazendo de nascença as marcas econômicas, morais e espirituais herdadas da velha sociedade de cujo ventre ela saiu.[10]

É essa sociedade comunista que acaba de sair do ventre do capitalismo, que traz todas as marcas da velha sociedade, que Marx denomina de "primeira" fase ou fase inferior da sociedade comunista.

Os meios de produção deixam de ser, nesse momento, propriedade privada de indivíduos. Os meios de produção pertencem à sociedade inteira. Cada membro da sociedade, executando certa parte do trabalho socialmente necessário, recebe um certificado constatando que efetuou determinada quantidade de trabalho. Com esse certificado, ele recebe, nos armazéns públicos, uma quantidade correspondente de produtos. Feito o desconto da quantidade de trabalho destinada ao fundo social, cada operário recebe da sociedade tanto quanto lhe deu.

Reina uma "igualdade" aparente.

Mas quando, tendo em vista tal ordem social (habitualmente chamada de socialismo e que Marx chama de primeira fase do comunismo), Lassalle diz que há nela "justa repartição", aplicação do "direito igual de cada um ao produto igual do trabalho", Lassalle se engana e Marx esclarece qual é o engano dele.

---

[10] Karl Marx, "Glosas marginais ao programa do partido operário alemão", cit., p. 29. (N. E.)

O "igual direito" – diz Marx – encontramo-lo aqui, com efeito, mas esse é *ainda* o "direito burguês", o qual, como todo direito, *pressupõe uma desigualdade*. Todo direito consiste na aplicação de uma regra *única* a *diferentes* pessoas, a pessoas que, de fato, não são nem idênticas nem iguais; e, por isso, o "igual direito" equivale a uma violação da igualdade e da justiça. Na verdade, cada um recebe, por uma parte igual de trabalho social, uma parte igual da produção social (feita a dedução da quantidade destinada ao fundo social).

Ora, os indivíduos não são iguais: um é mais forte, outro mais fraco; um é casado, outro não; um tem mais filhos, outro tem menos etc. Conclui Marx:

> Pelo mesmo trabalho e, assim, com a mesma participação no fundo social de consumo, um recebe, de fato, mais do que o outro, um é mais rico do que o outro etc. A fim de evitar todas essas distorções, o direito teria de ser não igual, mas antes desigual.[11]

A primeira fase do comunismo ainda não pode, pois, realizar a justiça e a igualdade: hão de subsistir diferenças de riqueza e diferenças injustas, mas o que não poderia subsistir é a *exploração* do homem pelo homem, pois ninguém poderá mais dispor, a título de propriedade privada, *dos meios de produção*, das fábricas, das máquinas, da terra. Destruindo a fórmula confusa e pequeno-burguesa de Lassalle sobre a "desigualdade" e a "justiça" *em geral*, Marx indica *as fases pelas quais deve passar* a sociedade comunista, *obrigada*, no início, a destruir *apenas* o "injusto" açambarcamento privado dos meios de produção, mas incapaz de destruir, ao mesmo tempo, a injusta "repartição dos objetos de consumo conforme o trabalho" (e não conforme as necessidades).

Os economistas vulgares, e entre eles os professores burgueses, inclusive o "nosso" Tugan, acusam continuamente os socialistas de não levarem em conta a desigualdade dos homens e "sonharem" com a supressão dessa desigualdade. Essas censuras, como vemos, não fazem senão denunciar a extrema ignorância dos senhores ideólogos burgueses.

Marx não só leva em conta, muito precisamente, essa desigualdade inevitável, ele também tem em conta o fato de que a socialização dos meios de produção (o "socialismo", no sentido tradicional da palavra) *não suprime*, por si só, os vícios de repartição e de desigualdade do "direito burguês", que *continua a predominar* enquanto os produtos forem repartidos "conforme o trabalho".

---

[11] Ibidem, p. 31. (N. E.)

Mas essas distorções são inevitáveis na primeira fase da sociedade comunista, tal como ela surge, depois de um longo trabalho de parto, da sociedade capitalista. O direito nunca pode ultrapassar a forma econômica e o desenvolvimento cultural, por ela condicionado, da sociedade.[12]

Assim, na primeira fase da sociedade comunista (que se acostumou chamar de socialismo), o "direito burguês" *não* é abolido completamente, mas apenas em parte, na medida em que a revolução econômica foi realizada, isto é, apenas no que toca aos meios de produção. O "direito burguês" atribui aos indivíduos a propriedade privada daqueles. O socialismo faz deles propriedade *comum*. É nisso – e somente nisso – que o "direito burguês" é abolido.

Mas ele subsiste em sua outra função, subsiste como regulador (fator determinante) da repartição dos produtos e do trabalho entre os membros da sociedade. "Quem não trabalha não come", esse princípio socialista *já* está realizado; "para soma igual de trabalho, soma igual de produtos", esse outro princípio socialista já está realizado. Contudo, isso ainda não é o comunismo e ainda não abole o "direito burguês", que, a pessoas desiguais e por uma soma desigual (realmente desigual) de trabalho, atribui uma soma igual de produtos.

É uma "limitação", diz Marx, mas é uma limitação inevitável na primeira fase do comunismo, pois, a não ser que se caia na utopia, não se pode pensar que, logo que o capitalismo seja derrubado, as pessoas saberão, *sem um tipo de Estado de direito*, trabalhar para a sociedade; a abolição do capitalismo não dá, aliás, *de uma só vez*, as premissas econômicas de uma mudança *semelhante*.

Ora, não há outras normas senão as do "direito burguês". É por isso que subsiste a necessidade de um Estado que, embora conservando a propriedade comum dos meios de produção, mantém a igualdade do trabalho e a igualdade da repartição.

O Estado morre na medida em que não há mais capitalistas, em que não há mais classes e, por isso, não há mais necessidade de *esmagar* nenhuma classe.

Mas o Estado ainda não sucumbe de todo, pois ainda resta salvaguardar o "direito burguês" que consagra a desigualdade de fato. Para que o Estado definhe completamente, é necessário o advento do comunismo completo.

---

[12] Idem. (N. E.)

4. Fase superior da sociedade comunista

Marx continua:

> Numa fase superior da sociedade comunista, quando tiver sido eliminada a subordinação escravizadora dos indivíduos à divisão do trabalho e, com ela, a oposição entre trabalho intelectual e manual; quando o trabalho tiver deixado de ser mero meio de vida e tiver se tornado a primeira necessidade vital; quando, juntamente com o desenvolvimento multifacetado dos indivíduos, suas forças produtivas também tiverem crescido e todas as fontes da riqueza coletiva jorrarem em abundância, apenas então o estreito horizonte jurídico burguês poderá ser plenamente superado e a sociedade poderá escrever em sua bandeira: "De cada um segundo suas capacidades, a cada um segundo suas necessidades!".[13]

Só agora podemos apreciar toda a justeza das observações de Engels quando cobre de impiedosos sarcasmos este absurdo emparelhamento das palavras "liberdade" e "Estado". Enquanto existir Estado, não haverá liberdade. Quando houver liberdade, não haverá mais Estado.

A condição econômica da extinção completa do Estado é o comunismo elevado a tal grau de desenvolvimento que toda oposição entre o trabalho intelectual e o trabalho físico desaparecerá, desaparecendo, portanto, uma das principais fontes de desigualdade *social* contemporânea, fonte que a simples socialização dos meios de produção, a simples expropriação dos capitalistas, é absolutamente impotente para fazer secar de uma só vez.

Essa expropriação tornará *possível* uma expansão das forças produtoras. Vendo, desde já, o quanto o capitalismo *retarda* essa expansão e o quanto progresso poderia se realizar graças à técnica contemporânea já alcançada, estamos no direito de afirmar, com uma certeza absoluta, que a expropriação dos capitalistas dará infalivelmente um prodigioso impulso às forças produtoras da sociedade humana. Mas qual será o ritmo desse movimento, em que momento romperá ele com a divisão do trabalho, abolirá a oposição entre o trabalho intelectual e o trabalho físico e fará do primeiro "a primeira necessidade da existência" não sabemos *nem podemos* saber.

Por isso, não temos o direito de falar senão do definhamento inevitável do Estado, acentuando que a duração desse processo depende do ritmo em que se desenrolar a fase *superior* do comunismo e mantendo inteiramente aberta a

---

[13] Ibidem, p. 31-2. (N. E.)

questão do momento e das formas concretas do definhamento, pois *não temos material que nos permita resolvê-la*.

O Estado poderá desaparecer completamente quando a sociedade tiver realizado o princípio "De cada um segundo suas capacidades, a cada um segundo suas necessidades", isto é, quando se estiver tão habituado a observar as regras primordiais da vida social e o trabalho tiver se tornado tão produtivo que toda gente trabalhará voluntariamente conforme sua capacidade. "O estreito horizonte jurídico burguês", que me obriga a calcular, com a crueldade de um Shylock, se eu não teria trabalhado meia hora a mais que o outro, se eu não teria recebido um salário menor que o do outro, é um horizonte estreito que será então ultrapassado. A repartição dos produtos não mais exigirá que a sociedade destine a cada um a parte de produtos que lhe cabe; cada um será livre para ter "segundo suas necessidades".

Do ponto de vista burguês, é fácil chamar de "pura utopia" tal regime social e escarnecer malignamente os socialistas que prometem a cada um, sem qualquer controle do seu trabalho, tanto quanto quiser de trufas, de automóveis, de pianos etc. É com zombarias malignas dessa espécie que ainda hoje se sai de apuros a maioria dos "sábios" burgueses, que não fazem com isso senão mostrar a sua ignorância e a sua devoção interesseira pelo capitalismo.

A sua ignorância, sim, pois nem um só socialista se lembrou de "profetizar" o advento da fase superior do comunismo, e a *previsão* dos grandes socialistas de que ela virá é porque supõem uma produtividade do trabalho muito diferente da de hoje, assim como um homem muito diferente *do de hoje*, o qual é "capaz" de – como os seminaristas de Pomialovski – desperdiçar, a torto e a direito, as riquezas públicas e de exigir o impossível.

Até a chegada a essa fase "superior" do comunismo, os socialistas exigem a fiscalização *rigorosa* do trabalho e do consumo pela sociedade e pelo *Estado*; mas essa fiscalização deve *começar* pela expropriação dos capitalistas e ser exercida pelo Estado *dos operários armados*, e não pelo Estado dos funcionários.

A defesa interesseira do capitalismo pelos ideólogos burgueses (e sua camarilha, gênero Tsereteli, Tchernov & cia.) consiste precisamente em *escamotear*, com discussões e frases sobre um futuro longínquo, a questão essencial da política *de hoje*: a expropriação dos capitalistas, a transformação de *todos os* cidadãos em trabalhadores, empregados de *um mesmo* grande "sindicato de produção", mais precisamente: o Estado, e a inteira subordinação de todo o trabalho desse sindicato a um Estado verdadeiramente democrático, *o Estado dos sovietes dos deputados operários e soldados*.

No fundo, quando um sábio professor e, atrás dele, o bom público e, com eles, Tchernov e Tsereteli falam sobre as insensatas utopias e as promessas demagógicas dos bolcheviques, e declaram impossível a "instauração" do socialismo, o que eles têm em vista é precisamente essa fase superior do comunismo, que ninguém nunca prometeu, como nunca mesmo sonhou em "instaurar", pela razão de que isso é impossível.

Abordamos aqui a questão da distinção científica entre o socialismo e o comunismo, questão tocada por Engels na passagem precedentemente citada sobre a impropriedade da denominação "social-democrata". Politicamente, a diferença entre a primeira fase, ou fase inferior, e a fase superior do comunismo se tornará, com o tempo, sem dúvida, enorme, mas, atualmente, em um regime capitalista, seria ridículo fazer caso dela, e só alguns anarquistas podem colocá-la em primeiro plano (se é que ainda existem, entre os anarquistas, pessoas a quem nada ensinou a metamorfose "à maneira de Plekhánov" dos Kropotkin, dos Grave, dos Cornelissen e outros "ases" do anarquismo em sociais-chauvinistas ou em anarcotrincheiristas, conforme a expressão de Gay, um dos raros anarquistas que conservaram a honra e a consciência).

Mas a diferença científica entre o socialismo e o comunismo é clara. Ao que se costuma chamar de socialismo, Marx chamou de a "primeira" fase ou fase inferior da sociedade comunista. Na medida em que os meios de produção se tornam propriedade *comum*, pode aplicar-se a palavra "comunismo", contanto que não se esqueça de que esse *não* é um comunismo completo. O grande mérito da exposição de Marx é também continuar fiel à dialética materialista e à teoria da evolução, considerando o comunismo como alguma coisa que nasce *do* capitalismo, por via de desenvolvimento. Em lugar de se apegar a definições escolásticas, "artificiais", e a disputas estéreis sobre as palavras (o que é o socialismo, o que é o comunismo), Marx analisa o que se poderia chamar de graus da maturidade econômica do comunismo.

Em sua primeira fase, em seu primeiro estágio, o comunismo *não* pode estar ainda em plena maturação econômica, completamente libertado das tradições ou dos vestígios do capitalismo. Daí, esse fato interessante de se continuar prisioneiro do "estreito horizonte jurídico *burguês*" – sob o comunismo em sua primeira fase. O direito burguês, no que concerne à repartição dos bens de *consumo*, pressupõe, evidentemente, um *Estado burguês*, pois o direito não é nada sem um aparelho capaz de *impor* a observação de suas normas.

Acontece que não só o direito burguês subsiste no comunismo durante certo tempo, mas até o Estado burguês – sem a burguesia!

Pode parecer que isso seja um paradoxo ou um simples quebra-cabeça, e essa censura é frequentemente feita ao marxismo por pessoas que nunca se deram ao trabalho de estudar, por pouco que fosse, sua substância extraordinariamente profunda.

Na verdade, a vida nos mostra a cada passo, na natureza e na sociedade, que os vestígios do passado subsistem no presente. Não foi arbitrariamente que Marx introduziu um pouco de direito "burguês" no comunismo, e ele não fez mais do que constatar o que, econômica e politicamente, é inevitável em uma sociedade saída *do ventre* do capitalismo.

A democracia tem uma enorme importância na luta da classe operária por sua emancipação. Mas a democracia não é um limite que não possa ser ultrapassado, e sim uma etapa no caminho que vai do feudalismo ao capitalismo e do capitalismo ao comunismo.

Democracia implica igualdade. Compreende-se a importância da luta do proletariado pela igualdade e pelo próprio princípio de igualdade, contanto que sejam compreendidos como convém, no sentido da supressão *das classes*. Mas democracia quer dizer apenas igualdade *formal*. E, logo após a realização da igualdade de todos os membros da sociedade quanto ao gozo dos meios de produção, isto é, a igualdade do trabalho e do salário, então se erguerá, fatalmente, perante a humanidade, o problema do progresso seguinte, o problema da passagem da igualdade formal à igualdade real, ou seja, baseada no seguinte princípio: "De cada um segundo suas capacidades, a cada um segundo suas necessidades!". Por que etapas, por que medidas práticas a humanidade atingirá esse objetivo ideal não o sabemos nem podemos sabê-lo. Mas o que importa é ver a imensa mentira contida na ideia burguesa de que o socialismo é algo morto, rígido, estabelecido de uma vez por todas, quando, na realidade, *só* o socialismo colocará em marcha, em ritmo acelerado, *a maioria* da população, primeiro, e, depois, a população inteira, em todos os domínios da vida coletiva e da vida privada.

A democracia é uma das formas, uma das variantes do Estado. Por consequência, como todo Estado, ela é o exercício organizado, sistemático, da coação sobre os homens. Isso, por um lado. Mas, por outro lado, é ela o reconhecimento formal da igualdade entre os cidadãos, do direito igual de todos de determinar a forma do Estado e administrá-lo. Segue-se que, a certa altura do seu desenvolvimento, a democracia levanta, logo de início, contra o capitalismo, a classe revolucionária do proletariado e lhe fornece os meios de quebrar, de reduzir a migalhas, de aniquilar a máquina burguesa do Estado, mesmo a da burguesia republicana, o exército permanente, a polícia, o funcionalismo, e de substituir tudo isso por uma máquina *mais* democrática, mas que nem por isso é menos uma máquina de Estado, constituída pelas massas operárias armadas, preparando a organização de todo o povo em milícias.

Aqui, "a quantidade se transforma em qualidade": chegada a *esse* grau, a democracia sai dos quadros da sociedade burguesa e começa a evoluir para o socialismo. Se *todos os* homens tomam realmente parte na gestão do Estado, o capitalismo não pode mais se manter. E o desenvolvimento do capitalismo, por sua vez, cria *as premissas necessárias* para que "todos" *possam*, de fato, tomar parte na gestão do Estado. Essas premissas são, entre outras, a instrução universal, já realizada na maior parte dos países capitalistas avançados, e, depois, "a educação e a disciplina" de milhões de operários pelo imenso aparelho, complicado e já socializado, do correio, das estradas de ferro, das grandes fábricas, do grande comércio, dos bancos etc. etc.

Com tais premissas *econômicas*, é totalmente impossível derrubar, de um dia para o outro, os capitalistas e os funcionários, e substituí-los, no *controle* da produção e da repartição, no *recenseamento* do trabalho e dos produtos, pelos operários armados, pelo povo inteiro em armas. (É preciso não confundir a questão do controle e do recenseamento com a questão do pessoal técnico, engenheiros, agrônomos etc.: esses senhores trabalham, hoje, sob as ordens dos capitalistas; trabalharão melhor ainda sob as ordens dos operários armados.)

Recenseamento e controle – eis as *principais* condições necessárias para o funcionamento "regular" da primeira fase da sociedade comunista. *Todos* os cidadãos se transformam em empregados assalariados do Estado, personificado, por sua vez, pelos operários armados. *Todos* os cidadãos se tornam empregados e operários de *um só* "sindicato" nacional do Estado. Trata-se apenas de conseguir que *eles* trabalhem uniformemente, que observem a mesma medida de trabalho e recebam um salário uniforme. Essas operações de recenseamento e de controle foram antecipadamente *simplificadas* em extremo pelo capitalismo, que as reduziu a formalidades de fiscalização e de inscrição, a operações de aritmética e à entrega de recibos, que são, todas, coisas acessíveis a quem quer que saiba ler e escrever[14].

Quando *a maioria* do povo efetuar, por si mesma e em toda a parte, esse recenseamento, esse controle dos capitalistas (transformados então em empregados) e dos senhores intelectuais que conservarem ainda ares de capitalistas, então esse controle se tornará verdadeiramente universal, geral, nacional, e ninguém saberá mais "onde se meter" para escapar dele.

A sociedade inteira não será mais do que um grande escritório e uma grande fábrica, com igualdade de trabalho e igualdade de salário.

Mas essa disciplina "fabril", que, uma vez vencidos os capitalistas e derrubados os exploradores, o proletariado tornará extensiva a toda a sociedade, não é absolutamente o nosso ideal nem o nosso objetivo final, mas apenas *um passo* necessário para a radical limpeza da sociedade das vilanias e das sujeiras da exploração capitalista e *para a continuidade* da sua marcha para a frente.

A partir do momento em que os próprios membros da sociedade, ou, pelo menos, a sua imensa maioria, tiverem aprendido a gerir *por si mesmos* o Estado, tiverem tomado a direção das coisas e "organizado" o seu controle, tanto sobre a ínfima minoria de capitalistas como sobre os pequenos senhores desejosos de conservar os seus ares de capitalistas e sobre os trabalhadores profundamente corrompidos pelo capitalismo – desde esse momento tenderá a desaparecer a necessidade de qualquer administração. Quanto mais plena for a democracia, tanto mais próximo estará o dia em que se tornará supérflua. Quanto mais democrático for o "Estado", constituído por operários armados e deixando de ser "o Estado no sentido próprio da palavra", tanto mais rápida será também a extinção de *qualquer* Estado.

Quando *todos* tiverem, de fato, aprendido a administrar e administrar de fato, diretamente, a produção social, quando todos procederem de fato ao registro e ao controle dos parasitas, dos filhos-família, dos velhacos e outros "guardiões das tradições capitalistas", então será tão incrivelmente difícil, para não dizer impos-

---

[14] Quando o Estado reduz as suas funções essenciais ao registro e ao controle dos próprios trabalhadores, deixa de ser o "Estado político", e as "funções públicas", de políticas que eram, passam a ser simplesmente administrativas. (Ver no capítulo IV do livro *O Estado e a revolução*, "Esclarecimentos complementares de Engels", § 2º, a polêmica de Engels com os anarquistas.) [Esta nota não aparece no manuscrito de *O Estado e a revolução*, disponível no arquivo central do Partido, o qual se encontra no Instituto do Marxismo-Leninismo do Comitê Central do Partido Comunista da União Soviética. Na página 68 do manuscrito aparece a seguinte nota: "Ver nota inserida na página 68ª". Aparentemente, a página contendo a nota à qual se refere Lênin foi perdida. (N. E. R.)]

sível, escapar a esse recenseamento e a esse controle nacionais que uma rara exceção será, provavelmente, acompanhada de um castigo tão pronto e tão exemplar (pois os operários armados são gente prática, não intelectuais sentimentais, e não gostam que se brinque com eles) que a *necessidade* de observar as regras simples e fundamentais de toda sociedade humana se tornará, muito depressa, um *hábito*.

Então a porta se abrirá, de par em par, para a passagem da primeira fase para a fase superior da sociedade comunista e, ao mesmo tempo, para o definhamento completo do Estado.

LEON TRÓTSKI

Leon Trótski (1879-1940) nasceu em Liev Davidovitch Bronstein, na Ucrânia, e tornou-se político, militante, escritor e filósofo. Participou ativamente da Revolução Russa de 1917, foi presidente do soviete de Petrogrado, em 1905, comissário do povo para Negócios Estrangeiros após a vitória da revolução e um dos principais organizadores do Exército Vermelho. Na disputa com Josef Stálin pelos rumos do partido e da União Soviética, após o afastamento de Lênin por problemas de saúde, acabou expulso do partido, em 1927, e da União Soviética, em 1929. Foi assassinado em agosto de 1940 no México, onde estava exilado, dois anos depois de ter fundado a IV Internacional. Escreveu ampla obra, na qual se destacam *A revolução permanente* (1929), *História da Revolução Russa* (1930-1932), *A revolução traída* (1936) e a autobiografia *Minha vida* (1930). Em português foram publicadas, entre outros, os livros: *Revolução e contrarrevolução na Alemanha* (Ciências Humanas, 1979); *O pensamento vivo de Karl Marx* (Ensaio, 1993); *Literatura e revolução* (Zahar, 2007); *História da Revolução Russa* (Sundermann, 2007) e *Revolução de Outubro* (Boitempo/Iskra, 2007).

12
Balanço e perspectivas

O livro *Balanço e perspectivas* é talvez a primeira grande contribuição de Leon Trótski ao marxismo. Elaborado entre 1904 e 1906, retrata a experiência direta do revolucionário bolchevique como presidente do Soviete de Petrogrado.

Nessa obra, Trótski lança as bases da teoria marxista da "revolução permanente" e aprofunda a Lei do Desenvolvimento Desigual e Combinado, que busca explicar as particularidades da revolução socialista nas nações coloniais e semicoloniais. Retomando o método marxiano de análise imanente das revoluções, analisa a Grande Revolução de 1789 e a Primavera dos Povos de 1848.

"1789-1848-1905" é o terceiro capítulo de *Balanço e perspectivas*, publicado originalmente na Rússia em 1906. Existe uma tradução portuguesa desse livro pela editorial Antídoto (Lisboa, 1979), feita por Rosado Fonseca para a Associação Política Socialista Revolucionária, corrente do Bloco de Esquerda português. A tradução aqui publicada foi feita diretamente do russo (Cambridge, Iskra Research, 1995) para esta edição, por Paula Almeida.

A história não se repete. Não importa o quanto se compare a Revolução Russa e a Grande Revolução Francesa, a primeira não se transformará em uma repetição da segunda. O século XIX não foi em vão.

Existe uma enorme distância entre os anos de 1848 e 1789. Se comparadas à Grande Revolução, as revoluções prussiana ou austríaca impressionam por serem tão insignificantes. Por um lado, elas aconteceram muito cedo; por outro, muito tarde. Um gigantesco esforço foi necessário à sociedade burguesa para acertar radicalmente as suas contas com os senhores do passado, e talvez isso tenha sido alcançado *ou* pela vigorosa unanimidade da nação, que se levantou contra o despotismo feudal, *ou* pelo potente *progresso da luta de classes* no interior da nação em processo de emancipação. No primeiro caso, que teve lugar entre os anos de 1789 e 1793, a energia nacional, comprimida pela vigorosa resistência da antiga ordem, foi gasta inteiramente na luta contra a reação. No segundo caso, que ainda não teve lugar na história e nos parece apenas uma possibilidade, a energia eficaz, imprescindível para o triunfo sobre as forças obscuras da história, produz-se na nação burguesa graças a uma luta de classes "intestinal". Esse racha interno irreconciliável, que absorve uma enorme massa de energia, além de privar a burguesia de se tornar protagonista, empurra para adiante o seu antagonista, dando-lhe em um mês a experiência de um ano, colocando-o em primeiro lugar e entregando--lhe, a duras penas, as apertadas rédeas do poder. Ele, resoluto e ignorando as dificuldades, dá uma envergadura poderosa aos acontecimentos.

Seja como uma nação que se prepara em conjunto, tal qual um leão antes do salto, seja como uma nação em processo de luta definitivamente dividida, que desloca sua melhor parte para o cumprimento da tarefa que não é capaz de cumprir como um todo. Esses dois tipos polarizados, na sua forma mais pura possível, só são claros na lógica da contraposição.

O meio-termo aqui, assim como na maioria dos casos, é o pior que pode acontecer. Foi justamente esse meio-termo que teve lugar em 1848.

No período heroico da história francesa, vemos uma burguesia instruída, ativa, que ainda não descobriu as contradições inerentes à sua própria posição, à qual a história incumbira de dirigir a luta por um novo estado de coisas – não só contra as instituições caducas da França, mas principalmente contra as forças reacionárias de toda a Europa. Por essa lógica, a burguesia, em todas as suas facções, consciente de seu papel como líder da nação, incorporava as massas à luta, dando-lhes as palavras de ordem, ditando-lhes a tática do combate. A democracia unia a nação por meio da ideologia política. O povo – pequeno-burgueses, camponeses e operários – elegia como seus próprios deputados o burguês, e as deliberações que lhes delegavam os constituintes eram escritas na linguagem da burguesia, que então tomava consciência do seu papel messiânico. No próprio decorrer da revolução, ainda que os antagonismos de classe tivessem se manifestado, a poderosa inércia da luta revolucionária, contudo, foi, passo a passo, eliminando de seu caminho político os elementos mais conservadores da burguesia. Cada camada se rompia, não sem antes transmitir sua energia à camada seguinte. A nação, como um todo, prosseguiu nessa luta por seus objetivos com instrumentos cada vez mais precisos e resolutos. Quando os dirigentes da burguesia abastada romperam com o núcleo nacional, que havia ingressado no movimento, e aliaram-se a Luís XVI, as demandas democráticas da nação, dirigidas agora *contra* essa burguesia, levaram ao sufrágio universal e à república como formas lógicas e inevitáveis de democracia.

A Grande Revolução Francesa foi de fato uma revolução nacional. E mais que isso. Aqui, nos quadros nacionais, a luta mundial da burguesia assumiu sua expressão clássica, construindo, por meio da dominação, o poder, o triunfo invisível.

Jacobinismo: atualmente uma palavra ofensiva na boca de todos os pensadores liberais. O ódio burguês contra a revolução, contra as massas, contra a força e contra a grandeza daquela história que é feita nas ruas traduz-se neste grito de indignação e pavor: *jacobinismo!* Nós, o exército mundial do comunismo, há muito quitamos nossas contas históricas com o jacobinismo. Todo o movimento proletário internacional atual formou-se e fortaleceu-se na luta contra as tradições do jacobinismo. Sobrepujamos sua teoria crítica, dissecamos sua incapacidade histórica, suas contradições sociais, sua utopia, desnudamos sua fraseologia, rompemos com as suas tradições, as quais, durante décadas, foram tidas como a herança sagrada da revolução.

Mas contra os ataques, as calúnias e as injúrias estúpidas do liberalismo anêmico e fleumático nós defendemos o jacobinismo. A burguesia traiu de modo vergonhoso toda a tradição da sua juventude histórica – e seus mercenários de hoje armam escândalos diante dos túmulos de seus antepassados e profanam as cinzas dos seus ideais. O proletariado tomou para si a defesa da honra do passado revolucionário da própria burguesia. Do mesmo modo que rompeu, na prática, tão radicalmente com as tradições revolucionárias da burguesia, o proletariado as defende como uma herança de grandes paixões, de heroísmo e de iniciativa, e o seu coração bate solidário com os discursos e os atos da convenção jacobina.

De onde viria o fascínio exercido pelo liberalismo senão das tradições da Grande Revolução Francesa?!... Em que outro momento a democracia burguesa chegou tão alto, acendeu uma chama tão poderosa no coração do povo, como na democracia jacobina, *sans-culotte*, terrorista, robespierrista, de 1793?

O que, senão o jacobinismo, possibilitou e possibilita aos diferentes matizes do radicalismo da burguesia francesa manter até hoje o seu fascínio sobre a imensa maioria do povo, e mesmo sobre o proletariado; enquanto o radicalismo burguês da Alemanha e da Áustria escrevia sua breve história com ações insignificantes e vergonhosas?

O que, senão o fascínio exercido pelo jacobinismo, com sua ideologia política abstrata, seu culto à sagrada república, suas declamações solenes, os quais, até os dias de hoje, alimentam os radicais franceses e radicais-socialistas como Clemenceau, Millerand, Briand e Bourgeois – todos aqueles homens políticos que sabem defender seus fundamentos, em nada piores do que os do estúpido *junker* Guilherme II, [imperador] pela graça de Deus, e os quais são tão desesperadamente invejados pelos democratas burgueses de outros países, ao mesmo tempo que cobrem de calúnias a fonte originária de suas vantagens políticas, o heroico jacobinismo?

Mesmo depois de muitas esperanças terem sido destruídas, eles [os jacobinos] permanecem na consciência do povo como uma tradição; ainda por muito tempo, o proletário falou sobre o seu futuro com a língua do passado. Em 1840 – passado quase meio século depois do governo da Montanha, oito anos antes das jornadas de junho de 1848 –, Heine visitou várias oficinas nos subúrbios de Saint-Marcel e notou que os operários liam "o que de mais saudável há nas classes mais baixas". "Lá eu encontrei", informou Heine a um jornal alemão,

> algumas palavras novas do velho Robespierre, assim como os panfletos de Marat, em edições que saíam por dois *sous*[1], a *História da revolução*, de Cabet, os pasquins mordazes de Cormenin, a obra de Buonarotti, a *Conspiração dos iguais*, de Babeuf – todos esses trabalhos cheiravam a sangue...

"Assim, de um dos frutos dessa semente" – profetiza o poeta – "armazenada no solo da França, cedo ou tarde, crescerá a república"[2].

---

[1] Antiga unidade monetária de valor variável conforme o país e a época. (N.T.)

[2] Heinrich Heine, "Lutetia, Rapports sur la politique, l'art et a vie populaire", em *Werks und Briefe* (Berlim, 1962, v. VI), p. 268. Carta de 30/4/1840. (N. T.)

Em 1848, a burguesia já não era capaz de desempenhar um papel semelhante. Ela não queria, tampouco se atreveria a isso, assumir a responsabilidade pela liquidação revolucionária do regime social que se firmava como um obstáculo para seu domínio. Hoje sabemos *por quê*. Seu objetivo era – e disso ela tinha plena consciência – embutir no antigo sistema as garantias necessárias não para a sua supremacia política, mas apenas para dividir o poder com as forças do passado. A experiência da burguesia francesa fez dela tacanhamente sábia, corrompida por sua traição, amedrontada pelos seus fracassos. Ela não só não guiou as massas para o assalto da velha ordem, como, ainda, sustentou-se na velha ordem para resistir às massas que a empurravam adiante.

A burguesia francesa soube fazer sua Grande Revolução. Sua consciência era a consciência da sociedade, e nada poderia ser incorporado à instituição sem, primeiro, passar por sua consciência como um objetivo, como finalidade da obra política. Ela, muitas vezes, valia-se de uma pose teatral a fim de mascarar para si mesma as limitações de seu próprio mundo burguês – mas seguia adiante.

Já a burguesia alemã, desde o princípio, não "fez" a revolução, mas livrou-se dela. Sua consciência levantou-se contra as condições objetivas de seu domínio. A revolução não poderia ser conduzida por ela, mas seria contra ela. Em sua cabeça, as instituições democráticas são representadas não como o objetivo de sua luta, mas como uma ameaça ao seu bem-estar.

Em 1848, seria necessária uma classe capaz de conduzir os acontecimentos apesar da burguesia e contra ela, pronta não apenas para atropelá-la com a força de sua pressão, mas, sobretudo, para, no momento certo, tirar do caminho seu cadáver político.

Nem a pequena burguesia nem o campesinato possuíam essa capacidade.

A *pequena burguesia* era hostil não apenas às relações de ontem, como também às relações de amanhã. Ainda intricada em relações medievais, mas já incapaz de resistir às "livres" indústrias; ainda impondo suas impressões sobre as cidades, mas já perdendo sua autoridade sobre a média e a alta burguesia; atolada em seus preconceitos, aturdida pelo estrondo dos acontecimentos, explorando e sendo explorada, voraz e impotente em sua voracidade, a pequena burguesia ultrapassada não poderia liderar os acontecimentos mundiais.

O *campesinato*, em maior medida ainda, encontrava-se privado de iniciativa política independente. Escravizado durante séculos, empobrecido, enfurecido, conectado a todos os elos da antiga e da nova exploração, o campesinato representou, em dado momento, uma rica fonte de caóticas forças revolucionárias. Mas, desarticulado, disperso, repelido das cidades – centros nervosos da política e da cultura –, embotado, limitado em seu horizonte aos arredores das aldeias, indiferente a tudo o que se pensava na cidade, o campesinato não poderia assumir papel de liderança. Ele se acalmava assim que o fardo das obrigações feudais era tirado dos seus ombros, e retribuía à cidade, que havia lutado pelos seus direitos, com uma ingratidão sombria: uma vez libertados, os camponeses tornavam-se fanáticos da "ordem".

A *intelectualidade democrata*, carente de uma força de classe, seguia, então, sua irmã mais velha, a burguesia liberal, como uma espécie de cauda política, separando-se dela em momentos críticos, demonstrando, assim, sua própria fraqueza. Confundia-se com contradições imaturas, e levava essa confusão consigo por toda parte.

O *proletariado* era fraco em demasia, desprovido de organização, experiência e conhecimento. O desenvolvimento capitalista havia ido suficientemente longe para fazer a necessária abolição das antigas relações feudais, mas não longe o suficiente para colocar a classe operária, produto das novas relações de produção, como força política decisiva. O antagonismo entre o proletariado e a burguesia, mesmo nos quadros nacionais da Alemanha, havia ido longe demais para que existisse a possibilidade de a burguesia assumir sem medo o papel de hegemonia da nação. As disputas internas da revolução, é verdade, prepararam o proletariado para a independência política, mas, agora, enfraquecem a energia e a unidade da ação, consumindo suas forças sem resultado e obrigando a revolução, depois dos primeiros sucessos, a marcar passo angustiosamente para, em seguida, sob os golpes da reação, bater em retirada.

A Áustria deu demonstrações surpreendentemente agudas e trágicas do caráter inacabado e incompleto das relações políticas no período da revolução.

O *proletariado* de Viena mostrou em 1848 um heroísmo extraordinário e uma energia inesgotável. De novo e uma vez mais, entregou-se ao combate, movido por um instinto de classe obscuro, desprovido de uma concepção geral dos objetivos da luta, tateando de palavra de ordem em palavra de ordem. A liderança, de modo surpreendente, passou da figura do proletariado para *a classe estudantil*, único *grupo democrático* ativo, que desfrutava, graças à sua atividade, de grande influência sobre as massas e, portanto, sobre os acontecimentos. Os estudantes foram capazes, não há dúvidas, de bater-se corajosamente nas barricadas e souberam confraternizar de modo bastante honroso com os operários, mas, definitivamente, não podiam comandar a marcha de uma revolução que lhes tinha entregado a "ditadura" da rua.

O proletariado, isolado, sem experiência política nem direção independente, seguia os estudantes. Em todos os momentos críticos, os operários, invariavelmente, ofereciam "aos senhores que trabalham com a cabeça" a ajuda daqueles que "trabalham com as mãos". Do mesmo modo que recrutavam os operários, os estudantes lhes barravam o caminho aos subúrbios. Eles, às vezes, proibiam-nos, por força de sua autoridade política, apoiando-se nas armas da legião acadêmica, de intervir com suas demandas independentes. Trata-se de uma forma classicamente clara de ditadura revolucionária benevolente *para com* o proletariado.

Pois vamos às origens do que levou a essas relações sociais. Quando, em 26 de maio, toda a Viena operária se levantou ao chamado dos estudantes para lutar contra o desarmamento da classe estudantil ("a legião acadêmica"), quando a população da capital, cobrindo toda a cidade de barricadas, demonstrou um poder extraordinário e tomou a cidade, quando a Áustria levantou-se em favor de Viena armada, quando a monarquia, batendo em retirada, perdeu sua importância, quando, sob pressão do povo, as últimas tropas foram retiradas da capital; quando as autoridades governamentais da Áustria tiveram seus bens confiscados, não houve sequer uma força política que tomasse o leme!

A *burguesia liberal*, conscientemente, não quis se apropriar de um poder conquistado por meio de tamanha arruaça. Ela apenas sonhava com a volta do imperador, que, abandonado em Viena, refugiara-se no Tirol.

Os *operários* foram corajosos o bastante para derrotar a reação, mas não suficientemente organizados e conscientes para ocupar o seu lugar. Havia um movimento operário poderoso, mas não havia um desenvolvimento da luta de classe do proletariado capaz de estabelecer um propósito definido. Incapaz de assumir o comando, o proletariado não poderia fazer avançar essa façanha histórica, e a democracia burguesa, como sempre acontece, esquivava-se no momento mais urgente. Para forçar esses desertores a cumprir com suas obrigações, seriam necessárias ao proletariado não menos força e maturidade do que aquelas necessárias para organizar ele mesmo um governo operário provisório.

Em geral, chega-se a uma situação à qual qualquer contemporâneo, muito justamente, caracterizaria com as seguintes palavras: "Em Viena, houve de fato uma república, mas infelizmente ninguém a viu". Ninguém notou a república que foi arrancada da cena por um longo tempo, deixando seu lugar aos Habsburgos... Uma vez perdida, a conjuntura não retorna uma segunda vez.

Da experiência das revoluções húngara e alemã, Lassalle tirou a conclusão de que uma revolução, de agora em diante, só poderia encontrar apoio na luta de classe do proletariado.

Em uma carta de 24 de outubro de 1849, Lassalle escreve a Marx:

> A Hungria tem mais chances do que qualquer outro país de terminar com êxito a luta. E isso – entre outras razões – porque lá o partido ainda não havia chegado a uma divisão definitiva nem a um antagonismo ferrenho, como na Europa Ocidental, porque lá a revolução foi, em larga medida, uma investida sob a forma de uma luta nacional pela independência. Não obstante, a Hungria foi derrotada justamente em virtude da traição do partido *nacional*.

"Disso" – continua Lassalle, a respeito da história da Alemanha de 1848 e 1849 – "eu tirei a sólida lição de que nenhuma revolução na Europa poderá vencer, a não ser que, desde o início, proclame-se puramente socialista; de que jamais poderá ter êxito uma luta na qual as questões sociais só entrem como um elemento obscuro e fiquem em segundo plano, e a qual, a partir do exterior, seja conduzida sob a bandeira do renascimento nacional e do republicanismo burguês".[3]

Não vamos nos deter na crítica a essas conclusões categóricas. Em todo caso, é certamente verdade que, em meados do século XIX, o objetivo nacional da emancipação política não poderia ser resolvido pela pressão combinada e unânime de toda a nação. Apenas uma tática independente do proletariado, que extrai de sua posição de classe, e somente dela, as forças necessárias para a luta, poderia assegurar a vitória da revolução.

A classe operária russa de 1906 é completamente diferente da de Viena de 1848. E a maior prova disso é a prática, em toda a Rússia, dos sovietes de deputados operários. Não se trata de organizações conspirativas preparadas de antemão para, no momento da agitação, tomar o poder pelas massas proletárias. Não, esses órgãos eram sistematicamente criados pelas próprias massas para a coordenação de suas lutas revolucionárias. E esses sovietes eleitos pelas massas e perante as massas responsáveis, essas incontestáveis instituições democráticas, conduzem à mais resoluta política de classe dentro do espírito do socialismo revolucionário.

---

[3] Ferdinand Lassalle, *Nachgelassene Briefe und Schriften* (Stuttgart/Berlin, G. Mayer, 1929), v. III, p. 14. (N. E. R.)

As peculiaridades sociais da Revolução Russa manifestam-se com peculiar agudeza na questão sobre o armamento do povo.

A milícia (guarda nacional) foi a primeira reivindicação e a primeira conquista de todas as revoluções – em 1789 e em 1848 – em Paris, em todos os estados da Itália, em Viena e em Berlim. Em 1848, a guarda nacional (ou seja, o armamento das classes proprietárias e "instruídas") foi uma reivindicação de toda a oposição burguesa, até dos mais moderados, e tinha a tarefa não apenas de assegurar as liberdades conquistadas, ou apenas concedidas "como prêmio", contra os golpes vindos de cima, mas também a propriedade privada burguesa contra os atentados do proletariado. Desse modo, a milícia foi uma ostensiva exigência de classe da burguesia.

"Os italianos estavam bem conscientes" – diz um historiador inglês liberal sobre a unificação da Itália – "de que uma milícia civil armada tornaria impossível a existência ulterior do absolutismo. Além disso, para as classes dominantes, essa era uma garantia contra uma eventual anarquia e quaisquer desordens vindas de baixo"[4].

E a reação dirigente, que não dispunha de força de guerra suficiente nos centros de ação para vencer a "anarquia", ou seja, a massa revolucionária, armou a burguesia. O absolutismo, primeiro, autorizou os burgueses a reprimir e pacificar os operários, para, em seguida, desarmar e pacificar os burgueses.

Entre nós, a reivindicação de uma milícia não recebeu nenhum crédito dos partidos burgueses. Os liberais não podem, de fato, deixar de compreender a importância das armas: o absolutismo deu-lhes algumas lições demonstrativas sobre o tema. Mas eles compreendem muito bem a impossibilidade de criar entre nós uma milícia que exclua o proletariado ou seja contrária ao proletariado. Os operários russos pouco se assemelham aos operários de 1848, que enchiam os bolsos de pedras e empunhavam enxadas, enquanto os comerciantes, os estudantes e os advogados traziam no ombro um mosquete real e na cintura – uma espada.

Armar a revolução significa, para nós, antes de tudo, armar os operários. É por saber disso e por temê-lo que os liberais renunciam completamente à milícia. Sem combater, eles se entregaram ao absolutismo e a essa posição – como o burguês Thiers entregou Paris e a França a Bismarck apenas para não armar os operários.

Na coletânea *O Estado constitucional*, no manifesto da coligação democrático-liberal, Djivelegov, discutindo as possibilidades de um golpe, diz com muita pro-

---

[4] Bolton King (historiador inglês da unificação da Itália), *Istorija obedinenija Italii* [História da unificação italiana] (Moscou, 1901), t. I, p. 220.

priedade que "a própria sociedade, no momento preciso, deve mostrar-se pronta para defender a sua constituição". E como tal afirmação, por si só, já implica a exigência do armamento do povo, o filósofo liberal pondera que "é necessário acrescentar" que para se opor ao golpe "não há necessidade alguma de manter as armas em riste"[5]. É preciso apenas que a própria sociedade esteja pronta para oferecer resistência. Por que meios – não se sabe. Se algo pode ser deduzido desse subterfúgio é somente que no coração dos nossos democratas o medo do proletariado armado supera o medo do militarismo autocrático.

É por isso mesmo que a tarefa do armamento da revolução recai com todo o seu peso sobre o proletariado. A milícia civil, uma reivindicação de classe da burguesia em 1848, foi, entre nós, desde o princípio, a reivindicação do armamento do povo e, antes de tudo, do proletariado. Todo o destino da Revolução Russa se constrói sob o impacto dessa questão.

---

[5] Djivelegov, *Konstitucionnoe gosudarstvo* [O Estado constitucional], 1. ed., p. 49.

13
A revolução permanente

Principal contribuição de Leon Trótski ao marxismo, *Teoria da revolução permanente* foi publicado como livro apenas em 1929, num contexto de enfrentamento aberto entre os partidários da Oposição de Esquerda, da qual participava, e as direções do Partido Comunista da União Soviética (PCUS) e da Internacional Comunista simpatizantes da teoria de "socialismo num só país" formulada por Nikolai Bukharin e Josef Stálin.

As concepções expressas nesse livro são um dos alicerces daquilo que ficou conhecido como trotskismo. Sua origem remonta à Revolução Russa de 1905, durante a qual Trótski criou as teses do desenvolvimento desigual e combinado e do caráter internacional da revolução proletária. Trata-se de uma obra programática para o marxismo.

Foi publicada no Brasil uma tradução feita com base na edição francesa, traduzida do russo pelo trotskista e surrealista francês Pierre Frank, de autoria de Hermínio Sacchetta, antigo editor do jornal *A Classe Operária*, ex-dirigente do Partido Comunista Brasileiro e principal liderança do Partido Socialista Revolucionário, então seção brasileira da Quarta Internacional, entre o final dos anos 1930 e o começo da década de 1950. Publicada originalmente pela Livraria e Editora Ciências Humanas (São Paulo, 1979), teve uma segunda impressão pela editora Kairós (São Paulo, 1985). Uma nova edição revista da tradução, com as anotações de Hermínio Sacchetta, foi lançada pela editora Expressão Popular, em 2007. Esta nossa "Introdução" ["Введение" (*Vvediénie*)], no entanto, foi traduzida diretamente do russo por Paula Almeida para esta edição.

Introdução

Revolução permanente, no sentido que Marx deu ao conceito, significa a revolução que se volta para as medidas socialistas e para a guerra contra a reação externa, sem que se reconcilie com uma das formas de dominação de classe nem seja interrompida no estágio democrático, uma revolução em que cada etapa seguinte encontra suas raízes na anterior e que só pode ser concluída com a completa liquidação da sociedade de classes.

A fim de desfazer o caos criado em torno da teoria da revolução permanente, torna-se necessário desmembrar as três categorias de ideias que nela se combinam.

Primeiro, ela abarca o problema da transição da revolução democrática à socialista. Essa é, na verdade, a origem histórica da teoria.

O conceito de revolução permanente foi formulado pelos grandes comunistas de meados do século XIX, por Marx e seus correligionários, como contraponto à ideologia democrática, a qual, como se sabe, alega que, com a instituição de um estado "de direito" ou democrático, todos os problemas podem ser resolvidos por um caminho pacífico, reformista e evolucionista. A revolução burguesa de 1848 era, para Marx, apenas um prelúdio imediato da revolução proletária. Marx "errou". Mas seu erro tinha um caráter factual, e não metodológico. A revolução de 1848 não se converteu em uma revolução socialista. E foi justamente por isso que ela não resultou em uma democracia. No que diz respeito à revolução alemã de 1918, esta não foi, de modo algum, a conclusão democrática da revolução burguesa: ela foi a revolução proletária decapitada pela social-democracia; melhor dizendo, essa contrarrevolução burguesa, depois de sua vitória sobre o proletariado, viu-se obrigada a conservar as formas de uma pseudodemocracia.

O "marxismo" vulgar forjou um esquema de desenvolvimento histórico segundo o qual toda sociedade burguesa, mais cedo ou mais tarde, viabiliza seu próprio regime democrático e, a partir disso, o proletariado, em um ambiente de democracia, vai paulatinamente se organizando e educando para o socialismo. A própria transição para o socialismo foi calculada de modo distinto: os reformistas assumidos imaginaram-na como um recheio reformista para uma democracia de conteúdo socialista (Jaurès). Os revolucionários formais reconheciam a inevitabilidade da violência revolucionária na transição para o socialismo (Guesde). Mas ambos consideravam a democracia e o socialismo para todos os povos e países como duas etapas opostas, não apenas completamente distintas, mas, sobretudo, distantes uma da outra no desenvolvimento da sociedade. Essa era uma noção dominante também entre os marxistas russos, que no período de 1905 eram, em geral, membros da ala esquerda da II Internacional. Plekhánov, o brilhante fundador do marxismo russo, considerava a ideia de uma ditadura do proletariado na Rússia moderna como um delírio. Insistiam nesse ponto de vista não apenas os mencheviques, mas também a imensa maioria dos dirigentes bolcheviques, particularmente os atuais condutores do partido, todos eles, sem exceção, que, a seu tempo, foram democratas revolucionários convictos e para os quais os problemas da revolução socialista, não só em 1905, mas, ainda, às vésperas de 1917, eram uma música sombria de um futuro longínquo.

Foi a essas ideias e humores que a teoria da revolução permanente, renascida em 1905, declarou guerra. Ela tratou de demonstrar como as tarefas democráticas das nações burguesas atrasadas levariam diretamente, em nossa época, à ditadura do proletariado, enquanto a ditadura do proletariado colocaria as tarefas socialistas na ordem do dia. Nisso residia a ideia central da teoria. Se a opinião tradicional anunciava que o caminho para a ditadura do proletariado repousa durante um longo período de democracia, a teoria da revolução permanente constatava que, para os países atrasados, o caminho para a democracia avança por meio da ditadura do proletariado. Dessa forma, a democracia se coloca não como um regime autossuficiente de décadas, mas somente como o prelúdio imediato da revolução socialista. Elas se ligam uma à outra por um vínculo ininterrupto. Entre a revolução democrática e a transformação socialista da sociedade coloca-se o caráter permanente do desenvolvimento revolucionário.

O segundo aspecto "permanente" da teoria caracteriza a revolução socialista como tal. No decorrer de um período de tempo indeterminado e em uma luta interna contínua, todas as relações sociais são recriadas. A sociedade está em constante mudança. Uma etapa dessa transformação decorre diretamente da outra. Para ser exato, esse processo conserva uma natureza política, ou seja, desenvolve-se por meio de conflitos entre os diversos grupos da sociedade que se reorganiza. As explosões de guerra civil e de guerras externas se alternam com os períodos de reformas "pacíficas". As revoluções econômica, técnica, do conhecimento, da família, do modo de vida cotidiano e dos costumes desenvolvem-se na interação complexa de umas com as outras, não permitindo que a sociedade atinja um equilíbrio. É nisso que reside o caráter permanente da revolução socialista como tal.

O caráter internacional da revolução socialista, que constitui o terceiro aspecto da teoria da revolução permanente, é uma consequência do atual estado da economia e da estrutura social da humanidade. O internacionalismo não é um princípio abstrato, mas tão somente o reflexo teórico e político da natureza mundial da economia, do desenvolvimento mundial das forças produtivas e do alcance mundial da luta de classes. A revolução socialista começa em solo nacional. Mas ela não pode terminar nele. A manutenção da revolução proletária dentro dos limites nacionais justifica-se apenas como um regime transitório, ainda que prolongado, como ensina a experiência da União Soviética. Não obstante, as contradições, internas e externas, de uma ditadura proletária isolada crescerão inevitavelmente junto com os êxitos. Tornando-se cada vez mais isolado, o Estado proletário, no fim das contas, deverá perecer vítima dessas contradições. A única saída para ele é a vitória do proletariado nos países avançados. A partir desse ponto de vista, a revolução nacional não representa um todo autossuficiente: ela é somente o elo de uma cadeia internacional. A revolução internacional é um processo permanente, apesar de suas baixas e recuos temporários.

A luta dos epígonos é dirigida, ainda que não apresente a mesma precisão, contra todos os três aspectos da teoria da revolução permanente. E não poderia ser diferente, uma vez que se trata de três partes de um todo intrinsecamente ligadas. Os epígonos fazem uma separação mecânica entre as ditaduras *democrática* e *socialista*. Eles separam a revolução socialista *nacional* da *internacional*. A conquista do poder nos limites nacionais é, para eles, no cerne da questão, não o ato de abertura, mas sim o ato que encerra a revolução: logo é inaugurado um período de reformas que conduzirá à sociedade socialista nacional.

Em 1905, não admitiam sequer a possibilidade de se pensar que a conquista do poder pelo proletariado se daria na Rússia antes do que na Europa Ocidental. Em 1917, na Rússia, pregavam uma revolução democrática autossuficiente e rejeitavam a ditadura do proletariado. De 1925 a 1927, na China, mantiveram os rumos da revolução nacional sob a liderança da burguesia nacional. Apresentaram para a China, depois disso, o lema "ditadura democrática dos operários e camponeses", em contraposição ao lema "ditadura do proletariado". Eles proclamaram a viabilidade de se construir na União Soviética uma sociedade socialista isolada e autossuficiente. A revolução mundial, condição necessária para a vitória, passa a ser, para eles, somente uma circunstância favorável. A essa profunda ruptura com o marxismo chegaram os epígonos durante sua permanente luta contra a teoria da revolução permanente.

A luta que começou com o ressurgimento artificial de reminiscências históricas e a falsificação do passado distante conduziu a uma completa reestruturação da visão de mundo do grupo dirigente da revolução. Já esclarecemos, mais de uma vez, que essa revisão de conceitos promovida sob as demandas sociais da burocracia soviética, que foi se tornando mais e mais conservadora, na busca de uma ordem nacional que exigia, ao término da revolução, uma posição privilegiada para a burocracia, foi considerada suficiente para a construção pacífica do socialismo. Não vamos aqui retornar a esse tema. Assinalemos apenas que a burocracia tem a mais pura consciência da ligação de suas posições materiais e ideológicas com a teoria do socialismo nacional. Esse aspecto se expressa de modo mais claro justamente agora, apesar de, ou até porque, o aparelho stalinista, sob a pressão das contradições que não havia previsto, desviar-se com toda sua força para a esquerda e desferir golpes bastante severos em seus inspiradores direitistas de ontem. A hostilidade dos burocratas para com a oposição marxista, de quem roubaram, às pressas, as palavras de ordem e os argumentos, em nenhum momento, como se sabe, arrefeceu. Dos oposicionistas, ao se levantar a questão da anuência de sua reintegração ao partido, a fim de se manter o curso da industrialização e assim por diante, são exigidas, acima de tudo, a condenação da teoria da revolução permanente e, ainda que indiretamente, a aceitação da teoria do socialismo em um único país. Com isso, a burocracia stalinista expõe a natureza puramente *tática* de sua guinada à esquerda, enquanto conserva as bases *estratégicas* de seu nacional-reformismo. Explicar o significado disso seria inútil: na política, assim como na guerra, a tática, em última análise, é subordinada à estratégia.

A questão há muito deixou de pertencer à esfera particular da luta contra o "trotskismo". Ampliando-se gradativamente, ela abarca, nos dias de hoje, literalmente, todos os problemas concernentes à visão de mundo revolucionária. Revolução permanente ou socialismo em um único país – essa alternativa abrange igualmente os problemas internos da União Soviética, as perspectivas das revoluções no Oriente e, finalmente, o destino de toda a Internacional Comunista.

Esta brochura não examina *todos os* lados da questão: não há necessidade de repetir aquilo que já foi dito em outros trabalhos. Em "Crítica ao Programa do Comintern[1]", tentei examinar teoricamente a inconsistência econômica e política do nacional-socialismo. Sobre esse assunto, os teóricos do Comintern ficaram

---

[1] Comintern: em russo, Коминтерн (*Komintiern*) abreviação de Коммунистический Интернационал/ *Kommunístitcheskii Intiernatsional*, ou seja, Internacional Comunista. (N. T.)

de boca bem fechada. Ao que parece, essa é a única coisa que, em geral, lhes resta fazer. Neste livro, reconstituo, antes de tudo, a teoria da revolução permanente, tal como foi formulada em 1905, levando em conta os problemas internos da Revolução Russa. Demonstro no que a minha formulação difere efetivamente da de Lênin, e como e por que em todos os momentos decisivos ela coincidiu com a de Lênin. Por fim, tento examinar o significado decisivo da questão ora abordada para o proletariado dos países atrasados e, por consequência, também para toda a Internacional Comunista.

14
A revolução traída

Escrito em 1936 e lançado no ano seguinte, o livro *A revolução traída: o que é e para onde vai a URSS?* tornou-se público quase simultaneamente ao início dos "Processos de Moscou". O primeiro deles, conhecido como processo "dos dezesseis", desembocou na humilhação moral e na execução de dezesseis lideranças da velha guarda bolchevique, como Grigory Zinoviev, Lev Kamenev e Ivan Smirnov, este último importante dirigente de Petrogrado e responsável pela insurreição em 1905.

É nesse contexto que o livro é publicado, como parte de um esforço exaustivo de análise marxista da degeneração do Estado operário e da reação termidoriana da Revolução de Outubro de 1917, fruto do isolamento da revolução num único país.

Não se trata de uma análise fria de dados nem de uma denúncia do papel da burocracia stalinista no processo de restauração capitalista, cujo prognóstico foi confirmado pela história em 1991, mas de um contundente apelo à luta pela defesa das conquistas da revolução social, propondo a revolução política como resposta ao confisco do poder dos sovietes pela burocracia.

O texto "Seria a burocracia uma classe dominante?" ["Есть ли бюрократия господствующий класс?" (*lest' li biurocrátia gospodstvuiúchchi klass?*)] é o terceiro do capítulo "O que é a URSS?", que faz parte do livro *A revolução traída*. A tradução a seguir foi feita por Paula Almeida, diretamente do russo, para esta edição.

As classes se caracterizam pelo lugar que ocupam no sistema socioeconômico, em primeiro lugar, pelas suas relações com os meios de produção. Nas sociedades civilizadas, as relações de propriedade pública são reguladas pelas leis. A estatização da terra, dos meios de produção industrial, do transporte e o câmbio, ao lado do monopólio do comércio exterior, formam as bases do sistema social soviético. Essas relações engendradas pela revolução proletária determinaram, para nós, essencialmente, a natureza da URSS como um Estado proletário.

Dada a sua função mediadora e reguladora, preocupada com a manutenção da hierarquia social e explorando o aparelho estatal para fins pessoais, a burocracia soviética assemelha-se a qualquer outra burocracia, especialmente – à fascista. Mas há, ainda, diferenças substanciais. Em nenhum outro regime, além do soviético, a burocracia alcançou tamanho grau de independência da classe dominante. Na sociedade burguesa, a burocracia representa os interesses da classe proprietária e instruída, que dispõe de infinitos meios de controle cotidiano sobre sua administração. A burocracia soviética, por sua vez, ergue-se sobre uma classe que, a duras penas, começa a sair da pobreza e da obscuridade, e não tem tradição de domínio e de comando. Enquanto os fascistas, uma vez no poder, ligam-se à grande burguesia por laços de interesses comuns, amizades, casamentos e assim por diante, a burocracia da URSS adota os costumes burgueses, mesmo não tendo ao seu lado uma burguesia nacional. Nesse sentido, é preciso admitir que ela é algo mais que uma simples burocracia. É o único, em toda a extensão da palavra, estrato privilegiado e no comando da sociedade soviética.

Há outra diferença não menos importante. A burocracia soviética expropriou politicamente o proletariado, para com métodos *próprios* defender as conquistas sociais dele. Mas o simples fato de apropriar-se do poder político, em um país onde os meios de produção mais importantes concentram-se nas mãos do Estado, cria uma nova e ainda não experimentada relação recíproca entre a burocracia e as riquezas da nação. Os meios de produção pertencem ao Estado. Mas é como se o Estado "pertencesse" à burocracia. Se essas relações, ainda muito recentes, consolidarem-se, tornando-se a norma, legalizando-se, com ou sem a oposição dos trabalhadores, elas levarão, no fim das contas, à liquidação completa das conquistas sociais da revolução proletária. Mas, pelo menos por enquanto, seria prematuro falar sobre isso. O proletariado ainda não deu sua última palavra. A burocracia ainda não criou uma égide social, a título de formas específicas de propriedade, para garantir seu domínio. É obrigada a defender a propriedade estatal como fonte de seu poder e de seus benefícios. Graças a esse aspecto de sua atividade, ela ainda continua a ser uma arma da ditadura do proletariado.

A tentativa de representar a burocracia soviética como uma classe de "capitalistas de Estado" não é, decididamente, uma crítica que se sustente. A burocracia não tem ação nem obrigação. Ela é recrutada, abastecida e renovada de acordo com o regime da hierarquia administrativa, independentemente de quaisquer características intrínsecas às relações de propriedade. Um determinado funcionário não pode deixar como herança seus direitos de explorar o aparelho estatal. A burocracia goza de privilégios por meio da prevaricação. Ela esconde seus rendimentos. Ela finge estar na qualidade de um grupo social à parte, ela nem sequer existe. Sua usurpação de uma vasta parte dos rendimentos nacionais tem o caráter de parasitismo social. Tudo isso faz com que a posição do estrato de comando soviético seja altamente contraditória, equivocada e imprópria, apesar da plenitude de poder e da cortina de fumaça da bajulação.

A sociedade burguesa substituiu ao longo de seu caminho uma série de regimes políticos e castas burocráticas, sem alterar, contudo, suas bases sociais. Tem se garantido contra a restauração das relações feudais e corporativas graças à superioridade de seus meios de produção. O poder do Estado poderia colaborar com o desenvolvimento capitalista ou contê-lo, mas, em geral, forças produtivas que se baseiam na propriedade privada e na concorrência trabalham para si mesmas. Em compensação, as relações de propriedade, provenientes da revolução socialista, estabelecem uma ligação indissolúvel com o novo Estado, que é seu depositário. A predominância de tendências socialistas em lugar das pequeno-burguesas não é assegurada pelo automatismo da economia – este ainda é um alvo distante –, mas pelas medidas políticas da ditadura. A natureza da economia como um todo depende, portanto, da natureza do poder público.

O colapso do regime soviético levaria inevitavelmente ao colapso da economia planificada e, desse modo, à abolição das propriedades do Estado. A ligação forçada entre os trustes e as fábricas no interior dos trustes seria rompida. Os empreendimentos mais bem-sucedidos acabariam por seguir um caminho independente. Poderiam se tornar companhias acionárias ou encontrar outra forma de transição da propriedade, por exemplo, com a participação dos trabalhadores nos lucros. Ao mesmo tempo, e ainda mais facilmente, os colcozes[1] se desintegra-

---

[1] Em russo, колхоз (*kolkhoz*): na URSS, propriedade rural coletiva em forma de cooperativa, em que os camponeses repassavam ao Estado uma parte fixa de sua produção. (N. T.)

riam. A queda da ditadura burocrática atual, sem que esta seja substituída por um novo poder socialista, significaria, portanto, o retorno das relações capitalistas, com uma decadência catastrófica da economia e da cultura.

Contudo, se para a preservação e o desenvolvimento da economia planificada o governo socialista é, ainda, absolutamente necessário, uma questão mais importante se coloca: quem constrói o atual poder soviético e em que medida a natureza socialista de sua política está garantida? No XI Congresso, em março de 1922, como se estivesse dando adeus ao partido, Lênin endereçou-se ao estrato de comando: "A história conhece toda sorte de transformações; fiar-se na convicção, na lealdade e em outras qualidades morais superiores – é o tipo de coisa que em política não pode ser levada a sério". A existência condiciona a consciência. Nos últimos quinze anos, o governo teve tempo de alterar a estrutura de sua sociedade ainda mais profundamente do que a de suas ideias. Posto que, de todas as camadas da sociedade soviética, a burocracia foi a que melhor resolveu seu próprio problema social e está completamente satisfeita com o que tem, ela deixou de oferecer qualquer garantia que não seja subjetiva da direção socialista de sua política. Ela continua a preservar a propriedade pública apenas porque teme o proletariado. Esse medo salvador se alimenta e se mantém graças ao partido ilegal dos bolcheviques-leninistas, que é a expressão mais consciente das tendências socialistas de oposição à reação burguesa, cujo espírito já está impregnado da burocracia termidoriana. Como força política consciente, a burocracia traiu a revolução. Mas a revolução vitoriosa tem, felizmente, não apenas um programa e uma bandeira, não apenas instituições políticas, mas, sobretudo, um sistema de relações sociais. Traí-la é pouco – é preciso também derrubá-la. A Revolução de Outubro tem sido traída pela camada dominante, mas ainda não foi derrubada. Ela tem um grande poder de resistência que converge para as relações de propriedade estabelecidas, para a força viva do proletariado, para a conscientização de seus melhores elementos, para o impasse do capitalismo mundial e para a inevitável revolução mundial.

ROSA LUXEMBURGO

Rosa Luxemburgo (1871-1919) foi uma judia-polonesa-alemã nascida em Zamość, cidade da Polônia então pertencente à Rússia. Iniciou sua militância política ainda adolescente, em Varsóvia, e por essa razão foi perseguida. Emigrou aos 18 anos para a Suíça, doutorando-se na Universidade de Zurique. Em Berlim, ao lado de Karl Liebknecht, defendeu posições antimilitaristas e internacionalistas dentro do Partido Social-Democrata Alemão (SPD) e ajudou a fundar a Liga Espartaquista, semente do Partido Comunista da Alemanha (KPD). Sua atuação política fez com que fosse presa em 1915 e 1916, sendo libertada em 1918. Envolveu-se ativamente na revolução de novembro, liderada pelos espartaquistas, mas em janeiro de 1919 o levante foi esmagado pelo governo social-democrata. Rosa foi presa novamente, torturada e assassinada com Liebknecht e outros líderes do partido. Líder revolucionária enérgica e apaixonada, grande teórica e polemista dentro do marxismo, escreveu, entre outros textos, "Reforma social ou revolução?" (1899) – no qual polemiza com Eduard Bernstein, teórico da social-democracia alemã –, "Greve de massas, partido e sindicatos" (1906), *Acumulação do capital* (1913) e "A Revolução Russa" (1918). Uma seleção de seus principais escritos foi publicada em 2011, em três volumes, pela Editora Unesp, com organização e revisão técnica de Isabel Loureiro.

15
Greve de massas, partido e sindicatos

Redigida em 1906, na Rússia, "Greve de massas, partido e sindicatos" é uma das mais importantes reflexões sobre o papel do partido político e do movimento de massas. Marca a ruptura de Rosa Luxemburgo com a direção da social-democracia alemã – que se transformaria, segundo ela, num partido cada vez mais eleitoral e parlamentar –, estabelece um novo programa de ação e defende que a revolução deve estar enraizada nas mais variadas camadas da classe operária. Para ela, a consciência de classe precisa ser forjada sobretudo na militância prática e não apenas na leitura de textos teóricos.

György Lukács diz (em prefácio a uma edição húngara desse texto) que a comunista polonesa foi a primeira a descobrir "a única arma eficaz contra os perigos do imperialismo: os movimentos de massa revolucionários". Pois foi justamente ao fazer o balanço da revolução russa de 1905, que Rosa escreveu: "a greve de massas não pode ser 'feita' artificialmente, não pode ser 'decidida' a esmo", mas constitui um fenômeno que "resulta das relações sociais por necessidade histórica".

O trecho reproduzido a seguir foi retirado de *Rosa Luxemburg Gesammelte Werke*, v. 2 (Berlim, Dietz, 1986, p. 97-102, 146-154), com escritos de 1906 a junho de 1911 (partes II e VII do escrito "Greve de massas, partido e sindicatos" ["Massenstreik, Partei und Gewerkschaften"], de 1906). A tradução aqui publicada foi feita diretamente do alemão, por Nélio Schneider, para esta antologia.

II.

No que se refere à questão da greve de massas, o primeiro ponto a ser revisado como resultado dos acontecimentos na Rússia é o da *concepção* geral do problema. Até o momento, tanto os fervorosos defensores de um "ensaio de greve de massas" na Alemanha, do naipe de um Bernstein, um Eisner etc., quanto os ferrenhos adversários de tal ensaio, representados no campo sindical, por exemplo, por Bömelburg, encontram-se, no fundo, no terreno da mesma concepção, a saber, da concepção anarquista. Os polos aparentemente opostos não só não se excluem, mas, como sempre acontece, condicionam-se e, ao mesmo tempo, complementam-se. Ocorre que, para o pensamento anarquista, a especulação com o "grande alvoroço", com a revolução social, representa apenas uma característica aparente e inessencial. Essencial, para ele, é toda a análise abstrata e anistórica da greve de massas, assim como, de modo geral, de todas as condições da luta proletária. Para o anarquista, suas especulações "revolucionárias" possuem somente dois pressupostos materiais – em primeiro lugar, a pura imaginação e, em seguida, a boa vontade e a coragem de resgatar a humanidade do atual vale de lágrimas capitalista. Argumentando a partir da pura imaginação, ele chegou já há sessenta anos à conclusão de que a greve de massas é o meio mais curto, seguro e fácil de dar o salto para um além social melhor. Com base na mesma pura imaginação, concluiu-se, em tempos recentes, mediante a especulação, que a luta sindical é a única "ação direta das massas" e, portanto, a única luta revolucionária – esta é, como se sabe, a mais nova esquisitice dos "sindicatistas"[1] franceses e italianos. Nesse tocante, o fatal para o anarquismo sempre foi que os métodos de luta improvisados sem qualquer base concreta não só não levaram em conta todos os fatores, ou seja, eram utopias puras, mas também, justamente por não calcularem com a realidade ruim e desprezada, inopinadamente acabaram se colocando, na prática, a serviço da posição reacionária, e isso geralmente com base em especulações revolucionárias.

Contudo, nesse mesmo terreno da análise abstrata e a-histórica, encontram-se hoje aqueles que gostariam de fixar, mediante resolução da diretoria, uma determinada data do calendário para a greve de massas a ocorrer proximamente na Alemanha; no mesmo terreno, estão igualmente aqueles que querem tirar do

---

[1] Posteriormente, passaram a ser chamados de "sindicalistas". Tendência política na classe operária que considerava a luta direta no local de trabalho como o aspecto mais importante e ignorava a luta política pelo Estado. Surgiu em parte como reação ao crescente reformismo e oportunismo nos partidos social-democratas. (N. T.)

mundo o problema da greve de massas por meio da proibição de "propagá-la"[2], como é o caso dos participantes do Congresso dos Sindicatos, em Köln. As duas tendências partem da concepção puramente anarquista, comum a ambas, de que a greve de massas é um meio de luta meramente técnico, que pode ser "decidido" ou então "proibido" ao bel-prazer e conforme a melhor ciência e consciência, um tipo de canivete que se leva dobrado no bolso, preparado "para qualquer eventualidade", ou que se pode abrir e usar sempre que se decidir fazê-lo. É verdade que são justamente os adversários da greve de massas que reivindicam para si o mérito de levar em consideração o chão da história e as condições materiais da situação atual na Alemanha, em contraposição aos "românticos da revolução", que pairam no ar e *partout* nada querem saber da dura realidade, com suas possibilidades e impossibilidades. "Fatos e números, números e fatos!", gritam eles, como sr. Gradgrind, em *Tempos difíceis*[3], de Dickens. O que os sindicalistas adversários da greve de massas entendem por "chão da história" e "condições materiais" são dois momentos distintos: por um lado, a fraqueza do proletariado, por outro, a força do militarismo prussiano-germânico. Os "fatos e números", nos quais esses líderes sindicalistas baseiam sua prática política no caso em questão, são a insuficiência das organizações operárias e das reservas financeiras e a imponência da baioneta prussiana. Ora, é claro que as caixas dos sindicatos, assim como a baioneta prussiana, sem dúvida, são fenômenos bem materiais e também bem históricos; entretanto, a concepção que se baseia nelas não constitui nenhum materialismo histórico nos termos de Marx, mas um materialismo policial nos termos de Puttkamer. Também os representantes do Estado policial capitalista contam muito, e até exclusivamente, com o respectivo poder de fato do proletariado organizado, assim como com o poder material da baioneta, e do exemplo comparativo dessas duas séries de números, por enquanto, ainda conseguem tirar a seguinte conclusão tranquilizadora: o movimento operário revolucionário é produzido por subversivos e agitadores isolados, dispondo, portanto, das prisões e das baionetas como recurso suficiente para controlar o "fenômeno passageiro" indesejável.

O operariado alemão consciente de sua classe há muito já percebeu o lado humorístico da teoria policial, como se todo o movimento operário moderno fosse produto artificial e arbitrário de um punhado de "subversivos e agitadores" sem escrúpulos.

---

[2] No quinto Congresso dos Sindicatos da Alemanha, realizado de 22 a 27 de maio de 1905, em Köln, havia sido aprovada uma resolução, na qual até mesmo a discussão sobre a greve de massas de cunho político foi condenada. (N. E. A.)

[3] São Paulo, Clube do Livro, 1969. (N. E.)

Mas é exatamente a mesma concepção que ganha expressão quando alguns bravos camaradas se juntam em uma coluna voluntária de sentinelas noturnos para advertir o operariado alemão sobre as atividades perigosas de alguns "românticos da revolução" e sua "propaganda da greve de massas"; ou quando, em contrapartida, uma chorosa campanha de indignação é encenada por aqueles que se consideram enganados quanto à irrupção da greve de massas na Alemanha por algum tipo de acordo "confidencial" da direção do partido com a Comissão Geral dos Sindicatos[4]. Se dependesse da "propaganda" inflamadora dos românticos da revolução ou de resoluções confidenciais ou abertas das direções dos partidos, não teríamos tido, até agora, nenhuma greve de massas séria na Rússia. Como já enfatizei em março de 1905, na *Sächsischen Arbeiter-Zeitung*[5], em nenhum outro país se pensou tão pouco em "propagar" ou até mesmo em "discutir" a greve de massas como na Rússia. Os exemplos isolados de resoluções e acordos feitos pela direção do partido russo, que realmente visavam proclamar a greve de massas de livre e espontânea vontade, como a última tentativa em agosto deste ano, após a dissolução da Duma[6], malograram quase totalmente. Portanto, se a Revolução Russa nos ensina algo, é sobretudo isto: a greve de massas não pode ser "feita" artificialmente, não pode ser "decidida" a esmo, não pode ser "propagada", mas constitui um fenômeno histórico que, em dado momento, resulta das relações sociais por necessidade histórica.

O problema não pode ser captado nem discutido mediante especulações abstratas sobre a possibilidade ou impossibilidade, a utilidade ou nocividade da greve de massas, mas tão somente mediante a investigação daqueles momentos e daquelas relações sociais dos quais brota a greve de massas na presente fase da luta de classes, ou, com outras palavras, não mediante a *apreciação subjetiva* da greve de

---

[4] Em uma sessão secreta da direção do Partido da Social-Democracia Alemã com a Comissão Geral dos Sindicatos da Alemanha, no dia 16 de fevereiro de 1906, a direção do partido fez aos líderes oportunistas dos sindicatos a seguinte concessão: o partido não propagaria a greve de massas de cunho político sem a anuência destes e, se possível, até a impediria. Caso a greve, ainda assim, irrompesse, os sindicatos não precisariam participar dela. (N. E. A.)

[5] Rosa Luxemburgo, "Eine Probe aufs Exempel", em *Gesammelte Werke* (Berlim, 1970, v. 1), p. 528-32. A *Sächsische Arbeiter-Zeitung* [Gazeta Operária da Saxônia] foi um diário social-democrata publicado de 1889 a 1908, em Dresden; depois, saiu com o nome de *Dresdner Volkszeitung* [Gazeta Popular de Dresden]. (N. E. A.)

[6] A I Duma Imperial iniciou suas atividades em 27 de abril de 1906. Pressionada pelo movimento revolucionário, teve de apresentar projetos para solucionar a questão agrária. Em função disso, o governo tsarista a dissolveu em 8 de julho de 1906, por "ultrapassar suas competências constitucionais". (N. E. A.)

massas do ponto de vista do desejável, mas mediante a *investigação objetiva* das fontes da greve de massas do ponto de vista do historicamente necessário.

Ao ar livre da análise lógica abstrata, é possível demonstrar com exatamente a mesma força a impossibilidade absoluta e a derrota certa da greve de massas quanto a sua total viabilidade e sua indubitável vitória. Por isso, em ambos os casos, a argumentação tem o mesmo valor, ou seja, nenhum. Por isso, também o temor de que a greve de massas seja "propagada", que levou até a verdadeiras execrações dos supostos culpados desse crime, é apenas o produto de um cômico quiproquó. É tão impossível "propagar" a greve de massas como meio de luta abstrato quanto é impossível propagar a "revolução". "Revolução" e "greve de massas" são conceitos que representam, por si mesmos, meramente uma forma exterior da luta de classes, e só ganham sentido e conteúdo em conexão com situações políticas bem determinadas.

Se alguém tentasse transformar a greve de massas, em termos gerais, como forma de ação proletária, em objeto de uma autêntica agitação, se fosse vender essa "ideia", visando ganhar, pouco a pouco, o apoio do operariado para ela, isso seria uma ocupação tão inútil quanto maçante e de mau gosto; equivaleria a querer fazer da ideia da revolução ou da luta de barricadas o objeto de uma agitação específica. A greve de massas foi parar no centro do vívido interesse do operariado alemão e internacional porque representa uma nova forma de luta e, como tal, o sintoma certeiro de uma reviravolta interna profunda nas relações de classe e nas condições da luta de classes. O fato de a massa proletária alemã demonstrar um interesse tão intenso pelo novo problema – apesar da resistência obstinada de seus líderes sindicais – atesta que ela é dona de um saudável instinto revolucionário e de viva inteligência. Só que não se pode corresponder a esse interesse dos trabalhadores, à sua genuína sede intelectual e ao seu impulso revolucionário para a ação, incutindo-lhes uma ginástica cerebral abstrata sobre a possibilidade ou impossibilidade da greve de massas; o que se deve fazer, antes, é esclarecer-lhes o desenrolar da Revolução Russa, a importância internacional dessa revolução, o aguçamento das contradições de classe na Europa ocidental, as perspectivas políticas ampliadas da luta de classes na Alemanha, o papel e as tarefas da massa nas lutas que estão por vir. Somente dessa forma a discussão sobre a greve de massas levará à ampliação do horizonte intelectual do proletariado, ao aguçamento de sua consciência de classe, ao aprofundamento do seu modo de pensar e ao fortalecimento de seu poder de ação.

Olhando por esse ângulo, aparece em toda a dimensão do ridículo o processo penal movido pelos adversários do "romantismo revolucionário" porque as partes supostamente não estariam se atendo exatamente à literalidade da Resolução de Jena[7] ao tratarem do problema. Com essa resolução, os "políticos pragmáticos", em todo caso, ainda se dão por satisfeitos, porque acoplam a greve de massas principalmente às vicissitudes do sufrágio universal, do que acreditam poder concluir duas coisas: primeiro, que, desse modo, a greve de massas preserva um caráter puramente defensivo; segundo, que a greve de massas fica subordinada até ao parlamentarismo, sendo transformada em mero penduricalho do parlamentarismo. Nesse tocante, porém, o verdadeiro cerne da Resolução de Jena reside em que, diante da presente situação na Alemanha, um atentado da posição reacionária dominante contra o sufrágio parlamentar muito provavelmente equivaleria ao momento inaugural e ao sinal para aquele período de lutas políticas turbulentas, nas quais a greve de massas certamente será aplicada pela primeira vez como meio de luta na Alemanha. Só que querer estreitar e delimitar artificialmente o alcance social e o espaço de manobra histórico da greve de massas enquanto fenômeno e problema da luta de classes, valendo-se para isso da literalidade de uma resolução partidária, constitui uma empresa que se iguala em miopia àquela interdição da discussão imposta pelo Congresso dos Sindicatos, em Köln. Na resolução tomada pela Assembleia do Partido, em Jena, a social-democracia alemã registrou oficialmente em ata a profunda reviravolta causada pela Revolução Russa nas condições internacionais da luta de classes proletária e evidenciou sua capacidade de evolução revolucionária, sua capacidade de adaptação às novas exigências da próxima fase das lutas de classe. É nisso que reside a importância da Resolução de Jena. No que se refere à aplicação prática da greve de massas na Alemanha, sobre isso a história decidirá, assim como decidiu sobre ela na Rússia, história na qual a social-democracia, com suas decisões, sem dúvida, é um fator importante, mas apenas *um* fator, entre muitos.

VII.

Vimos que, na Rússia, a greve de massas não foi o produto artificial de uma tática intencional da social-democracia, mas representa um fenômeno histórico natural que brotou do solo da presente revolução. Quais são, portanto, os momentos que produziram, na Rússia, essa nova forma em que se apresenta a revolução?

---

[7] A resolução, tomada na Assembleia do Partido da Social-Democracia Alemã, reunida de 17 a 23 de setembro de 1905, em Jena, caracterizou a aplicação mais ampla possível da interrupção em massa do trabalho como um dos principais meios de luta da classe trabalhadora, mas restringiu a aplicação da greve de massas de cunho político essencialmente à defesa do sufrágio parlamentar e do direito à coalizão. (N. E. A.)

A próxima tarefa da Revolução Russa é a eliminação do absolutismo e a constituição de um moderno Estado de direito parlamentar-burguês. Formalmente, trata-se da mesma tarefa que estava por ser cumprida pela Revolução de Março, na Alemanha[8], e pela grande Revolução Francesa, no fim do século XVIII. Só que as condições, o entorno histórico, no qual essas revoluções análogas aconteceram são fundamentalmente diferentes das vigentes na Rússia de hoje. O ponto decisivo é a circunstância de que, entre aquelas revoluções burguesas do Oeste e a atual revolução no Leste, transcorreu todo o ciclo do desenvolvimento capitalista. Mais exatamente, esse desenvolvimento tomou conta não só dos países do oeste europeu, mas também da Rússia absolutista. A grande indústria, com todas as suas consequências, a saber, a moderna divisão de classes, os contrastes sociais abruptos, a moderna vida de cidade grande e o moderno proletariado, tornou-se na Rússia a forma de produção dominante, isto é, a que determina de maneira decisiva o desenvolvimento social. Contudo, adveio daí a situação histórica insólita e contraditória de que a revolução burguesa, consoante as suas atribuições formais, é realizada em primeira linha por um proletariado moderno e consciente de sua classe e em um contexto internacional que apresenta os sinais da decadência da democracia burguesa. Agora, o elemento revolucionário condutor não é a burguesia, como nas revoluções anteriores do Oeste, enquanto a massa proletária, dissolvida na pequena burguesia, servia de porta-bandeira à burguesia, mas ocorre o inverso: o proletariado consciente de sua classe é o elemento condutor e impulsionador, ao passo que os estratos da grande burguesia são, em parte, diretamente contrarrevolucionários e, em parte, liberais vacilantes, sendo que apenas a pequena burguesia rural, somada à inteligência pequeno-burguesa urbana, possui uma mentalidade decididamente oposicionista e até revolucionária. O proletariado russo, porém, destinado, dessa maneira, a assumir o papel condutor da revolução burguesa, entra na luta, ele próprio liberto de todas as ilusões da democracia burguesa, mas, em compensação, com uma consciência fortemente desenvolvida dos interesses específicos de sua classe no quadro de uma confrontação bastante exacerbada entre capital e trabalho. Essa relação contraditória ganha expressão no fato de que, nessa revolução formalmente burguesa, a oposição da sociedade burguesa ao absolutismo é suplantada pela oposição do proletariado à sociedade burguesa, de que a luta do proletariado se volta com a mesma intensidade contra o absolutismo e contra a exploração capitalista, de que o programa das lutas revolucionárias está dirigido com igual ênfase para a liberdade política e para a con-

---

[8] Referência à Revolução Alemã de 1848-1849. (N. E. A.)

quista do dia de oito horas de trabalho, assim como para uma existência material humanamente digna para o proletariado. Esse caráter dicotômico da Revolução Russa se externa naquela íntima ligação e interação entre a luta econômica e a luta política, da qual tomamos conhecimento pelos eventos na Rússia e que ganham sua correspondente expressão justamente na greve de massas.

Nas revoluções burguesas anteriores, nas quais, por um lado, a instrução política e a liderança da massa revolucionária foram providenciadas pelos partidos burgueses e, por outro lado, tratava-se da derrubada pura e simples do antigo governo, a breve batalha das barricadas constituía a forma adequada da luta revolucionária. Nos dias de hoje, em que a classe trabalhadora precisa instruir, reunir e liderar a si própria no decurso da luta revolucionária e em que a revolução, por sua vez, está voltada tanto contra o velho poder estatal quanto contra a exploração capitalista, a greve de massas parece ser o recurso natural para recrutar, revolucionar e organizar, em meio à própria ação, as camadas proletárias mais amplas possíveis, assim como ela constitui simultaneamente um meio de solapar e derrubar o velho poder estatal e conter a exploração capitalista. O proletariado industrial urbano passou a ser a alma da revolução na Rússia. Entretanto, para executar como massa qualquer ação política direta, o proletariado precisa, primeiro, congregar-se novamente em massa, e para conseguir isso ele precisa sobretudo sair das fábricas e manufaturas, das minas e fundições, ele precisa superar a pulverização e o esfacelamento a que está condenado nas fábricas isoladas sob o jugo diuturno do capital. Assim sendo, a greve de massas é a primeira forma impulsiva e natural de toda grande ação revolucionária do proletariado; quanto mais a indústria for a forma predominante da economia social, quanto mais destacado for o papel do proletariado na revolução e mais desenvolvida a contradição entre trabalho e capital, tanto mais eficazes e decisivas deverão se tornar as greves de massas. A anterior forma principal das revoluções burguesas, a batalha de barricadas, o confronto aberto com a força armada do Estado, representa, na revolução atual, apenas um ponto extremo, apenas um momento em todo o processo da luta proletária de massas.

E, assim, alcançou-se na nova forma da revolução também aquele caráter mais civilizado e atenuado das lutas de classe, que foi profeticamente prenunciado pelos oportunistas da social-democracia alemã, pelos Bernstein, David e outros. Os mencionados, todavia, vislumbraram o desejado caráter atenuado e civilizado da luta de classes no espírito das ilusões democráticas e pequeno-burguesas, isto é, em que a luta de classes se limitasse exclusivamente à luta parlamentar e a revolução das ruas fosse simplesmente abolida. A história encontrou a solução para isso de maneira um tanto mais profunda e refinada: no surgimento da greve de massas revolucionária, que, entretanto, de modo algum substitui ou torna supérflua a luta crua e brutal nas ruas, mas a reduz à condição de um dos momentos do longo período da luta política e, ao mesmo tempo, associa ao período revolucionário uma enorme obra cultural, no sentido mais exato desse termo, a saber, a elevação material e intelectual de toda a classe trabalhadora mediante a "civilização" das formas bárbaras da exploração capitalista.

Assim, a greve de massas não se identifica, portanto, como um produto especificamente russo, que brotou do absolutismo, mas como uma forma geral da luta de classes proletária, que decorre do atual estágio do desenvolvimento capitalista e das relações de classe. As três revoluções burguesas – a grande Revolução Francesa, a Revolução de Março alemã e a atual Revolução Russa – formam, desse ponto de vista, uma cadeia de desenvolvimento contínuo, na qual se refletem a sorte e o fim do século capitalista. Na grande Revolução Francesa, as contradições internas da sociedade burguesa, que ainda não se encontravam bem desenvolvidas, deram lugar a um longo período de violentas lutas, em que se esbaldavam com radicalismo inescrupuloso, desimpedidas e desobrigadas, as contraposições que só vieram a brotar e a madurar rapidamente no calor da revolução. Meio século depois, a revolução da burguesia alemã, que irrompeu a meio caminho do desenvolvimento capitalista, sendo travada em pleno curso pela contraposição de interesses e pelo equilíbrio de forças entre capital e trabalho e sufocada por um compromisso feudal-burguês, já foi abreviada em um episódio curto, deplorável e silenciado em meio à fala. Mais meio século e a atual Revolução Russa se encontra em um momento do percurso histórico em que já foi transposto o ponto culminante, em que já se passou além do ponto alto da sociedade capitalista, no qual a revolução burguesa não poderá mais ser sufocada pela contraposição entre burguesia e proletariado, mas, ao contrário, está se desdobrando em um período novo e longo de lutas sociais das mais violentas, nas quais o ajuste da velha conta com o absolutismo aparece como um detalhe em vista das muitas contas novas que a própria revolução abre. A atual revolução torna realidade, assim, no caso específico da Rússia absolutista, concomitantemente os resultados gerais do desenvolvimento capitalista internacional e aparece não tanto como o último retardatário das antigas revoluções burguesas, mas como precursor da nova série de revoluções proletárias do Oeste. Justamente por ter se atrasado de maneira tão imperdoável com sua revolução burguesa, o mais atrasado dos países indica ao proletariado alemão e ao dos países capitalistas mais desenvolvidos caminhos e métodos para dar seguimento à luta de classes.

Por conseguinte, também por esse lado, parece totalmente equivocado olhar a Revolução Russa de longe como um belo espetáculo, como algo especificamente "russo", e, quando muito, admirar o heroísmo dos combatentes, isto é, os acessórios exteriores da luta. Muito mais importante é que os trabalhadores alemães aprendam a ver a Revolução Russa *como assunto seu*, não só no sentido da solidariedade de classe em nível internacional com o proletariado russo, mas, sobretudo, como *um capítulo da sua própria história social e política*. Os líderes sindicais e os parlamentares que consideram o proletariado alemão como "demasiado fraco" e as relações alemãs como demasiado imaturas para lutas revolucionárias de massa evidentemente não têm qualquer noção de que o aferidor da maturidade das relações de classe na Alemanha e do poder do proletariado não reside nas estatísticas dos sindicatos alemães nem nas estatísticas eleitorais, mas... nos eventos da Revolução Russa. Exatamente como a maturidade das contradições de classe na França sob a Monarquia de Julho e a batalha de junho, em Paris[9], se refletiu no desenrolar e no fiasco da Revolução de Março, na Alemanha, assim também se reflete hoje a maturidade das contradições de classe alemãs nos eventos e no poder da Revolução Russa. E enquanto os burocratas do movimento operário alemão desencavam a prova de sua força e de sua maturidade dos arquivos de seus escritórios, eles não veem que o que procuram está bem diante de seus olhos, em uma grande revelação histórica, pois, em termos históricos, a Revolução Russa é um reflexo do poder e da maturidade do movimento operário internacional, portanto, em primeira linha, do alemão.

Por essa razão, a Revolução Russa teria contribuído com um resultado deplorável, grotescamente diminuto, se o proletariado alemão fosse tirar dela – como querem os camaradas Frohme, Elm e outros – apenas a lição de que devem emprestar da Revolução Russa a forma exterior da luta, a greve de massas, e castrá-la, usando-a como canhão de reserva para o caso de cassação do sufrágio parlamentar, ou seja, transformando-a em um meio passivo de defesa do parlamento. Se nos tomarem o direito ao sufrágio parlamentar, resistiremos. Isso é uma decisão totalmente óbvia. Mas, para chegar a essa decisão, não é preciso imbuir-se da pose heroica de

---

[9] A Monarquia de Julho foi a regência orleanista de Luís Filipe, que chegou ao poder em julho de 1830, por intermédio da Revolução Francesa; a batalha de junho, em Paris, foi o esmagamento sangrento da primeira rebelião política autônoma da classe trabalhadora, em junho de 1848. (N. E. A.)

um Danton, como fez, por exemplo, o camarada Elm em Jena[10]; porque a defesa do modesto quinhão de direitos parlamentares que já se possui não chega a ser uma inovação epopeica, para a qual só as terríveis hecatombes da Revolução Russa poderiam servir de encorajamento, mas é, antes, o primeiro e mais simples dever de todo partido de oposição. A política do proletariado em um período revolucionário jamais deve se esgotar na mera atitude defensiva. Se, por um lado, é difícil de predizer com certeza que a destruição do sufrágio universal na Alemanha se dará em uma situação em que impreterivelmente provocará uma imediata ação de greve de massas, por outro lado, é totalmente certo que, assim que tivermos ingressado, na Alemanha, no período das turbulentas ações em massa, a social-democracia jamais deverá restringir sua tática à mera atitude de defesa parlamentar. Está fora da alçada da social-democracia predeterminar o ensejo e o momento em que devem irromper na Alemanha as greves de massa, porque não está em seu poder deflagrar situações históricas mediante resoluções partidárias. Porém, o que ela pode e deve fazer é clarear as diretrizes políticas dessas lutas, quando estas acontecerem, e formulá-las em uma tática decidida e consequente. Não se consegue pôr freios nos acontecimentos históricos fazendo-lhes prescrições, mas trazendo antecipadamente à consciência suas consequências prováveis e previsíveis e norteando o próprio modo de proceder de acordo com isso.

A ameaça política mais iminente, para a qual o movimento operário alemão já se prepara há uma série de anos, é um golpe de Estado da posição reacionária, que iria querer arrebatar das camadas mais amplas da massa trabalhadora do povo o direito político mais importante, o do sufrágio parlamentar. Apesar do tremendo alcance que um eventual acontecimento como esse teria, como foi dito, é impossível afirmar com certeza que, em vista do golpe de Estado, irromperia de imediato um movimento popular franco na forma de greves de massas, porque desconhecemos hoje todas aquelas inumeráveis circunstâncias e os momentos que concorrem para determinar a situação no caso de um movimento de massas. Todavia, se levarmos em consideração, por um lado, a presente exacerbação extrema das relações na Alemanha e, por outro lado, as múltiplas reverberações internacionais da Revolução Russa e, ademais, da futura Rússia renovada, então

---

[10] Na Assembleia do Partido da Social-Democracia Alemã, de 17 a 23 de setembro de 1905, em Jena, o oportunista Adolf von Elm havia declarado que, no caso de haver a usurpação do direito ao sufrágio parlamentar por parte da classe dominante, o proletariado resistiria e "lutaria com sua vida nas barricadas pela liberdade" (*Protokoll über die Verhandlungen des Parteitages der Sozialdemokratischen Partei Deutschlands*, Berlim, 1905, p. 332). (N. E. A.)

está claro que a revolução na política alemã que resultasse de uma cassação do direito ao sufrágio parlamentar não poderia limitar-se à luta unicamente por esse direito ao sufrágio. Ao contrário, esse golpe de Estado traria consigo, mais cedo ou mais tarde, com força elementar, um acerto de contas político geral de grande envergadura das massas populares uma vez sublevadas e agitadas com a posição reacionária – um acerto de contas pela usura com o pão, pelo aumento artificial da carne, pela extenuação provocada pelo militarismo e marinismo desmedidos, pela corrupção praticada pela política colonialista, pela humilhação nacional do Processo de Königsberg[11], pela paralisação da reforma social, pela privação de direitos dos ferroviários, dos funcionários dos correios e dos trabalhadores rurais, pela defraudação e ridicularização dos mineiros, pela sentença de Löbtau[12] e toda a justiça classista, pelo sistema brutal do locaute – em suma, por todos os vinte anos de opressão exercida pela dominação coligada dos *junkers* a oeste do Rio Elba e pelo grande capital cartelizado.

Porém, uma vez que a pedra começou a rolar morro abaixo, não há mais como detê-la, querendo a social-democracia ou não. Os adversários da greve de massas costumam rejeitar as lições e os exemplos da Revolução Russa, dizendo que não são critério para a Alemanha sobretudo porque, na Rússia, primeiro teve de ser dado o imponente salto de um despotismo oriental para uma moderna ordem legal burguesa. A distância formal entre a ordem política antiga e a nova seria razão suficiente para explicar a veemência e a violência da revolução na Rússia. Na Alemanha, há muito já teríamos as formas e as garantias necessárias do Estado de direito, razão pela qual aqui seria impossível que as forças sociais contraditórias se desencadeassem de maneira tão elementar. Os que assim especulam esquecem que, na Alemanha, em compensação, quando ocorrer a irrupção de lutas políticas francas, o alvo historicamente condicionado será totalmente diferente do atual, na Rússia. Justamente porque a ordem legal burguesa já existe há muito tempo na Alemanha, portanto, por ter tido tempo de esgotar-se por completo e pouco restar dela, porque a democracia burguesa e o liberalismo tiveram tempo de extinguir-se, não se

---

[11] De 12 a 25 de julho de 1904, teve lugar em Königsberg um processo contra nove sociais-democratas alemães que haviam sido acusados de transportar escritos ilegais, contrários ao tsarismo, para a Rússia. Karl Liebknecht, na qualidade de advogado, desmascarou a cooperação entre as autoridades prussianas e as tsaristas. (N. E. A.)

[12] Em fevereiro de 1899, nove trabalhadores da construção foram condenados, em Löbtau, perto de Dresden, a um total de 61 anos de prisão porque haviam protestado contra o fato de que, em uma obra vizinha, trabalhava-se para além da hora estipulada. Nesse protesto, chegou-se às vias de fato depois que o mestre de obras desferiu tiros de festim com um revólver. (N. E. A.)

pode mais falar de revolução *burguesa* na Alemanha. Por essa razão, no caso de um período de lutas políticas francas na Alemanha, o que estará em jogo, como último alvo historicamente necessário, é tão somente *a ditadura do proletariado*. Porém, a distância entre essa tarefa e as condições atuais na Alemanha é muito mais significativa do que a distância entre a ordem legal burguesa e o despotismo oriental, razão pela qual essa tarefa não poderá ser consumada de um só golpe, mas igualmente no decorrer de um longo período de lutas sociais gigantescas.

Mas não haveria uma contradição crassa nas perspectivas apontadas por nós? Por um lado, diz-se que, em um eventual período futuro da ação política de massas, sobretudo as camadas mais atrasadas do proletariado alemão, os trabalhadores rurais, os ferroviários, os escravos do correio deverão conquistar o seu direito à coalizão, que primeiro deverão ser eliminadas as excrescências mais perversas da exploração, e, por outro lado, diz-se que a tarefa política desse período já será a conquista do poder político pelo proletariado! De um lado, lutas econômicas e sindicais pelos interesses mais imediatos, pela elevação material da classe trabalhadora, por outro lado, já o alvo final absoluto da social-democracia! Com certeza, trata-se de contradições crassas; não são, porém, contradições de nossa argumentação, mas contradições do desenvolvimento capitalista. Este não transcorre em uma bela linha reta, mas em um zigue-zague abrupto, ao estilo de um raio. Assim como os diversos países capitalistas representam os mais diversos estágios do desenvolvimento, o mesmo se dá no interior de cada país com os diferentes estratos da mesma classe trabalhadora. No entanto, a história não espera pacientemente até que os países e os estratos que ficaram para trás alcancem os mais avançados, para que o todo possa se mover simetricamente para a frente, como uma coluna perfilada. Ela faz com que, já nos pontos mais avançados e expostos, ocorram explosões, bastando que as condições para isso estejam maduras, e, na tormenta do período revolucionário, recupera-se em poucos dias e meses o que foi negligenciado, compensa-se a desigualdade e, com um forte empurrão, todo o progresso social é posto em marcha célere.

Na Revolução Russa, toda a escala do desenvolvimento e dos interesses dos diversos estratos operários se unifica no programa social-democrático da revolução, e as inumeráveis lutas parciais se aglutinam na grande ação comum da classe proletária. É o que acontecerá também na Alemanha, quando as condições estiverem maduras para isso. Nesse momento, a tarefa da social-democracia será a de orientar sua tática não pelas fases do desenvolvimento que ficaram para trás, mas pelas mais avançadas.

16
A acumulação do capital,
ou O que os epígonos fizeram da teoria marxista: uma contracrítica (excertos)

O opúsculo *Die Akkumulation des Kapitals oder Was die Epigonen aus der Marxschen Theorie gemacht haben. Eine Antikritik* – escrito por Rosa Luxemburgo em 1915, na prisão de Barnimstraße, em Berlim, e publicado postumamente (Leipzig, Franke, 1921) – é uma resposta aos críticos de sua obra anterior, *A acumulação do capital* [*Die Akkumulation des Kapitals*], publicada em 1913 e considerada por muitos como sua principal contribuição teórica e uma das mais significativas no campo da economia política marxista.

O texto foi depois publicado como apêndice de *A acumulação do capital* e teve uma edição brasileira pela editora Nova Cultural, em 1985. A tradução aqui apresentada foi feita diretamente do alemão por Rubens Enderle, para esta antologia, a partir de *Die Akkumulation des Kapitals oder Was die Epigonen aus der Marxschen Theorie gemacht haben. Eine Antikritik* (3. ed., Frankfurt, Neue Kritik, 1969, fac-símile da edição de 1921, cit.), p. 19-23 e 115-9.

[...]

A suposição marxiana [de que na sociedade existem somente duas camadas: capitalistas e trabalhadores assalariados] é apenas um pressuposto teórico que visa facilitar e simplificar a investigação. Na realidade, a produção capitalista, como qualquer um sabe e como o próprio Marx eventualmente ressalta em *O capital*[1], não é de modo algum o único e exclusivo regime de produção. Na realidade, em todos os países capitalistas, e mesmo naqueles em que a grande indústria está mais desenvolvida, encontramos, ao lado de empresas capitalistas industriais e agrícolas, numerosas atividades de tipo artesanal e camponesas, dedicadas à simples produção de mercadorias. Na realidade, na própria Europa ainda existem, ao lado dos velhos países capitalistas, outros em que esse tipo de produção artesanal e camponesa continua a predominar, e mesmo com bastante força, como na Rússia, nos Bálcãs, na Escandinávia e na Espanha. E, finalmente, ao lado da Europa e da América do Norte capitalistas, há continentes enormes em que a produção capitalista só firmou suas raízes em alguns pontos dispersos, em nações que exibem as mais diversas formas econômicas, desde o comunismo primitivo até o regime feudal, camponês e artesanal. Todas essas formas de sociedade e de produção não se mantêm ou mantiveram em uma mera coexistência espacial pacífica com o capitalismo, mas, antes, entre elas e o capital europeu desenvolveu-se, desde o início da era capitalista, um intenso metabolismo de tipo inteiramente particular. A produção capitalista, como autêntica produção de massa, busca tanto compradores nas esferas camponesas e artesanais dos velhos países quanto consumidores no resto do mundo, ao mesmo tempo que, por sua vez, ela não pode se desenvolver tecnicamente sem os produtos (seja como meios de produção, seja como meios de subsistência) dessas camadas e países. Assim, desde o início, foi preciso que se desenvolvesse entre a produção capitalista e o meio não capitalista que o circundava uma relação de troca na qual o capital encontrou a possibilidade tanto de realizar seu mais-valor em ouro puro, para os fins de sua capitalização intensiva, como de prover-se de todo tipo de mercadorias necessárias para a ampliação de sua própria produção, e, por fim, de obter, mediante a dissolução daquelas formas de produção não capitalistas, um acesso sempre renovado a forças de trabalho proletarizadas.

Mas esse é apenas o conteúdo puramente econômico da relação. Sua configuração concreta consiste, na realidade, no processo histórico do desenvolvimento do capitalismo no cenário mundial com toda sua pluralidade dinâmica e multifacetada.

---

[1] São Paulo, Boitempo, 2013-2015, 3 v. (N. E.)

Pois, primeiramente, o intercâmbio do capital com o ambiente não capitalista enfrenta as dificuldades inerentes à economia natural, às relações sociais consagradas e às necessidades limitadas da economia camponesa patriarcal e da sociedade artesanal. Contra isso, o capital recorre a "meios heroicos", à arma do poder político. Na própria Europa, seu primeiro gesto foi o revolucionamento da economia natural do feudalismo. Nos países ultramarinos, sua primeira ação foi a subjugação e destruição das comunidades tradicionais, ato histórico-mundial que marca o nascimento do capital e, desde então, jamais deixou de acompanhar a acumulação. Provocando a ruína das relações primitivas, de economia natural, camponesas e patriarcais daqueles países, o capitalismo europeu abre as portas para a produção e troca de mercadorias, converte seus habitantes em consumidores das mercadorias capitalistas, ao mesmo tempo que acelera violentamente sua própria acumulação por meio do roubo direto e massivo dos tesouros naturais e das riquezas acumuladas pelos povos submetidos a seu jugo. Desde o começo do século XIX, esses métodos são acompanhados da exportação do capital acumulado da Europa para os países não capitalistas das outras partes do mundo, onde, sobre um novo campo, sobre as ruínas das formas nativas de produção, conquistam um novo círculo de consumidores para suas mercadorias e, com isso, uma nova possibilidade de acumulação.

Assim, graças a essa reciprocidade com sociedades e países não capitalistas, o capitalismo se estende cada vez mais, acumulando capitais à sua custa, ao mesmo tempo que os corrói e desloca passo a passo a fim de tomar o seu lugar. Mas quanto maior é o número de países capitalistas que se lançam nessa caça por áreas de acumulação e quanto mais escassas se tornam as áreas não capitalistas ainda abertas à expansão mundial do capital, tanto mais acirrada se torna a concorrência do capital por essas áreas de acumulação e tanto mais essa cruzada pelo cenário mundial se transforma em uma cadeia de catástrofes econômicas e políticas: crises mundiais, guerras e revoluções.

Desse modo, o capital prepara sua derrocada por um duplo modo. Por um lado porque, ao expandir-se às custas de todas as formas não capitalistas de produção, chega a um ponto em que a humanidade inteira será, de fato, composta exclusivamente de capitalistas e proletários assalariados, tornando impossível, assim, toda nova expansão e, por conseguinte, toda acumulação. Por outro lado, à medida que essa tendência se impõe, o capitalismo aguça de tal modo os antagonismos de classe e a anarquia política e econômica internacional que, muito antes de atingidas as últimas consequências do desenvolvimento econômico – o domínio absoluto e indiviso da produção capitalista no mundo –, ele terá de desencadear a rebelião do proletariado universal contra a existência da dominação capitalista.

Eis, em linhas gerais, o problema e sua solução, tal como os vejo. À primeira vista, isso pode parecer uma sutileza puramente teórica. No entanto, a importância prática do problema é bem evidente. Ela consiste em seu nexo com o fato mais relevante da vida política atual: o imperialismo. Os fenômenos externos típicos do período imperialista – a competição entre os Estados capitalistas por colônias e esferas de interesses e por possibilidades de investimentos para o capital europeu, o sistema de crédito internacional, o militarismo, as altas tarifas protecionistas, o papel preponderante do capital bancário e dos cartéis industriais na política mundial – são, hoje, fatos conhecidos por todos. Sua conexão com a última fase do desenvolvimento capitalista, sua importância para a acumulação do capital são tão evidentes que tanto os defensores como os adversários do imperialismo os conhecem e reconhecem claramente. Mas os socialistas não podem se contentar com esse conhecimento empírico. Para eles, é necessário investigar com exatidão as leis econômicas que regem essas relações, apreender as verdadeiras raízes desse grande e emaranhado complexo de fenômenos do imperialismo. Pois, como sempre nesses casos, apenas a apreensão teórica exata do problema em sua raiz poderá conferir à nossa práxis, na luta contra o imperialismo, aquela segurança, clareza de objetivos e vigor indispensáveis à política do proletariado. Antes da publicação de *O capital*, de Marx, os fatos da exploração, do mais-trabalho e do lucro eram bem conhecidos. Mas foi apenas a teoria exata do mais-valor e de sua formação, da lei do salário e do exército industrial de reserva, tal como Marx a elaborou sobre a base de sua teoria do valor, que deu à práxis da luta de classes a base firme sobre a qual se desenvolveram, até a [Primeira] Guerra Mundial, o movimento operário alemão e, seguindo suas pegadas, o movimento operário internacional. Que a teoria não faz nada sozinha e que muitas vezes a melhor das teorias é seguida da prática mais execrável o demonstra a derrocada atual da social-democracia alemã. Mas essa derrocada não se deu em consequência, mas apesar do conhecimento teórico marxiano, e ela só poderá ser superada se a práxis do movimento operário for harmonizada com sua teoria. Em cada área particular importante da luta de classes, assim como em sua totalidade, será somente a partir da teoria marxiana, dos muitos tesouros inexplorados das obras fundamentais de Marx, que poderemos obter uma base inteiramente firme para nossa posição.

Que a explicação das raízes econômicas do imperialismo tem de ser derivada especialmente das leis da acumulação do capital e harmonizada com estas últimas é algo que não deixa lugar a dúvidas, já que o imperialismo, em termos gerais e segundo a percepção empírica comum, não é senão um método específico de acumulação. Mas como isso é possível quando nos mantemos presos de modo acrítico ao pressuposto estabelecido por Marx no segundo volume de *O capital*, pressuposto que se baseia em uma sociedade em que a produção capitalista é a única existente e a população inteira consiste exclusivamente em capitalistas e trabalhadores assalariados?

Qualquer que seja a explicação que se dê às molas econômicas internas do imperialismo, existe algo que está claro e é de todos conhecido: sua essência consiste precisamente na ampliação da dominação do capital dos velhos países capitalistas a novas regiões e na competição econômica e política que aqueles países travam por estas regiões. No segundo volume de *O capital*, porém, Marx supõe, como vimos, que o mundo inteiro já seja "uma nação capitalista", todas as demais formas de economia e sociedade já tendo desaparecido. Ora, como é possível explicar o imperialismo em tal sociedade, em que não existe mais nenhum espaço para ele?

Aqui entrava a minha crítica. A suposição teórica de uma sociedade composta exclusivamente por capitalistas e trabalhadores, que para determinados objetivos da investigação – tal como no primeiro volume de *O capital*, na análise do capital individual e suas práticas de exploração na fábrica – é absolutamente justificada e pertinente, parecia-me inoportuna e incômoda quando se trata da acumulação do capital social total. Como esta última representa o processo histórico efetivo do desenvolvimento capitalista, acredito não ser possível apreendê-lo sem levar em conta todas as condições dessa realidade histórica. Como processo histórico, a acumulação do capital avança, desde o primeiro até o último dia, em meio às mais variadas formações pré-capitalistas, travando com elas uma permanente luta política e incessantes interações econômicas. Sendo assim, como apreender corretamente esse processo e as leis internas de seu movimento recorrendo a uma ficção teórica exangue, que declara como não existente esse meio ambiente inteiro, essa luta e essas interações?

Precisamente neste ponto parece-me necessário, em plena harmonia com o espírito da teoria marxiana, abrir mão do pressuposto estabelecido no primeiro volume de *O capital* – e que prestou, ali, excelentes serviços – e assentar a investigação da acumulação como processo total sobre a base concreta do metabolismo entre o capital e o ambiente histórico que o circunda. Assim procedendo, a explicação do processo resulta, a meu ver, precisamente das lições fundamentais de Marx e encontra-se em perfeita harmonia – e de modo natural – com as demais partes de sua principal obra econômica.

[...]

A análise marxista da acumulação foi desenvolvida em uma época em que o imperialismo ainda não havia surgido no cenário mundial, e o pressuposto sobre a qual Marx fundamenta sua análise – o domínio definitivo e absoluto do capital no mundo – exclui justamente, de antemão, o processo do imperialismo. Mas – e aí reside a diferença entre os erros cometidos por alguém como Marx e os equívocos banais de seus epígonos – até mesmo o erro é, nesse caso, fecundo e inspirador. O problema colocado no segundo volume de *O capital* e deixado em aberto – mostrar como a acumulação se completa no domínio exclusivo do capitalismo – é insolúvel. A acumulação é impossível nessas condições. Mas basta traduzir a contradição teórica aparentemente rígida para a dialética histórica, conforme o espírito de toda a doutrina e maneira de pensar de Marx, e a contradição do esquema marxista se torna o espelho vivo do curso mundial do capitalismo, de sua ascensão e queda.

A acumulação é impossível em um meio exclusivamente capitalista. Isso explica a presença, desde o primeiro momento do desenvolvimento capitalista, de um ímpeto para a expansão a classes e países não capitalistas, a ruína dos artesãos e camponeses, a proletarização das classes médias, a política colonial, a "política de abertura de mercado", a exportação de capitais. Somente a expansão constante a novos domínios da produção e novos países possibilitou a existência e o desenvolvimento do capitalismo. Mas a expansão, em seu ímpeto mundial, produz o conflito entre o capital e as formas sociais pré-capitalistas. Disso resultam a violência, a guerra, a revolução, em suma: a catástrofe, o elemento vital do capitalismo, do princípio ao fim.

A acumulação do capital prossegue e estende-se à custa das classes e países não capitalistas, corroendo-os e deslocando-os em um ritmo cada vez mais acelerado. A tendência geral e o resultado final do processo é a dominação exclusiva da produção capitalista. Uma vez isso obtido, entra em vigor o esquema marxiano: a acumulação, isto é, a expansão ulterior do capital torna-se impossível, e o capitalismo entra em um beco sem saída; ele não pode mais atuar como veículo histórico do desdobramento das forças de produção e alcança seu limite objetivo econômico. A contradição do esquema marxiano da acumulação, considerada dialeticamente, não é senão a contradição viva entre o ímpeto ilimitado de expansão do capital e o limite que ele coloca a si mesmo por meio da destruição progressiva de todas as outras formas de produção, entre as enormes forças produtivas que ele, em seu processo de acumulação, desperta em toda a Terra e a base estreita que delimita para si mesmo por meio das leis da acumulação. O sistema marxiano da acumulação – corretamente entendido –, precisamente em sua insolubilidade, é o prognóstico exato da inevitável derrocada econômica do capitalismo como resultado do processo de expansão imperialista, cuja tarefa especial é realizar o pressuposto marxiano: o domínio absoluto e indivisível do capital.

Poderá esse momento ocorrer na realidade? Sem dúvida, isso é apenas uma ficção teórica, precisamente porque a acumulação do capital não é um processo meramente econômico, mas político.

> O imperialismo é tanto um método histórico para o prolongamento da existência do capital como o meio mais seguro de traçar – objetivamente e pelo caminho mais curto – uma finalidade para sua existência. Isso não quer dizer que esse objetivo final tenha de ser alcançado em seus mínimos detalhes. A simples tendência em direção a esse escopo do desenvolvimento capitalista já se exterioriza em formas que configuram a fase final do capitalismo como um período de catástrofes.[2]

> Quanto mais violentamente o capitalismo, por meio do militarismo, acabar com a existência de camadas sociais não capitalistas, fora e dentro do país, e quanto mais oprimir as condições de existência de todas as classes trabalhadoras, tanto mais a história cotidiana da acumulação do capital no cenário mundial se transformará em uma cadeia contínua de catástrofes e convulsões políticas e sociais, que, juntamente com as catástrofes econômicas periódicas que se apresentam sob a forma de crises, tornará impossível a continuação da acumulação e fará necessária a rebelião da classe operária internacional contra o domínio do capital, e isso antes que este último se choque economicamente com a barreira natural que criou para si mesmo.[3]

Aqui, como em geral é o caso na história, a teoria presta seu serviço completo quando nos mostra a tendência do desenvolvimento, o ponto de chegada lógico para o qual ele se dirige objetivamente. A chance de alcançar esse ponto de chegada é tão pequena quanto a de qualquer outro período anterior do desenvolvimento social de desdobrar-se até suas últimas consequências. Ele terá menos necessidade de se realizar quanto mais a consciência social, agora incorporada no proletariado socialista, intervir como fator ativo no jogo cego das forças. E a

---

[2] Rosa Luxemburgo, *Die Akkumulation des Kapitals* (Berlim, Vorwärts, 1913), p. 425.
[3] Ibidem, p. 445.

correta concepção da teoria marxiana oferece a essa consciência, também nesse caso, os pareceres mais fecundos e os estímulos mais vigorosos.

O imperialismo atual não é, como no esquema de [Otto] Bauer, o prelúdio da expansão do capital, mas o último capítulo de seu processo histórico de expansão: é o período da concorrência mundial intensificada dos Estados capitalistas pelos últimos restos das áreas não capitalistas da Terra. Nessa fase final, a catástrofe econômica e política é um elemento vital, uma forma normal de existência do capital, tanto quanto o era na "acumulação primitiva" de sua fase de formação. Assim como, diferentemente do que conta a lenda liberal, a descoberta da América e do caminho marítimo para a Índia não foi apenas uma façanha prometeica do espírito humano e da civilização, mas também uma série de extermínios heródicos dos povos primitivos do Novo Mundo e um enorme comércio de escravos com os povos da África e da Ásia, também a expansão econômica do capital, em sua fase final, imperialista, é inseparável da série de conquistas coloniais e guerras mundiais que vivenciamos. A característica do imperialismo como última luta concorrencial pelo domínio capitalista do mundo não está apenas na energia particular e na multilateralidade da expansão, mas – e este é o sinal específico de que o círculo do desenvolvimento começa a se fechar – no fato de que a luta decisiva pela expansão deixa de ser travada nas novas áreas que constituem seu objeto e retorna aos seus países de origem. Desse modo, o imperialismo conduz a catástrofe, como forma de existência, da periferia do desenvolvimento capitalista de volta ao seu ponto de partida. Depois que a expansão do capital, durante quatro séculos, abandonou a existência e a cultura de todos os povos não capitalistas da Ásia, África, América e Austrália a incessantes convulsões e aniquilamentos em massa, ela agora se lança aos povos civilizados da própria Europa em uma série de catástrofes, cujo resultado final só poderá ser a derrocada da civilização ou a transição para o modo de produção socialista. À luz dessa concepção, a posição do proletariado diante do imperialismo adquire o caráter de uma luta geral contra a dominação capitalista. A diretriz tática de seu comportamento está dada por aquela alternativa histórica.

Bem diferente é a diretriz do ponto de vista do marxismo "erudito" oficial. A crença na possibilidade da acumulação em uma "sociedade capitalista isolada", a crença de que "o capitalismo também é pensável sem expansão" é a fórmula teórica de uma tendência tática perfeitamente determinada. Tal concepção considera a fase do imperialismo não como necessidade histórica, como luta decisiva pelo socialismo, mas como uma invenção perversa de um punhado de interesseiros.

Essa concepção procura persuadir a burguesia de que o imperialismo e o militarismo são nocivos a ela própria, do ponto de vista de seus próprios interesses capitalistas; com esse argumento, ela visa isolar o suposto punhado de aproveitadores desse imperialismo, formando, assim, um bloco do proletariado com amplas camadas da burguesia, a fim de "abafar" o imperialismo, minguá-lo por meio de seu "desarmamento parcial", "retirar-lhe seu ferrão!". Assim como o liberalismo em sua época de decadência invocava da monarquia mal informada à monarquia que necessitava ser mais bem informada, o "centro marxista" pretende invocar da burguesia mal aconselhada à burguesia que necessita ser doutrinada, do curso imperialista rumo à catástrofe aos tratados internacionais de desarmamento, da luta das grandes potências pela ditadura mundial do sabre à federação pacífica de Estados nacionais democráticos. A luta geral para a resolução da oposição histórico-mundial entre proletariado e capital transforma-se na utopia de um compromisso histórico entre proletariado e burguesia para "suavizar" as oposições imperialistas entre os Estados capitalistas[4].

---

[4] [Gustav] Eckstein, que, em seu artigo no *Vorwärts* de fevereiro de 1913, criticou-me pela "teoria da catástrofe", limitando-se a empregar a terminologia dos Kolb-Heine-David ("Os pressupostos teóricos acarretam as conclusões políticas, *sobretudo a teoria da catástrofe*, que a camarada Luxemburgo ergue sobre sua doutrina da necessidade de consumidores não capitalistas"), critica-me agora, desde que os teóricos do pântano voltaram a se "orientar" à esquerda, pelo crime oposto de ter ajudado a ala direita da social-democracia. Apressa-se a relatar que Lensch, o mesmo Lensch que, durante a Guerra Mundial, passou para o lado dos Kolb-Heine-David, teria apreciado meu livro e até escrito algo favorável sobre ele no *Leipziger Volkszeitung*. Não está clara a relação? Suspeito, extremamente suspeito! "Justamente por isso", Eckstein acreditou-se no dever de destruir meu livro no *Vorwärts*. Mas o mesmo Lensch, antes da guerra, apreciara *O capital*, de Marx. Sim, um certo Max Grunwald foi durante anos um intérprete entusiasta de *O capital*, de Marx, na escola de formação dos trabalhadores de Berlim. Não é isso uma prova contundente de que *O capital*, de Marx, induz a desejar a destruição da Inglaterra e a escrever artigos laudatórios no aniversário de Hindenburg? Mas essas coisas ocorrem justamente com os Eckstein, que, com sua grosseria, põem a perder aquilo de que se "encarregaram". Bismarck já se lamentava, como é sabido, do excesso de zelo de seus répteis jornalísticos.

17
Sobre a Revolução Russa

O manuscrito "Sobre a Revolução Russa" ["Zur Russische Revolution"] foi escrito em 1918, quando Rosa Luxemburgo se encontrava na prisão. Nele, a autora manifesta seu apoio aos bolcheviques e critica Lênin e Trótski, que teriam se afastado da política socialista ao defender a formação de um regime duro na Rússia pós-Revolução. Para ela, os socialistas têm de se opor à democracia formal burguesa, fundamentada na desigualdade e na servidão, mas de tal modo que dela surja um novo conteúdo político.

Esta tradução, publicada no livro organizado por Jörn Schütrumpf, *Rosa Luxemburg ou o preço da liberdade* (trad. Isabel Maria Loureiro, São Paulo, Expressão Popular/Fundação Rosa Luxemburg, 2006), foi gentilmente cedida pelos editores para esta edição. Como ali se tratava de excertos do texto original, a tradução de Loureiro foi revista e completada por Nélio Schneider com base em "Der Preis der Freiheit", publicado em *Rosa Luxemburg Gesammelte Werke*, v. 4 (Berlim, Dietz, 2000).

I. [O significado fundamental da Revolução Russa]

A Revolução Russa é o fato mais marcante da Guerra Mundial. Sua explosão, seu radicalismo sem igual, seu efeito duradouro desmentem à perfeição o palavreado com que a social-democracia alemã oficial, no seu zelo servil, encobriu ideologicamente, no início, a campanha de conquistas do imperialismo alemão: nesse palavreado, as baionetas alemãs tinham por missão derrubar o tsarismo e libertar os povos por ele oprimidos. O alcance prodigioso obtido pela revolução na Rússia, seu efeito profundo que abala todas as relações de classe, que revela o conjunto dos problemas econômicos e sociais, que a fez avançar, com a fatalidade de sua lógica interna, do primeiro estágio da República burguesa para fases novas – não tendo sido a queda do tsarismo senão um pequeno episódio, quase uma ninharia –, tudo isso mostra claramente que a libertação da Rússia não foi obra da guerra nem da derrota militar do tsarismo, não foi mérito das "baionetas alemãs em punhos alemães", como prometia o editorial da *Neue Zeit* dirigida por Kautsky, mas que ela tinha raízes profundas no próprio país e atingira a plena maturidade interna. A aventura bélica do imperialismo alemão, sob o escudo ideológico da social-democracia alemã, não provocou a revolução na Rússia; ao contrário, interrompeu-a, no início, durante algum tempo – após seu primeiro grande fluxo ascendente de 1911 a 1913 –, para, em seguida, depois da explosão, criar-lhe as condições mais difíceis e anormais.

Porém, para todo observador que reflita, esse desenvolvimento é uma prova flagrante contra a teoria doutrinária que Kautsky compartilha com o partido dos sociais-democratas governamentais, segundo a qual a Rússia, país economicamente atrasado, essencialmente agrário, não estaria madura para a revolução social nem para uma ditadura do proletariado. Essa teoria, que só admite como possível na Rússia uma revolução *burguesa* – concepção de que resulta igualmente a tática da coalizão dos socialistas com o liberalismo burguês na Rússia –, é, ao mesmo tempo, a da ala oportunista no movimento operário russo, os chamados mencheviques, sob a experimentada direção de Axelrod e Dan. Tanto os oportunistas russos quanto os alemães estão totalmente de acordo com os socialistas governamentais alemães nessa concepção fundamental da Revolução Russa, da qual decorre naturalmente a tomada de posição em questões de detalhe na tática. Na opinião dos três, a Revolução Russa deveria ter parado no estágio da derrubada do tsarismo, nobre tarefa que, na mitologia da social-democracia alemã, os estrategistas militares do imperialismo alemão haviam estabelecido. Se ela foi além, se estabeleceu como tarefa a ditadura do proletariado, isso aconteceu, segundo essa doutrina, por simples erro da ala radical do movimento operário russo, os bolcheviques; e todas as intempéries que a revolução enfrentou no seu desenvolvimento posterior, todas as confusões de que foi vítima, nada mais são que o simples resultado desse erro fatal. Teoricamente, essa doutrina, apresentada tanto pelo *Vorwärts*, de Stampfer, quanto por Kautsky como fruto do "pensamento marxista", chega à descoberta "marxista" original de que a transformação socialista é assunto nacional, por assim dizer doméstico, de cada Estado moderno em particular. Nas brumas desse esquema abstrato, um Kautsky sabe, naturalmente, descrever com minúcias as imbricações econômicas mundiais do capital, que fazem com que todos os países modernos sejam organicamente interdependentes.

A revolução na Rússia – fruto do desenvolvimento *internacional* e da questão agrária – não pode ser resolvida nos limites da sociedade burguesa.

Na prática, essa doutrina tende a aliviar o proletariado internacional – o proletariado alemão, em primeiro lugar – da responsabilidade pelo destino da Revolução Russa e a negar as conexões internacionais dessa revolução. O desenrolar da guerra e da Revolução Russa mostrou não a falta de maturidade da Rússia, e sim a falta de maturidade do proletariado alemão para cumprir sua missão histórica. Enfatizar isso com toda clareza é a primeira tarefa de uma análise crítica da Revolução Russa. O destino da revolução na Rússia dependia inteiramente dos [acontecimentos] *internacionais*. Assentando inteiramente a sua política sobre a revolução mundial do proletariado, os bolcheviques deram a prova mais brilhante de sua perspicácia política, de sua fidelidade aos princípios, da força audaciosa de sua política. Nisso se evidencia o salto colossal dado pelo desenvolvimento capitalista nos últimos dez anos. A revolução de 1905-1907 suscitou apenas um fraco eco na Europa. Por isso, tinha de permanecer um capítulo introdutório. A continuação e o desfecho estavam ligados ao desenvolvimento europeu.

É claro que só uma crítica aprofundada e refletida, não uma apologia acrítica, será capaz de recolher esses tesouros de experiências e ensinamentos. De fato, tratando-se do primeiro experimento histórico mundial de ditadura da classe operária, realizado nas mais difíceis condições – em plena conflagração mundial e em pleno caos provocado pelo genocídio imperialista, preso nos grilhões da potência militar mais reacionária da Europa, em face da completa omissão do proletariado internacional –, seria loucura imaginar que em um experimento de ditadura operária em condições tão anormais, tudo o que se fez ou deixou de fazer na Rússia alcançasse o cúmulo da perfeição. Ao contrário, os conceitos elementares da política socialista e a compreensão dos pressupostos históricos necessários à realização desta política obrigam a reconhecer que, em condições tão fatais, nem o mais gigantesco idealismo nem a mais inabalável energia revolucionária seriam capazes de realizar a democracia e o socialismo, mas apenas rudimentos frágeis e caricaturais de ambos.

Encarar isso com clareza, em todas as suas implicações e consequências profundas, é, incontestavelmente, o dever elementar dos socialistas de todos os países; pois somente a partir dessa compreensão amarga é que se poderá medir toda a extensão da responsabilidade específica do proletariado internacional no que se refere ao destino da Revolução Russa. Aliás, é apenas por esse meio que se verá a importância decisiva de uma ação internacional conjunta na revolução proletária – condição fundamental, sem a qual a maior habilidade e os mais sublimes sacrifícios do proletariado de um único país enredam-se inevitavelmente em uma confusão de contradições e erros.

Também não há dúvida de que as cabeças inteligentes que dirigem a Revolução Russa, Lênin e Trótski, só deram alguns passos decisivos em seu caminho espinhoso, semeado de armadilhas de todos os tipos, dominados por grandes dúvidas e pelas mais violentas hesitações interiores; nada pode estar mais longe deles do que ver a Internacional aceitar tudo o que fizeram, sob dura pressão, no fervilhante turbilhão dos acontecimentos, como modelo sublime de política socialista, digno da admiração acrítica e da imitação fervorosa.

Seria igualmente errado temer que um exame crítico dos caminhos seguidos até aqui pela Revolução Russa possa abalar perigosamente o prestígio e o exemplo fascinante do proletariado russo, o único capaz de vencer a inércia fatal das massas alemãs. Nada mais falso. O despertar da combatividade revolucionária da classe operária alemã não pode ser suscitado como em um passe de mágica no espírito dos métodos de tutela da social-democracia alemã – que Deus a tenha –, que incitaria a massa a crer cegamente em uma autoridade imaculada, quer a de suas próprias "instâncias", quer a do "exemplo russo". A capacidade de o proletariado alemão realizar ações históricas não pode nascer da fabricação de um entusiasmo revolucionário acrítico; pelo contrário, só nascerá da compreensão da terrível gravidade, de toda a complexidade das tarefas a cumprir, da maturidade política e da autonomia intelectual, da capacidade de julgamento crítico das massas, sistematicamente abafada ao longo de décadas, sob os mais diversos pretextos, pela social-democracia alemã. Analisar criticamente a Revolução Russa em todo o seu contexto histórico é o melhor meio de educar os trabalhadores alemães e de outros países para as tarefas resultantes da situação atual.

II.

O primeiro período da Revolução Russa, desde a sua explosão, em março, até a Revolução de Outubro, corresponde exatamente, em seu curso geral, ao esquema evolutivo das grandes revoluções inglesa e francesa. É o desenvolvimento típico de todo primeiro grande conflito generalizado das forças revolucionárias engendradas no seio da sociedade burguesa contra as amarras da velha sociedade.

Ele progride naturalmente em linha ascendente: moderados no início, os objetivos radicalizam-se cada vez mais e, paralelamente, passa-se da coalizão de classes e partidos à dominação exclusiva do partido mais radical.

No primeiro momento, em março de 1917, os "cadetes", isto é, a burguesia liberal, estavam à frente da revolução. A primeira vaga global da maré revolucionária arrastou tudo e todos: a quarta Duma – o mais reacionário produto do reacionaríssimo sufrágio censitário das quatro classes[1], proveniente do golpe de Estado[2] – transformou-se subitamente em um órgão da revolução. Todos os partidos burgueses, inclusive a direita nacionalista, formaram de repente uma falange contra o absolutismo. Este caiu no primeiro assalto, quase sem luta, como um órgão carcomido em que bastava tocar para que desmoronasse. Do mesmo modo, a breve tentativa da burguesia liberal de salvar pelo menos a dinastia e o trono es-

---

[1] De acordo com a lei eleitoral de dezembro de 1905, os eleitores foram divididos segundo a posição e a propriedade em quatro cúrias, em que os proprietários de terras mantinham privilégios especiais e o número de deputados operários e camponeses foi reduzido. Após o golpe de Estado de 1907, foram acrescentadas novas limitações a esse direito de voto antidemocrático, de tal maneira que a dominação dos grandes proprietários de terras e da grande burguesia era garantida na Duma, e os povos das demais nacionalidades do Império russo não possuíam nenhum direito de voto, ou apenas um direito extremamente limitado. (N. E. – Expressão Popular/Fundação Rosa Luxemburg)

[2] No dia 3 de junho de 1907, o governo tsarista dissolveu a Segunda Duma imperial e prendeu os membros da bancada social-democrata. Simultaneamente, introduziu uma nova lei eleitoral sem o consentimento da Duma imperial. Esse golpe de Estado permitiu ao governo manter uma maioria de direita na Duma e transformar a Quarta Duma imperial, eleita em 1912, em um órgão de poder das "camadas reacionárias da burocracia tsarista, amalgamadas com os proprietários de terras escravocratas e com as altas camadas da burguesia" (V. I. Lênin, *Werke*, v. 19, p. 29). (N. E. – Expressão Popular/Fundação Rosa Luxemburg)

patifou-se em poucas horas. Em dias, horas, o avanço impetuoso do desenvolvimento saltou distâncias para as quais, outrora, a França precisara de décadas. Constatou-se aqui que a Rússia realizou os resultados de um século de desenvolvimento europeu e, sobretudo, que a revolução de 1917 foi a continuação direta da revolução de 1905-1907, e não um presente dos "libertadores" alemães. Em março de 1917, o movimento retomou sua obra precisamente no ponto em que a havia deixado, dez anos antes. A República democrática foi, logo desde a primeira investida, o produto acabado, internamente maduro, da revolução.

Mas então começou a segunda e mais difícil tarefa. Desde o primeiro momento, a força motriz da revolução havia sido a massa do proletariado urbano. Mas suas reivindicações não se esgotavam na democracia política; pelo contrário, dirigiam-se para a questão candente da política internacional: a paz imediata. Ao mesmo tempo, a revolução se apoiava na massa do Exército, que fazia a mesma reivindicação de paz imediata, e na massa dos camponeses, que punha em primeiro plano a questão agrária, pivô da revolução desde 1905. Paz imediata e terra – esses dois objetivos implicavam a cisão no interior da falange revolucionária. A reivindicação de paz imediata estava em contradição absoluta com a tendência imperialista da burguesia liberal, cujo porta-voz era Miliukov; a questão agrária era, no início, um espantalho para a outra ala da burguesia, a nobreza proprietária de terras, mas, em seguida, foi considerada como um atentado à sacrossanta propriedade privada em geral, tornando-se um ponto sensível para o conjunto das classes burguesas.

Assim, no dia seguinte ao da primeira vitória da revolução, começou em seu seio uma luta interna em torno das duas questões principais: a paz e a questão agrária. A burguesia liberal adotou uma tática diversionista e evasiva. As massas trabalhadoras, o Exército, os camponeses pressionavam cada vez mais violentamente. Não há dúvida de que o próprio destino da democracia política da República estava ligado à questão da paz e à questão agrária. As classes burguesas, que, submersas pela primeira vaga tempestuosa da revolução, se tinham deixado arrastar até a forma do Estado republicano, começaram imediatamente a procurar pontos de apoio na retaguarda e a organizar em segredo a contrarrevolução. A expedição dos cossacos de Kaledin contra São Petersburgo[3] revelou claramente esta tendência. Se esta agressão tivesse sido coroada com êxito, teria sido selada a sorte não somente das

---

[3] O líder dos cossacos, A. M. Kaledin, mobilizou os cossacos do Don e apoiou as tropas contrarrevolucionárias que, em agosto de 1917, chefiadas por L. G. Kornilov, marcharam contra Petrogrado (nome de São Petersburgo de 1914 a 1924, quando passou a chamar-se Leningrado) para derrotar a revolução e instituir uma ditadura militar. Liderados pelos bolcheviques, trabalhadores e soldados en-

questões da paz e da terra, mas também da democracia e da própria República. As consequências inevitáveis teriam [sido] a ditadura militar acompanhada de um regime de terror contra o proletariado e, em seguida, a volta à monarquia.

[...]

O partido de Lênin foi o único que compreendeu as exigências e os deveres de um partido verdadeiramente revolucionário e que assegurou a continuidade da revolução com a palavra de ordem de todo o poder às mãos do proletariado e do campesinato.

Os bolcheviques resolveram assim a célebre questão da "maioria do povo", pesadelo que sempre oprimiu os sociais-democratas alemães. Pupilos incorrigíveis do cretinismo parlamentar, eles simplesmente transpõem para a revolução a sabedoria caseira do jardim de infância parlamentar: para fazer alguma coisa, é preciso ter antes a maioria. Portanto, também na revolução, conquistemos primeiro a "maioria". Mas a dialética real das revoluções inverte esta sabedoria de toupeira parlamentar: o caminho não leva à tática revolucionária pela maioria, ele leva à maioria pela tática revolucionária. Só um partido que saiba dirigir, isto é, fazer avançar, ganhará seus seguidores no ímpeto. A resolução com que Lênin e seus companheiros lançaram no momento decisivo a única palavra de ordem mobilizadora – todo o poder ao proletariado e campesinato! – fez de uma minoria perseguida, caluniada, "ilegal", cujos dirigentes, como Marat, precisavam esconder-se nas caves, praticamente de um dia para o outro, a dona absoluta da situação.

Os bolcheviques também estabeleceram, imediatamente, como objetivo da tomada do poder, o mais avançado e completo programa revolucionário: não se tratava de garantir a democracia burguesa, e sim a ditadura do proletariado, tendo como fim a realização do socialismo. Eles adquiriram assim o imperecível mérito histórico de ter proclamado, pela primeira vez, os objetivos finais do socialismo como programa imediato da prática política.

Tudo o que, em um momento histórico, um partido pode dar em termos de coragem, energia, perspicácia revolucionária e coerência, foi plenamente realizado por Lênin, Trótski e seus companheiros. Toda a honra e capacidade de ação revolucionárias, que faltaram à social-democracia ocidental, encontravam-se nos bol-

---

frentaram os contrarrevolucionários, levando-os a uma derrota completa. (N. E. – Expressão Popular/ Fundação Rosa Luxemburg) cheviques. Com sua insurreição de outubro não somente salvaram, de fato, a Revolução Russa, mas também a honra do socialismo internacional.

[...]

IV. [Democracia e ditadura]

O erro fundamental da teoria de Lênin-Trótski consiste precisamente em opor, tal como Kautsky, a ditadura à democracia. "Ditadura *ou* democracia", assim é posta a questão tanto pelos bolcheviques quanto por Kautsky. Este se decide naturalmente pela democracia, isto é, pela democracia *burguesa*, visto que é a alternativa que propõe à transformação socialista. Em contrapartida, Lênin-Trótski se decidem pela ditadura em oposição à democracia e, assim sendo, pela ditadura de um punhado de pessoas, isto é, pela ditadura *burguesa*. São dois polos opostos, ambos igualmente muito afastados da verdadeira política socialista. Quando o proletariado toma o poder, não pode nunca, seguindo o bom conselho de Kautsky, renunciar à transformação socialista, com o pretexto de que "o país não está maduro", e consagrar-se apenas à democracia, sem trair a si mesmo e sem trair a Internacional e a revolução. Ele tem o dever e a obrigação de tomar imediatamente medidas socialistas da maneira mais enérgica, mais inexorável, mais dura, por conseguinte, exercer a ditadura, mas a ditadura da *classe*, não a de um partido ou de uma clique; ditadura da classe, isto significa que ela se exerce no mais amplo espaço público, com a participação sem entraves, a mais ativa possível, das massas populares, em uma democracia sem limites. "Como marxistas, nunca fomos idólatras da democracia formal", escreve Trótski[4]. Certamente, nunca fomos idólatras da democracia formal. Também nunca fomos idólatras do socialismo nem do marxismo. Deve-se concluir daí que devemos, à maneira de Cunow-Lensch-Parvus, jogar o socialismo e o marxismo no depósito de velharias quando nos atrapalha? Trótski e Lênin são a negação viva dessa pergunta. "Nunca fomos idólatras da democracia formal" só pode significar que sempre fizemos distinção entre o núcleo social e a forma política da democracia *burguesa*; que sempre desvendamos o áspero núcleo da desigualdade e da servidão sociais escondido sob o doce invólucro da igualdade e da liberdade formais – não para rejeitá-las, mas para incitar a classe trabalhadora a não se contentar com o invólucro, incitá-la a conquistar o

---

[4] Leon Trótski, *Von der Oktober-Revolution bis zum Brester Friedens-Vertrag* (Berlim, s/d), p. 93.

poder político para preenchê-lo com um conteúdo social novo. A tarefa histórica do proletariado, quando toma o poder, consiste em instaurar a democracia socialista no lugar da democracia burguesa, e não em suprimir toda democracia. A democracia socialista não começa somente na Terra prometida, quando tiver sido criada a infraestrutura da economia socialista, como um presente de Natal, já pronto, para o bom povo que, entretanto, apoiou fielmente o punhado de ditadores socialistas. A democracia socialista começa com a destruição da dominação de classe e a construção do socialismo. Ela começa no momento da conquista do poder pelo Partido Socialista. Ela nada mais é que a ditadura do proletariado.

Perfeitamente: ditadura! Mas esta ditadura consiste na maneira de *aplicar* a democracia, não na sua supressão; ela se manifesta nas intervenções enérgicas e resolutas pondo em causa os direitos adquiridos e as relações econômicas da sociedade burguesa, sem o que a transformação socialista não pode ser realizada. Mas esta ditadura precisa ser obra da *classe*, não de uma pequena minoria que dirige em nome da classe; quer dizer, ela deve, a cada passo, resultar da participação ativa das massas, ser imediatamente influenciada por elas, ser submetida ao controle público no seu conjunto, emanar da formação política crescente das massas populares.

Os bolcheviques procederiam exatamente dessa maneira, se não sofressem a terrível pressão da Guerra Mundial, da ocupação alemã e de todas as dificuldades anormais daí decorrentes, dificuldades que obrigatoriamente desfiguram qualquer política socialista, mesmo impregnada das melhores intenções e dos mais belos princípios.

Um argumento brutal nesse sentido consiste na utilização abundante do terror pelo Governo dos Conselhos, sobretudo no último período, antes do colapso do imperialismo alemão, a partir do atentado contra o embaixador da Alemanha. A verdade banal de que as revoluções não são batizadas com água de rosas é em si mesma bem pobre.

Pode-se compreender tudo o que se passa na Rússia como uma cadeia inevitável de causas e efeitos, cujos pontos de partida e de chegada consistem na omissão do proletariado alemão e na ocupação da Rússia pelo imperialismo alemão. Seria exigir de Lênin e seus companheiros algo sobre-humano pedir-lhes que, nessas circunstâncias, ainda criassem, por um passe de mágica, a mais bela democracia, a mais exemplar ditadura do proletariado e uma economia socialista florescente. Com sua atitude decididamente revolucionária, sua energia exemplar e sua inabalável fidelidade ao socialismo internacional, eles, na verdade, realizaram o que era possível em condições tão diabolicamente difíceis. O perigo começa quando querem fazer da necessidade uma virtude, fixando em todos os pontos da teoria uma tática que lhes foi imposta por essas condições fatais e recomendando ao [proletariado] internacional que a imite como modelo da tática socialista. Assim, põem-se desnecessariamente como exemplo e escondem seu mérito histórico, que é real e incontestável, sob os passos em falso impostos pela necessidade; ao querer fazer entrar no seu arsenal, como novas descobertas, todos os equívocos introduzidos na Rússia por necessidade e coerção, e que, no fim das contas, eram apenas irradiações da falência do socialismo internacional nesta Guerra Mundial, prestam um mau serviço ao socialismo internacional, por amor do qual lutaram e sofreram.

Os socialistas governamentais alemães sempre podem gritar que a dominação dos bolcheviques na Rússia é uma caricatura da ditadura do proletariado. Quer tenha sido ou seja o caso, isso só aconteceu porque foi o produto da atitude do proletariado alemão, ela mesma uma caricatura da luta de classes socialista. Todos nós vivemos sob a lei da história, e a política socialista só pode ser executada internacionalmente. Os bolcheviques mostraram que podem fazer tudo que um partido verdadeiramente revolucionário é capaz de realizar nos limites das possibilidades históricas. Eles não devem querer fazer milagres. Pois uma revolução proletária exemplar e perfeita em um país isolado, esgotado pela Guerra Mundial, estrangulado pelo imperialismo, traído pelo proletariado internacional, seria um milagre. O que importa é distinguir, na política dos bolcheviques, o essencial do acessório, a substância da contingência. Neste último período, em que lutas finais decisivas são iminentes no mundo inteiro, o problema mais importante do socialismo, a questão candente da atualidade, era e é não esta ou aquela questão de detalhe da tática, e sim a capacidade de ação do proletariado, a energia revolucionária das massas, a vontade do socialismo de chegar ao poder. Nesse sentido, Lênin, Trótski e seus amigos foram os *primeiros* a dar o exemplo ao proletariado mundial, e até agora continuam sendo os *únicos* que, como Hutten, podem exclamar: eu ousei!

Isso é o essencial e *permanente* na política dos bolcheviques. *Nesse* sentido, o que permanece como seu mérito histórico imperecível é que, conquistando o poder político e colocando o problema prático da realização do socialismo, abriram caminho para o proletariado internacional e fizeram progredir consideravelmente, no mundo inteiro, o conflito entre capital e trabalho. Na Rússia, o problema só podia ser colocado. Ele não podia ser resolvido na Rússia. Ele só pode ser resolvido internacionalmente. E, *nesse sentido*, o futuro pertence, por toda parte, ao "bolchevismo".

ANTONIO GRAMSCI

Antonio Gramsci (1891-1937), teórico e ativista político marxista, nasceu na Sardenha, Itália, em janeiro de 1891. Estudou na Universidade de Turim e em 1913 se filiou ao Partido Socialista Italiano. Suas leituras de Marx, Engels e Lênin o levaram a rechaçar o idealismo filosófico e, assim, em 1921, juntou-se ao grupo que fundaria o Partido Comunista Italiano (PCI). Foi perseguido e preso em 1926, durante o regime fascista de Benito Mussolini. Depois de onze anos de confinamento e maus-tratos, durante os quais foi impedido de ver a família, foi libertado, mas morreu dois dias depois. Na cadeia, produziu entre 1929 e 1935 uma obra fenomenal, manuscrita em mais de trinta cadernos, que entraram para a história do marxismo. Seus trabalhos versam sobre literatura, hegemonia cultural, história da Itália, economia, materialismo histórico e teoria política, entre outros temas, tornando-se referência para os pesquisadores dos estudos culturais, da teoria crítica e da cultura popular em geral. Seus ensaios escritos antes da prisão foram publicados em jornais operários e socialistas. No Brasil, esses textos podem ser encontrados nos dois volumes de seus *Escritos políticos*, editados por Carlos Nelson Coutinho e Luiz Sérgio Henriques em 2004. Do período de cárcere, há duas obras, as *Cartas do cárcere* (2005), escritas para parentes e amigos e posteriormente reunidas para publicação, e as mais de duas mil páginas que deram origem aos *Cadernos do cárcere* (1999-2002).

18
A revolução contra *O capital*

Os textos de Gramsci anteriores à sua prisão tiveram importância reconhecida somente na década de 1950, três ou quatro décadas depois de redigidos. Escritos na maior parte das vezes para jornais, entre 1910 e 1926, quando seu autor ainda era pouco conhecido, alguns foram republicados em revistas ou coletâneas logo após o fim do fascismo.

Neste artigo, assinado por "a.g." e publicado originalmente no jornal *Avanti!* em 24 de dezembro de 1917, o jovem sardo expõe sua interpretação particular da obra maior de Marx, levando em conta o fato de que a revolução havia explodido em um mundo semi-industrializado, como a Rússia, e não em um país capitalista desenvolvido. A Revolução Russa seria contra *O capital* por este ser o "livro dos burgueses e não dos operários".

"La rivoluzione contro *Il Capitale*" [A revolução contra *O capital*] faz parte do primeiro volume dos *Quaderni* publicados pela editora Einaudi, sediada em Turim. A partir de 1947, a editora italiana passou a publicar a *Opere di Gramsci* em seis volumes temáticos: *Scritti giovanili 1914-1918*, *L'ordine nuovo 1919-1920*, *Sotto la Mole 1916-1920*, *Socialismo e fascismo*, *L'ordine nuovo 1921-1922* e *La costruzione del Partito comunista 1923-1926*. A edição brasileira dos *Escritos políticos* (Rio de Janeiro, Civilização Brasileira, 2004), em dois volumes, foi organizada por Carlos Nelson Coutinho e Luiz Sérgio Henriques, que gentilmente cederam esta tradução.

A revolução dos bolcheviques inseriu-se definitivamente na revolução geral do povo russo. Os maximalistas, que até dois meses atrás eram o fermento necessário para que os eventos não estagnassem, para que a marcha rumo ao futuro não se detivesse, dando lugar a uma forma definitiva de equilíbrio – que teria sido um equilíbrio burguês –, apossaram-se do poder, estabeleceram sua ditadura e estão elaborando as formas socialistas às quais a revolução deverá finalmente se adequara a fim de continuar a se desenvolver harmoniosamente, sem choques excessivos, partindo das grandes conquistas realizadas até agora.

A revolução dos bolcheviques se baseia mais em ideologias do que em fatos. (Por isso, no fundo, pouco nos importa saber mais do que sabemos.) Ela é a revolução contra O *capital*[1], de Karl Marx. O *capital*, de Marx, era, na Rússia, o livro dos burgueses, mais do que dos proletários. Era a demonstração crítica da fatal necessidade de que na Rússia se formasse uma burguesia, se iniciasse uma era capitalista, se instaurasse uma civilização de tipo ocidental, antes que o proletariado pudesse sequer pensar em sua desforra, em suas reivindicações de classe, em sua revolução. Os fatos superaram as ideologias. Os fatos fizeram explodir os esquemas críticos dentro dos quais a história da Rússia deveria se desenvolver segundo os cânones do materialismo histórico. Os bolcheviques renegam Karl Marx: afirmam – e com o testemunho da ação explicitada, das conquistas realizadas – que os cânones do materialismo histórico não são tão férreos como poderia se pensar e se pensou.

Contudo, há uma fatalidade também nesses eventos; e, se os bolcheviques renegam algumas afirmações de O *capital*, não renegam seu pensamento imanente, vivificador. Eles apenas não são "marxistas"; não construíram a partir das obras do Mestre uma doutrina rígida, feita de afirmações dogmáticas e indiscutíveis. Vivem o pensamento marxista, o que não morre nunca, que é a continuação do pensamento idealista italiano e alemão, e que em Marx se havia contaminado de incrustações positivistas e naturalistas. E esse pensamento põe sempre como máximo fator da história não os fatos econômicos, brutos, mas o homem, a sociedade dos homens, dos homens que se aproximam uns dos outros, entendem-se entre si, desenvolvem por meio desses contatos (civilização) uma vontade social, coletiva, e compreendem os fatos econômicos, e os julgam, e os adequam à sua vontade, até que essa vontade se torne o motor da economia, a plasmadora da realidade objetiva, a qual vive, e se move, e adquire o caráter de matéria telúrica em ebulição, que pode ser dirigida para onde a vontade quiser, do modo como a vontade quiser.

---

[1] São Paulo, Boitempo, 2013-2015, 3 v. (N. E.)

Marx previu o previsível. Não podia prever a guerra europeia, ou melhor, não podia prever que essa guerra teria a duração e os efeitos que teve. Não podia prever que essa guerra, em três anos de indizíveis sofrimentos, de indizíveis misérias, criaria na Rússia a vontade coletiva popular que criou. Uma vontade de tal porte carece *normalmente*, para se formar, de um longo processo de infiltrações capilares, de uma longa série de experiências de classe. Os homens são preguiçosos, precisam se organizar, primeiro, exteriormente, em corporações, em ligas, depois, interiormente, no pensamento, nas vontades, em uma incessante continuidade e multiplicidade de estímulos externos. É por isso que, *normalmente*, os cânones da crítica histórica do marxismo captam a realidade, articulam-na e a tornam evidente e diferenciada. *Normalmente*, é por meio da luta de classe cada vez mais intensa que as duas classes do mundo capitalista criam a história. O proletariado sente sua atual miséria, está em permanente estado de mal--estar e pressiona a burguesia para melhorar suas próprias condições. Luta, obriga a burguesia a melhorar a técnica da produção, a tornar a produção mais *útil* para que seja possível a satisfação de suas necessidades mais urgentes. É uma difícil corrida para o melhor, que acelera o ritmo da produção, que aumenta continuamente a soma dos bens que servirão à coletividade. E, nessa corrida, muitos caem, tornando mais urgente o desejo dos que restam; e a massa está sempre em sobressalto, passando cada vez mais de caos-povo a pensamento organizado, tornando-se cada vez mais consciente do próprio poder, da própria capacidade de assumir a responsabilidade social, de converter-se em árbitro do próprio destino.

Isso ocorre normalmente, ou seja, quando os fatos se repetem com certo ritmo, quando a história se desenvolve por meio de momentos cada vez mais complexos e ricos de significação e de valor, mas, apesar disso, semelhantes. Na Rússia, porém, a guerra serviu para despertar as vontades. Por meio dos sofrimentos acumulados ao longo de três anos, tais vontades se puseram em uníssono muito rapidamente. A carestia era uma ameaça constante, a fome, a morte pela fome podia atingir a todos, dizimar de um só golpe dezenas de milhões de homens. As vontades se puseram em uníssono, primeiro, mecanicamente, e, depois da primeira revolução, ativa e espiritualmente.

A pregação socialista pôs o povo russo em contato com as experiências dos outros proletariados. A pregação socialista faz viver dramaticamente, em um só instante, a história do proletariado, suas lutas contra o capitalismo, a longa série dos esforços que ele deve fazer a fim de se emancipar culturalmente dos vínculos do servilismo que o tornavam abjeto, a fim de se tornar nova consciência, testemunho atual de um mundo futuro. A pregação socialista criou a vontade social do povo russo. Por que deveria ele esperar que a história da Inglaterra se repetisse na Rússia, que na Rússia se formasse uma burguesia, que a luta de classe fosse criada para que nascesse a consciência de classe e, finalmente, a catástrofe do mundo capitalista? O povo russo passou por essas experiências por meio do pensamento, ainda que tenha sido o pensamento de uma minoria. Superou essas experiências. Agora se serve delas para afirmar-se, como se servirá das experiências capitalistas ocidentais para rapidamente se pôr à altura da produção do mundo ocidental. A América do Norte é mais evoluída do que a Inglaterra do ponto de vista capitalista, já que na América do Norte os anglo-saxões começaram a partir do estágio a que chegara a Inglaterra depois de uma longa evolução. O proletariado russo, educado de modo socialista, começará sua história a partir do estágio mais avançado de produção ao qual chegou a Inglaterra de hoje; e isso porque, tendo de começar, começará a partir do que já é perfeito em outros lugares; e, de tal perfeição, receberá o impulso para alcançar aquela maturidade econômica que, segundo Marx, é condição necessária do coletivismo. Os próprios revolucionários criarão as condições necessárias para a realização *completa* e *plena* do *seu* ideal. Criarão tais condições em menos tempo do que o teria feito o capitalismo. As críticas que os socialistas dirigiram ao sistema burguês para pôr em evidência suas imperfeições, a dissipação de riquezas que ele provoca, servirão aos revolucionários para que façam melhor, para que evitem tais dissipações, para que não incidam naquelas deficiências. Em um primeiro momento, será o coletivismo da miséria, do sofrimento. Mas as mesmas condições de miséria e de sofrimento seriam herdadas por um regime burguês. O capitalismo não poderia fazer *de imediato* na Rússia mais do que o coletivismo poderá fazer. Faria hoje muito menos, já que teria *de imediato* contra si um proletariado descontente, frenético, incapaz agora de suportar em benefício de outros as dores e as amarguras trazidas pelas dificuldades econômicas. Mesmo de um ponto de vista absoluto, humano, o socialismo tem sua justificação na Rússia. O sofrimento que virá depois da paz só poderá ser suportado na medida em que os proletários sentirem que depende de sua vontade, de sua tenacidade no trabalho, a possibilidade de suprimi-lo no menor tempo possível.

Tem-se a impressão de que os maximalistas foram neste momento a expressão espontânea, *biologicamente* necessária, para que a humanidade russa não caísse na desagregação mais terrível, para que a humanidade russa – envolvendo-se no trabalho gigantesco, autônomo, da própria regeneração – pudesse sentir menos os estímulos do lobo faminto e para que a Rússia não se tornasse um imenso matadouro de feras que se devoram umas às outras.

19
O conceito de revolução passiva

Antonio Gramsci foi preso pelo fascismo em novembro de 1926, e deste ano até 1935, quando sua saúde não lhe permitiu mais escrever, redigiu na clausura os volumes que compõem os *Cadernos do cárcere*. Este texto faz parte do caderno número 5, com escritos de 1930 a 1932, publicado sob o parágrafo 11, no volume 5 da edição brasileira dos *Cadernos do cárcere* (Rio de Janeiro, Civilização Brasileira, 1999-2002, 6 v.).

"Revolução passiva" é um conceito fundamental de Gramsci, que o utiliza para compreender a formação do Estado burguês na Itália, definir a passagem do capitalismo italiano para a fase de capitalismo monopolista e apontar o fascismo como sua expressão. A revolução passiva, para Gramsci, ao contrário da revolução popular, contém o elemento de restauração e renovação, na medida em que reivindicações populares são incorporadas. Dá-se uma cooptação verticalizada dos movimentos populares, com forma renovada de manutenção das relações de poder preexistentes.

A tradução aqui publicada, como nos demais textos que foram selecionados dos *Cadernos*, foi-nos generosamente cedida por Carlos Nelson Coutinho, Luiz Sérgio Henriques e Marco Aurélio Nogueira.

O conceito de "revolução passiva" deve ser deduzido rigorosamente dos dois princípios fundamentais de ciência política: 1) nenhuma formação social desaparece enquanto as forças produtivas que nela se desenvolveram ainda encontrarem lugar para um novo movimento progressista; 2) a sociedade não se põe tarefas para cuja solução ainda não tenham germinado as condições necessárias etc. Naturalmente, esses princípios devem ser, primeiro, desdobrados criticamente em toda a sua dimensão e depurados de todo o resíduo de mecanicismo e fatalismo. Assim, devem ser referidos à descrição dos três momentos fundamentais em que se pode distinguir uma "situação" ou um equilíbrio de forças, com o máximo de valorização do segundo momento, ou equilíbrio das forças políticas, e especialmente do terceiro momento, ou equilíbrio político-militar. Pode-se observar que Pisacane, em seus *Saggi* [Ensaios], preocupa-se precisamente com esse terceiro momento: ele compreende, diferentemente de Mazzini, toda a importância que tem a presença, na Itália, de um aguerrido Exército austríaco, sempre pronto a intervir em cada parte da península e que, além disso, tem atrás de si todo o poderio militar do império dos Habsburgos, isto é, uma matriz sempre pronta a formar novos exércitos de reforço.

Outro elemento histórico a ser lembrado é o desenvolvimento do cristianismo no seio do Império Romano, assim como o fenômeno atual do gandhismo, na Índia, e a teoria da não resistência ao mal de Tolstoi, que tanto se aproximam da primeira fase do cristianismo (antes do Edito de Milão). O gandhismo e o tolstoísmo são teorizações ingênuas e com tintura religiosa da "revolução passiva". Também devem ser lembrados alguns movimentos ditos "liquidacionistas" e as reações que suscitaram, em relação aos tempos e às formas determinadas das situações (especialmente do terceiro momento).

O ponto de partida deste estudo será o trabalho de Vincenzo Cuoco, mas é evidente que a expressão de Cuoco a respeito da Revolução Napolitana de 1799 não passa de uma sugestão, porque o conceito foi completamente modificado e enriquecido.

O conceito de "revolução passiva", no sentido de Vincenzo Cuoco, atribuído ao primeiro período do *Risorgimento* italiano, pode ser relacionado com o conceito de "guerra de posição", comparada com a guerra manobrada? Isto é, esses conceitos surgiram depois da Revolução Francesa, e o binômio Proudhon-Gioberti poderia ser justificado com o pânico criado pelo terror de 1793, assim como o sorelismo com o pânico que se seguiu aos massacres parisienses de 1871? Ou seja: existe uma identidade absoluta entre guerra de posição e revolução passiva? Ou, pelo menos, existe ou pode ser concebido todo um período histórico no qual os dois conceitos devem se identificar, até o ponto em que a guerra de posição volte a se transformar em guerra manobrada? Deve-se formular um juízo "dinâmico" sobre as "Restaurações", que seriam uma "astúcia da providência" no sentido de Vico. Um problema é este: na luta Cavour-Mazzini, em que Cavour é o expoente da revolução passiva-guerra de posição e Mazzini da iniciativa popular-guerra manobrada, não serão ambos indispensáveis na mesma e precisa medida? Todavia, deve-se considerar que, enquanto Cavour tinha consciência de sua missão (pelo menos, em certa medida), já que compreendia a missão de Mazzini, este parece que não tinha consciência nem de sua própria missão nem da missão de Cavour; se, ao contrário, Mazzini tivesse tido tal consciência, isto é, se tivesse sido um político realista, e não um apóstolo iluminado (ou seja, se não tivesse sido Mazzini), o equilíbrio resultante da confluência das duas atividades teria sido diferente, mais favorável ao mazzinismo: isto é, o Estado italiano teria se constituído em bases menos atrasadas e mais modernas. E, já que em todo acontecimento histórico se verificam quase sempre situações semelhantes, deve-se ver se é possível extrair daí alguns princípios gerais de ciência e de arte políticas. Pode-se aplicar ao conceito de revolução passiva (e pode-se documentar no *Risorgimento* italiano) o critério interpretativo das modificações moleculares, que, na realidade, modificam progressivamente a composição anterior das forças e, portanto, transformam-se em matriz de novas modificações. Assim, no *Risorgimento* italiano, viu-se que a passagem para o cavourismo, depois de 1848, de sempre novos elementos do Partido de Ação modificou progressivamente a composição das forças moderadas, liquidando o neoguelfismo, por um lado, e, por outro, empobrecendo o movimento mazziniano (pertencem a esse processo até mesmo as oscilações de Garibaldi etc.). Esse elemento, portanto, é a fase original daquele fenômeno que se chamou mais tarde de "transformismo", cuja importância não foi até agora, ao que parece, devidamente esclarecida como forma de desenvolvimento histórico.

Insistir no aprofundamento do conceito de que, enquanto Cavour tinha consciência de sua missão, uma vez que estava criticamente consciente da missão de Mazzini, Mazzini, pela pouca ou nenhuma consciência da missão de Cavour, estava também, na realidade, pouco consciente de sua própria missão, e daí suas hesitações (em Milão, no período posterior aos cinco dias, e em outras ocasiões) e suas iniciativas intempestivas, que, por isso, se tornavam elementos úteis apenas à política piemontesa. Essa é uma exemplificação do problema teórico de como devia ser compreendida a dialética, problema apresentado na *Miséria da filosofia*[1]: nem Proudhon nem Mazzini compreenderam que cada membro da oposição dialética deve procurar ser integralmente ele mesmo e lançar na luta todos os seus "recursos" políticos e morais, e que só assim se consegue uma superação real. Dir-se-á que não compreenderam isso nem Gioberti nem os teóricos da revolução passiva e da "revolução-restauração", mas a questão se modifica: neles, a "incompreensão" teórica era a expressão prática das necessidades da "tese" de se desenvolver integralmente, até o ponto de conseguir incorporar uma parte da própria antítese, para não se deixar "superar", isto é, na oposição dialética somente a tese desenvolve, na realidade, todas as suas possibilidades de luta, até capturar os supostos representantes da antítese: exatamente nisso consiste a revolução passiva ou revolução-restauração. Neste ponto, deve-se por certo considerar a questão da passagem da luta política de "guerra manobrada" para "guerra de posição", o que, na Europa, ocorreu depois de 1848 e não foi compreendido por Mazzini e pelos mazzinianos, como, ao contrário, o foi por alguns outros; a mesma passagem verificou-se depois de 1871 etc. Homens como Mazzini tinham, então, dificuldades para compreender a questão, dado que as guerras militares não haviam fornecido o modelo e, pelo contrário, as doutrinas militares desenvolviam-se no sentido da guerra de movimento: será preciso ver se em Pisacane, que foi o teórico militar do mazzinismo, existem referências nesse sentido. (Deverá ser vista a literatura política sobre 1848 devida a estudiosos da filosofia da práxis; mas parece que não se pode esperar muito nesse sentido. Os acontecimentos italianos, por exemplo, só foram examinados sob a orientação dos livros de Bolton King etc.) No entanto, Pisacane deve ser examinado porque foi o único que tentou dar ao Partido de Ação um conteúdo não só formal, mas substancial, de antítese superadora das posições tradicionais. E não se deve dizer que para esses resultados históricos fosse peremptoriamente necessária a insurreição popular armada, como acreditava Mazzini até a obsessão, isto é, não realisticamente, mas como um missionário religioso. A intervenção popular, que não foi possível na forma concentrada e simultânea da insurreição, não se verificou nem mesmo na forma "difusa" e capitular da pressão indireta, o que, no entanto, era possível e talvez tivesse sido a premissa indispensável da primeira forma. A forma concentrada ou simultânea tornara-se impossível por causa da técnica militar da época, mas só em parte, isto é, a impossibilidade existiu porque a forma concentrada e simultânea não foi antecedida por uma preparação política e ideo-

---

[1] Karl Marx, *Miséria da filosofia: resposta à* Filosofia da miséria *do sr. Proudhon* (São Paulo, Expressão Popular, 2009). (N. E.)

lógica de largo fôlego, organicamente predisposta para despertar as paixões populares e tornar possível sua concentração e explosão simultânea.

Depois de 1848, só os moderados fizeram a crítica dos métodos que precederam o fracasso e, de fato, todo o movimento moderado se renovou, o neoguelfismo foi liquidado, homens novos ocuparam os primeiros postos de direção. Nenhuma autocrítica do mazzinismo, ou então autocrítica liquidacionista, no sentido de que muitos elementos abandonaram Mazzini e formaram a ala esquerda do partido piemontês; única tentativa "ortodoxa", isto é, interna, foram os ensaios de Pisacane, que, no entanto, jamais se tornaram a plataforma de uma nova política orgânica, e isso apesar de reconhecer que Pisacane tinha uma "concepção estratégica" da revolução nacional italiana.

A relação "revolução-passiva-guerra de posição", no *Risorgimento* italiano, também pode ser estudada sob outros aspectos. Importantíssimo aquele que se pode chamar do "pessoal" e o outro da "concentração revolucionária". O do "pessoal" pode ser comparado, sem dúvida, com o que se verificou na guerra mundial, na relação entre oficiais de carreira e oficiais da reserva, por um lado, e entre soldados regulares e *voluntários-arditi*, por outro. Os oficiais de carreira corresponderam, no *Risorgimento*, aos partidos políticos regulares, orgânicos, tradicionais etc., que no momento da ação (1848) se revelaram incapazes, ou quase, e foram, em 1848-1849, suplantados pela onda popular-mazziniano-democrática, onda caótica, desordenada, "extemporânea", por assim dizer, mas que, seguindo líderes improvisados ou quase (de qualquer modo, não pertencentes a formações pré-constituídas, como era o Partido Moderado), obteve sucessos indubitavelmente maiores do que os obtidos pelos moderados: a República Romana e Veneza revelaram uma força de resistência muito considerável. No período posterior a 1848, a relação entre as duas forças, a regular e a "carismática", organizou-se em torno de Cavour e de Garibaldi e deu o máximo resultado, a despeito de tal resultado ter sido, afinal, apropriado por Cavour.

Esse aspecto está ligado ao outro, o da "concentração". Deve-se observar que a dificuldade técnica contra a qual sempre se chocaram as iniciativas mazzinianas foi, exatamente, a da "concentração revolucionária". Seria interessante, desse ponto de vista, estudar a tentativa de invasão da Savoia efetuada por Ramorino, depois a dos irmãos Bandiera, de Pisacane etc., comparadas com a situação que se ofereceu a Mazzini em 1848, em Milão, e em 1849, em Roma, e que ele não teve capacidade de organizar. Essas tentativas de uns poucos não podiam deixar de ser esmagadas no nascedouro, já que seria surpreendente se as forças reacionárias, que estavam concentradas e podiam operar livremente (isto é, não encontravam nenhuma oposição em amplos movimentos da população), não esmagassem iniciativas como as de Ramorino, Pisacane, Bandiera, mesmo que elas tivessem sido mais bem preparadas do que o foram na realidade. No segundo período (1859-1860), a concentração revolucionária, como a dos Mil de Garibaldi, tornou-se possível porque inicialmente Garibaldi se insere nas forças estatais piemontesas e, em seguida, a frota inglesa protege de fato o desembarque em Marsala, a tomada de Palermo, esteriliza a frota bourbonista. Em Milão, depois dos cinco dias, e na Roma republicana, Mazzini teria podido constituir praças de armas para concentrações orgânicas, mas não se propôs fazê-lo; daí seu conflito com Garibaldi em Roma e sua esterilidade em Milão, diante de Cattaneo e do grupo democrático milanês.

De qualquer modo, o decorrer do processo do *Risorgimento*, ainda que tenha iluminado a importância enorme do movimento "demagógico" de massa, com líderes surgidos ao acaso, improvisados etc., na realidade foi retomado pelas forças tradicionais orgânicas, isto é, pelos partidos formados há mais tempo, com elaboração racional dos líderes etc. Em todos os acontecimentos políticos desse mesmo tipo, houve sempre o mesmo resultado (foi assim em 1830, na França, com a predominância dos orleanistas sobre as forças populares radicais democráticas, e também foi assim, no fundo, na Revolução Francesa de 1789, em que Napoleão representa, em última análise, o triunfo das forças burguesas orgânicas contra as forças pequeno-burguesas jacobinas). Da mesma forma, na guerra mundial, o predomínio dos velhos oficiais de carreira sobre os oficiais da reserva etc. (Sobre este assunto, cf. notas em outros cadernos.) Em cada caso, a ausência, entre as forças radicais populares, de uma consciência da missão da outra parte as impediu de ter plena consciência da própria missão e, portanto, de pesar no equilíbrio final das forças conforme seu efetivo poder de intervenção, e, finalmente, de determinar um resultado mais avançado, em um sentido de maior progresso e modernidade.

Sempre a propósito do conceito de revolução passiva ou de revolução-restauração no *Risorgimento* italiano, deve-se notar que é preciso formular com exatidão o problema que, em algumas tendências historiográficas, é chamado de relação entre condições objetivas e condições subjetivas do evento histórico. Parece evidente que jamais podem faltar as chamadas condições subjetivas quando existem as condições objetivas, dado que se trata de simples distinção de caráter didático: portanto, pode haver discussão sobre o grau e a intensidade das forças subjetivas, ou seja, sobre a relação dialética entre as forças subjetivas conflitantes. É preciso evitar que a questão seja formulada em termos "intelectualistas", e não histórico-políticos. É fato pacífico que a "clareza" intelectual dos termos da luta é indispensável, mas essa clareza é um valor político quando se torna paixão difundida e é a premissa de uma forte vontade. Nos últimos tempos, em muitas publicações sobre o *Risorgimento*, "revelou-se" que existiam personalidades que viam claramente etc. (lembrar a valorização de Ornato feita por Piero Gobetti), mas essas "revelações" destroem-se por si mesmas exatamente por serem revelações; elas demonstram que se tratava de elucubrações individuais, que hoje representam uma forma de "juízo retrospectivo". Na verdade, jamais se puseram à prova na realidade efetiva, jamais se tornaram consciência popular-nacional difusa e atuante. Entre o Partido de Ação e o Partido Moderado, qual dos dois representou as "forças subjetivas" efetivas do *Risorgimento?* Por certo, o Partido Moderado, e precisamente porque também teve consciência da missão do Partido de Ação: por causa dessa consciência, sua "subjetividade" era de uma qualidade superior e mais decisiva. Na expressão, ainda que grosseira, de Vítor Emanuel II: "Temos no bolso o Partido de Ação", há mais sentido histórico-político do que em todo Mazzini.

20
O problema da direção política na formação e no desenvolvimento da nação e do Estado moderno na Itália

Neste texto (dos *Cadernos do cárcere*, cit., v. 5, p. 62-4, 135, 140-1), Antonio Gramsci propõe a ideia de que toda revolução é necessariamente heterodoxa, inova em relação às experiências anteriores, e essa renovação é condição da sua existência. Não é uma tentativa de negar a teoria revolucionária, mas de atualizá-la para poder assim captar sua contemporaneidade.

É necessário, na maior parte das vezes, ler nas entrelinhas, pois nas milhares de páginas que escreveu em cadernos escolares – primeiro em sua cela em Bári e, mais tarde, numa clínica da cidade de Fórmia – Gramsci teve a preocupação de não chamar a atenção da censura fascista. Sua estratégia revolucionária e termos como "hegemonia" e "sociedade civil" alimentam debates cada vez maiores em todo o mundo.

A publicação póstuma de seus escritos teve, no entanto, um imediato e profundo impacto na cultura política italiana. Mais tarde, as teorias políticas e análises culturais de Gramsci ganharam edições por todo o mundo.

A tradução que segue é de responsabilidade de Carlos Nelson Coutinho, Luiz Sérgio Henriques e Marco Aurélio Nogueira.

O critério metodológico sobre o qual se deve basear o próprio exame é este: a supremacia de um grupo social se manifesta de dois modos, como "domínio" e como "direção intelectual e moral". Um grupo social domina os grupos adversários, que visa a "liquidar" ou a submeter, inclusive com a Força Armada, e dirige os grupos afins e aliados. Um grupo social pode e, aliás, deve ser dirigente já antes de conquistar o poder governamental (essa é uma das condições principais para a própria conquista do poder); depois, quando exerce o poder, e mesmo se o mantém fortemente nas mãos, torna-se dominante, mas deve continuar a ser também "dirigente".

Evidencia-se aqui a consistência metodológica de um critério de investigação histórico-político: não existe uma classe independente de intelectuais, mas todo grupo social tem uma própria camada de intelectuais ou tende a formar uma para si; mas os intelectuais da classe historicamente (realisticamente) progressista, nas condições dadas, exercem tal poder de atração que terminam, em última análise, por subordinar os intelectuais dos outros grupos sociais e, assim, criar um sistema de solidariedade entre todos os intelectuais com laços de ordem psicológica (vaidade etc.) e, muitas vezes, de casta (técnico-jurídicos, corporativos etc.).

A lista dessas fases pode ser ainda mais definida com fases intermediárias ou com combinações de várias fases. O historiador deve observar e justificar a linha de desenvolvimento para a autonomia integral a partir das fases mais primitivas, deve observar cada manifestação do soreliano "espírito de cisão". Por isso, também a história dos partidos dos grupos subalternos é muito complexa, uma vez que deve incluir todas as repercussões das atividades de partido em toda a área dos grupos subalternos em seu conjunto e nos comportamentos dos grupos dominantes, e deve incluir as repercussões das atividades – bem mais eficazes, porque sustentadas pelo Estado – dos grupos dominantes sobre os subalternos e seus partidos. Entre os grupos subalternos, um exercerá ou tenderá a exercer certa hegemonia por meio de um partido, e é preciso estabelecer isso, estudando também o desenvolvimento de todos os outros partidos, por incluírem elementos do grupo hegemônico ou dos outros grupos subalternos que sofrem tal hegemonia. Podem-se construir muitos cânones de investigação histórica a partir do exame das forças inovadoras italianas que guiaram o *Risorgimento* nacional: essas forças tomaram o poder, unificaram-se no Estado moderno italiano, lutando contra determinadas outras forças e ajudadas por determinados auxiliares ou aliados; para se tornarem Estado, deviam subordinar a si ou eliminar as primeiras e ter o consenso ativo ou passivo dos outros. Portanto, o estudo do desenvolvimento dessas forças inovadoras, de grupos subalternos a grupos dirigentes e dominantes, deve investigar e identificar as fases através das quais elas adquiriram a autonomia em relação aos inimigos a abater e a adesão dos grupos que a ajudaram ativa ou passivamente, uma vez que todo esse processo era necessário historicamente para se unificarem em Estado. O grau de consciência histórico-política a que essas forças inovadoras chegaram progressivamente, nas várias fases, se mede exatamente com esses dois parâmetros, e não apenas com aquele de sua separação das forças anteriormente dominantes. Habitualmente, recorre-se só a esse critério e tem-se, assim, uma história unilateral ou, às vezes, não se compreende nada, como no caso da história da península a partir da Era das Comunas. A burguesia italiana não soube unificar em torno de si o povo, e essa foi a causa de suas derrotas e das interrupções de seu desenvolvimento. Também no *Risorgimento* tal egoísmo estreito impediu uma revolução rápida e vigorosa como a francesa. Eis uma das questões mais importantes e uma das causas de dificuldades mais graves para fazer a história dos grupos sociais subalternos, a história pura e simples (passada) dos Estados.

A história dos grupos sociais subalternos é necessariamente desagregada e episódica. É indubitável que, na atividade histórica desses grupos, existe tendência à unificação, ainda que em termos provisórios, mas essa tendência é continuamente rompida pela iniciativa dos grupos dominantes e, portanto, só pode ser demonstrada com o ciclo histórico encerrado, se este se encerra com sucesso. Os grupos subalternos sofrem sempre a iniciativa dos grupos dominantes, mesmo quando se rebelam e se insurgem: só a vitória "permanente" rompe, e não imediatamente, a subordinação. Na realidade, mesmo quando parecem vitoriosos, os grupos subalternos estão apenas em estado de defesa, sob alerta (pode-se demonstrar essa verdade com a história da Revolução Francesa, pelo menos até 1830). Por isso, todo traço de iniciativa autônoma por parte dos grupos subalternos deve ser de valor inestimável para o historiador integral; daí decorre que tal história só pode ser tratada por meio de monografias e que cada monografia demanda um acúmulo muito grande de materiais frequentemente difíceis de recolher.

Esse fato se verifica "espontaneamente" nos períodos históricos em que o grupo social dado é realmente progressista, isto é, faz avançar realmente toda a sociedade, satisfazendo não só suas exigências vitais, mas ampliando continuamente os próprios quadros para a contínua ocupação de novas esferas de atividade econômico-produtiva. Assim que o grupo social dominante esgota sua função, o bloco ideológico tende a fragmentar-se e, então, a "coerção" pode substituir a "espontaneidade" sob formas cada vez menos disfarçadas e indiretas, até as medidas propriamente policiais e os golpes de Estado.

[...]

21
Observações sobre alguns aspectos da estrutura dos partidos políticos nos períodos de crise orgânica

O trecho a seguir também faz parte dos *Cadernos do cárcere*. Mais especificamente o caderno de número 13, escrito entre 1932 e 1934, publicado sob o parágrafo 23, no volume 3 da já citada edição brasileira. Neste texto, o comunista italiano introduz o conceito de crise hegemônica para designar situações em que as classes dominantes perderam a capacidade de governar, e as classes populares ainda não lograram construir força própria.

O terceiro volume dos *Cadernos* é dividido em três capítulos. O primeiro traz comentários sobre a obra mais famosa de Maquiavel, *O príncipe*; o segundo esboça uma biografia do historiador florentino e o terceiro trata dos seus escritos na prisão.

A tradução ora apresentada é de Luiz Sérgio Henriques, Marco Aurélio Nogueira e Carlos Nelson Coutinho – supervisor-geral da edição –, a quem agradecemos a gentileza da cessão.

[...]

Em certo ponto de sua vida histórica, os grupos sociais se separam de seus partidos tradicionais, isto é, os partidos tradicionais naquela dada forma organizativa, com aqueles determinados homens que os constituem, representam e dirigem, não são mais reconhecidos como sua expressão por sua classe ou fração de classe. Quando se verificam essas crises, a situação imediata torna-se delicada e perigosa, pois se abre o campo às soluções de força, à atividade de potências ocultas representadas pelos homens providenciais ou carismáticos. Como se formam essas situações de contraste entre representantes e representados, que, a partir do terreno dos partidos (organizações de partido em sentido estrito, campo eleitoral-parlamentar, organização jornalística), reflete-se em todo o organismo estatal, reforçando a posição relativa do poder da burocracia (civil e militar), da alta finança, da Igreja e, em geral, de todos os organismos relativamente independentes das flutuações da opinião pública? O processo é diferente em cada país, embora o conteúdo seja o mesmo. E o conteúdo é a crise de hegemonia da classe dirigente, que ocorre ou porque a classe dirigente fracassou em algum grande empreendimento político para o qual pediu ou impôs pela força o consenso das grandes massas (como a guerra), ou porque amplas massas (sobretudo de camponeses e de pequeno-burgueses intelectuais) passaram subitamente da passividade política para certa atividade e apresentam reivindicações que, em seu conjunto desorganizado, constituem uma revolução. Fala-se de "crise de autoridade": e isso é precisamente a crise de hegemonia, ou crise do Estado em seu conjunto.

A crise cria situações imediatas perigosas, já que os diversos estratos da população não possuem a mesma capacidade de se orientar rapidamente e de se reorganizar com o mesmo ritmo. A classe dirigente tradicional, que tem um numeroso pessoal treinado, muda homens e programas e retoma o controle que lhe fugia com uma rapidez maior do que a que se verifica entre as classes subalternas; faz talvez sacrifícios, expõe-se a um futuro obscuro com promessas demagógicas, mas mantém o poder, reforça-o momentaneamente e dele se serve para esmagar o adversário e desbaratar seus dirigentes, que não podem ser muito numerosos nem adequadamente treinados. A unificação das tropas de muitos partidos sob a bandeira de um único partido, que representa melhor e sintetiza as necessidades de toda a classe, é um fenômeno orgânico e normal, ainda que seu ritmo seja muito rápido e quase fulminante em relação aos tempos tranquilos: representa a fusão de todo um grupo social sob uma só direção, considerada a única capaz de resolver um problema vital dominante e de afastar um perigo mortal. Quando a crise não encontra essa solução orgânica, mas sim a do chefe carismático, significa que existe um equilíbrio estático (cujos fatores podem ser muito variados, mas entre os quais prevalece a imaturidade das forças progressistas), que nenhum grupo, nem o conservador nem o progressista, dispõe da força necessária para vencer e que até o grupo conservador tem necessidade de um senhor[1].

Essa ordem de fenômenos liga-se a uma das questões mais importantes concernentes ao partido político, isto é, à capacidade do partido de reagir contra o espírito consuetudinário, contra as tendências de mumificar-se e tornar-se anacrônico. Os partidos nascem e constituem-se como organização para dirigir a situação em momentos historicamente vitais para suas classes; mas nem sempre eles sabem adaptar-se às novas tarefas e às novas épocas, nem sempre sabem desenvolver-se de acordo com o desenvolvimento do conjunto das relações de força (e, portanto, a posição relativa de suas classes) no país em questão ou no campo internacional. Quando se analisam esses desenvolvimentos dos partidos, é necessário distinguir: o grupo social, a massa partidária, a burocracia e o Estado-Maior do partido. A burocracia é a força consuetudinária e conservadora mais perigosa; se ela chega a se constituir como um corpo solidário, voltado para si mesmo e independente da massa, o partido termina por se tornar anacrônico e, nos momentos de crise aguda, é esvaziado de seu conteúdo social e resta como que solto no ar. Pode-se ver o que está ocorrendo com uma série de partidos alemães em função da expansão do hitlerismo. Os partidos franceses constituem um terreno rico para tais investigações: estão todos mumificados e são anacrônicos, documentos histórico-políticos das diversas fases da história passada francesa, cuja terminologia envelhecida repetem: a crise deles pode se tornar ainda mais catastrófica do que a dos partidos alemães.

Ao se examinar essa ordem de acontecimentos, habitualmente não se dá o devido lugar ao elemento burocrático, civil e militar, e, além disso, não se tem presente que nessas análises não devem caber apenas os elementos militares e burocráticos em ato, mas as camadas sociais em que, nos complexos estatais dados, a burocracia é tradicionalmente recrutada. Um movimento político pode ser de caráter militar ainda que o Exército como tal não participe dele abertamente; um governo pode ser de caráter militar ainda que o Exército como tal não participe do governo. Em determinadas situações, pode ocorrer que convenha não "expor" o Exército, não fazê-lo sair dos quadros constitucionais, não levar a política aos quartéis, como se diz, a fim de manter a homogeneidade entre oficiais e soldados

---

[1] Conforme Karl Marx, *O 18 de brumário de Luís Bonaparte* [ed. bras.: São Paulo, Boitempo, 2011].

em um terreno de aparente neutralidade e superioridade sobre as facções; apesar disso, é o Exército, isto é, o Estado-Maior e a oficialidade, que determina a nova situação e a domina. Por outro lado, não é verdade que o Exército, segundo as Constituições, jamais deva fazer política; o Exército deve precisamente defender a Constituição, isto é, a forma legal do Estado, com suas instituições correspondentes; por isso, a chamada neutralidade significa somente apoio à parte retrógrada; mas é preciso, em tais situações, colocar a questão dessa maneira para impedir que se reproduza no Exército a divisão do país e, portanto, que desapareça, com a desagregação do instrumento militar, o poder determinante do Estado-Maior. Decerto, todos esses elementos de observação não são absolutos; seu peso é muito diferente nos diversos momentos históricos e nos vários países.

A primeira investigação a ser feita é esta: existe em um determinado país uma camada social difusa para a qual a carreira burocrática, civil e militar seja um elemento muito importante de vida econômica e de afirmação política (participação efetiva no poder, mesmo que indiretamente, mediante "chantagem")? Na Europa moderna, essa camada pode ser localizada na pequena e média burguesia rural, que é mais ou menos numerosa nos diversos países, de acordo com o desenvolvimento das forças industriais, por um lado, e da reforma agrária, por outro. É claro que a carreira burocrática (civil e militar) não é um monopólio dessa camada social, mas ela lhe é particularmente adequada em virtude da função social que essa camada desempenha e das tendências psicológicas que a função determina ou favorece; esses dois elementos dão ao conjunto do grupo social certa homogeneidade e energia para dirigir, e, portanto, um valor político e uma função frequentemente decisiva no conjunto do organismo social. Os elementos desse grupo estão habituados a comandar diretamente núcleos de homens, ainda que exíguos, e a comandar "politicamente", não "economicamente": isto é, em sua arte de comando não existe a aptidão para ordenar as "coisas", para ordenar "homens e coisas" em um todo orgânico, como ocorre na produção industrial, já que esse grupo não tem funções econômicas no sentido moderno da palavra. Ele tem uma renda porque juridicamente é proprietário de uma parte do solo nacional, e sua função consiste em impedir "politicamente" o camponês cultivador de melhorar a própria existência, já que qualquer melhoramento da posição relativa do camponês seria catastrófico para sua própria posição social. A miséria crônica e o trabalho prolongado do camponês, com o consequente embrutecimento, representam para aquele grupo uma necessidade primordial. Por isso, emprega a máxima energia na resistência e no contra-ataque a qualquer mínima tentativa de organização autônoma do trabalho camponês e a qualquer movimento cultural camponês que ultrapasse os limites da religião oficial. Os limites desse grupo social e as razões de sua fraqueza íntima situam-se em sua dispersão territorial e na "não homogeneidade" intimamente ligada a essa dispersão. Isso explica também outras características: a volubilidade, a multiplicidade dos sistemas ideológicos a que adere, a própria extravagância das ideologias algumas vezes adotadas. A vontade está definida para um fim, mas é vagarosa e, frequentemente, necessita de um longo processo para centralizar-se organizativa e politicamente. O processo se acelera quando a "vontade" específica desse grupo coincide com a vontade e os interesses imediatos da classe alta; não só o processo se acelera, como se manifesta de imediato a "força militar" dessa camada, que algumas vezes, depois de se organizar, dita leis à classe alta, se não pelo conteúdo, pelo menos no que se refere à "forma" da solução. Observa-se nesse caso o funcionamento das mesmas leis que foram observadas para as relações cidade-campo no que se refere às classes subalternas: a força da cidade torna-se automaticamente força do campo; mas, dado que no campo os conflitos logo assumem uma forma aguda e "pessoal", por causa da ausência de margens econômicas e da pressão normalmente mais pesada que é exercida de cima para baixo, os contra-ataques no campo devem, assim, ser mais rápidos e decididos. Esse grupo compreende e vê que a origem de seus males está nas cidades, na força das cidades, e, por isso, entende que "deve" ditar a solução às classes altas urbanas, a fim de que o principal foco seja debelado, mesmo que isso não seja da conveniência imediata das classes altas urbanas, ou porque é algo muito dispendioso, ou porque é perigoso no longo prazo (essas classes veem ciclos mais amplos de desenvolvimento, nos quais é possível manobrar, e não apenas o interesse "físico" imediato). A função dirigente dessa camada deve ser entendida nesse sentido, e não em sentido absoluto; mas isso não é pouca coisa.

Vê-se um reflexo desse grupo na atividade ideológica dos intelectuais conservadores de direita. O livro de Gaetano Mosca, *Teorica dei governi e governo parlamentare* [Teoria do Estado e governo parlamentar] (segunda edição de 1925, primeira edição de 1883), é exemplar a esse respeito; desde 1883, Mosca estava aterrorizado com um possível contato entre cidade e campo. Mosca, por sua posição defensiva (de contra-ataque), compreendia melhor, em 1883, a técnica da política das classes subalternas do que a compreenderiam, mesmo algumas décadas depois, os representantes dessas forças subalternas, inclusive urbanas.

(Deve-se notar como esse caráter "militar" do grupo social em questão, que era tradicionalmente um reflexo espontâneo de determinadas condições de existência, é agora conscientemente educado e predisposto organicamente. Fazem parte desse movimento consciente os esforços sistemáticos para criar e manter de modo estável diversas associações de militares da reserva e de ex-combatentes dos vários corpos e armas, sobretudo de oficiais, que estão ligadas aos Estados-Maiores e podem ser mobilizadas quando necessário, sem que seja preciso mobilizar o Exército regular, que manteria, assim, seu caráter de reserva em estado de alerta, reforçado e tornado imune à decomposição política por essas forças "privadas", que não poderão deixar de influir sobre seu "moral", sustentando-o e fortalecendo-o. Pode-se dizer que ocorre um movimento do tipo "cossaco", não em formações dispostas ao longo das fronteiras de nacionalidade, como se verificava com os cossacos tsaristas, mas ao longo das "fronteiras" de grupo social.)

Portanto, em toda uma série de países, influência do elemento militar na vida estatal não significa apenas influência e peso do elemento técnico-militar, mas influência e peso da camada social da qual o elemento técnico-militar (sobretudo os oficiais subalternos) se origina de modo especial. Essa série de observações é indispensável para analisar o aspecto mais íntimo daquela determinada forma política que se convencionou chamar de cesarismo ou bonapartismo, para distingui-la de outras formas em que o elemento técnico-militar como tal predomina, sob modos talvez ainda mais evidentes e exclusivos. A Espanha e a Grécia oferecem dois exemplos típicos, com aspectos semelhantes e diversos. Na Espanha, é preciso levar em conta algumas particularidades: tamanho e baixa densidade da população camponesa. Não existe, entre o latifundiário nobre e o camponês, uma numerosa burguesia rural, o que significa escassa importância da oficialidade subalterna como força em si (ao contrário, tinha certa importância antagonista a oficialidade das armas especializadas, artilharia e engenharia, de origem burguesa urbana, que se opunha aos generais e procurava ter uma política própria). Os governos militares, portanto, são governos de "grandes" generais. Passividade das massas camponesas como cidadania e como tropa. Se no Exército ocorre desagregação política, é em sentido vertical, não horizontal, fruto da competição entre as camarilhas dirigentes: a tropa se divide para seguir os chefes em luta entre si. O governo militar é um parêntese entre dois governos constitucionais; o elemento militar é a reserva permanente da ordem e da conservação, é uma força política que atua de "modo público" quando a "legalidade" está em perigo. O mesmo ocorre na Grécia, com a diferença de que o território grego se espalha em um sistema de ilhas e que uma parte da população mais enérgica e ativa está sempre no mar, o que torna mais fáceis a intriga e a conspiração militares; o camponês grego é tão passivo quanto o espanhol, mas, no quadro da população total, dado que o grego mais enérgico e ativo é marinheiro e quase sempre está longe de seu centro de vida política, a passividade geral deve ser analisada diversamente e a solução do problema não pode ser a mesma (os fuzilamentos dos membros de um governo derrubado na Grécia, há alguns anos, devem ser provavelmente explicados como uma explosão de cólera desse elemento enérgico e ativo, que pretendeu dar uma sangrenta lição). O que deve ser sobretudo observado é que, na Grécia e na Espanha, a experiência do governo militar não criou uma ideologia política e social permanente e formalmente orgânica, como ocorre, ao contrário, nos países, por assim dizer, potencialmente bonapartistas. Mas as condições históricas gerais dos dois tipos são as mesmas: o equilíbrio dos grupos urbanos em luta, que impede o jogo da democracia "normal", o parlamentarismo; a influência do campo nesse equilíbrio, porém, é diversa. Nos países como a Espanha, o campo, completamente passivo, permite aos generais da nobreza latifundiária serverem-se politicamente do Exército para restabelecer o equilíbrio em perigo, isto é, a superioridade dos grupos altos. Em outros países, o campo não é passivo, mas seu movimento não está politicamente coordenado com o urbano: o Exército deve permanecer neutro, pois é possível que, de outro modo, ele se desagregue horizontalmente (permanecerá neutro até certo ponto, naturalmente), e, em lugar dele, ao contrário, entra em ação a classe militar-burocrática, que, com meios militares, sufoca o movimento no campo (de imediato o mais perigoso); nessa luta, encontra certa unificação política e ideológica, encontra aliados nas classes médias urbanas (médias em sentido italiano), reforçadas pelos estudantes de origem rural que vivem nas cidades, impõe seus métodos políticos às classes altas, que devem fazer-lhes muitas concessões e permitir uma determinada legislação favorável; em suma, consegue, até certo ponto, tornar o Estado permeável a seus interesses e substituir uma parte do pessoal dirigente, continuando a se manter armada em meio ao desarmamento geral e apregoando o perigo de uma guerra civil entre seus adeptos armados e o Exército regular, se a classe alta demonstrar uma excessiva veleidade de resistência.

Essas observações não devem ser concebidas como esquemas rígidos, mas apenas como critérios práticos de interpretação histórica e política. Nas análises concretas de eventos reais, as formas históricas são determinadas e quase "únicas". César representa uma combinação de circunstâncias reais bastante diversa daquela representada por Napoleão I, assim como a de Primo de Rivera é diversa daquela de Zivkovic etc.

Na análise do terceiro grau ou momento do sistema das relações de força existentes em uma determinada situação, pode-se recorrer com proveito ao conceito que, na ciência militar, é chamado de "conjuntura estratégica", ou seja, mais precisamente, o grau de preparação estratégica do teatro da luta, do qual um dos principais elementos é fornecido pelas condições qualitativas do pessoal dirigente e das forças ativas que podem ser chamadas de primeira linha (incluídas nestas as forças de assalto). O grau de preparação estratégica pode dar a vitória a forças "aparentemente" (isto é, quantitativamente) inferiores às do adversário. Pode-se dizer que a preparação estratégica tende a reduzir a zero os chamados "fatores imponderáveis", isto é, as reações imediatas, de surpresa, assumidas em determinado momento por forças tradicionalmente inertes e passivas. Devem ser computados, entre os elementos da preparação de uma conjuntura estratégica favorável, precisamente aqueles considerados nas observações sobre a existência e a organização de uma camada militar ao lado do organismo técnico do Exército nacional.

Outros elementos podem ser elaborados, a partir do seguinte trecho do discurso pronunciado no Senado, em 19 de maio de 1932, pelo ministro da Guerra, General Gazzera[2]:

> O regime disciplinar de nosso Exército, graças ao fascismo, constitui hoje uma norma diretiva que tem valor para toda a nação. Outros Exércitos tiveram e ainda conservam uma disciplina formal e rígida. Nós temos sempre presente o princípio de que o Exército é feito para a guerra e que para ela deve se preparar; portanto, a disciplina de paz deve ser a mesma do tempo de guerra, que no tempo de paz deve encontrar seu fundamento espiritual. Nossa disciplina baseia-se em um espírito de coesão entre os chefes e os soldados, coesão que é fruto espontâneo do sistema seguido. Esse sistema resistiu magnificamente, durante uma longa e duríssima guerra, até a vitória; é mérito do regime fascista ter estendido a todo o povo italiano uma tradição disciplinar tão ilustre. Da disciplina de cada um depende o êxito da concepção estratégica e das operações táticas. A guerra ensinou muitas coisas, até mesmo que há uma separação profunda entre a preparação de paz e a realidade da guerra. É claro que, qualquer que seja a preparação, as operações iniciais em campo põem os beligerantes diante de problemas novos, que dão lugar a surpresas em uma e outra parte. Mas disso não se deve extrair a conclusão de que não seja útil dispor de uma concepção *a priori* e de que nenhum ensinamento possa ser recolhido da guerra passada. Pode-se extrair dela uma doutrina de guerra, que deve ser entendida com disciplina intelectual e como meio para promover formas de raciocínio não discordantes e uniformidade de linguagem, de modo a permitir que todos compreendam e se façam compreender. Se, às vezes, a

---

[2] Conforme *Corriere della Sera*, 20/5/1932.

unidade doutrinária ameaçou degenerar em esquematismo, a reação foi imediata, imprimindo-se à tática, também por meio dos progressos da técnica, uma rápida renovação.

Portanto, essa regulamentação não é estática, não é tradicional, como alguns creem. A tradição é considerada apenas como força, e os regulamentos sempre em curso de revisão, não por desejo de mudança, mas para poder adequá-los à realidade.

(Um exemplo de "preparação da conjuntura estratégica" pode ser encontrado nas *Memórias*, de Churchill[3], no trecho em que fala da batalha da Jutlândia.)

---

[3] *Memórias da Segunda Guerra Mundial* (2. v., Rio de Janeiro, Nova Fronteira, 2005). (N. E.)

ÍNDICE ONOMÁSTICO

Agahd, E. (s/d): economista pequeno-burguês alemão. p. 159

Aguinaldo, Emílio (1869-1964): político filipino. Em 1896, juntou-se à revolta do povo filipino contra o domínio espanhol, tornando-se chefe do movimento em 1897. Em 1899, tornou-se presidente da recém-formada República Filipina. Depois que os EUA ocuparam o lugar da Espanha nas Filipinas, Aguinaldo liderou a luta dos nativos contra os invasores norte-americanos, mas, em março de 1901, foi preso por estes e, então, passou a seguir a política dos EUA. p. 159

Albert l'Ouvrier [Albert, o Trabalhador] (Alexandre Martin) (1815-1895): revolucionário francês. Participou da Revolução de 1848 e foi eleito para participar do governo provisório, tornando-se o primeiro trabalhador industrial a participar de um governo na França. p. 66

Alexandre I (1777-1825): tsar russo entre 1801 e 1825. p. 47

Alexandre II (1818-1881): tsar russo entre 1855 e 1881. p. 147

Apolo: deus grego. p. 68

Aristóteles (384-322 a. C.): filósofo grego, erudito universalista, defendeu a economia natural da sociedade escravista; foi o primeiro a analisar a forma do valor, bem como as formas primitivas do capital (capital do comércio e capital da usura). p. 120

Arsênio, santo (c. 354-c. 445): nobre e depois monge romano. Celebrado como um dos Padres do Deserto, seus ensinamentos sobre asceticismo foram influentes na vida monástica cristã. p. 71

Avenarius, Richard Heinrich Ludwig (1843-1896): filósofo alemão, elaborou a teoria do empiriocriticismo. p. 41

Axelrod, Pavel Borisovich (1850-1928): em 1900, foi membro da equipe editorial das publicações *Iskra* e *Zariá*. No II Congresso do Partido Operário da Social-Democracia Russa, tornou-se menchevique. No período da Reação, foi um dos líderes liquidatários e integrou a redação do jornal menchevique-liquidatário *Gólos Social-democrata*. Durante a Primeira Guerra Mundial, assumiu uma posição centrista e fez parte da Conferência de Zimmerwald e de Kiental, que representavam a ala direitista. Depois da Revolução de Fevereiro de 1917, foi membro do Comitê Executivo do Soviete de Petrogrado e obteve apoio do governo provisório burguês. Foi hostil à Revolução Socialista de Outubro; uma vez emigrado, defendeu a intervenção armada contra a Rússia Soviética. p. 152-3, 240

Babeuf, François Noël (Graco): (1760-1797): revolucionário francês, proeminente representante do comunismo utópico igualitário. Seus pontos de vista foram divulgados nos periódicos *Tribun Du Peuple* e *L'Eclaireur*. Durante a Reação Termidoriana, organizou uma sociedade secreta, a chamada "Conspiração dos Iguais", que preparava um levante armado a fim de estabelecer uma ditadura revolucionária que protegesse os interesses das massas. O grupo, porém, foi descoberto e, em 27 de maio de 1797, Babeuf foi executado. p. 32, 198

Bacon, Francis, visconde de Saint Albans e barão de Verulam (Baco de Verulamo): (1561-1626): filósofo inglês, naturalista e historiador. Autor de *Novum Organum*, *Nova Atlântida* e *Ensaios*. p. 41

Bailey, Samuel (1791-1870): economista e filósofo inglês, adversário da teoria do valor de Ricardo. p. 121

Bailly, Jean Sylvain (1736-1793): astrônomo e orador, participante dos primeiros momentos da Revolução Francesa. Guilhotinado no período do Terror. p. 61

Barbès, Armand (1809-1870): revolucionário francês. Participou da Revolução de 1848, sendo condenado à prisão perpétua. Anistiado por Napoleão III em 1854, exilou-se nos Países Baixos. p. 66

Bastiat, Frédéric (1801-1850): economista francês, defensor da teoria da harmonia das classes. p. 119-20

Bauer, Otto (1881-1938): político austríaco. Membro do Partido Social-Democrata, foi ministro dos Negócios Estrangeiros de 1918 a 1919. Defendia ideias nacionalistas, que incluíam a união entre Alemanha e Áustria. p. 237

Bebel, August (1840-1913): uma das figuras mais proeminentes da Social-Democracia Alemã e do movimento operário internacional. Sua carreira política começou na primeira metade dos anos 1960, como membro da I Internacional. Em 1969, ao lado de Wilhelm Liebknecht, fundou o Partido Operário Social-Democrata da Alemanha (o *Eisenach*) e foi eleito por diversas vezes para o *Reichstag*. Em fins do século XIX e início do XX, colocou-se contra o reformismo e o revisionismo das fileiras da social-democracia alemã. Lênin considerou seu discurso contra os sociais-democratas bernsteinianos "um modelo da defesa do ponto de vista marxista e da luta por uma verdadeira natureza socialista do Partido Operário". p. 175, 179

Bérard, Victor (1864-1931): economista pequeno-burguês francês. Foi publicista e filólogo. p. 159

Berkeley, George, bispo de Cloyne (1685-1753): empirista irlandês, considerado um dos maiores filósofos do início do período moderno. p. 41

Bernstein, Eduard (1850-1932): redator do *Sozialdemokrat* (1881-1890) e publicista, membro do Partido Social-Democrata dos Trabalhadores da Alemanha. Tornou-se adepto do marxismo a partir de 1880, sob influência de Marx e Engels. Foi administrador do legado literário de Engels e, a partir de 1896, fundador teórico do revisionismo. Tornou-se um líder oportunista na social-democracia alemã e na II Internacional. p. 218, 224

Bismarck, Otto Eduard Leopold, Príncipe de (1815-1898): estadista e diplomata alemão; chefe de gabinete nos períodos de 1862-1872 e 1873-1890; primeiro-ministro do Império [*Reichskanzler*] de 1871 a 1890; em 1870, deu fim à guerra com a França e, em 1871, apoiou a repressão à Comuna de Paris; promoveu, com uma "revolução a partir de cima", a unidade do Império; em 1878, foi autor da lei de exceção contra a social-democracia (conhecida como "lei contra os socialistas"). p. 128, 135, 203, 238

Blanc, Louis (1811-1882): socialista francês, jornalista e historiador; em 1842 foi membro do governo provisório francês. p. 35, 59

Blanqui, Louis-Auguste (1805-1881): revolucionário francês, comunista utópico. Durante a revolução de 1848, pertenceu à ala mais radical do movimento proletário e democrático na França. Foi repetidas vezes condenado à prisão. p. 66

Bömelburg, Theodor (1862-1912): líder do Sindicato dos Maçons/Construtores. Opositor declarado de toda e qualquer aspiração revolucionária que pudesse pôr em risco as conquistas do passado. Pronunciou-se contra a greve de massas de cunho político no Congresso dos Sindicatos, em Köln. p. 218

Bourgeois, Léon-Victor-Auguste (1851-1925): político francês, primeiro-ministro da França entre 1895 e 1896. Foi grande defensor da Liga das Nações, que ajudou a criar, e seu primeiro presidente do Conselho. Ganhou o Prêmio Nobel da Paz em 1920. p. 198

Bracke, Wilhelm (1842-1880): socialista alemão, editor e livreiro, um dos fundadores e líderes do Partido de Eisenach (1869). Um dos principais editores e propagadores da literatura do partido. p. 175

Briand, Aristide (1862-1932): estadista francês e diplomata. Pertenceu, durante certo tempo, à esquerda socialista. Em 1902, ao entrar para o parlamento, revelou-se um político reacionário burguês abertamente hostil à classe trabalhadora. p. 198

Brutus [Brutus, Marcus Junius] (85-42 a. C.): tribuno romano e um dos principais conspiradores no assassinato de Júlio César. p. 60, 97

Buonarotti, Philippe [Filippo Giuseppe Maria Ludovico Buonarroti] (1761-1837): socialista italiano, participou do movimento revolucionário francês no fim do século XVIII e início do século XIX; comunista utópico, lutou junto com Babeuf. p. 198

Cabet, Étienne (1788-1856): jurista e jornalista francês, comunista utópico, autor do romance *Voyage en Icarie* [Viagem a Icária]. p. 34, 198

Calonne, Charles Alexandre de (1734-1802): político francês, foi Controlador Geral das Finanças, entre 1783 e 1787, e um dos líderes da emigração contrarrevolucionária durante a Revolução Francesa. p. 137

Campbell: linhagem nobre escocesa. p. 93

Cassagnac, Adolphe-Granier de (1806-1880): escritor, historiador e romancista francês. Sob a Monarquia de Julho, foi partidário da dinastia de Orleans. Após a revolução de fevereiro, tornou-se bonapartista radical. p. 83

Catão [Marcus Porcius Cato] (234-149 a. C.): estadista e historiador romano, defensor dos privilégios da aristocracia escravista. p. 97

Caussidière, Marc (1808-1861): participou da insurreição de Lyon de 1834. Condenado a vinte anos de trabalhos forçados, foi anistiado em 1837. Participou de todos os complôs republicanos. Exilou-se após as jornadas revolucionárias de 1848. p. 59

Cavour, Camillo Paolo Filippo Giulio Benso, conde de (1810-1861): político italiano conservador, foi primeiro-ministro do reino da Sardenha. Usou-se de disputas internacionais e tirou vantagem de movimentos revolucionários para dominar quase todo o território italiano. Foi o primeiro-ministro inaugural da Itália unificada. p. 257, 259

César, Júlio [Gaius Julius Caesar] (c. 100-44 a. C.): líder militar e político da República romana e responsável pela conquista da Gália. Travou uma guerra civil contra a facção conservadora do Senado liderada por Pompeu; seu assassinato por um grupo de senadores abriu caminho a uma instabilidade que culminaria com o fim da República e o início do Império. p. 60, 272

Churchill, Winston Leonard Spencer (1874-1965): estadista britânico. Membro do Partido Conservador, foi primeiro-ministro duas vezes: de 1940 a 1945 e de 1951 a 1955. p. 274

Cícero [Marcus Tullius Cicero] (106-143 a. C.): político, orador e escritor romano. p. 92

Circe: na mitologia grega, feiticeira da ilha de Ea que transformou os companheiros de Ulisses em porcos, retendo-o durante um ano em sua ilha. É tida como bela e sedutora. p. 71

Clemenceau, Georges (1841-1929): político e estadista francês, foi, durante muito tempo, líder do Partido Radical. Comandou o governo francês de 1906 a 1909. Para defender os interesses do grande capital, conduziu uma política de repressão violenta contra a classe operária. Novamente no comando do governo francês em 1917, introduziu uma ditadura militar no país. Foi um dos entusiastas e organizadores de uma intervenção armada contra a Rússia Soviética e tentou implementar um "embargo econômico" para sufocar a República Soviética. Em 1920, derrotado na eleição presidencial, retirou-se da vida política. p. 198

Clístenes [Kleisthénes] (c. 570-508 a. C.): estadista ateniense; suas reformas, por volta de 508 a. C., eliminaram resquícios das relações de fidalguia e inauguraram a evolução rumo à democracia. p. 92

Constant, Benjamin (1767-1830): escritor e político liberal francês. p. 60

Constantino I [Flavius Valerius Constantinus] (272?-337): primeiro imperador romano a se converter ao cristianismo. p. 68

Cormenin, Louis Marie de la Haye, visconde de (1788-1868): político e jurista francês, fazia panfletos atacando o governo de Luís Filipe. p. 198

Cornelissen, Christian (1864-1942): anarquista holandês, seguidor de Kropotkin. Pregou contra o marxismo. p. 187

Cousin, Victor (1792-1867): filósofo francês e teórico da cultura. p. 60

Crapulinski: personagem do poema "Dois cavaleiros", de Heinrich Heine. p. 69

Cromwell, Oliver (1599-1658): político e militar britânico, um dos líderes da Guerra Civil inglesa que levou à deposição do rei Carlos I e à instauração temporária de uma república puritana de caráter burguês na Grã-Bretanha do século XVII. Em 1663, foi nomeado lorde protetor da Inglaterra, Escócia e Irlanda. p. 60

Crusoé, Robinson: personagem-título de romance escrito por Daniel Defoe. p. 115-7

Cuoco, Vincenzo (1770-1823): intelectual e burocrata italiano. Apoiou a Revolução Napolitana de 1799, sobre a qual escreveu *Saggio storico sulla rivoluzione napoletana del 1799*. p. 256

d'Ailly, Pierre (1350-1420): cardeal francês e teólogo. Desempenhou um papel importante no Concílio de Constança ao reivindicar a reforma da Cúria Romana. p. 80

Dan, Fiódor Ilitch (1871-1947): líder menchevique. Exilou-se nos Estados Unidos. p. 240

Danton, Georges-Jacques (1759-1794): jurista francês. Político da Revolução Francesa, foi líder da ala direita dos jacobinos. p. 59-60, 227

Dembowski, Edward (1822-1846): ativista pela libertação da Polônia. Foi líder da insurreição de Cracóvia. p. 35

Desmoulins, Lucie-Simplice-Camille-Benoit (1760-1794): advogado em Paris, participou da Revolução Francesa; amigo de Danton e Robespierre. p. 60

Destutt de Tracy, Antoine-Louis-Claude, conde (1754-1836): economista francês, filósofo; partidário da monarquia constitucional. p. 118-9

Dickens, Charles John Huffam (1812-1870): romancista britânico. p. 219

Dionísio de Halicarnasso (s/d): historiador grego. p. 92

Djivelegov (s/d): autor de *O Estado constitucional*. p. 203-4

Dogberry: personagem da peça *Muito barulho por nada*, de William Shakespeare. p. 121

Dombrowski, Jaroslaw (1836-1871): militar e revolucionário polonês; no início dos anos 1860, membro do movimento nacional de libertação na Polônia. Preso em 1862, foi condenado a quinze anos de trabalhos forçados e enviado à Sibéria, de onde fugiu em 1865 para a França. Em 1871, tornou-se general e depois comandante-maior das forças armadas da Comuna. Foi morto nas barricadas. p. 133

Eckstein, Gustav (1875-1916): social-democrata ligado a Kautsky. p. 238

Eisner, Kurt (1867-1919): jornalista social-democrata alemão. Adepto do revisionismo, tendia para uma espécie de socialismo moral. Foi opositor do imperialismo e militarismo alemães já antes da Primeira Guerra Mundial, que apoiou num primeiro momento, tornando-se depois um pacifista radical. Em novembro de 1918, proclamou a República da Baviera e se tornou primeiro-ministro. Foi derrotado nas eleições de 1919 e morto a tiros pelo conde Anton Graf von Arco auf Valley, um oficial reacionário. p. 218

Elm, Adolf von (1857-1916): social-democrata alemão. Foi líder sindical reformista, cofundador e líder da Federação Central das Associações de Consumo Alemãs e cofundador da Seguridade Social dos Trabalhadores. Foi revisionista e colaborador permanente dos *Sozialistische Monatshefte* [Cadernos Socialistas Mensais]. p. 226-7

Epicuro (*c*. 341-*c*. 270 a. C.): filósofo grego antigo, ateísta. p. 118

Eschwege, Ludwig (s/d): economista pequeno-burguês alemão. Colaborador da revista alemã de economia *Die Bank*, na qual publicou seus artigos sobre capital financeiro. p. 159

Esopo (s/d): fabulista grego lendário. p. 65, 81

Favre, Jules Claude Gabriel (1809-1880): advogado e político francês, um dos líderes dos republicanos. Em 1848, tornou-se secretário-geral do Ministério do Interior e, posteriormente, ministro do Exterior; em 1848-1851, foi deputado da Assembleia Nacional Constituinte e Legislativa; em 1870-1871, ministro do Exterior no governo de defesa nacional e no governo de Thiers, liderando as negociações sobre a capitulação de Paris e a paz com a Alemanha. p. 135

Feuerbach, Ludwig Andreas (1804-1872): filósofo materialista alemão; com sua crítica das religiões e o conceito de alienação, influenciou os pensadores socialistas e existencialistas do século XIX. p. 38-9, 42-3

Fourier, François-Marie-Charles (1772-1837): socialista utópico francês, responsável pela teorização dos chamados falanstérios, comunidades autossuficientes em que os meios de produção eram coletivos. p. 33-4

Frankel, Leo (1844-1896): ourives de descendência húngara, membro da Internacional em Lyon no ano de 1867 e cofundador da Seção Alemã em Paris. Integrante da Comuna de Paris e de sua Comissão para o Trabalho, Indústria e Comércio, assim como de sua Comissão de Finanças. Cofundador do Partido Geral dos Trabalhadores da Hungria. p. 133

Frohme, Karl Franz Egon (1870-1940): fabricante de máquinas alemão. Social-democrata, foi membro do Parlamento de 1881 a 1919. A partir de 1890, foi redator do *Hamburger Echo*, além de colaborador permanente dos *Sozialistische Monatshefte*. Revisionista e chauvinista durante a Primeira Guerra Mundial. p. 226

Galiani, Ferdinando (1728-1787): economista italiano, representante do Iluminismo. Seus estudos mais importantes são sobre a teoria do valor. p. 113

Ganesco, Grégory (1830-1877): jornalista francês de origem romena. Bonapartista durante a segunda guerra do Império; posteriormente, apoiou o governo de Thiers. p. 133

Ganilh, Charles (1758-1836): político e economista francês, epígono do mercantilismo. p. 119

Gazzera, Pietro (1879-1953): político e militar italiano. Foi ministro da Guerra entre 1929 e 1933. p. 273

Gioberti, Vincenzo (1801-1852): intelectual e político italiano. Foi primeiro-ministro da Sardenha entre 1848 e 1849. Suas ideias foram influentes durante a unificação da Itália. p. 256, 258

Graco, Caio Semprônio (153-121 a. C.): tribuno do povo da Roma Antiga, lutou pela aplicação de leis agrárias no interesse do campesinato. Irmão de Tibério. p. 60

Graco, Tibério Semprônio (163-133 a. C.): tribuno do povo da Roma Antiga, lutou pela aplicação de leis agrárias no interesse do campesinato. Irmão de Caio. p. 60

Gradgrind, Thomas: personagem do romance *Tempos difíceis*, de Charles Dickens. Preocupa-se apenas com os fatos e ignora emoções. p. 219

Grave, Jean (1854-1939): socialista pequeno-burguês francês, um dos teóricos do anarquismo e editor do jornal *Le Revolte*. No início do século XX, assumiu a posição de anarcossindicalista. Durante a Primeira Guerra Mundial, foi social-chauvinista e colaborador do jornal *La Bataille Syndicaliste*. p. 187

Grün, Karl (1817-1887): jornalista; nos anos 1840, foi um dos principais representantes do socialismo "verdadeiro". p. 31

Grunwald, Max (1871-1953): rabino e historiador alemão. Trabalhou em Hamburgo e Viena e escreveu sobre a história das comunidades judaicas desses lugares. p. 238

Guesde, Jules (Bazile, Jules): (1845-1922): um dos organizadores e líderes do movimento socialista francês e da II Internacional. Manifestou apoio à Comuna de Paris em 1871 e foi obrigado a emigrar, retornando à França em 1876. Adotou posições marxistas e, em 1877, foi um dos fundadores do jornal *L'Égalite*, que desempenhou papel fundamental na organização do Partido Operário Francês. Com a colaboração de Marx e Engels, desenvolveu, ao lado de Lafargue, o programa do partido, aprovado no Congresso de 1880. Em 1904, Lênin o descreveu como o representante mais consistente e determinado da social-democracia internacional. p. 154, 206

Guilherme II (1859-1941): imperador da Alemanha e rei da Prússia entre 1888 e 1918. Abdicou após a derrota alemã na Primeira Guerra Mundial, durante os confrontos civis que antecederam a República de Weimar. Exilou-se nos Países Baixos. p. 198

Guizot, François Pierre Guillaume (1787-1874): historiador e estadista francês. Entre 1840 e 1848, dirigiu a política interna e externa da França. p. 60, 72, 83, 106

Habacuque: profeta do Antigo Testamento. p. 60

Haussmann, Georges-Eugène, Barão (1809-1891): político francês, bonapartista. Participou do golpe de Estado de 1851 e foi prefeito dos departamentos do Sena de 1853 a 1870, época em que realizou profundos trabalhos de modernização de Paris. p. 134

Hegel, Georg Wilhelm Friedrich (1770-1831): filósofo considerado o maior expoente do "idealismo alemão", elaborou, com base na dialética, um sistema filosófico de análise da realidade. p. 59, 63, 105

Heine, Heinrich (1797-1856): poeta alemão, amigo de Marx na juventude. p. 69, 198, 238

Hilferding, Rudolf (1877-1941): um dos líderes oportunistas da social-democracia alemã e da II Internacional. Teórico do assim chamado "austromarxismo", foi editor do jornal *Vorwärts* de 1907 a 1915. Em 1910, publicou o livro *Capital financeiro*, que desempenhou papel positivo no estudo do capitalismo monopolista, embora contivesse graves erros teóricos. Durante os anos da Primeira Guerra Mundial, defendeu a unidade dos social-imperialistas, destacando-se depois como autor da teoria do "capitalismo organizado", uma apologia ao capitalismo monopolista de Estado. A partir de 1917, foi líder do Partido Social-Democrata Independente da Alemanha e inimigo declarado do poder soviético e da ditadura do proletariado. p. 160, 167-8

Hill, David Jayne (1850-1932): historiador e diplomata norte-americano, autor da obra em três volumes *Uma história da diplomacia no desenvolvimento internacional da Europa*. p. 167

Hobbes, Thomas (1588-1679): filósofo inglês, teórico do contratualismo absolutista. p. 41

Hobson, John Atkinson (1858-1940): economista inglês, representante do reformismo e do pacifismo burgueses. Autor de várias obras, dentre as quais se destacam *Os problemas da pobreza* (1891), *A evolução do capitalismo moderno* (1894) e *Imperialismo* (1902). No fim da vida, passou a fazer apologia aberta ao imperialismo e pregou a "teoria do governo mundial". p. 157, 159, 164-5

Hohenzollern: dinastia de príncipes eleitores de Brandemburgo (1415-1701), reis da Prússia (1701-1918) e imperadores alemães (1871-1918). p. 134

Hume, David (1711-1776): filósofo, historiador e economista inglês. p. 41

Huysmans, Camille (1871-1968) professor de filologia, jornalista e uma das mais antigas figuras do movimento operário belga. De 1904 a 1919, foi secretário do Bureau Internacional da II Internacional, no qual ocupava uma posição centrista. Tomou parte do governo belga por diversas vezes, tendo sido primeiro-ministro, membro do parlamento e presidente da Câmara dos Deputados. Nos últimos anos, defendeu um maior contato entre os partidos socialistas e o Partido Comunista da União Soviética a fim de restaurar a unidade do movimento operário internacional. p. 171

Jaurès, Jean (1859-1914): historiador, proeminente figura do movimento socialista francês e internacional. Foi membro do parlamento e um dos líderes da facção parlamentar socialista. Fundou, em 1904, o jornal *L'Humanité*, o qual editou até o fim de sua vida. Acreditava que o socialismo triunfaria não por meio da luta de classes entre o proletariado e a burguesia, mas como resultado do "florescimento da ideia democrática". Às vésperas da Primeira Guerra Mundial, foi assassinado por um *protégé* da reação. p. 206

Juno: deusa grega. p. 64

Kaledin, Alexei Maximovitch (1861-1918): General do Império russo, comandou tropas de cossacos na Primeira Guerra Mundial e contra os bolcheviques. Suicidou-se em 1918. p. 244

Katkov, Mikhaíl Nikiforovitch (1818-1887): publicista reacionário. Começou sua carreira política como defensor do liberalismo aristocrático moderado. De 1863 a 1887, foi editor-chefe do *Moskóvskie Viedomosti*, o qual se tornou porta-voz da reação monarquista. Autodenominava-se "o cão de guarda fiel da autocracia". Seu nome tornou-se um símbolo da reação monarquista raivosa. p. 150

Kautsky, Karl (1854-1938): um dos líderes da social-democracia alemã e da II Internacional. Inicialmente marxista, mais tarde renegou tal linha de pensamento e se tornou teórico de um dos tipos mais perigosos e nocivos de oportunismo, o centrismo (kautskismo). Foi editor do *Die Neue Zeit*, revista da social-democracia alemã. p. 158-62, 164-8, 171, 240-1, 246

King, Bolton (1860-1937): historiador britânico, especialista em história italiana. p. 203, 258

Knight, Robert (1833-1911): proeminente figura do movimento sindical britânico. Foi membro do parlamento de 1875 a 1882 e de 1896 a 1900. Foi um típico representante do sindicalismo clássico, o que limitava sua luta pelas demandas de melhoria de condições materiais dos operários: seu principal meio para atingir esse objetivo era a resolução pacífica dos conflitos, de acordo com as demandas dos patrões. Defendia energicamente a união dos sindicatos britânicos e foi um dos fundadores, em 1899, da Federação Geral dos Sindicatos da Grã-Bretanha. p. 144

Kornilov, Lavr Georgievitch (1870-1918): general tsarista, comandante-em-chefe supremo do Exército russo, tentou um golpe contrarrevolucionário ditatorial em agosto de 1917, que foi paralisado e vencido pelos trabalhadores. p. 244

Kritchévski, Borís Naúmovitch (1866-1919): publicista social-democrata russo, um dos líderes do "economicismo". Em 1899, foi editor dos jornais *Soiuz* e *Rabótcheie Diélo*, nas linhas dos quais se encontram as ideias do reformismo e do bernsteinismo. Depois do II Congresso do Partido Operário da Social-Democracia Russa, abandonou o movimento social-democrata. p. 144

Kropotkin, Pyotr Alexeyevich (1842-1921): um dos principais líderes e teóricos russos do anarquismo, juntou-se em 1872 ao grupo de Bakunin. Foi preso em 1874 e conseguiu fugir para o exterior em 1876, quando passou a pregar contra os ensinamentos de Karl Marx. Retornou do exílio em 1917 e manteve suas posições burguesas; contudo, em 1920, dirigiu uma carta aos operários europeus, na qual reconheceu a importância histórica da Revolução Socialista de Outubro e convocou-os a impedir uma intervenção militar na Rússia Soviética. Foi autor de vários trabalhos científicos, mais especificamente de geografia e geologia. p. 187

La Fontaine, Jean de (1621-1695): fabulista e poeta francês. p. 65

Lansburgh, Alfred (1872-1940): economista burguês alemão. Foi editor da revista *Die Bank* (1908-1935), na qual publicou seu trabalho acerca do capital financeiro. p. 159, 162-4

Las Cases, Emmanuel-Augustin-Dieudonné-Joseph, conde de (1766-1842): historiador francês. p. 71

Lassalle, Ferdinand (1825-1864): socialista pequeno-burguês alemão. Foi membro fundador da União Geral dos Trabalhadores Alemães (1863), cuja criação teve caráter positivo para o movimento sindical; contudo, uma vez eleito presidente da União, conduziu-a por caminhos duvidosos. Manteve uma política de unificação alemã "a partir de cima" sob a hegemonia da Prússia reacionária. Sua política oportunista foi um obstáculo para a ação da I Internacional e para a criação de um partido operário na Alemanha, já que impedia o desenvolvimento da consciência de classe dos operários. p. 176, 182-3, 202

Ledru-Rollin, Alexandre Auguste (1807-1874): advogado e político francês. Fundou o jornal *La Réforme* para difundir sua plataforma de reformas sociais e democráticas. Eleito para a Assembleia Legislativa na Segunda República francesa, liderou a Montanha, agrupamento de socialistas democráticos. Ao lado de Lamartine, líder do rival Partido da Ordem, reprimiu a manifestação de 15 de maio de 1848. Tentou, sem sucesso, o impedimento do presidente Luís Napoleão e, no dia seguinte, liderou uma manifestação. Foi perseguido e exilou-se em Londres, de onde voltou anistiado em 1870. p. 35

Liebknecht, Karl (1871-1919): político e dirigente socialista alemão. Com Rosa Luxemburgo, fundou em 1916 a Liga Espartaquista, movimento que surgiu na Alemanha em oposição ao regime social-democrata vigente na República de Weimar. Morreu junto com Rosa, assassinado por tropas do governo. p. 228

Liebknecht, Wilhelm (1826-1900): proeminente figura do movimento operário alemão e internacional, um dos fundadores e líderes do Partido Social-Democrata. Tomou parte ativa na Revolução de 1848-1849 na Alemanha. Após a derrota, emigrou primeiro para a Suíça, depois para Londres, onde se aproximou de Karl Marx e Friedrich Engels. Ao retornar à Alemanha, em 1862, foi um dos mais ativos propagadores das ideias revolucionárias e organizadores das sessões da I Internacional na Alemanha. De 1875 até o fim da vida, foi membro do Comitê Central da Social-Democracia Alemã e redator-chefe do *Vorwärts*. De 1867 a 1870, foi deputado do *Reichstag* da Alemanha Oriental e, a partir de 1874, foi eleito repetidamente deputado. Utilizou a tribuna com grande habilidade a fim de expor as políticas reacionárias internas e externas dos *junkers* prussianos. p. 144

Lincoln, Abraham (1809-1865): eminente político norte-americano. Um dos líderes do Partido Republicano, foi presidente dos Estados Unidos de 1861 a 1865. p. 159

Locke, John (1632-1704): filósofo empirista inglês, fundador do contratualismo liberal. Um dos mais influentes pensadores do século XVII. p. 41, 60

Luís Filipe (1773-1850): duque de Orleans, rei da França de 1830 a 1848, chamado de "o rei burguês" devido à sua administração abertamente favorável à burguesia. p. 64, 66, 73, 128, 226

Luís XIV (1638-1715): rei da França de 1643 a 1715, conhecido por seus gastos extravagantes em graves períodos de crise. Construiu o palácio de Versalhes e fortaleceu o exército francês. p. 75

Luís XVIII (1755-1824): rei da França de 1814 a 1815 e de 1815 a 1824. Seu reinado foi interrompido por curto período pelo retorno de Napoleão ao poder em 1815. Sob sua administração, ocorreu o período conhecido como "Restauração". p. 60, 134

Lutero, Martinho (1483-1546): teólogo alemão, considerado o pai espiritual da Reforma protestante. p. 59

Mach, Ernst (1838-1916): físico e filósofo austríaco; exerceu grande influência no pensamento do século XX; seus primeiros livros contêm os fundamentos do empiriocriticismo. p. 41

Marat, Jean-Paul (1743-1793): jornalista francês, editor do jornal *Ami du peuple*. Na Revolução Francesa, foi um dos líderes mais coerentes do clube jacobino. p. 198, 245

Markovski (s/d): agente do governo tsarista na França. Em 1871, tornou-se colaborador de Thiers. p. 133

Marrast, Armand (1801-1852): político francês, um dos dirigentes dos republicanos moderados e redator do jornal *Le National*. Em 1848, foi membro do governo provisório e presidente da Câmara de Paris. Presidente da Assembleia Constituinte entre 1848 e 1849. p. 61

Mártov, L. (Tsederbaum, Iuli Ossipovitch) (1873-1923): um dos líderes do menchevismo. Dirigiu o jornal *Gólos Social-Democrata* e participou da Conferência Antipartidária de

Agosto (1912). No período da Primeira Guerra Mundial, assumiu uma posição centrista. Depois da revolução democrático-burguesa de fevereiro de 1917, liderou o grupo dos mencheviques imperialistas. Após a Revolução Socialista de Outubro, passou a fazer oposição ao poder soviético, emigrando em 1920 para a Alemanha, onde passou a publicar o jornal contrarrevolucionário *Socialistchiéski Viéstnik*. p. 171

Martynov, Alexander (Píker, Alexandr Samóilovitch) (1865-1935): um dos líderes do "economicismo", figura proeminente dos mencheviques e, mais tarde, membro do Partido Comunista. Em 1886, foi preso e exilado na Sibéria Oriental, onde se tornou social-democrata. Emigrou em 1900 e ingressou na redação da revista *Rabótcheie Diélo*, a qual se opunha ativamente à leninista *Iskra*. Após o II Congresso do Partido Operário da Social-Democracia Russa, tornou-se menchevique. Após a Revolução de Outubro, afastou-se dos mencheviques. De 1918 a 1920, foi professor na Ucrânia. Em 1923, foi admitido pelo partido no XII Congresso do Partido Comunista Russo (bolchevique). Trabalhou no Instituto Karl Marx e Friedrich Engels e, em 1924, foi membro do conselho editorial da revista *Internacional Comunista*. p. 142, 144, 147-8, 152-3

Maurer, Georg Ludwig von (1790-1872): historiador e burocrata alemão. p. 110

Maxêncio [Marcus Aurelius Valerius Maxentius] (?-312): imperador romano. Morreu durante a guerra civil contra Constantino I. p. 68

Mazzini, Giuseppe (1805-1872): líder do movimento de libertação na Itália. Em 1849, foi eleito no Triunvirato da República romana e, em 1850, foi um dos fundadores do Comitê Democrático Europeu em Londres. Tentou, em 1864, quando da fundação da Internacional, colocá-la sob sua influência. Em 1871, voltou-se contra a Comuna de Paris e o Conselho Geral da Internacional. p. 256-61

Mechtcherski, Vladimir Petróvitch (1839-1914): publicista reacionário, serviu na polícia e no Ministério do Interior. A partir de 1860, colaborou com as publicações *Ruski Viestinik* e *Moskóvskie Viedomosti* e, de 1872 a 1914, com o ultrarreacionário *Grajdani*. Em 1903, fundou os jornais reacionários *Dobro* e *Drujiéskie Rietchi*. Em suas publicações, financiadas generosamente pelo governo tsarista, colocou-se contra quaisquer concessões do governo não só aos operários, mas também à burguesia liberal. p. 150

Mefistófeles: demônio do folclore alemão, associado à lenda de Fausto. p. 64

Miliukov, Pavel Nikolayevich (1859-1943): líder dos cadetes, foi ministro do Exterior do governo provisório russo de Lvov. p. 244

Millerand, Alexandre (1859-1943): político francês. Na década de 1890, juntou-se aos socialistas e encabeçou a tendência oportunista do movimento socialista francês. Em 1899, tomou parte no governo reacionário burguês de Waldeck-Rousseau. Após sua expulsão do Partido Socialista, em 1904, formou, junto com outros ex-socialistas, o grupo dos "socialistas independentes". Ocupou diversos cargos ministeriais durante os anos de 1909-1910, 1912-1913 e 1914-1915. Depois da Revolução Socialista de Outubro, foi um dos organizadores da intervenção antissoviética. De 1920 a 1924, foi presidente da República Francesa. Em junho de 1924, após a vitória eleitoral dos partidos burgueses de esquerda, que se recusaram a dar-lhe apoio, foi obrigado a renunciar. De 1925 a 1927, foi senador. p. 198

Millière, Jean-Baptiste Édouard (1817-1871): toneleiro, jurista e jornalista francês, proudhoniano. Participou da ação de 31 de outubro de 1870 e foi deputado da Assembleia Nacional de 1871. Fuzilado pelos versalheses em 26 de maio de 1871. p. 131

Moisés: personagem do Antigo Testamento. p. 90

Moll, Joseph Maximilian (1813-1849): relojoeiro de Colônia, membro do Comitê Central da Liga dos Comunistas e presidente da Associação dos Operários de Colônia. Participou de um levante democrático e morreu em combate com as forças prussianas. p. 46

Montalembert, Charles-Forbes-René, conde de (1810-1870): jornalista, historiador e político francês. Durante a Segunda República, foi deputado nas assembleias Constituinte e Legislativa. Foi orleanista e chefe do partido católico. p. 79

Montesquieu, Charles de Secondat, barão de La Brède e de (1689-1755): pensador e jurista francês, influente nas áreas da filosofia política e do direito constitucional, autor de *O espírito das leis* e *As cartas persas.* p. 127

Morny, Charles Auguste Louis Joseph, conde de (1811-1865): político francês bonapartista, deputado na Assembleia Legislativa (1849-1851) e um dos organizadores do golpe de Estado de 2 de dezembro de 1851. Ministro do Interior de dezembro de 1851 a janeiro de 1852. p. 82

Napoleão I [Napoleão Bonaparte] (1769-1821): governante efetivo da França a partir de 1799 e imperador de 1804 a 1814. p. 47, 55, 59, 61, 71-3, 75, 77-9, 83, 132, 260, 272

Napoleão III [Luís Napoleão Bonaparte] (1808-1873): sobrinho de Napoleão I, presidente da Segunda República (1848-1851) e imperador francês (1852-1870). p. 83, 128, 135

Neymarck, Alfred (1848-1921): economista e estatístico francês, burguês. p. 159

Nicolau II (1868-1918): último tsar da Rússia, de 1894 a 1917. Abdicou depois da Revolução de Fevereiro e foi preso com a família. Foram mortos pelos bolcheviques. p. 148

Niebuhr, Barthold Georg (1776-1831): pesquisador da Antiguidade a serviço do Estado dinamarquês e prussiano. p. 89, 91-2

Orléans: dinastia de reis franceses (1830-1848), do mais novo ramo dos Bourbon. p. 74, 82, 134

Owen, Robert (1771-1858): socialista utópico inglês. p. 33-4, 42, 115

Paulo, são: no Novo Testamento, um dos doze apóstolos. Tido como fundador do universalismo cristão e autor dos mais influentes textos de formação da doutrina da Igreja Católica. p. 59

Petty, Sir William (1623-1687): economista e estatístico inglês, fundador da economia política burguesa clássica. p. 119

Pisacane, Carlo (1818-1857): revolucionário italiano associado a Giuseppe Mazzini. p. 256, 258-60

Plekhánov, Gueórgui Valentinovitch (1856-1918): figura destacada do movimento operário internacional e russo, foi o primeiro defensor do marxismo na Rússia. Em 1883, fundou, em Genebra, a organização marxista russa "Emancipação do Trabalho". Lutou contra o populismo, opondo-se ao revisionismo do movimento operário internacional. No início do século XX, foi redator do jornal *Iskra* e da revista *Zariá*. p. 144, 153, 187, 207

Pomialovski, Nikolaï Guerassimovitch (1835-1863): escritor democrata russo. Em suas obras, colocou-se contra a autocracia e a burocracia da Rússia, tirana e violenta. Sua obra teve seu valor reconhecido por Nikolai Gavrilovitch Tchernichevski e Maksim Górki. p. 186

Pourille, Jean-Baptiste Stanislas Xavier (Blanchet): (1833-?): ex-monge capuchinho e jornalista francês. Foi membro do Comitê Central da Guarda Nacional, da Comuna de Paris e da Comissão para a Justiça. Excluído da Comuna como policial do Império e preso em 25 de maio de 1871; fugiu para Genebra. p. 135

Primo de Rivera, Miguel (1870-1930): general e político conservador espanhol. Deu um golpe de Estado em 1923 e foi ditador até 1930. p. 272

Proudhon, Pierre-Joseph (1809-1865): escritor, sociólogo e economista francês, ideólogo da pequena-burguesia, fundador teórico do anarquismo. p. 32, 98-9, 107, 119, 256, 258

Publícola [Publius Valeri Publicola] (?-503 a. C.): estadista da República de Roma e sucessor de Brutus. Como cônsul único, tornou-se alvo da desconfiança de que se tornaria um regente autocrata. Para aplacar esses temores, criou projetos de lei que defendiam as liberdades do cidadão. p. 60

Puttkamer, Robert von (1828-1900): de 1879 a 1881, foi ministro da Cultura prussiano e, de 1881 a 1888, ministro do Interior. Aperfeiçoou a organização do Estado policial bismarckiano. Em um decreto contra a greve, exigiu de todos os órgãos estatais procedimentos mais rigorosos contra grevistas e conclamou abertamente a polícia a adotar medidas ilegais contra o movimento operário. p. 219

Raspail, François-Vincent (1794-1878): naturalista, químico e sanitarista francês. Foi preso durante o reinado de Luís Filipe por participar de um grupo republicano. Em 1848, foi candidato à presidência da república e ficou em quarto lugar. Foi preso novamente durante as manifestações de 15 de maio de 1848. Em 1853, sua sentença foi transformada em exílio, do qual voltou em 1862. Elegeu-se deputado em 1869, foi defensor de melhoras no saneamento e um dos pioneiros da teoria celular. p. 66

Ricardo, David (1772-1823): economista inglês, expoente da economia política clássica. p. 115, 118-9, 121

Riesser, Jacob (1853-1932): economista alemão e banqueiro. Fundou, em 1901, a União Central dos Bancos Alemães e Serviços Bancários e, em 1909, a Liga Hanseática, das quais foi presidente durante um longo período. Em 1905, publicou a revista *Bank-Archiv*. De 1916 a 1928, foi membro do *Reichstag*. Autor de várias obras, foi apologista do imperialismo e do capital financeiro. p. 167, 170, 172

Robespierre, Maximilien-Marie-Isidor de (1758-1794): político da Revolução Francesa, líder dos jacobinos; de 1793 a 1794, chefe do governo revolucionário. p. 59-60, 198

Rômulo: na saga romana, fundou Roma junto com seu irmão gêmeo, Remo, a quem depois matou durante uma briga. Primeiro rei de Roma. p. 90

Royer-Collard, Pierre Paul (1763-1845): filósofo e político francês, monarquista. p. 60

Ruge, Arnold (1802-1880): jornalista alemão e jovem hegeliano. Em 1844, publicou, juntamente com Marx, os *Anais Franco-Alemães*. p. 114

Saint-Just, Louis-Antoine-Léon de (1767-1794): político da Revolução Francesa, líder jacobino. p. 60

Saint-Simon, Claude Henri de Rouvroy, conde de (1760-1825): socialista-utópico francês. Projetou um programa de sociedade baseado nos princípios de associações, em que todos trabalhariam e o papel das pessoas corresponderia aos seus progressos trabalhistas. Promoveu a ideia da colaboração entre a indústria e a ciência e da economia centralizada e planificada. Mas, de acordo com o que escreveu Engels em *Anti-Dühring*, "ao lado das tendências proletárias havia, ainda, uma notória e significativa tendência burguesa". p. 33, 173

Say, Jean Baptiste (1767-1832): economista francês, entusiasta das ideias iluministas e fortemente influenciado por Adam Smith. p. 60, 139

Schaper, Justus Wilhelm Eduard von (1792-1868): governador da província da Renânia entre 1842 e 1845. p. 105

Schilder, Siegmund (?-1932): economista alemão. p. 167

Schulze-Gaevernitz, Gerhart von (1864-1943): economista alemão, burguês e professor de economia política da Universidade de Freiburg. Em suas obras, tentou justificar a possibilidade de uma "harmonia social" na sociedade capitalista, com o objetivo de melhorar a situação de todas as classes: capitalistas, operários e camponeses. p. 173

Seacoal: personagem da peça *Muito barulho por nada*, de William Shakespeare. p. 121

Shakespeare, William (1564-1616): dramaturgo e poeta inglês. p. 72, 121

Shylock: personagem da comédia *O mercador de Veneza*, de William Shakespeare; agiota que exige de forma implacável, sob os termos das notas promissórias, a libra de carne de seu devedor falido. p. 186

Sismondi, Jean-Charles-Léonard Simonde de (1773-1842): economista e historiador suíço, crítico do capitalismo e fundador da economia política pequeno-burguesa. p. 28

Smith, Adam (1723-1790): economista escocês, importante defensor da economia política burguesa clássica. p. 119

Spectator [Miron Issaákovitch Nakhimson] (1880-1938): pertenceu à União Geral Operária Judaica da Lituânia, Polônia e Rússia (Bund). Durante a Primeira Guerra Mundial, assumiu posições políticas de centro. Em 1935, trabalhou em Moscou, no Instituto Agrário Internacional e na Academia Comunista. Autor de várias obras sobre economia agrária mundial. p. 160-1, 164

Struve, Piotr Berngárdovitch (1870-1944): economista e publicista russo. Inicialmente marxista, tornou-se liberal e um opositor dos bolcheviques. p. 153

Tchernov, Viktor Mikhailovich (1873-1952): um dos teóricos e líderes do Partido Socialista Revolucionário e editor do jornal *Rievolutsionnaia Rossía*, órgão central dos socialistas-revolucionários, entre 1902 e 1905. Durante os anos da Primeira Guerra Mundial, porém, sua posição foi social-chauvinista e, em 1917, como ministro da Agricultura do governo provisório burguês, instaurou uma política de repressão brutal contra os camponeses, a mando dos latifundiários. Depois da Revolução Socialista de Outubro, foi um dos organizadores do levante antissoviético. Emigrou em 1920, mas continuou suas atividades antissoviéticas do exterior. p. 186-7

Thiers, Marie Joseph Louis Adolphe (1797-1877): político e historiador francês, orleanista. Ministro de 1832-1834, primeiro-ministro em 1836-1840, deputado da Assembleia Nacional Constituinte em 1848, chefe do poder Executivo em 1871 e presidente da Terceira República entre 1871 e 1873. p. 124-5, 131, 133-4, 136-7, 203

Tolstoi, León (1828-1910): romancista e pacifista russo, foi um dos grandes nomes da literatura do século XIX de seu país, ao lado de Dostoiévski, Gorki e Tchekov. Entre suas obras principais figuram *Guerra e paz* e *Anna Karenina*. p. 256

Tsereteli, Irakli (1881-1959): um dos líderes do menchevismo. Em maio de 1917, integrou o governo provisório burguês, como ministro dos Correios e Telégrafos; depois dos acontecimentos de julho, foi ministro da Administração Interna e um dos entusiastas da intervenção persecutória aos bolcheviques. Após a Revolução Socialista de Outubro, foi um dos líderes do governo contrarrevolucionário menchevique da Geórgia. p. 186-7

Tugan-Baranovski, Mikhaíl Ivánovitch (1865-1919): economista russo, burguês, representante do "marxismo legal" na década de 1890. Durante a Revolução de 1905-1907, foi membro do Partido Cadete e, depois da Revolução Socialista de Outubro, ativo líder contrarrevolucionário na Ucrânia, onde foi também ministro das Finanças da Rada Central da burguesia ucraniana. p. 183

Vico, Giambattista (1668-1744): filósofo italiano. p. 257

Vítor Emanuel II (1820-1878): rei da Sardenha, de 1849 a 1861, e primeiro rei da Itália unificada, de 1861 a 1878. p. 261

Voltaire (François-Marie Arouet): (1694-1778): filósofo francês, escritor satírico e historiador. Representante do Iluminismo do século XVIII. p. 131

Wirth, Max (1822-1900): economista alemão. p. 115

Witte, Sergei Iúlievitch (1849-1915): estadista russo do fim do século XIX e início do XX, representante dos interesses do "imperialismo militar-feudal" da Rússia tsarista. Firme defensor da autocracia, pretendia salvar a monarquia por meio de concessões e promessas à burguesia liberal e da repressão violenta do povo. Foi um dos organizadores da supressão da Revolução de 1905-1907. Contribuiu para o desenvolvimento do capitalismo na Rússia e para o crescimento da dependência das potências imperialistas. p. 153, 155

Wrangel, Friedrich Heinrich Ernst Graf von (1784-1877): general prussiano. p. 48

Wróblewski, Walery (1836-1908): revolucionário polonês e um dos líderes da insurreição polonesa de 1863. Emigrou para a França, onde foi general da Comuna de Paris. Em 1871-1872, foi membro do Conselho Geral da Internacional e secretário-correspondente para a Polônia e, em 1872, membro do congresso de Haia da Internacional. p. 133

Zassúlitch, Vera Ivanovna (1849-1919): revolucionária russa, tornou-se marxista em 1868 e foi uma das fundadoras do grupo Emancipação do Trabalho (1883). Correspondente de Marx e Engels, passou a integrar, a partir de 1900, a redação do jornal *Iskra* e da revista *Zariá*, publicações clandestinas idealizadas por Lênin. A partir da cisão de 1903, ficou com os mencheviques. p. 153, 155

Zivkovic, Petar (1879-1947): primeiro-ministro iugoslavo de 1929 a 1932. p. 272

BIBLIOGRAFIA

OBRAS DE KARL MARX

(Obras com asterisco foram escritas em parceria com Friedrich Engels.)

O 18 de brumário de Luís Bonaparte. São Paulo, Boitempo, 2011.
A burguesia e a contrarrevolução. São Paulo, Ensaio, 1987.
O capital: crítica da economia política. Rio de Janeiro, Civilização Brasileira, 1967-1974, 6 v.
O capital: crítica da economia política. São Paulo, Abril Cultural, 1983-1985, coleção "Os economistas", 5 v.
O capital: livro I, capítulo VI (inédito). São Paulo, Ciências Humanas, 1978.
Contribuição à crítica da economia política. São Paulo, Expressão Popular, 2008.
Crítica ao programa de Gotha. São Paulo, Boitempo, 2012.
Crítica da filosofia do direito de Hegel. São Paulo, Boitempo, 2005.
Cultura, arte e literatura – textos escolhidos. São Paulo, Expressão Popular, 2010. *
Diferença entre as filosofias da natureza em Demócrito e Epicuro. Lisboa, Presença, 1972.
Grundrisse: manuscritos econômicos de 1857-1858; esboços da crítica da economia política. São Paulo/Rio de Janeiro, Boitempo/Editora UFRJ, 2011.
A guerra civil na França. São Paulo, Boitempo, 2011.
A ideologia alemã. São Paulo, Boitempo, 2007. *
Liberdade de imprensa. Porto Alegre, L&PM, 1999.
Lutas de classes na Alemanha. São Paulo, Boitempo, 2010. *
As lutas de classes na França (1848-1850). São Paulo, Global, 1986.
Manifesto comunista. São Paulo, Boitempo, 1998. *
Manuscritos econômico-filosóficos. São Paulo, Boitempo, 2004.
Marx/Engels – História. São Paulo, Ática, 1983, coleção "Grandes cientistas sociais", v. 36. (Organização de Florestan Fernandes.) *

Miséria da filosofia. São Paulo, Expressão Popular, 2009.

Nova Gazeta Renana. São Paulo, Educ, 2010.

Obras escolhidas em três volumes. Rio de Janeiro, Vitória, 1961. *

Para a crítica da economia política: Manuscrito de 1861-1863 – Cadernos I a V. Belo Horizonte, Autêntica, 2010.

"O questionário de 1880". In: THIOLENT, Michel. *Crítica metodológica, investigação social e enquete operária*. São Paulo, Pólis, 1982.

A revolução espanhola. Rio de Janeiro, Leitura, 1966. *

A sagrada família: ou crítica da Crítica crítica. São Paulo, Boitempo, 2003. *

Senhor Vogt. Lisboa, Iniciativas Editoriais, 1976.

Simon Bolívar. São Paulo, Martins Fontes, 2008.

Sobre a questão judaica. São Paulo, Boitempo, 2010.

Sobre o colonialismo. Lisboa, Estampa, 1978. *

Sobre o suicídio. São Paulo, Boitempo, 2006.

Teorias da mais-valia: história crítica do pensamento econômico. São Paulo, Difel, 1980-1985, 3 v.

Trabalho assalariado e capital & Salário, preço e lucro. São Paulo, Expressão Popular, 2006.

Resumos de *O capital*

BICALHO, Luiz de Carvalho. *O capital*: resumo literal, condensação dos livros 1, 2 e 3. São Paulo, Novos Rumos, 1990.

BORCHARDT, Julian. *O capital de Karl Marx*. Rio de Janeiro, Zahar, 1967.

BROWNE, Alfredo Lisbôa. *Leitura básica de* O capital: resumo e crítica da obra de Marx. Rio de Janeiro, Civilização Brasileira, 1968.

CAFIERO, Carlo. *O capital – uma leitura popular*. São Paulo, Pólis, 1987.

DEVILLE, Gabriel. *O capital*. São Paulo, Brasil, 1962.

BIBLIOGRAFIA SOBRE KARL MARX

ALTHUSSER, Louis. *Freud e Lacan. Marx e Freud*. Rio de Janeiro, Graal, 1985.

ALTHUSSER, Louis et al. *Ler o Capital*. Rio de Janeiro, Zahar, 1979-1980, 2 v.

ARICÓ, José. *Marx e a América Latina*. São Paulo, Paz e Terra, 1982.

ARON, Raymond. *O marxismo de Marx*. São Paulo, ARX, 2004.

BARATA-MOURA, José. *Marx e a crítica da "Escola Histórica do Direito"*. Lisboa, Caminho, 1994.

BEDESCHI, Giuseppe. *Marx*. Lisboa, Edições 70, 1989.

BENJAMIN, César (org.). *Marx e o socialismo*. São Paulo, Expressão Popular, 2003.

BENSAÏD, Daniel. *Marx, o intempestivo*. Rio de Janeiro, Civilização Brasileira, 1999.

BOTTIGELLI, Émile. *A gênese do socialismo científico*. São Paulo, Mandacaru, 1989.

BOTTOMORE, Thomas Burton (org.). *Karl Marx*. Rio de Janeiro, Zahar, 1981.

BUEY, Francisco Fernández. *Marx (sem ismos)*. Rio de Janeiro, Editora UFRJ, 2004.

CALVEZ, Jean-Yves. *O pensamento de Karl Marx*. Porto, Tavares Martins, 1962.

CHASIN, J. *Marx*: estatuto ontológico e resolução metodológica. São Paulo, Boitempo, 2009.
D'HONDT, Jacques et al. *A lógica em Marx*. Lisboa, Iniciativas Editoriais, 1978.
DUARTE, Rodrigo Antonio de Paiva. *Marx e a natureza em O capital*. São Paulo, Loyola, 1986.
FAUSTO, Ruy. *Marx – lógica e política*: investigações para uma reconstituição do sentido da dialética. São Paulo, Brasiliense, 1983-1987, t. I-II; São Paulo, Editora 34, 2002, t. III.
FEDOSSEIEV, P. N. et al. *Karl Marx – biografia*. Lisboa/Moscou, Avante!/Progresso, 1983.
FERNANDES, Florestan. "Introdução". In: FERNANDES, Florestan (org.). *Marx/Engels – História*. São Paulo, Ática, 1983, coleção "Grandes cientistas sociais", v. 36.
FETSCHER, Iring. *Karl Marx e os marxismos*. São Paulo, Paz e Terra, 1970.
FLICKINGER, Hans-Georg. *Marx e Hegel*: o porão de uma filosofia social. Porto Alegre, L&PM, 1986.
FOSTER, John Bellamy. *A ecologia de Marx*: materialismo e natureza. Rio de Janeiro, Civilização Brasileira, 2005.
FOUGEYROLLAS, Pierre. *Marx*. São Paulo, Ática, 1989.
FREDERICO, Celso. *O jovem Marx*: 1843-1844, as origens da ontologia do ser social. São Paulo, Expressão Popular, 2010.
FROMM, Erich. *Conceito marxista do homem*. Rio de Janeiro, Zahar, 1979.
GARAUDY, Roger. *Karl Marx*. Rio de Janeiro, Zahar, 1967.
GIANNOTTI, José Arthur. *Certa herança marxista*. São Paulo, Companhia das Letras, 2000.
_____. *Marx – vida e obra*. Porto Alegre, L&PM, 2000.
_____. *Origens da dialética do trabalho*. São Paulo, Difel, 1966.
GURVITCH, Georges. *A sociologia de Karl Marx*. São Paulo, Anhembi, 1960.
HOBSBAWM, Eric John (org.). *História do marxismo*. São Paulo, Paz e Terra, 1980, v. I.
_____. "Introdução". In: MARX, Karl. *Formações econômicas pré-capitalistas*. São Paulo, Paz e Terra, 1977.
JACKSON, John Hampden. *Marx, Proudhon e o socialismo europeu*. Rio de Janeiro, Zahar, 1963.
KONDER, Leandro. *Em torno de Marx*. São Paulo, Boitempo, 2010.
_____. *Karl Marx – vida e obra*. São Paulo, Paz e Terra, 1976.
LABICA, Georges. *As "Teses sobre Feuerbach" de Karl Marx*. Rio de Janeiro, Zahar, 1990.
LÁPINE, Nicolai. *O jovem Marx*. Lisboa, Caminho, 1983.
LEFEBVRE, Henri. *Para compreender o pensamento de Karl Marx*. Lisboa, Edições 70, 1975.
_____. *Sociologia de Marx*. Rio de Janeiro, Forense, 1979.
LÊNIN, Vladímir Ilitch Uliánov. "Karl Marx (breve nota biográfica com uma exposição do marxismo)". In: *Obras escolhidas em três tomos*. Lisboa/Moscou, Avante!/Progresso, 1977, v. I.
LÖWY, Michael. *A teoria da revolução no jovem Marx*. São Paulo, Boitempo, 2012.
LUKÁCS, György. "O debate sobre o *Sickingen* de Lassalle". In: *Marx e Engels como historiadores da literatura*. Porto, Nova Crítica, s.d.
_____. "Introdução aos escritos estéticos de Marx e Engels". In: *Ensaios sobre literatura*. Rio de Janeiro, Civilização Brasileira, 1968.

_____. "O jovem Marx. Sua evolução filosófica de 1840 a 1844". In: *O jovem Marx e outros escritos de filosofia*. Rio de Janeiro, Editora UFRJ, 2007.

_____. "Marx e o problema da decadência ideológica". In: *Marxismo e teoria da literatura*. São Paulo, Expressão Popular, 2010.

MANDEL, Ernest. *A formação do pensamento econômico de Karl Marx*: de 1843 até a redação de O capital. Rio de Janeiro, Zahar, 1968.

MARCUSE, Herbert. "Novas fontes para a fundamentação do materialismo histórico". In: *Ideias sobre uma teoria crítica da sociedade*. Rio de Janeiro, Zahar, 1972.

MARKUS, György. *Teoria do conhecimento no jovem Marx*. São Paulo, Paz e Terra, 1974.

MCLELLAN, David. *Karl Marx – vida e pensamento*. Petrópolis, Vozes, 1990.

MEHRING, Franz. *Karl Marx*. Lisboa, Presença, 1974, 2 v.

MELLO, Alex Fiuza de. *Marx e a globalização*. São Paulo, Boitempo, 1999.

MÉSZÁROS, István. *Para além do capital*. São Paulo, Boitempo, 2002.

_____. *A teoria da alienação em Marx*. São Paulo, Boitempo, 2006.

MORAES NETO, Benedito Rodrigues de. *Marx, Taylor, Ford*: as forças produtivas em discussão. São Paulo, Brasiliense, 1989.

NAPOLEONI, Claudio. *Lições sobre o capítulo VI (inédito) de Marx*. São Paulo, Ciências Humanas, 1981.

NAVES, Márcio Bilharinho. *Marx – ciência e revolução*. São Paulo/Campinas, Moderna/Editora da Unicamp, 2000.

NETTO, José Paulo. "Marx, 1843: o crítico de Hegel", "Para ler o *Manifesto do partido comunista*" e "1847: Marx contra Proudhon". In: *Marxismo impenitente*: contribuição à história das ideias marxistas. São Paulo, Cortez, 2004.

PAULA, João Antonio de (org.). *O ensaio geral*: Marx e a crítica da economia política (1857-1858). Belo Horizonte, Autêntica, 2010.

PINHEIRO, Milton et al (orgs.). *Marx*: intérprete da contemporaneidade. Salvador, Quarteto, 2009.

POGREBINSCHI, Thamy. *O enigma do político*: Marx contra a política moderna. Rio de Janeiro, Civilização Brasileira, 2009.

RIAZANOV, David. *Marx, Engels e a história do movimento operário*. São Paulo, Global, 1984.

ROMERO, Daniel. *Marx e a técnica*: um estudo dos manuscritos de 1861-1863. São Paulo, Expressão Popular, 2005.

ROSDOLSKY, Roman. *Gênese e estrutura de* O capital *de Karl Marx*. Rio de Janeiro, Contraponto/Uerj, 2001.

RUBEL, Maximilien. *Crônica de Marx*. São Paulo, Ensaio, 1991.

RUBIN, Isaak Illich. *A teoria marxista do valor*. São Paulo, Brasiliense, 1980.

SADER, Emir. *Estado e política em Marx*. São Paulo, Boitempo, 2014.

TRINDADE, José Damião de Lima. *Os direitos humanos na perspectiva de Marx e Engels*. São Paulo, Alfa-Omega, 2011.

VÁZQUEZ, Adolfo Sánchez. *Filosofia da práxis*. São Paulo, Expressão Popular/Clacso, 2007.

_____. *As idéias estéticas de Marx*. São Paulo, Expressão Popular, 2011.

WHEEN, Francis. *O capital de Marx*: uma biografia. Rio de Janeiro, Zahar, 2007.

_____. *Karl Marx*. Rio de Janeiro, Record, 2001.

OBRAS DE FRIEDRICH ENGELS

(Ver também obras em coautoria com Marx, assinaladas com asterisco na seção anterior.)

Anti-Dühring. 3. ed., São Paulo, Paz e Terra, 1990.

A dialética da natureza. 6. ed., São Paulo, Paz e Terra, 2000.

Do socialismo utópico ao socialismo científico. 2. ed., São Paulo, Sundermann, 2008.

A origem da família, da propriedade privada e do Estado. São Paulo, Expressão Popular, 2010.

Papel do trabalho na transformação do macaco em homem. 3. ed., São Paulo, Global, 1986.

A revolução antes da revolução I: As guerras camponesas na Alemanha/Revolução e contrarrevolução na Alemanha. São Paulo, Expressão Popular, 2006.

A situação da classe trabalhadora na Inglaterra: segundo as observações do autor e fontes autênticas. São Paulo, Boitempo, 2008.

O socialismo jurídico. São Paulo, Boitempo, 2012. (Escrito com Karl Kautsky.)

BIBLIOGRAFIA SOBRE FRIEDRICH ENGELS

COGGIOLA, Osvaldo. *Engels, o segundo violão*. São Paulo, Xamã, 1995.

FERNANDES, Florestan. "Introdução". In: FERNANDES, Florestan (org.). *Marx/Engels – História*. São Paulo, Ática, 1983, coleção "Grandes cientistas sociais", v. 36.

HUNT, Tristam. *O comunista de casaca*. Rio de Janeiro, Record, 2011.

LOMBARDI, José Damião. *Educação e ensino na obra de Marx e Engels*. Campinas, Alínea, 2011.

MORENO, Ricardo. *Friedrich Engels e a ciência contemporânea*. Salvador, Edufba, 2007.

NETTO, José Paulo. "Apresentação". In: ENGELS, Friedrich. *A situação da classe trabalhadora na Inglaterra*: segundo as observações do autor e fontes autênticas. São Paulo, Boitempo, 2008.

_____. "Introdução". In: NETTO, José Paulo (org.). *Engels – Política*. São Paulo, Ática, 1981, coleção "Grandes cientistas sociais", v. 17.

RIAZANOV, David. *Marx, Engels e a história do movimento operário*. São Paulo, Global, 1984.

OBRAS DE VLADÍMIR ILITCH ULIÁNOV LÊNIN

Às portas da revolução: escritos de Lênin de 1917. São Paulo, Boitempo, 2005. (Organização de Slavoj Žižek.)

Cartas do exílio. Porto Alegre, Pradense, 2010.

Estado, ditadura do proletariado e poder soviético. Belo Horizonte, Oficina de Livros, 1988.

O Estado e a revolução. São Paulo, Expressão Popular, 2006.

O Estado e a revolução. São Paulo, Hucitec, 1987.

Estado e a revolução/A revolução proletária e o renegado Kautsky. São Paulo, Sundermann, 2005.

O imperialismo, fase superior do capitalismo. São Paulo, Nova Palavra, 2007.

Imperialismo, fase superior do capitalismo. Lisboa/Moscou, Avante!/Progresso, 1984.

Lenin – política. São Paulo, Ática, 1978, coleção "Grandes cientistas sociais", v. 5. (Organização de Florestan Fernandes.)

Obras escolhidas. São Paulo, Alfa-Omega, 1986, 3 v.

Programa agrário. Goiânia, Alternativa, 2003.

O que é marxismo? 2. ed., Porto Alegre, Movimento, 1987.

Que fazer?: problemas candentes do nosso movimento. São Paulo, Expressão Popular, 2010.

Que fazer? São Paulo, Hucitec, 1979.

Sobre a emancipação da mulher. São Paulo, Alfa-Omega, 1980.

Três fontes. São Paulo, Expressão Popular, 2005.

Últimos escritos e Diários das secretarias. São Paulo, Sundermann, 2012.

BIBLIOGRAFIA SOBRE VLADÍMIR ILITCH ULIÁNOV LÊNIN

BANDEIRA, Luiz Alberto Moniz. *Lenin – vida e obra*. 2. ed., São Paulo, Paz e Terra, 1995.

BERTELLI, Antonio Roberto. *Capitalismo de Estado e socialismo*: o tempo de Lênin – 1917-1927. São Paulo, IPSO/IAP, 1999.

GENRO, Tarso F.; GENRO FILHO, Adelmo. *Lenin – coração e mente*. São Paulo, Expressão Popular, 2005.

GOMES, Oziel. *Lenin e a revolução russa*. São Paulo, Expressão Popular, 2006.

LUKÁCS, G. *Lenin*: um estudo sobre a unidade de seu pensamento. São Paulo, Boitempo, 2012.

SALEM, Jean. *Lenin e a Revolução*. São Paulo, Expressão Popular, 2008.

SERVICE, Robert. *Lenin – a biografia definitiva*. Rio de Janeiro, Difel, 2006.

VÁRIOS AUTORES. *Lénine – biografia*. Lisboa/Moscou, Avante!/Progresso, 1984.

OBRAS DE LEON TRÓTSKI

Aonde vai a França. Brasília, Kiron, 2012.

A Comuna de Paris. São Paulo, Portal, 2011.

Em defesa do marxismo. São Paulo, Sundermann, 2011.

A história da revolução russa. São Paulo, Sundermann, 2007, 2 t.

A história da revolução russa. São Paulo, Paz e terra, 1980, 3 v.

O imperialismo e a crise da economia mundial: textos sobre a crise de 1929. São Paulo, Sundermann, 2008.

Lições de outubro. São Paulo, Sundermann, 2007.

Literatura e revolução. Rio de Janeiro, Zahar, 2007.

Minha vida. 2. ed., São Paulo, Paz e Terra, 1978.

Moral e revolução. São Paulo, Paz e Terra, 1978.

Programa de transição: documentos da IV Internacional. São Paulo, Iskra, 2008.

Programa de transição para a revolução socialista. São Paulo, Sundermann, 2008.

Questões do modo de vida: a moral deles e a nossa. São Paulo, Sundermann, 2009.

A Revolução de Outubro. São Paulo, Boitempo/Iskra, 2007.

A revolução desfigurada. São Paulo, Centauro, 2007.

Revolução e contrarrevolução na Alemanha. São Paulo, Sundermann, 2011.

Revolução e contrarrevolução na Alemanha. São Paulo, Ciências Humanas, 1979.

A revolução permanente. São Paulo, Expressão Popular, 2007.

A revolução traída. São Paulo, Sundermann, 2006.

Stalin – o grande organizador de derrotas: a III Internacional depois de Lenin. São Paulo, Sundermann, 2010.

A teoria da revoluçao permanente: Balanço e perspectivas/A revolução permanente. São Paulo, Sundermann, 2011.

Trotski – Política. São Paulo, Ática, 1981, coleção "Grandes cientistas sociais", v. 22. (Organização de Orlando Miranda.)

BIBLIOGRAFIA SOBRE LEON TRÓTSKI

COGGIOLA, Osvaldo (org.). *Trotsky hoje*. São Paulo, Ensaio, 1994.

DEUTSCHER, Isaac. *Trotsky*. Rio de Janeiro, Civilização Brasileira, 2005, 3 v.

MANDEL, Ernest. *Trotsky como alternativa*. São Paulo, Xamã, 1995.

MENDONÇA, Carlos Eduardo Rebello de. *Trotski diante do socialismo real*: perspectivas para o século XXI. Rio de Janeiro, FGV Editora, 2010.

OBRAS DE ROSA LUXEMBURGO

A acumulação do capital. São Paulo, Nova Cultural, 1988.

Camarada e amante: cartas de Rosa Luxemburg a Leo Jogiches. São Paulo, Paz e Terra, 1983.

A crise da social-democracia. Lisboa, Presença, 1974.

Greve de massas, partido e sindicatos. São Paulo, Kairós, 1979.

A questão nacional e a autonomia. Belo Horizonte, Oficina de Livros, 1988.

Reforma, revisionismo e oportunismo. Rio de Janeiro, Laemmert, 1970.

Reforma ou revolução? São Paulo, Expressão Popular, 1999.

A revolução russa. Petrópolis, Vozes, 1991.

Rosa Luxemburgo: textos escolhidos. São Paulo, Editora Unesp, 2011, 2 v. (Organização de Isabel Maria Loureiro.)

BIBLIOGRAFIA SOBRE ROSA LUXEMBURGO

ARENDT, Hannah. "Rosa Luxemburgo: 1871-1919". In: *Homens em tempos sombrios*. São Paulo, Companhia das Letras, 1987.

ETTINGER, Elzbieta. *Rosa Luxemburgo*. Rio de Janeiro, Zahar, 1989.

GERAS, Norman. *A actualidade de Rosa Luxemburgo*. Lisboa, Antídoto, 1978.

GUIMARÃES, Juarez (org.). *Rosa, a vermelha*: vida e obra da mulher que marcou a história da revolução no século XX. São Paulo, Busca Vida, 1987.

LOUREIRO, Isabel Maria; VIGEVANI, Tullo (orgs.). *Rosa Luxemburg – a recusa da alienação*. São Paulo, Editora Unesp/Fapesp, 1991.

LOUREIRO, Isabel Maria. "Lukács e Rosa Luxemburg". In: ANTUNES, Ricardo; LEÃO RÊGO, Walquíria. *Lukács – um Galileu no século XX*. São Paulo, Boitempo, 1996.

_____. "Rosa Luxemburg e Trotsky: a revolução russa de 1905". In: COGGIOLA, Osvaldo. *Trotsky hoje*. São Paulo, Ensaio, 1994.

_____. *Rosa Luxemburg – os dilemas da ação revolucionária*. São Paulo, Editora Unesp, 1995.

_____. *Rosa Luxemburgo – vida e obra*. São Paulo, Expressão Popular, 2000.

LÖWY, Michael. *Método dialético e teoria política*. São Paulo, Paz e Terra, 1975.

LUKÁCS, G. *História e consciência de classe*. Porto, Escorpião, 1974.

NASCIMENTO, Cláudio. *Rosa Luxemburgo e Solidarnosc*: autonomia operária e autogestão socialista. São Paulo, Loyola, 1988.

NEGT, Oskar. "Rosa Luxemburgo e a renovação do marxismo". In: HOBSBAWM, Eric John (org.). *História do marxismo*. São Paulo, Paz e Terra, 1984, v. III.

PEDROSA, Mario. *A crise mundial do imperialismo e Rosa Luxemburgo*. Rio de Janeiro, Civilização Brasileira, 1978.

SADER, Emir. "Rosa Luxemburgo". In: *O poder, cadê o poder?* Ensaios para uma nova esquerda. São Paulo, Boitempo, 1997.

SCHÜTRUMPF, Jörn (org.). *Rosa Luxemburg ou o preço da liberdade*. São Paulo, Expressão Popular, 2006.

OBRAS DE ANTONIO GRAMSCI

Cadernos do cárcere. Rio de Janeiro, Civilização Brasileira, 1999-2002, 6 v.

Cartas do cárcere. Rio de Janeiro, Civilização Brasileira, 2005, 2 v.

Escritos políticos. Rio de Janeiro, Civilização Brasileira, 2004, 2 v.

Novas cartas de Gramsci, São Paulo, Paz e Terra, 1987.

A questão meridional. São Paulo, Paz e Terra, 1987.

BIBLIOGRAFIA SOBRE ANTONIO GRAMSCI

AGGIO, Alberto (org.). *Gramsci*: a vitalidade de um pensamento. São Paulo, Editora Unesp, 1998.

ANGELI, José Mario. *Gramsci, globalização e pós-moderno*: estudos de filosofia política. Londrina, Eduel, 1998.

ARRUDA JÚNIOR, Edmundo de Lima; BORGES FILHO, Nilson (eds.). *Gramsci – Estado, direito e sociedade*. Florianópolis, Letras Contemporâneas, 1995.

BARATTA, Giorgio. *Antonio Gramsci em contraponto*. São Paulo, Editora Unesp, 2011.

BIANCHI, Álvaro. *O laboratório de Gramsci*: filosofia, história e política. São Paulo, Alameda, 2008.

BOBBIO, Norberto. *Ensaios sobre Gramsci e o conceito de sociedade civil*. 2. ed., São Paulo, Paz e Terra, 2002.

COSTA, Ricardo. *Gramsci e o conceito de hegemonia*. São Paulo, Instituto Caio Prado Jr./Quarteto, 2011.

COUTINHO, Carlos Nelson. *De Rousseau a Gramsci*. São Paulo, Boitempo, 2011.

_____. *Gramsci*: um estudo sobre seu pensamento político. Rio de Janeiro, Civilização Brasileira, 1999.

_____. *O leitor de Gramsci*. Rio de Janeiro, Civilização Brasileira, 2011.

COUTINHO, Carlos Nelson; NOGUEIRA, Marco Aurélio (eds.). *Gramsci e a América Latina*. São Paulo, Paz e Terra, 1988.

COUTINHO, Carlos Nelson; TEIXEIRA, Andréa De Paula (orgs.). *Ler Gramsci, entender a realidade*: International Gramsci Society. Rio de Janeiro, Civilização Brasileira, 2003.

DEBRUN, Michel. *Gramsci – filosofia, política e bom senso*. Campinas, Editora da Unicamp/CLE-Unicamp, 2001.

DEL ROIO, Marcos. *Os prismas de Gramsci*: a fórmula política da frente única (1919-1926). São Paulo, Xamã, 2005.

DIAS, Edmundo Fernandes. *Gramsci em Turim*: a construção do conceito de hegemonia. São Paulo, Xamã, 2000.

GARCIA, Michael Hermann. *Política social e Gramsci*: notas crítico-reflexivas sobre os fundamentos em políticas sociais sob a ótica do referencial gramsciano. Salvador, Agbook & Clube de Autores, 2010.

HERBERT, Sérgio Pedro. *Orçamento participativo na perspectiva de Freire e Gramsci*: condições para emergência e formação de lideranças. Porto Alegre, Redes, 2008.

INNOCENTINI, Mário. *O conceito de hegemonia em Gramsci*. São Paulo, Tecnos, 1979.

JESUS, Antonio Tavares de. *O pensamento e a prática escolar de Gramsci*. Campinas, Autores Associados, 1998.

KRITSCH, Raquel; RICUPERO, Bernardo (orgs.). *Gramsci revisitado*: estado, política, hegemonia e poder. São Paulo, IEA-USP, 1998.

MAESTRI, Mário; CANDREVA, Luigi. *Gramsci – vida e obra de um comunista revolucionário*. São Paulo, Expressão Popular, 2001.

MANACORDA, Mario Alighiero. *O princípio educativo em Gramsci*. Campinas, Alínea, 2008.

MARTINS, Marcos Francisco. *Marx, Gramsci e o conhecimento*: ruptura ou continuidade. Campinas, Autores Associados, 2008.

MELLO, Alex Fiúza de. *Mundialização e política em Gramsci*. São Paulo, Cortez, 1996.

MENEZES NETO, Antônio J. de et al. *Trabalho, política e formação humana*: interlocuções com Marx e Gramsci. São Paulo, Xamã, 2009.

MINAMISAKO, Maria Célia C. *A questão da hegemonia em Gramsci*. Taubaté, Cabral, 2010.

MOCHCOVITCH, Luna Galano. *Gramsci e a escola*. São Paulo, Ática, 1988.

NERES, Geraldo Magella. *Política e hegemonia*: a interpretação gramsciana de Maquiavel. Curitiba, IBPEX, 2002.

PORTELLI, Hugues. *Gramsci e o bloco histórico*. 6. ed., São Paulo, Paz e Terra, 2002.

RUIZ, Erasmo. *Freud no divã do cárcere*: Gramsci analisa a psicanálise. Campinas, Autores Associados, 1998.

SADER, Emir (org.). *Gramsci – poder, política e partido*. São Paulo, Expressão Popular, 2005.

SAID, Ana Maria. *Uma estratégia para o Ocidente*: o conceito de democracia em Gramsci e o PCB. Uberlândia, Edufu, 2009.

SALES, Ivandro da Costa. *Os desafios da gestão democrática*: em diálogo com Gramsci. 2. ed., Sobral/Recife, Edições UVA/Editora Universitária UFPE, 2006.

SANTOS, Aparecida de Fátima Tiradentes. *Desigualdade social e dualidade escolar*: conhecimento e poder em Paulo Freire e Gramsci. Petrópolis, Vozes, 2000.

SCHLESENER, Anita Helena. *A escola de Leonardo*: política e educação nos escritos de Gramsci. Brasília, Liber Livro, 2009.

_____. *Revolução e cultura em Gramsci*. Curitiba, Editora UFPR, 2002.

SECCO, Lincoln. *Gramsci e a Revolução*. São Paulo, Alameda, 2006.

_____. *Gramsci e o Brasil*: recepção e difusão de suas ideias. São Paulo, Cortez, 2002.

_____. *Retorno a Gramsci*. São Paulo, LCTE, 2011, série "Economia de bolso".

SEMERARO, Giovanni. *Gramsci e a sociedade civil*: cultura e educação para a democracia. Petrópolis, Vozes, 1999.

_____. *Gramsci e os novos embates da filosofia da práxis*. 2. ed., Aparecida, Idéias & Letras, 2009.

SEMERARO, Giovanni et al. *Gramsci e os movimentos populares*. Niterói, Editora da UFF, 2011.

SIMIONATTO, Ivete. *Gramsci – sua teoria, incidência no Brasil, influência no Serviço Social*. São Paulo, Cortez, 2011.

SOARES, Dore Rosemary. *Gramsci, o Estado e a escola*. Ijuí, Editora Unijuí, 2000.

STACCONE, Giuseppe. *Gramsci – 100 anos*: revolução e política. Petrópolis, Vozes, 1991.

VÁRIOS AUTORES. *O outro Gramsci*. São Paulo, Xamã, 1996.

SOBRE OS ORGANIZADORES

EMIR SADER é professor aposentado de Sociologia da Universidade de São Paulo (USP), professor da Universidade Estadual do Rio de Janeiro (Uerj) e secretário-executivo do Conselho Latino-Americano de Ciências Sociais (Clacso). É autor, entre vários outros livros, de *A vingança da história* (2003) e *A nova toupeira* (2009), ambos pela Boitempo, tendo sido este último ganhador do Prêmio Jabuti de Melhor Livro de Ciências Humanas e também publicado na Argentina (Siglo XXI), Espanha (El Viejo Topo) e Inglaterra/Estados Unidos (Verso).

IVANA JINKINGS é editora da Boitempo e da revista *Margem Esquerda*. Coordenou a *Latinoamericana: enciclopédia contemporânea da América Latina e do Caribe* (com Emir Sader, Rodrigo Nobile e Carlos Eduardo Martins, 2006) – vencedora do Prêmio Jabuti de Melhor Livro do Ano de Não Ficção em 2007 – e coorganizou *As utopias de Michael Löwy: reflexões sobre um marxista insubordinado* (com João Alexandre Peschanski, 2007) e *István Mészáros e os desafios do tempo histórico* (com Rodrigo Nobile, 2011), todos pela Boitempo.

AGRADECIMENTOS

Queremos registrar nosso reconhecimento às pessoas, editoras e instituições que, em diferentes etapas do trabalho, possibilitaram a publicação desta antologia:

Alexandre Linares
Ana Maria Straube
Antonio Kehl
Carlos Nelson Coutinho
David Amiel
Editorial Avante! (representada por Francisco Melo)
Equipe da Boitempo Editorial (coordenada por Bibiana Leme)
Editora Expressão Popular (na pessoa de Carlos Belle)
Florestan Fernandes Jr.
Fundação Rosa Luxemburg (dirigida por Isabel Maria Loureiro)
Grupo Antídoto, Lisboa
Gustavo Moura
Heloísa Fernandes
Editora Hucitec (representada por seu editor, Flávio Aderaldo)
João Alexandre Peschanski
Luiz Sérgio Henriques
Marco Aurélio Nogueira
Mariana Tavares
Michael Löwy
Nélio Schneider
Paula Almeida
Rodrigo Nobile
Rubens Enderle
Sergio Romagnolo

Este livro foi composto em Adobe Garamond, corpo 11/14,3, e reimpresso em papel Avena 80 g/m² na gráfica Rettec para a Boitempo, em novembro de 2020, com tiragem de 2 mil exemplares.